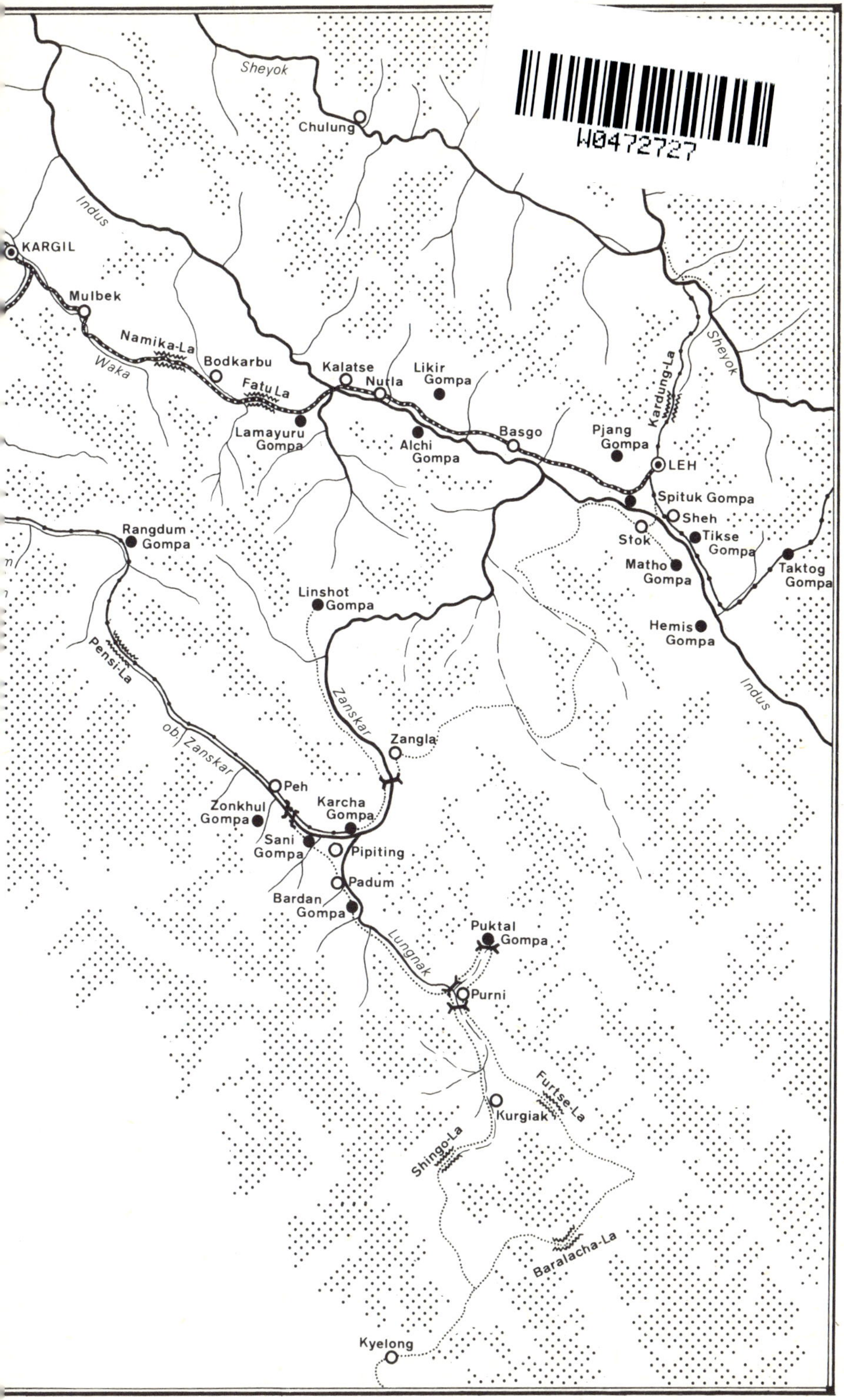
Sheyok
Chulung
Indus
KARGIL
Mulbek
Namika-La
Waka
Bodkarbu
Fatu La
Kalatse
Nurla
Likir
Gompa
Lamayuru
Gompa
Alchi
Gompa
Basgo
Pjang
Gompa
Kardung-La
Sheyok
LEH
Spituk Gompa
Sheh
Stok
Tikse
Gompa
Matho
Gompa
Taktog
Gompa
Hemis
Gompa
Indus
Rangdum
Gompa
Linshot
Gompa
Pensi-La
Zanskar
ob. Zanskar
Zangla
Peh
Zonkhul
Gompa
Karcha
Gompa
Sani
Gompa
Pipiting
Padum
Bardan
Gompa
Lungnak
Puktal
Gompa
Purni
Kurgiak
Furtse-La
Shingo-La
Baralacha-La
Kyelong

Eva K. Dargyay
Ulrich Gruber

LADAKH

Innenansicht eines Landes

Eugen Diederichs Verlag

Mit 42 farbigen Abbildungen auf Kunstdrucktafeln

CIP-Kurztitelaufnahme der Deutschen Bibliothek

Dargyay, Eva K.:
Ladakh: Innenansicht e. Landes / Eva K. Dargyay; Ulrich Gruber. –
1. Aufl. – Düsseldorf, Köln: Diederichs, 1980.
ISBN 3-424-00689-0

NE: Gruber, Ulrich:

Erste Auflage 1980

Umschlagentwurf: Tilman Michalski, München
Gesamtherstellung: Clausen & Bosse, Leck
ISBN 3-424 00689-0

Inhalt

Ein Wort des Dankes gilt in erster Linie jenen Menschen in Ladakh, die uns zu diesem Buch inspirierten, deren Wissen und Freundschaft uns tiefer in das Wesen dieses Landes eindringen ließ, so daß wir es von innen sehen lernten. Dies gilt vor allem für die Königshäuser von Padum und Zangla, dem Lönpo von Karcha und die Mönche vom Kloster Karcha.

Daß wir diese Hochgebirgsregion jenseits des Himalaya ausgiebig bereisen und erforschen konnten, verdanken wir zum einen der Stiftung Volkswagenwerk, zum anderen Herrn Konsul Günther Hauser, München.

Die Herren R. D. Lama, Kathmandu, Kai Suri, Srinagar und Wangduk, Leh, haben uns mit Rat und Tat geholfen; auch den Kollegen und Freunden sind wir für ihre Ratschläge bei der Abfassung des Manuskripts dankbar. Ganz besonderer Dank gebührt Margarete Gruber und Lobsang Dargyay, unseren Ehepartnern: sie halfen mit Verständnis und Geduld, diese Arbeit zu Ende zu führen.

Die Autoren

Über den Zoji-La

Ulrich Gruber: Mit steifen Knien klettere ich aus dem Bus, der uns das Sindtal nach Sonamarg heraufgeschaukelt hat. Mehrere Stunden Fahrt über Schlaglöcher und durch unzählige Kurven liegen hinter uns. Ich bin dankbar für die Fahrtpause, die mir Gelegenheit verschafft, vor der langen Paßüberquerung des Zoji-La ein wenig die Füße zu vertreten. Auf einer großen Wiese neben den Rasthäusern des Bergdorfes Sonamarg werden Pferde und Mulis als Reit- und Lasttiere für Touristenausflüge und für Warentransporte einheimischer Händler vermietet. Hochgewachsene, bärtige Gestalten mit Turbanen auf dem Kopf und ausgelatschten Halbschuhen an den Füßen feilschen mit Ausdauer um den Mietpreis. So wurden seit altersher die Karawanen zusammengestellt, die Menschen und Lasten über den Zoji-Paß in die öden Weiten Ladakhs brachten. Ich sondere mich von dem lärmenden Treiben ab und steige ein Stück am Hang oberhalb des Ortes empor. Ein schmaler Fußpfad führt in einen hochstämmigen Wald aus Weißtannen, Fichten und einzelnen Ahornbäumen. Am Waldrand lasse ich mich unter einer mächtigen Tanne nieder. Drüben im Osten stehen über dem Talschluß die gezackten und mit Eis gepanzerten Gipfelketten, die das fruchtbare und vegetationsreiche Kaschmir von der wüstenhaften Bergwildnis Zentralasiens trennen. Dort drüben liegt das Land der Felsenklöster, der ungezähmten Bergflüsse, des heimlichen Schneeleoparden – Ladakh.

Seit ich die ersten Berichte der wenigen, früheren Ladakhreisenden gelesen habe, schlug mich dieses Land am Rande Tibets in seinen Bann, aber jahrzehntelange politische Absperrung hat eine Reise dorthin immer verhindert. Erst im Jahre 1974 öffnete die indische Regierung das Tor Ladakhs erneut für Touristen aus der westlichen Welt. 1975 kamen die ersten Reisegruppen, und nun bin ich – ein Jahr später – in diesem abgelegenen Erdenwinkel unterwegs. Ich begleite von Srinagar aus eine Münchner Reisegruppe als Reiseführer nach Leh, der Hauptstadt Ladakhs. Gemeinsam wollen wir das letzte größere Refugium tibetischer Kultur besuchen, das nach der Besetzung Tibets durch die Chinesen hier auf indischem Staatsgebiet erhalten geblieben ist. Wie zu Zeiten der großen Entdecker Zentralasiens am Ende des letzten und zu Anfang dieses Jahrhunderts üben die Klöster und Tempel in den abgeschiedenen Gegenden nördlich des Himalayakammes eine unwiderstehliche Anziehungskraft auf die Phantasie der Reiselustigen aus. Die Gongs, Hörner und Rezitationen der Lamas in den halbdunklen Tempelräumen, leuchtende Fresken an den Tempelwänden, der trockene Wind aus den Steppen und Wüsten Zentralasiens auf der Haut: wer möchte das nicht erlebt und gespürt haben? Entdeckerlust weit weg vom Gewohnten ist ein starker Antrieb, der zu solchen Reisen an den Nordrand des indischen Subkontinents führt. Zu der privaten Neugier auf fremde Landschaften, fremde Menschen und fremde Kulturen kommt bei mir als Zoologe die berufliche Forderung, Neues, der westlichen Forschung Unbekanntes aus der Tierwelt des bereisten Landes zu erkunden und aufzuzeichnen.

Daß ich schon viele Jahre die Himalaya-Täler Nepals bereiste, kann als Vorbereitung auf eine Begegnung mit Ladakh gelten. Ich habe in den heißen Dschungeln der südlichen Siwalikberge und in den Hochtälern am Rande der Gletscher Schuppentiere, Kobras, Katzenbären, Glanzfasanen und Pfeifhasen beobachtet. Ich habe dort kleine Säugetiere, Echsen und Schlangen gefangen, eine Fülle ökologischer Daten gesammelt und mich in die Pflanzenwelt des Himalaya eingearbeitet. Ich bin am Fuße des Mt. Everest, im Langtangtal und am oberen Kali Gandaki den Menschen aus dem tibetischen Kulturkreis begegnet. Ich habe im Sherpaland in dämmerigen Klostertempeln den Rezitationen der buddhistischen Mönche gelauscht und von weisen Lamas die ersten Unterweisungen aus der Lehre Buddhas erhalten. Seitdem nun Ladakhs Pforten offenstehen, bietet sich in diesem westlichen Teil des größten asiatischen Gebirgsbogens die Gelegenheit, meine Erfahrungen aus Forschung und persönlichem Erleben zu erweitern. Was wird es für mich in den Tälern von Indus und Zanskar, von Dras und Suru alles zu entdecken geben? Es drängt mich, die in Nepal erworbenen Kenntnisse von Tier- und Pflanzenwelt des Himalaya mit den Lebensformen hier zu vergleichen. Ich möchte die Heimat des Blauschafs, des Königshuhns und des seltenen Ibisschnabels sehen. Vor Jahren habe ich Maskentänze in den Klöstern der Sherpas erlebt – nun bin ich begierig, an den berühmten Tschamtänzen von Hemis Gompa teilzunehmen. In den buddhistischen Teilen Nepals habe ich

Zeugen der tibetischen Kultur gesucht und manches davon gefunden. Jetzt hoffe ich in der unmittelbaren Nachbarschaft intensiver als je zuvor in das Wesen der so stark zurückgedrängten buddhistischen Religion und Kultur Zentralasiens eindringen zu können. Vieles habe ich gelesen, was an Büchern über Ladakh und seinen Einzugsbereich greifbar war. Aber was bedeuten schon alle gedruckten Worte gegenüber der hautnahen Berührung mit diesem immer noch wenig erforschten Land. Nach der Rückkehr von meinen Reisen in den Himalaya Indiens, Nepals und Sikkims habe ich mich verstärkt um den tibetischen Buddhismus bemüht; ich befreundete mich mit gelehrten Exil-Tibetern und fand Anschluß an den tibetisch-buddhistischen Tempel in München. Dort lernte ich Eva Dargyay kennen: Tibetologin, an der Münchner Universität lehrend, verheiratet mit einem Tibeter und in den religiös-kulturellen Traditionen der Heimat ihres Mannes zuhause, als sei sie irgendwo am Tsangpo oder in der Gegend von Lhasa geboren. Dabei ist Eva Dargyay ein echtes »Münchner Kindl«. Unsere gemeinsame Verbundenheit mit Tibet richtete unser Interesse bald auf Ladakh. Unabhängig voneinander, aber doch immer in wechselseitigem Kontakt, planten wir unsere Reisen in diese nordwestlichste indische Provinz – Eva und ihr Mann Lobsang, um in den Jahren 1978 und 1979 dort kulturelle Erhebungen zu machen, ich selber, um 1976 und 1977 mehr privatim die natürlichen Lebensmuster des Landes zu erforschen und mein Wissen von den buddhistischen Kulturtraditionen am Rande Zentralasiens zu erweitern.

Wie ich so sitze am Fuße des Zoji-La, den Rücken gegen die rissige Borke des Tannenstammes gelehnt, ahne ich noch nicht, daß die gemeinsame Beschäftigung mit Ladakh Eva und mich als Autoren zusammenführen wird. Ich weiß noch nichts von dem Märzabend in meinem oberbayerischen Bauernhaus, dessen Gespräche in dem Plan münden, unsere ladakhischen Erfahrungen und Kenntnisse in einem gemeinsamen Buch zusammenzufassen. Es sind vor allem zwei Impulse, die diesen Plan in die Tat umsetzen. Einmal der Versuch, sich zu zweit in das zu teilen, was Alexander v. Humboldt noch in einer Person tun konnte: die kulturgeschichtliche *und* die naturhistorische Darstellung eines Landes zu geben. Zum anderen unsere Unzufriedenheit zu beseitigen, was nämlich die vielen Vorurteile, falschen Informationen und Fehlinterpretationen angeht, die sich hierzulande

über die Kultur der Gesamtregion Tibet gebildet haben. Ladakh ist heute eine letzte Zuflucht für die tibetischen Buddhisten, in seinen Klöstern sitzt die Intelligenz des Landes. Wir werden gemeinsam versuchen, eine Bestandsaufnahme zu geben und dabei en passant viele grassierende Vorurteile abzubauen. Ein zusätzlicher Reiz unseres Versuches wird darin liegen, daß hier abwechselnd ein Mann und eine Frau – ganz subjektiv – ihre Begegnung mit Landschaft, Mensch, Religion und Natur eines Landes schildern, das sie beide bis in den tiefsten Winkel ihrer Persönlichkeit gefangenhält. Dieses weittragende Gespräch an einem nebelfeuchten Märzabend hat noch nicht stattgefunden, aber es bereitet sich folgerichtig vor.
Ich habe fast eine halbe Stunde am Waldrand bei Sonamarg gesessen. Jetzt wird es Zeit zur Weiterfahrt. Ich eile den Wiesenhang hinunter und geselle mich wieder zu meinen Mitreisenden. Der Motor unseres Busses läuft schon, und rasch strecken wir erneut die Beine unter den Sitz des Vordermannes. Lange währt unsere Fahrt in Richtung Zoji-La allerdings nicht. Dort, wo die Paßstraße sich allmählich in die Höhe schraubt, müssen wir halten und einen Militärkonvoi von etwa 50 Lastwagen vorbeilassen. Solange er rollt, beansprucht er die Straße für sich allein, alle Zivilfahrzeuge müssen ihm weichen. Heiß und stechend brennt die Sonne vom strahlend blauen Himmel; wie Schnekken kriechen die Militärlastwagen an uns vorüber. Aber mir wird die Zeit nicht lang. Geist und Körper voller Spannung auf das Neue und Unbekannte vor mir gerichtet, sitze ich auf meinem Busplatz. Dieses Gefühl kenne ich, es ergreift mich jedesmal, wenn ich vor der Grenze meines Reisezieles stehe. Meine Gedanken wandern die letzten zwei Tage zurück. Mit einem gewaltigen Satz bin ich aus der regnerischen Kühle Mitteleuropas in die tropische Schwüle des indischen Monsuns katapultiert worden. In Delhi ließen 40 Grad Wärme und fast hundert Prozent Luftfeuchtigkeit die Kleider bei jedem Schritt am Körper kleben. Angenehm kühl erschienen mir dagegen die sommerlichen Temperaturen im hochgelegenen Kaschmirtal von Srinagar. Es war ein erholsames Vergnügen, bei Tagesanbruch in einem Shikara-Boot über die spiegelglatte Wasserfläche des Dalsees zum »schwimmenden Markt« zu gleiten, wo die Seebauern ihre Gemüse, Früchte und Blumen mit großem Geschrei und Gefeilsche von Boot zu Boot verkauften. Ich mußte mir als ein Privilegierter erscheinen, der auf ei-

nem luxuriösen Hausboot wohnen kann und sich ohne eigene Mühe von einem einheimischen Bootslenker über den See rudern läßt. Nur wohlhabende Leute können sich ein derart bequemes Dasein leisten; für die meisten Kaschmiris bleibt ein Leben, wie es ihnen die Touristen vorführen, ein unerfüllbarer Traum. Die Bauern, Handwerker und Tagelöhner sind arm, und obwohl sie harte Arbeit für ihren Lebensunterhalt aufbringen müssen, bleiben sie arm. Trotz der geringen Aussichten auf materiellen Wohlstand wirken sie jedoch fröhlich und ausgeglichen. Die Kaschmiris beschämen uns Europäer immer wieder mit ihrer Gelassenheit und ihrem ausgewogenen Lebensrhythmus. Wir könnten sicher von ihrer Fähigkeit, sich in anspruchslose Lebensverhältnisse zu schicken, für unseren Alltag lernen.
Während der wenigen Tage in Srinagar war mir klar geworden, warum man von Kaschmir als der Schweiz Indiens spricht. Fruchtbare Täler mit Seen und Flüssen, von grün bewaldeten Bergen umgeben, welche die abweisende Region des ewigen Eises nur ahnen lassen. Das milde, ausgeglichene Klima, die üppige Vegetation, der Schatten der großen Platanen in den Shalimargärten haben mir den Blick geöffnet. Verständlich, daß schon die Mogulkaiser sich zeitweise hierher zurückzogen, um von dem harten Herrschergeschäft in der heißen indischen Ebene auszuspannen. Vieles erinnert noch an diese Zeit der großen Moslemherrscher. Nichts dagegen mehr an jenes goldene Zeitalter Kaschmirs, als Pilger aus ganz Asien in das fruchtbare Tal reisten, um in Klöstern und zu Füßen hochberühmter Gelehrter die Lehre des Gautama Buddha zu studieren. Kaschmir als Zentrum des Mahayana Buddhismus, eine Produktionsstätte höchster, menschlicher Geistigkeit. Die Feuerstürme der Geschichte haben dies zerstört, die Klöster, Tempel, Gelehrten und Asketen. Es war schon immer die Tragik der Evolution menschlicher Kultur, daß sie ihre subtilsten geistigen Zentren mit geradezu selbstmörderischer Lust vernichtete. Wenn man heute nach Zeugen jener alten Blütezeit sucht, muß man Kaschmir verlassen. Im Norden, jenseits des Zoji-Passes, sind Bruchstücke eines Menschheitstraumes auf unsere Tage überkommen. Tempelfresken erzählen von jener Zeit, als Kaschmir der Hort buddhistischer Gelehrsamkeit war. Vor den Wandmalereien in Alchi kann man sich sogar in das tägliche Leben an den Fürstenhöfen einfühlen.

Ich bin aufgebrochen, diese Stätten selbst an Ort und Stelle in Augenschein zu nehmen. In Srinagar habe ich, zusammen mit meiner Reisegruppe, einen Privatbus bestiegen. Gewiß wäre die Fahrt mit einem der Linienbusse von Srinagar nach Leh ein Abenteuer für sich. Eingepfercht zwischen Kaschmiris, indische Händler, ladakhische Bauern, rotgewandete Mönche und langhaarige, junge Rucksackreisende aus Europa oder Amerika, wird man sofort einbezogen in die landesübliche Art des Reisens. Augen, Ohren und Nase werden mit neuen Eindrücken bombardiert, die sie kaum verarbeiten können. Aber solch ein Linienbus unterbricht seine Fahrt eben nur einmal für eine Nacht in Kargil, und auch unterwegs kann man ihn nicht beliebig oft anhalten lassen. Wir haben es vorgezogen, die Reise nach Leh in kürzeren Etappen und über einen längeren Zeitraum hinter uns zu bringen.

Ein heftiger Ruck reißt mich aus meinen Gedanken. Der letzte Lastwagen des Militärkonvois ist an uns vorbeigerollt; wir dürfen weiter. Zunächst steigt die Straße langsam bergan. Die Landschaft erinnert an einen mittleren Alpenpaß. Lichte Wälder aus Kiefern, Tannen und Fichten bedecken die Hänge; unter den Gipfelfelsen der Berge breiten sich grüne Matten. Sie geben den Ziegen und Schafen der Nomadenhirten saftiges Futter. Unser Fahrer ist ein Sikh mit einem Turban, dessen blaue Farbe mit dem Himmelsblau über Sonamarg wetteifert. Ganz locker aus der Schulter heraus kurbelt er das Steuerrad und damit die Vorderräder des Busses in die engen Haarnadelkurven. Die Straße schneidet jetzt durch steile Hänge. Wenn man in das immer tiefer entweichende Tal hinabblickt, wird einem fast schwindelig. Krüppelbirken hängen ihre Äste weit hinaus ins Leere. Wenn hier ein Auto vom schmalen Rand der Straße abkommt, gibt es kein Halten mehr: Hunderte von Metern fällt der Steilhang mit einer einzigen glatten Fläche bis zu dem silbrig schimmernden Bergbach da unten ab. Tag für Tag rollen im Sommer die Lastwagenkonvois des indischen Militärs die schmale Bergpiste entlang. Sie versorgen die Armee-Einheiten an der Nordgrenze gegen China und auch die Ladakhis mit Lebensmitteln und den für die langen Winter notwendigen Gütern. Es kann vorkommen, daß ein Fahrzeug die vielen hundert Meter hinabstürzt; aber solche Unfälle sind selten. Gefährlich wird es nur dann, wenn andauernde Regenfälle die Hänge aufweichen und die Erdmassen ins Rutschen bringen. Im Jahre 1976 war während eines solchen Regens eine holländische Reisegruppe mit ihrem Bus unterwegs. Vor den Holländern hatte ein Erdrutsch den Weg blockiert, kurz darauf rutschte auch hinter ihnen ein Straßenstück weg, und über ihnen drohte ein gewaltiger Felsen abzustürzen. Ständig kollerten Steine und Erdstücke über die nassen Steilhänge in die Tiefe. Erst nach 24 Stunden drangen die Straßenbaumaschinen der indischen Armee zu den Eingeschlossenen vor und befreiten sie aus ihrer Lage. Als ich die Holländer eine Woche später auf einer Wanderung in den Bergen westlich Sonamarg traf, steckte ihnen immer noch der Schrecken in den Gliedern. Der Zoji-La ist der wichtigste und der für Fahrzeuge einzig brauchbare direkte Zugang von Indien nach Ladakh. Schon die aus Zentralasien kommenden Kushanas hatten in den ersten nachchristlichen Jahrhunderten ihr großes Reich über den Paß hinweg nach Nordwestindien ausgedehnt. In der Folgezeit muß dann ein reger Handelsverkehr zwischen Kaschmir und den Städten der Bucharei geherrscht haben. In dessen Gefolge ist sicherlich auch der Buddhismus nach Nordosten vorgedrungen und hat die Lehre Buddhas weit nach Tibet hineingetragen. An der Wende zwischen 14. und 15. Jahrhundert zogen die ersten moslemischen Truppen unter Führung von Rai Madari über den Paß. Im Jahre 1639 überquerte ihn der Heerführer Hussain Beg mit seiner Armee im Auftrag des Herrschers von Kaschmir; er zog aus gegen Sengge Namgjel, den König von Ladakh. Ein Menschenleben später, im Jahre 1683, sandte der kaschmirische Mogulherrscher Ibrahim Khan seinen Feldherrn Fidai Khan auf derselben Route nach Ladakh, um zwischen den Orten Basgo und Nimu eine tibetisch-mongolische Armee zu besiegen, die in das Industal und in die Provinz Purig eingefallen war.

Später sind viele berühmte Asienreisende über den Zoji-La hinweggezogen, der damals nur aus einem schmalen Mulipfad bestand. Die Berichte der Europäer bilden heute noch zuverlässige und gültige Informationsquellen über das rauhe, trockene Land. Besonders eindrucksvoll lesen sich die Schilderungen des Schweden Sven Hedin, dem es sogar gelang, den Paß im Winter zu bezwingen. Man kann dieses Abenteuer in seinem Buch »Im Herzen Asiens« nacherleben: »Am 9. Januar 1902 gingen wir über den Zoji-La, den schlimmsten Paß, den ich je kennengelernt habe, obgleich seine Höhe nur 3500 Meter beträgt, er also 2000 Meter niedriger ist als die tibetischen Pässe, mit denen wir zu tun gehabt hatten ... Die Ladakhis banden uns eine Art weicher Schneeschuhe an die Stiefel, damit wir nicht ausgleiten sollten. So stapften wir in ihren Spuren nach der außerordentlich flachen, beinahe unmerklichen Paßschwelle. Nicht weit hinter dieser geht es jedoch kopfüber einen jähen Abhang in Hunderten von Zickzackbiegungen nach dem Stationshaus Baltal hinunter. Da heißt es aufpassen und nicht das Gleichgewicht verloren, – nur ein einziger Fehltritt, und man würde in die Tiefe stürzen und dort zerschmettert werden ... Die Massen von Blöcken, die in der Schlucht umherliegen, waren jetzt vollständig verschwunden unter herabgestürzten Lawinen, die, wie man mir sagte, den engen Gang mit einer 150 Meter hohen Schneeschicht angefüllt hatten ...«

Schnee und Lawinen verschütten auch heute noch den Paß und halten ihn den ganzen Winter über geschlossen. Ab Ende Oktober wird alljährlich der Kraftverkehr auf der abenteuerlichen Bergstraße eingestellt, und erst im folgenden Frühjahr ab Ende Mai – oder gar noch später – graben die modernen Schneeräumfahrzeuge eine Schneise durch meterhohe Schneewände. Verständlich, daß man die kurzen Sommermonate nutzen muß, um über tägliche Lastwagenkolonnen die nördlichste indische Provinz mit allen notwendigen Gütern zu versorgen. Im Gefolge der ersten Militärlaster wagen sich dann im Frühjahr auch wieder Touristenbusse über den engen Einschnitt des Zoji-La nach Ladakh hinein. Während des Winters ruht der Touristenverkehr völlig.

Georg Kirner aus Oberbayern war, nach Öffnung der Grenzen von Ladakh, einer der ersten Reisenden, als er im Mai 1975 von Srinagar aus aufbrach. Nachts wanderte er bei Schneesturm und großer Lawinengefahr zu Fuß über den Zoji-La. Meterhohe Schneewände säumten den Weg, denn erst kurz zuvor hatten Räumfahrzeuge des Militärs die Paßstraße für den Sommerverkehr ausgefräst. Georg Kirner hat in einem Büchlein über seine Abenteuer in Ladakh berichtet.

Jetzt ist es allerdings Sommer, und von Schneelawinen findet sich weit und breit keine Spur. Unser Bus wird merklich schneller. Der Motor heult auf, und der Fahrer schaltet einen Gang höher. Wie ein Aufatmen geht es durch das Fahrzeug und seine Insassen: wir haben die Paßhöhe erreicht. Das Tal öffnet sich, wird flach. Vor uns liegt eine neue Welt: baumlos, karg und steinig. In der Ferne türmen sich kahle Berge mit wüstenhaften Braun- und Gelbtönen. Die Wälder aus Tannen, Fichten, Ahorn und Kiefern sind hinter uns geblieben, von den Bergen der Paßkette verschluckt. Wir rollen durch ein Hochtal, das an die Almböden der Zentralalpen erinnert. Die Wiesen sind mit einer Fülle von bunten Bergblumen bedeckt; wir können sie in Ruhe betrachten, während wieder mal ein Militärkonvoi auf der Gegenseite zu einem längeren Aufenthalt zwingt. Da stehen gruppenweise die roten Zwergiris, ganze Teppiche von blauen Vergißmeinnicht und eine fast mannshohe weiße Lilie. Den ansteigenden Hang überziehen unzählige Exemplare des Lilienschweifs, gelblichweiß blühende Lilienpflanzen. Zwischen Steinplatten sehe ich etwas huschen. Sofort erwacht mein Forschertrieb, und vorsichtig lasse ich mich auf die Knie nieder. Eine winzige Echse, ein Ladakh-Skink, verschwindet mit schlängelnder Bewegung ihres Schwanzes und heftigem Paddeln ihrer etwas zu kurz geratenen Beine unter einem Stein. Gleich daneben blicken mir aus einem Felsspalt aufmerksam klare Augen in einem kleinen Drachengesicht entgegen. Sie gehören ebenfalls einer Echse, einer etwa handlangen Himalaya-Agame, die mit ihrem eckig abgesetzten Kopf und ihrer höckerigen, verhornten Haut wie ein Miniaturdrachen aussieht. Rote Flecken an den hinteren Kopfseiten kennzeichnen sie als Jungtier. Als ich mich ein wenig bewege, verschwindet sie blitzschnell im Dunkel ihres Versteckes. Ich erinnere mich an den Aufsatz eines bereits verstorbenen Kollegen, Dr. Alfred Zugmayr aus München, der die beiden Echsen im Jahre 1908 hier am Zoji-La auf der ladakhischen Seite entdeckt hatte. Sein Bericht war die erste Kunde von diesen Reptilien aus dem Hochland nördlich des Himalayakammes.

Inzwischen ist der letzte Jeep des Konvois an uns vorübergerollt. Lächelnd haben die indischen Offiziere unseren Gruß erwidert. Wir können weiterfahren. Hoch oben am blauen Himmel schwebt vor der Kulisse gezackter Berggipfel ein mächtiger Lämmergeier. Obwohl alle Bewegungen, Lebenszeichen und Formen um uns herum selbstverständlich und alltäglich sind, spüren wir einen Hauch der Größe, Gelassenheit und Weite Zentralasiens, der uns das Gefühl vermittelt, mit Sven Hedin im Bunde zu sein.

Die Landschaft nördlich des Zoji-Passes ist zwar kahl und ohne Wälder, aber sie wirkt nicht ausgesprochen unfruchtbar. Regen im Sommer und Schnee im Winter dringen noch über die niedrigeren Paßberge aus dem feuchten Kaschmir herüber und sorgen für fruchtbare Weiden im oberen Drastal. Wir fahren an einer riesigen Herde aus Schafen und Ziegen vorüber, die von Männern mit grauen Turbanen und rauhpelzigen Wolfshunden begleitet wird. Etwas weiter drüben im Talgrund stehen schlichte dunkle Zelte, deren unterer Rand rundum mit schweren Steinen belegt ist: die Behausungen der Nomadenhirten. Unser kaschmirischer Begleiter Hamid erzählt uns, daß diese Nomadenfamilien alljährlich aus dem Süden und Westen mit ihren Schaf-, Ziegen- und Pferdeherden in die Berge Kaschmirs und Südladakhs ziehen, um die saftigen Sommerweiden zu nutzen. Wo sie auf die Weide-Interessen der ansässigen Bevölkerung treffen, besonders in den Randgebieten der Landschaft Zanskar, entbrennt oft Streit um das Vorrecht der Weidenutzung, der in handfeste Schlachten, mit Verletzten und sogar Toten, ausarten kann.

Im Dorf Dras muß sich unser Busfahrer bei der örtlichen Polizeibehörde ausweisen. Ich benutze den Aufenthalt, um mit einigen Mitgliedern meiner Reisegruppe das Dorf zu erkunden. Dras selber ist ein unschöner Ort, mit schmutzigen, niedrigen Hütten, die sich zu einem kleinen Bazar zusammendrängen. Aber er hält einen Rekord, der uns mitten im Sommer frösteln läßt. Hamid erklärt, daß hier im Winter die tiefsten Temperaturen herrschen, die man im ohnehin eisigkalten ladakhischen Winter antreffen kann. Oft sinkt die Temperatur bis auf $-50°$ C. Ein richtiger Kältesee muß sich dann um Dras herum aufstauen, und ich kann mir ausmalen, wie sich die Bewohner in den Hütten und Steinhäusern um zaghaft brennende Feuerstellen drängen. Viel zum Brennen gibt es nicht im waldlosen Drastal, und die meisten Feuer werden wohl lediglich von Dung genährt.

Wir kommen ein wenig aus dem Dorf hinaus und stoßen bald hinter den letzten Häusern auf große Steine mit Skulpturen. Im Halbrelief sind stark angewitterte Figuren und Symbole zu erkennen: der kommende Buddha Maitreya und Avalokiteshvara, der Bodhisattva des allumfassenden Erbarmens; auch eine Lotosblüte und ein Reiter. Diese buddhistischen Steinskulpturen inmitten einer mohammedanischen Umwelt sind Zeugen einer versunkenen Kulturepoche. Sie erinnern daran, daß einst auch im oberen Drastal die Lehren Buddhas verkündet wurden und daß eine durchgehende Verbindung der buddhistischen Landesteile im oberen Industal mit den geistigen Zentren in Kaschmir bestand. Jetzt sind nur noch diese Steinskulpturen übriggeblieben.

Am späten Nachmittag erreicht unsere Reisegruppe etwas unterhalb von Dras einen schönen Zeltplatz, wo wir uns zur Nacht einrichten. Aus dem Pappelhain vor einem kleinen Dorf rinnt klares Bergwasser in mehreren Bacharmen. Die Wiese, die dieser Bach durchfließt, bietet genügend Fläche für unsere Zelte. Ein paar Frauen, mit Körben voller Viehdung auf dem Rücken, eilen mit kurzem Seitenblick an uns vorüber. Sie sind nicht verschleiert wie die Moslemfrauen weiter im Süden. Ihre schwarzen, weitgebauschten Kleider und die ebenfalls schwarzen, tief in die Stirn gezogenen Kopftücher verstärken den scheuen, unzugänglichen Eindruck, den die Frauen und erwachsenen Mädchen dieses Landesteils auf den Reisenden ausüben. Sie lassen sich nicht gern fotografieren, und wenn man Ärger mit der männlichen Dorfbevölkerung vermeiden will, läßt man bei ihrem Anblick die Kamera am besten in der Tasche. Anscheinend nimmt von unserer fremdartigen Geschäftigkeit kaum jemand Notiz, lediglich einige neugierige Kinder und zwei alte Männer machen sich gegenseitig auf unser merkwürdiges Verhalten – Zähneputzen, Aufblasen der Luftmatratzen etc. – aufmerksam.

Noch sind die Handgriffe beim Aufstellen der Zelte ein wenig ungewohnt, und so dauert es eine ganze Weile, ehe unser Camp eingerichtet ist. Die kaschmirische Begleitmannschaft hat inzwischen die Vorbereitungen für das Abendessen begonnen. Fürs erste wird heißer Tee und Gebäck serviert. Rasch fällt die Dämmerung ein, und bald wirft die schmale Mondsichel ihren Schein auf Wiese, Pappelhain und Zelte. Ein eigenartig flötender Ruf läßt mich aufhorchen. Wo habe ich diesen Laut schon einmal gehört? Ich greife nach meiner Taschenlampe, und vorsichtig begebe ich mich auf die Pirsch. Am Ufer des Baches werden die Rufe lauter und eindringlicher, bis sie bei der Bodenerschütterung, die mein Schritt verursacht, plötzlich verstummen. Jetzt fällt mir wieder ein, wo ich Ähnliches schon gehört habe. Am Rande des Neusiedler Sees in Österreich riefen so die Wechselkröten. Nach kurzem Suchen entdeckte ich auch hier kleine, grün gefleckte Kröten; sie sitzen im flachen Wasser der Bachuferzone. Es sind

Männchen der zentralasiatischen Wechselkröte, die mit unentwegten Flötenrufen den Weibchen ihre Existenz und ihre Paarungsbereitschaft anzeigen. Das Verbreitungsgebiet dieser Art reicht weit in das tibetische Hochland hinein. Das gedämpfte Konzert der Krötenstimmen verleiht der ersten Nacht in Ladakh einen eigenartigen Zauber. Als ich schon längst im warmen Schlafsack liege, füllen immer noch die Rufe der Wechselkröten die klare Nacht und mischen sich mit dem Rauschen des Baches.

Am nächsten Morgen ist es trotz der sommerlichen Jahreszeit empfindlich kühl. Unser Chauffeur muß mit einer offen brennenden Fackel eine Zeilang die Ölwanne und den Motor anwärmen, ehe der Bus anspringt. Einem deutschen TÜV-Inspekteur würden sich die Haare einzeln sträuben, wenn er sähe, mit welcher Unbekümmertheit die Fackel tief ins Motorinnere gehalten wird. Wahrscheinlich ist es nur der schlechten Qualität des hier benutzten Dieselöls zuzuschreiben, daß der Wagen nicht Feuer fängt. Schließlich schaukeln wir, ächzend und brummend, wieder hinüber auf die Srinagar-Leh-Straße. Der Weg nach Kargil ist ausgesprochen malerisch. Streckenweise hat sich der Fluß mit einer tiefen Schlucht in die braunen Berge gegraben. Die Braun-, Gelb- und Violettöne der Landschaft werden nur dort von sattem Grün unterbrochen, wo sich eine Oasensiedlung an den Flußufern erstreckt. Grün sind die Gersten- und Erbsenfelder, die Pappelhaine und die Weidenbüsche. Die Häuser liegen am Rand zwischen bebautem Acker und Wüste, damit kein fruchtbarer Boden durch den Häuserbau verlorengeht. Rechts und links der Straße stehen rosarot blühende Heckenrosenbüsche. Immer wieder unterbrechen wir unsere Fahrt, um die Naturschönheiten mit der Kamera einzufangen.

Schließlich taucht Kargil vor uns auf, Verwaltungs- und Handelszentrum des westlichen Ladakh. Hier übernachten wir in einem einfachen Hotel. Was es Wissenswertes über diese Stadt und ihre geschichtliche Bedeutung zu berichten gibt, soll Eva im folgenden erzählen.

Kargil – Markt zwischen Islam und Buddhismus

EVA DARGYAY: Mit einem Ruck hält unser Jeep. Staub wirbelt auf und wird von der fortschreitenden Dämmerung verschluckt. Aus der Benommenheit, in die mich die zahlreichen Schlaglöcher und die mangelhafte Federung wiegten, fahre ich hoch und frage unseren Fahrer, was denn los sei. Er murmelt, etwas sei nicht in Ordnung, und springt hinaus. Argwöhnisch folge ich ihm und sehe auch schon die Bescherung: ein Reifen sitzt platt auf dem Sandboden. Es ist die zweite Reifenpanne und die vierte insgesamt. Der Reservereifen wurde bereits aufgezogen, Flickzeug oder Luftpumpe besitzt der Fahrer nicht. Er und sein Beifahrer, ein Deutscher aus Persien, eine weitere Touristin, mein Mann Lobsang und ich, wir alle umstehen ratlos den zerschlissenen Reifen und versuchen unsere Lage zu verstehen. In einer halben Stunde wird es Nacht sein; mit einem defekten Jeep liegen wir irgendwo auf der Straße zwischen Leh und Kargil, mit einigen Zentnern Gepäck; weit und breit ist kein Mensch zu sehen. Zuerst hantieren unsere zwei Ladakhi hilflos an dem Reifen herum; als wir sie schließlich auf die Sinnlosigkeit ihres Unterfangens ansprechen, entschließt sich der jüngere, zu Fuß nach Kargil zu gehen, um einen Ersatzjeep aufzutreiben. An den Erfolg dieses Unternehmens kann ich nicht glauben, denn wer würde einem Sechzehnjährigen abends um 8 Uhr einen Jeep anvertrauen, nur weil ein paar Ausländer nicht irgendwo am Straßenrand kampieren wollen.
Die Minuten gerinnen zu Stunden. Der apfelgrüne Himmel der Dämmerung nimmt ein samtiges Nachtblau an. Sterne funkeln in stechendem Glanz. Aus der Steinwüste strahlt noch die Hitze des Tages in die atemlose Stille der Nacht. Wir warten. Kein Leben regt sich, nur unsere Ungeduld pocht in uns. Aus der Ferne ertönt Motorengeräusch – es kommt näher – vielleicht ein Militärwagen aus Leh? Ich knipse die Taschenlampe an, springe in den Scheinwerferkegel des heranschaukelnden Lastwagens und winke. Ein bärtiger Sikh beugt sich aus dem Fenster des Führerhauses, und ich versuche ihm in wenigen Worten unsere Lage zu schildern, appelliere an seine soldatische Ritterlichkeit und im Nu sind vier Solda-

ten um uns, laden unser Gepäck auf den Kranwagen, räumen uns kleine Plätze zum Sitzen ein, und ab geht's nach Kargil.
Kurz nach 10 Uhr poltern wir durch die menschenleeren Straßen und erreichen den Bazar. Kein Mensch weit und breit; ein paar dürre Hunde stöbern in den Abfallhaufen am Rande der Verkaufsbuden. Bettler räkeln sich verschlafen in ihren Lumpen. Wir werden mit unserem Gepäck abgesetzt, und der Militärwagen braust davon. Die einzige Straßenlaterne erhellt unsere Verlorenheit und macht sie noch greifbarer. Die Touristin macht sich mit ihrem leichten Rucksack schnell auf die Suche nach einem Schlafplatz – in einem der sogenannten Hotels in Kargil. Der Deutsche aus Persien folgt ihr, wohl nicht nur, um ihr zu helfen. Lobsang bittet mich auf unser Gepäck, zwei Seesäcke, zwei Rucksäcke und einen Fotokoffer, aufzupassen, während er die Suche nach einem einigermaßen akzeptablen Nachtlager für uns antritt. Durch den Lärm, den unsere Ankunft in Kargil verursachte, angelockt, sammeln sich nach und nach einige Leute um mich. In dem fahlen Licht erkenne ich nur die einstmals weißen und jetzt grauen Käppi auf ihren geschorenen Schädeln. »Lauter Moslems«, denke ich und ziehe mich noch etwas tiefer in meinen Anorak zurück. Gerne wäre ich jetzt eine Schnecke, die ganz in ihrem Haus verschwinden kann. Die Männer umstehen mich und das Gepäck, das ich mit Argusaugen bewache, vor allem den kostbaren Fotokoffer. Manchmal leuchtet der Widerschein der Lampe in ihren Augen auf, und für Sekunden werden ihre scharfen Hakennasen erkennbar. Sie wechseln einige Worte untereinander, wovon ich nur »ingrese« verstehe, d. h. wörtlich »Engländer«, steht hier aber für jede Art von Europäer. Endlich höre ich Lobsangs Stimme, rasch kommt er näher, er spricht mit einem Ladakhi in Tibetisch, vertraute Laute, die meine Beklemmung bald vergessen lassen. Ein Jeep kommt und bringt unser Gepäck zum Hotel Deluxe. Welcher Witzvogel sich diesen Namen für den Flohkasten ausgedacht hat, kann wohl niemand mehr erraten. Man zeigt uns das Zimmer; es hat sogar Bad, d. h. in einer dunklen Ecke ist ein Holzverschlag, in dem auf faulenden Bohlen ein Wassertank steht. Beugt man sich ganz tief hinunter, dann erspäht man einen Wasserhahn. Eine Toilette gibt es auch, am Flur. Sie ist nach indischer Art in einen Sockel eingelassen. Die Tür jedoch ist so niedrig, daß man alle Vorgänge auf dem Flur beobachten kann – eine Toilette

mit Kommunikationsmöglichkeit. Da wir auf den Betten keine Wanzen entdecken, nehmen wir das Zimmer. Sicherheitshalber greife ich zur Flit-Dose und spraye die Betten ab. Bald rolle ich mich in den Schlafsack ein, doch der Schlaf will sich nicht sogleich einstellen. Die Müdigkeit des Körpers liegt schwer auf den Gedanken und hindert sie, in geordneter Folge aufzutreten. Bilder aus den Tagen meiner Kindheit und Jugend tauchen auf. Der Film *Geheimnis Tibet*, in den dreißiger Jahren von dem Tibetforscher Ernst Schäfer gedreht, hinterließ in mir, der damals Fünfjährigen, tiefe Spuren. Der Tanz der Dämonen, der skelettartigen »Erdherren«, das Dahinsiechen des Weißen Alten – all das Brauchtum zu Neujahr, das einstmals im fernen Lhasa gefeiert wurde, drang tief in meine neugierig fragende Kinderseele ein, doch ohne daß ich die Eindrücke verstehen hätte können. Jahre später, auf dem Gymnasium, begegnete ich Büchern, und immer wieder Büchern, die von gefährlichen Karawanenwegen durch die Wüste Gobi, von der Durchquerung Ost-Tibets, von Prinz Siddhartha erzählten, dem Sproß des Shakya-Geschlechts, der später zum Erleuchteten, zum Buddha wurde. Wie viele Nächte und Tage verträumte ich als junges Mädchen und sah mich gleich Sven Hedin zahllose Abenteuer bestehen? Ihm und all den anderen Asienforschern wollte ich es einmal gleichtun. Wissen, was noch keiner vor mir wußte, Zusammenhänge entdecken, Vergessenes ans Tageslicht bringen, das wollte ich, wenn ich einmal erwachsen war – und Bücher schreiben, erzählen und berichten von Forschungen und Reisen.

Nun ist es soweit. Ich habe den Hauptkamm des Himalaya überquert; Zentralasien liegt vor mir; der Hauch der Hochgebirgswüste weht durch das offene Fenster herein. In den Rausch der Erinnerung schiebt sich doch auch die Besorgnis, denn ich bin ja als Wissenschaftlerin, als Tibetologin aufgebrochen, um eines der letzten Gebiete, in denen die Kultur der Tibeter noch lebendiges Jetzt ist, zu erforschen. Was für ein langer Weg war es vom wissensdurstigen jungen Mädchen bis heute ...

Nach dem Abitur lockte mich das breitgefächerte Lehrangebot der Münchner Universität; es sollte mein schier unbegrenztes Interesse an fremden Kulturen, und da vor allem an denen Asiens, mit neuer Substanz nähren. Die Sprachen Indiens und Innerasiens hatte ich im Laufe meines Studiums erlernt, fremde Schriften verstand ich zu schreiben, bisher unbekannte Literaturen eröffneten mir ihre Schätze. Unvergeßliche Eindrücke von meiner – so lang ersehnten – ersten Indienreise vor vielen Jahren: der Schock, wenn ein angelesenes Bild unvermittelt an der Wirklichkeit sich messen muß. Monatelang hatte ich damals unter tibetischen Flüchtlingen in Indien gelebt und aus ihren Erzählungen und Berichten die sozialen und wirtschaftlichen Gegebenheiten abgeleitet, die bis zum Einmarsch der Chinesen in den fünfziger Jahren vorherrschend waren. Reisen und Feldforschungen hatten mit akademischen Bewährungsproben abgewechselt. Als es sich 1975 herumsprach, daß Ladakh für Europäer nun zugänglich sei, da reifte in ausführlichen Gesprächen mit Kollegen der Plan, die volkstümlichen Kulturen Ladakhs dokumentarisch zu erfassen und einzelne Teile daraus systematisch in ihrem historisch gewordenen Kontext zu bearbeiten. Das Projekt gewann Gestalt und wurde der Leitung am Institut für Indologie und Iranistik der Universität München unterstellt. Die Stiftung Volkswagenwerk erklärte sich bereit, die Kosten zu übernehmen. Lobsang, mein Mann, von Geburt Tibeter und seit vielen Jahren als Wissenschaftler an deutschsprachigen Universitäten tätig, wollte mich begleiten. Dies wird vieles erleichtern, ja, erst ermöglichen. So waren wir vor kurzem als Kleinstgruppe von zwei Tibetologen von München aus zur ersten Erkundungs- und Forschungsreise aufgebrochen. Mündliche Überlieferungen, das bäuerliche Brauchtum sowie die althergebrachten Strukturen des sozialen und religiösen Lebens sollten das Zentrum unserer Bemühungen sein, Bereiche der Gesamtkultur also, die vom Einbruch der Moderne besonders schnell und nachhaltig in Mitleidenschaft gezogen werden.

Dann der Aufbruch – letztlich ins Ungewisse. Wird unsere am Schreibtisch zusammengestellte Ausrüstung sich bewähren? Noch steht die Antwort darauf aus. Träume und Sehnsüchte der Jugend wie auch planmäßiges Studieren und hartes Arbeiten, dies alles hatte mich hierher nach Kargil geführt. Zittrige Erregung ob der Freude, zum erstenmal einen Teil des alten Tibet zu sehen, stritt mit dem Gefühl banger Besorgtheit, ob denn unsere wissenschaftlichen Hoffnungen sich auch erfüllen würden. Nach und nach aber kriecht die bleierne Schwere aus den Gliedern in den Kopf und löscht den Reigen der Assoziationen und Erinnerungsbilder aus. Vor dem Fenster

ist nur noch die trockene heiße Luft, vibrierend vom Zirpen der Zikaden und dem Singsang der Söhne Allahs.
Lobsang wollte noch unseren Freund in Kargil treffen, den Sohn des Königs von Zangla, der uns helfen soll, unsere spätere Reise nach Zanskar vorzubereiten. Der Schein der Taschenlampe reißt mich aus meinem mitternächtlichen Schlaf. Um Atem ringend erzählt mir Lobsang seine nächtlichen Erlebnisse. Einer der Diener aus der Herberge, noch ein Knabe von vielleicht zehn Jahren, sollte ihn zum Haus unseres Freundes bringen. Als sie vom Bazar in eine schmale Gasse einbogen, um an den Fluß zu gelangen, wurden sie in der Dunkelheit von harten Männerfäusten festgehalten und gefragt, was sie denn nachts suchten. Lobsang berichtete von unserer pannenreichen Fahrt nach Kargil, von unserer verspäteten Ankunft und daß er seinen Freund Nima Norbu treffen wolle, weil wir morgen schon wieder weiter müßten. Nach einigem Hin und Her ließen ihn die Soldaten frei. Die Taschenlampe – denn der Strom wird um 11 Uhr abgeschaltet – zeigte einen martialischen Anblick: Soldaten mit Helmen und Visieren, Rundschilden und Schlagstöcken. Offensichtlich von der ehrlichen Antwort überzeugt, ließ sich der Anführer zu einem kurzen Gespräch herbei. In der letzten Zeit sei es in Kargil wiederholt zu Straßenschlachten zwischen Moslems und Buddhisten gekommen, daher sei es verboten, nach Abschalten des Stromes auf die Straße zu gehen. Die Truppe sei hier postiert, um den Zusammenstoß der widerstreitenden Parteien zu unterbinden.
Am nächsten Morgen, der Bazar erhebt sich langsam aus seiner Dösigkeit, kann ich von den Spannungen nichts bemerken. Gegen Mittag kommt Leben in den Bazar, er füllt sich mit Menschen. Händler halten die unmöglichsten Dinge feil, die in Europa längst auf einer Müllhalde gelandet wären, zerschlissene Uniformröcke, defekte Petroleum-Kocher, abgefahrene Fahrradreifen. Gesichtszüge und Kleidung der Müßiggänger lassen auf Herkunft und Religion schließen. Moslems aus Kaschmir mit Persianermützen; Ladakhi im dunkelroten Mantelkleid, *tschuwa* genannt, und dem typischen Zylinderhut, dem Kantog; Turkmenen mit Bart und Turban; scheue Darden – sie alle versuchen, Waren zu tauschen, Geschäfte zu machen. Touristen verschiedenster Herkunft mischen sich unter Bettler aus Südindien, die ihre von Lepra zerfressenen Gliederstümpfe, Mitleid und Rupie

heischend, dem Fremden unter die Nase halten. Lausbuben, nur mit Fetzen bekleidet, spielen mit leeren Konservendosen Polo, rennen in die weiten Röcke eines buddhistischen Mönchs, der – das verraten seine klobigen, zerschlissenen Schuhe – von weither kam, um einzukaufen. Vielleicht stammt er aus Zanskar, jenem 1978 nur auf beschwerlichen Pfaden zu erreichenden Tal, das auch wir später besuchen wollen. Sein wettergebräuntes, faltiges Gesicht verrät Tatkraft und Erfahrung und doch liegt ein Hauch Verträumtheit, Weltabgeschiedenheit darüber, während er mit kräftigen Händen, von der harten Arbeit rauh und rissig, in einem Sack mit Tee wühlt, um die Qualität zu prüfen.

Mit einem gewissen inneren Genuß beobachte ich dieses Treiben und entsinne mich Rudyard Kipling's *Kim*, in dem das Schicksal eines indischen Jungen auf dem Bazar seine entscheidende Wende nimmt. Schon die alten Dichter Indiens muß dieses Leben auf den Bazaren fasziniert haben, denn Somadeva, der Verfasser des *Ozeans der Geschichten* (Kathāsaritsāgara) läßt alles Wunderbare, das seinen Helden begegnet, im Bazar seinen Anfang nehmen. Hier sind die Zauberer, die Tantriker, die zur Vollendung ihrer übersinnlichen Fähigkeiten des Menschenopfers bedürfen, hier verwandeln sich faule Mangofrüchte in nie gekannte Edelsteine, hier lungern Könige in der Verkleidung von Bettlern, um ihre Untertanen zu beobachten; liebestolle Damen schicken durch vertraute Dienerinnen Zettel zu dem Geliebten, um ihn zum Rendezvous zu laden. Das Reich Aladins beginnt hier auf dem Bazar.

Aus meinen Gedanken und Assoziationen fahre ich hoch, ein Wispern geht durch die Menge, und mitten in ihr sehe ich eine hochgewachsene Gestalt, angetan mit einem langen blauen Überwurf und einem blendendweißen Turban. Achtunggebietend ist die Erscheinung. Auf meine Frage hin erfahre ich, daß er einer der angesehensten Mollas der Gegend ist. Es ist das erste Mal, daß ich einem authentischen Vertreter des Islam gegenüberstehe, und ich verhehle nicht, daß er auf mich einen tiefen Eindruck macht. Sein Blick ist der eines Herrschers, sein Auftreten auf dem Bazar unterscheidet sich von dem aller übrigen Menschen nur allzu deutlich. Er ist kein Händler, er will nicht kaufen oder tauschen, er ist da wie der Hirt unter der Herde. Etwas Alttestamentliches geht von ihm aus. Und die Menschen rings um ihn

erwidern es spontan mit Ehrfurcht, die man ihm sicherlich nicht leicht entziehen kann. Mein Blick, nun geschärft, entdeckt Mollas der verschiedensten Rangabstufungen, die jeweils den Älteren mit Würde und Hingabe Verehrung und Respekt bezeugen.
Kargil besitzt auch eine kleine Moschee, die in grün-grauem Anstrich den Fayence-Glanz großer Moscheen nachahmen möchte, deren Minarette aber wie eine etwas deplazierte Bleistiftreklame wirken. Und doch – zu den vorgeschriebenen Zeiten schallt über die Lautsprecher die heisere Stimme des Muezzin zum Lob und Preis Allahs. Der Islam ist eine Religion der offenen Proklamation und hierin dem Christentum nicht unähnlich. Der ganze Ort und alle Andersgläubigen müssen das Wort des Bekenntnisses vernehmen, laut und deutlich. Immer wieder entdecke ich auf einem Felsen im Flußbett, in einem Garten, auf einem Terrassenfeld einen Moslem, das Gesicht nach Westen gewandt, in stummer Verneigung dem Dienst Allahs in aller Öffentlichkeit ergeben. Zu dieser Zeit ist er abgeschnitten von allem mitmenschlichen Leben, allein ausgerichtet auf den Unnennbaren; der Ernst und der Eifer des Bekenners liegen auf seinem Gesicht. Und aus dieser Haltung heraus betrachten die Moslems von Kargil die Buddhisten aus Ladakh und Zanskar als Heiden und verirrte Schafe. Dem Buddhismus Einhalt zu gebieten, halten sie für ihre heilige Pflicht, der nachzukommen aller Ehrgeiz gilt. In diesen Bergtälern hat der Islam nicht den schimmernden, lasziven Glanz höfischer Kultur wie in Kaschmir, wo nicht nur Hindus zum alten Shivatempel über der Stadt Srinagar wallfahren, sondern auch Moslems und Sikhs. Hier in den Bergtälern ist der Islam die flammende Botschaft des Propheten, die von ihren Jüngern Askese und Eifer verlangt.
Kaschmir – die Schweiz Asiens, der Garten Eden, das Paradies Indiens, Juwel des Himalaya. In den überschwenglichsten Tönen preist fast jedes Buch, das sich mit Indien befaßt, diese Landschaft. Geographisch ist Kaschmir eine gewaltige Tallandschaft, als fruchtbare Oase eingelagert ins Hochgebirge. Seit urdenklichen Zeiten zogen diese Taloasen die Menschen an – die Gunst des Klimas, die Fruchtbarkeit der reichlich bewässerten Felder, der Reichtum der Seen, gespeist vom Schmelzwasser der Gletscher. Das Kathmandu-Tal wie auch das Etsch-Tal in Südtirol zählen zu diesen Taloasen – und eben Kaschmir. Es liegt nordöstlich der ersten bedeutenden Faltenerhebung

des Himalaya, so daß der Monsun nur noch mit Maß das Land mit Regen überschüttet, es andererseits aber nicht die Trockenheit der zentralasiatischen Hochgebirgswüsten kennt. In einem weiten Talbecken liegen zahlreiche flache Seen, die weitgehend verlandet sind, die »schwimmenden Gärten«. Obst, Gemüse und Reis gedeihen hier in Fülle. Die Menschen haben genug zu essen, genug Sonne und Wärme, um unbeschwert in den Tag hineinzuleben. Kaschmir ist heiterer und gleichzeitig aktiver als das eigentliche Indien. Nun ist mir ein Wort entschlüpft, das ich in Kaschmir immer wieder hörte: »Indien, das ist dort im Süden; hier ist Kaschmir.« Politisch unhaltbar, doch im Lebensgefühl der Menschen unantastbare Wahrheit.

Heute ist Kaschmir ein Hort des Islam in Indien, doch im ersten nachchristlichen Jahrtausend war es ein Zentrum buddhistischer Kultur und Gelehrsamkeit. Der Buddhismus in Tibet wie in Ladakh wäre ohne sein kaschmirisches Erbe nicht denkbar. So zogen denn während einiger Jahrhunderte die begabten Söhne der Tibeter und Ladakhi nach Kaschmir, um die Lehre des Erleuchteten gründlich zu studieren. Kaschmir war vom 7. bis zum 11. Jahrhundert die geistige Amme Ladakhs, doch danach wurde sie zur Kriegsgöttin, die in immer neuen Vorstößen Ladakh mit Elend und Not heimsuchte. Wollen wir das innere Wesen Ladakhs verstehen und nicht einfach unbeteiligt das exotische Äußere betrachten, dann müssen wir uns näher mit der Geschichte Kaschmirs beschäftigen.

Indische Berichte erwähnen Kaschmir erstmals in Zusammenhang mit Ashoka (274–237 oder 232 v. Chr.). Waldschmidt, ein deutscher Indologe, sagte über ihn: »Ashoka ist die unbestritten gewaltigste Persönlichkeit der altindischen Geschichte, auch ein Ausnahmemensch in der Reihe der indischen Könige, insofern er nicht so sehr als Eroberer und Machtpolitiker denn durch sittliche Haltung hervorragt.« Worte, die nur noch für ganz wenige Große der Geschichte Geltung haben. Ashoka gehörte der Maurya-Dynastie an, unter deren Herrschaft Indien eine staunenswerte kulturelle Blüte erlebte. In zahlreichen Felsinschriften ermahnte er seine Untertanen zu Liebe, Mitleid, Freigebigkeit und Wahrhaftigkeit. Nicht nur gegenüber Dienern und Bettlern sollten sie diese Tugenden üben, auch gegen Tiere. In diesen Erlassen des Königs klingen Gedanken von der Würde und Gleichheit aller Menschen an wie auch sehr modern anmutende über den Tierschutz. Zwei dieser Felsenedikte befinden sich in einem zwischen Gandhara und Kaschmir gelegenen Landstrich, in Shahbazgarhi und Mansehra. Siebzehn Jahre nach seiner Königsweihe berief Ashoka eine Versammlung aller buddhistischen Gelehrten ein. Tausend Mönche sollen daran unter dem Vorsitz des Tissa Moggaliputta teilgenommen haben. Eine der Initiativen des Konzils war es, die Lehre Buddhas bis in die entferntesten Länder der Erde zu tragen. Auch nach Kaschmir wurden Sendboten des neuen Glaubens gesandt. Von ihrer Tätigkeit wissen wir nicht mehr viel, doch die eben erwähnten Felsenedikte bestätigen ihr missionarisches Wirken.

Als in den Jahren nach Ashoka die Kraft der Mauryas hinschwand, löste sich Kaschmir vom Hauptteil des Reiches. Erst unter der Kushana-Dynastie (ca. 50–220 n. Chr.), die als Fremdling aus den innerasiatischen Steppen in Nordwest-Indien einfiel, wird Kaschmir wieder Teil eines größeren indischen Reiches. Vima Kadphises hat sogar bei Kalsi – früher Kalatse genannt –, nicht weit von Kargil entfernt, eine Inschrift in den Fels meißeln lassen: »Im Jahr 187 (oder 184) während der Herrschaft des großen Königs Uvima Kavthisa«. Zwar ist bisher unbekannt, auf welche Zeitrechnung sich die Jahresangabe bezieht, doch an der Schreibung des Namens und seines Bezuges auf den genannten Kushana-Herrscher ist kein Zweifel möglich.

Der größte Herrscher der Kushana jedoch, Kanishka, hat Peshawar, heute dem pakistanischen Teil Kaschmirs zugehörig, zu seiner Hauptstadt erhoben. An ihrem Rand erbaute er einen gewaltigen dreizehnstöckigen Stupa, dessen Fundamente noch heute erhalten sind. Nach Kaschmir berief der Herrscher die buddhistischen Gelehrten zu einem Konzil. Wiederum nahm die Missionstätigkeit einen neuen Aufschwung. Der Buddhismus breitete sich nun nach Norden über Baktrien, Sogdien und Ostturkestan aus; auf dem Weg in diese Länder streifte er auch Ladakh. Auf unserer Reise durch Zanskar werden wir uns noch einmal ausführlich mit dieser Phase des Buddhismus beschäftigen müssen. Als später die Hephtaliten in Indien einbrachen, wurde ihr Herrscher Mihirakula (512–528 n. Chr.) von einem Rivalen besiegt, zog sich nach Kaschmir und Gandhara zurück, wo er die buddhistische Kultur zu zerschlagen suchte.

Eine kaschmirische Dynastie, die Karkota, belebte im 7.–9. Jahrhundert erneut die buddhistische Kultur. Ihr gefeiertster Herrscher, Lali-

taditya, triumphierte, wie die Königschronik berichtet, über Darden, Tibeter und Turkstämme. In kriegerischen Expeditionen entsandte er seine Truppen bis in den Golf von Bengalen, während er in Kaschmir unvergängliche Baudenkmäler schuf – den Tempel von Martand, Wangat, Avantipur u. a. Zur gleichen Zeit errichtete das tibetische Herrscherhaus sein junges Weltreich. Den Nachfahren der alten tibetischen Könige werden wir noch auf unserer weiteren Reise wiederholt begegnen. Fast gleichzeitig mit der zentraltibetischen Königsdynastie endete auch die kaschmirische Karkotadynastie, nämlich 855. Ihr folgten weitere Herrscherhäuser, die jedoch alle der Lehre des Erleuchteten ergeben waren, wenn auch immer wieder einzelne Herrscher, und zwar in zunehmendem Maße, den Shivaismus förderten. So soll der Shivatempel über der Stadt Srinagar ursprünglich ein buddhistischer Tempel gewesen sein, der aber anläßlich einer Disputation zwischen buddhistischen Gelehrten und dem shivaitischen Philosophen Shankara in einen Tempel dieses hinduistischen Gottes verwandelt wurde.
Trotz des Zerstörungswerkes der islamischen Eroberer findet man in Kaschmir bis heute zahlreiche Reste der einst blühenden buddhistischen Kultur. So erzählte mir Gergan, ein christlicher Ladakhi, daß er am Abhang unterhalb des Shivatempels bei Srinagar Stücke buddhistischer Skulpturen gefunden habe. Einzelstücke des buddhistischen Kunstschaffens aus Kaschmir finden sich auch da und dort in den westlichen Museen.
Mahmud von Ghazni, der erste islamische und bedeutendste der türkischen Eroberer Indiens, dehnte in den drei Jahrzehnten seiner Herrschaft sein Reich von Afghanistan bis weit nach Indien hinein aus (1008–1026 n. Chr.). Unermeßliche Schätze fielen in die beutegierigen Hände seiner Truppen. Schon sein Vater hatte Kabul und Peshawar erobert, Mahmud selbst fügte das Pandschab oder Fünfstromland hinzu. Buddhistische Kultur und Lebensart wurden von da an zunehmend verfolgt; die Lehre des Propheten triumphierte. Kaschmir blieb auch unter den in rascher Folge einander ablösenden Sultanen von Delhi Teil des islamischen Reiches in Indien.
Schnell zerfiel die Macht des Delhi-Sultanates, und in Kaschmir ergriff Shah Mirza die Gunst der Stunde; er war ein Moslem aus Swat, einem Tal, das lange Zeit unter der Botmäßigkeit Kaschmirs stand. Er

soll Kota Rani, die Königinwitwe, zur Ehe gezwungen haben, doch auf der Schwelle zu seinem Schlafgemach beging sie – so will es die Legende – Selbstmord. Shah Mirza gebrauchte jedoch die ihm zugefallene Macht weise und mit Maß; unter ihm blühten Kunst und Wissenschaft erneut auf. Islamische Gelehrte aus Persien und dem Zweistromland versammelten sich ebenso an seinem Hof wie indische Gelehrte, denn noch war die Hofsprache in Kaschmir Sanskrit. Unter Sultan Shams-ud-din, wie sich Shah Mirza nach seiner Thronbesteigung nannte (Regierungszeit: 1339–42), fand auch die Schiah-Bewegung Eingang in Kaschmir.

Sultan Sikaner (Regierungszeit: 1394–1416) hielt seinen ehrgeizigen und intrigenreichen Minister Rai Madari vom Hof fern, indem er ihm Ladakh als Eroberungsziel zuwies. Zwar entging Ladakh nochmals dem Geschick der Plünderung, doch die neue Zeit war unübersehbar an die Pforten des entlegenen Königreiches getreten. Unter der Regierung dieses Sultans wurden die meisten der prachtvollen Hindu-Tempel Kaschmirs zerstört, wie er auch alle Nicht-Moslems blutig verfolgte.

Sikanders Sohn, Zain-ul-Abidin, gab seinem Herrschaftsgebiet Ordnung und Stabilität. Er erließ die Steuerbürde, die auf der Landbevölkerung lastete, beseitigte das Treiben der Räuber und Diebe entlang der Karawanenwege, konsolidierte das Finanzwesen und erweiterte die Selbstverantwortung der Dörfer und ihrer politischen Führer. Nichtsdestoweniger füllte er seine Kasse durch einen Raubzug nach Ladakh, wo er bis Sheh vordrang. Zain-ul-Abidin übte sich aber im allgemeinen in einer bemerkenswerten Toleranz allen Andersgläubigen gegenüber, und es wird von ihm berichtet, daß er des Persischen, Hindi und Tibetischen wie seiner Muttersprache mächtig war. Bedeutende Werke der Hindu-Literatur ließ er ins Persische übersetzen. Dies alles brachte ihm den Titel »Akbar von Kaschmir« bei den späteren Geschichtsschreibern ein.

Unter den nachfolgenden Sultanen versank Kaschmir zunehmend in Anarchie und Mißwirtschaft. Ladakh wurde Opfer eines Beutezuges von Sultan Sayyid Khan aus Kashgar; auch die kaschmirische Chak-Dynastie versuchte, um 1562 einen Gouverneur in Ladakh einzusetzen. Yusuf Shah, ein romantischer Träumer auf dem ins Wanken geratenen Thron von Kaschmir, war der letzte Sultan eines Geschlechtes, das dem Islam in Kaschmir ein tolerantes und humanes Gepräge gab. Von nun an stand Kaschmir unter der Herrschaft der Moguls.

1585 wurde Kaschmir, politisch uneins, eine leichte Beute für die Truppen Akbars. Anläßlich seines dritten Besuches in Kaschmir beschloß Akbar, Ladakh und Baltistan unter seine Herrschaft zu bringen. Gegen Ende des 16. Jahrhunderts muß jedoch Kaschmir von einer verheerenden Hungersnot heimgesucht worden sein, was auch die beiden ersten Europäer berichten, die damals das Land besuchten: Gerome Xavier und Benoist de Gois; und so sah Akbar sich gezwungen, seine Eroberungspläne zu verschieben. Inzwischen unterwarf der Herrscher Baltistans, Ali Rai, Ladakh. Akbar empfand dies als eine persönliche Herausforderung, holte Verstärkung aus Lahore und marschierte in Ladakh und Baltistan ein. Bei der Eroberung wurde kein einziger Schuß abgegeben, denn Ali Rai suchte vor der Übermacht des Mogul-Heeres sein Heil in der Flucht.

Die Kalmüken, ein mongolischer Volksstamm, bedrohten Ladakh, dessen König den Mogul-Herrscher Shah Jahan (1628–1666) um Hilfe bat. Er gewährte sie in Form eines Entsatzheeres um den Preis, daß die kostbare sogenannte Kaschmirwolle, die bis dahin ausschließlich in Tibet gewonnen wurde, ohne Abgaben nach Kaschmir exportiert werden durfte. Damit erhielt diese feine und äußerst warme Wolle ihren irreführenden Namen.

Viele der Mogul-Herrscher schätzten die Naturschönheit Kaschmirs und verbrachten dort vor allem die Zeit des Sommers. Die Verwaltung überließen sie einem Gouverneur, der nicht immer in einem harmonischen Verhältnis zu den einheimischen Adeligen stand. 1753 jedoch eroberten die afghanischen Truppen unter Ishk Aqasi das Tal, und stolz pflanzte er sein Banner vor dem Fort Akbars in Srinagar auf; das Ende der Mogul-Herrschaft war in Kaschmir besiegelt.

Die Afghanen wurden die neuen Herren Kaschmirs. Als Sunniten verfolgten sie die Schiiten ebenso unnachsichtig wie die Hindus; es kam zu Greueltaten, die ihresgleichen suchten. Mit Ranjit Singh (1780–1859) erstand die Sikh-Bewegung als militärisch-politische Macht in Nordwest-Indien. 1806 schloß er mit den Briten einen

Freundschaftspakt, der ihn nördlich des Sutlej unbehelligt ließ. 1819 entwand er nach harten Kämpfen Kaschmir den Händen der Afghanen. Zwar waren die Sikh nicht von so barbarischer Grausamkeit wie ihre Vorgänger, doch ihre Herrschaft war hart und rücksichtslos.

Gulab Singh, jüngst Herr über Kishtwar geworden, beschloß 1834, Ladakh anzugreifen. Ursprünglich als Beutefeldzug konzipiert, um der Kasse des Fürsten neue Finanzmittel zuzuleiten, entwickelte sich daraus der Dogra-Krieg, der zum Untergang des Königreiches von Ladakh führte. Mit diesen Ereignissen werden wir uns in Leh, der Königsstadt Ladakhs, noch ausführlich beschäftigen.

Als die Dogra-Krieger die Täler des westlichen Himalaya und der daran anschließenden Nordgebiete durchstreiften, da bereiste auch der Brite Cunningham im Auftrag der East Indian Company den West-Himalaya und Ladakh. Von Kulu aus war er über den Baralacha-Paß nach Leh und von dort nach Kaschmir vorgedrungen. Auf dem Weg nach Bokhara starb er. Er hinterließ uns eine heute noch in weiten Teilen gültige und höchst informative Beschreibung aller Landesteile von Ladakh.

Bleibt noch eine Frage zu klären. Die Moslems Kaschmirs sind weltoffen und tolerant, doch jenseits des Zoji-La dominiert der Puritanismus; dort sind die Moslems Schiiten, im Gegensatz zu den meisten Moslems in Indien, Pakistan und Afghanistan. Wieder müssen wir in die Vergangenheit zurückgehen, um die Gegenwart zu verstehen. Als Humayun, einer der Mogul-Herrscher Indiens, im Laufe von endlosen Fehden Indien verlassen mußte, kam ihm als einziger der persische Herrscher Shah Tahmasp zu Hilfe und stellte ihm 14000 Soldaten, alles gläubige Schiiten, zur Verfügung. Sie kämpften den Weg frei für den vertriebenen Humayun und siedelten sich schließlich als Bauern und Hirten in den öden Bergtälern jenseits des Zoji-La an, im Niemandsland zwischen den Kaschmiri und Ladakhi. Der Ernst und die Entschlossenheit, die damals diese Hilfstruppe auszeichnete, haben auch noch ihre Nachfahren bewahrt. Hier zeigt sich der genius loci von Kargil.

Immer wieder flammten die Kämpfe zwischen den beiden islamischen Richtungen auf. Unter Akbar griff der Gouverneur von Kaschmir in die Streitigkeiten ein, in deren Verlauf Fath Khan Chakk, ein fanatischer Schiite, die Leiber von Tausenden von Sunniten aneinanderfesseln und im Dal-See ertränken ließ.

Das eigentliche Kaschmir-Tal war offen für die liberale und tolerante Religionspolitik Akbars, aber in den Bergtälern jenseits des Hauptkammes des Himalaya haben sich bis heute die Glaubenskämpfer des Propheten in puritanischem Fanatismus allen auflösenden Tendenzen der Ungläubigen – seien es Hindus, Buddhisten, Christen oder Sunniten – widersetzt. In den Bergen ist der Islam in der Diaspora, er eint seine Anhänger unter dem Banner des Propheten, verpflichtet sie zur strengen Abstinenz vom Alkohol und gibt ihnen den Kampf gegen alle Andersdenkenden als heilige Pflicht auf.

So selbstbewußt und herrisch der Islam in Kargil auftritt, so still und natürlich scheint der Buddhismus. Die Mönche, die manchmal nach Kargil kommen, um auf dem Bazar Lebensnotwendiges einzukaufen, unterscheiden sich in ihren rot-braunen Kutten kaum von den Ladakhis und Zanskaris in ihren weinroten Kleidern. Meist sind es einfache und junge Mönche, die man auf dem Bazar trifft. Sie interessieren sich für den Handel, eilen hin und her, oder verweilen bei einem gemütlichen Plausch. Sie scheinen die Neigungen und Schwächen aller Menschen zu teilen, ihnen haftet nichts Gebieterisches an. Wenn eine Fliege in ihre Teetasse fällt, holen sie sie schnell mit dem Finger heraus, denn alles Lebendige ist eins, und ein Leben zu retten – und sei es das einer Fliege – ist eine gute Tat. Der Buddhismus erlaubt es sich, eine Religion des Verlierens, des Nachgebens, der Schwäche zu sein. Seine Tempel verkünden ihre Existenz nicht durch den Schall der Glocken oder durch die Rufe des Muezzin; sie sind häufig in die Häuser so eingebaut, daß man sie nur mit Not finden kann – wie etwa den alten Maitreya-Tempel in Leh. Seine Anhänger machen durch keinerlei spektakuläre Gesten auf ihre Überzeugung aufmerksam. Und wenn ein alter Ladakhi auf dem Bazar die Perlen der Gebetsschnur durch die Finger gleiten läßt und seine Lippen sich im Rhythmus des OM MANI PADME HUM (Om, o Juwel im Lotos, hum) zitternd bewegen, dann nehmen seine Blicke doch teil am Leben um ihn, ja, er versteht es, zwischen den Gebeten am Schwatz der anderen teilzunehmen. Keine Aufnahme- oder Bekehrungsriten binden die Buddhisten zu einer Gemeinschaft von Bekennern zusammen; keine obligatorischen religiösen Pflichten prägen die äußeren Formen des

Lebens. Das Wort des chinesischen Philosophen und Weisen Lao-tse »Sei wie das Wasser« könnte als Maxime über dem Buddhismus stehen. Die Stärke des Buddhismus liegt nicht in der Demonstration von Macht, im Bekennen, sondern in der Annahme des Gegebenen, das bis auf den Grund durchdrungen und damit verwandelt wird. Wann immer Völker den Buddhismus zur Grundlage ihres Denkens und Fühlens machten, riskierten sie den Verlust politischer und militärischer Macht. Die Geschichte der Tibeter, die eines der größten Reiche des Fernen Ostens aufbauten, von Sibirien bis zum Ganges und von West-China bis Samarkand und Buchara, beleuchtet dies: durch die folgenden Jahrhunderte schmolz ihr politischer Einfluß, schrumpfte die Ausdehnung ihres Staates immer mehr, bis sie 1959 auch den Kern ihres Reichsgebietes verloren. Sie gewannen aber die Zuneigung einer ganzen Welt, und ihre Lebensart, ihre buddhistische Denkweise schlägt Wurzeln im westlichen Raum. Junge amerikanische Dichter etwa versuchen, buddhistische Überlegungen zum Schlüssel ihrer ästhetischen Welterfahrung zu machen. So kann es sich der Dalai Lama, Souverän des unabhängigen tibetischen Staates bis 1959, erlauben, nicht Krieg und Haß gegen den Usurpator der Heimat zu predigen, sondern Verstehen und Liebe.
Der Islam beherrscht in Kargil auch die Ämter und den Staat; die buddhistischen Ladakhi und Zanskari verlieren dabei immer. Sie lehnen sich oft dagegen auf, ungeachtet, daß dies eine unabdingbare Folge ihrer inneren Überzeugung ist. Als die Zanskari ein kleines Kloster in Kargil errichten wollten, wurde der Bau durch die Behörden gestoppt. So zeigt sich nun das »Kloster« als ebenerdiges Lehmgebäude, das vier oder fünf lichtlose Zimmer, Lehmwände und Lehmboden, gleich einer Baracke, aneinanderreiht. Ein Bild der Armseligkeit und der Ergebenheit. Doch das fröhliche Lachen in den dunklen Räumen beschämt jeden, der glaubt, Religion müsse mit Macht und Pracht einherschreiten.

Von Kargil nach Lamayuru

Ulrich Gruber: Der Morgen ist noch frisch und kühl, als wir Kargil verlassen, um weiter nach Ladakh hineinzufahren. Die Gassen des Bazars wirken verschlafen. Die Türen der meisten Läden sind noch fest verschlossen. Nur hie und da schlurft eine turbanbewehrte, graue Gestalt durch den Straßenstaub. Rumpelnd queren wir am Ortsende auf einer einbahnigen Brücke den Surufluß, der seine reißenden Fluten dem Indus entgegenschickt. Von hier beginnt die erst kürzlich gebaute Straße, die über den 4500 Meter hohen Pensi La in die abgelegene, südladakhische Flußlandschaft Zanskar führt. Hamid erzählt, daß diese Straße sich noch in einem sehr provisorischen Zustand befindet und daß eine Reise nach Zanskar nach wie vor Abenteuer mit sich bringt.

Unser Weg wendet sich allerdings vom Suru ab, steigt etwas an und führt uns dann durch eine Landschaft von abweisender Schönheit. Die braungelben Hänge sind weit und kahl. Ab und zu steht wie verloren ein rotblühender Heckenrosenstrauch in dieser Hochgebirgswüste, die von gezackten Berggipfeln überragt wird. Die Wüstenlandschaft verwirrt mich mit der Vielfalt ihrer Formen und Eindrükke. Sie wirkt zwar öde, lebensfeindlich, aber niemals eintönig. Immer wieder beleben Oasendörfer am Wakhafluß, den wir jetzt entlangfahren, mit ihren leuchtend grünen Feldern und idyllischen Pappelhainen das Landschaftsbild. Schließlich verengt sich das Flußtal. Wir sehen nur noch steile Schutthänge rechts und links. Die Fahrt, das Stoßen und Schaukeln des Busses haben einige von uns einnicken lassen. Auch mir wird der Kopf schwer, und ich blinzele mit schläfrigen Augen in das überhelle Sonnenlicht, das die Konturen der Felsblöcke draußen unwirklich scharf zeichnet. Plötzlich läuft eine Welle des Erwachens und der Aufmerksamkeit durch unsere kleine Gruppe. In der Umgebung, durch die wir gerade rollen, ist eine deutliche Veränderung vorgegangen. Das Tal hat sich geweitet. Hell getünchte Häuser mit flachen Dächern liegen verstreut im Talboden oder an den unteren Hängen, umgeben von bewässerten Feldern und oft beschattet von den Zweigen der Pappel- oder Aprikosenbäume. Hie und da stehen an den Wegen, die einzelne Gehöfte oder Häusergruppen verbin-

den, turmartige Bauwerke. Sie sind weiß und rot angestrichen, von ihrer Spitze flattern schmale Stoffstreifen. Es sind dies die ersten Tschörten, denen wir in Ladakh begegnen, stupaähnliche Reliquienbauten, auf die man Gebetsfahnen gesteckt hat. Vor einer Felswand erhebt sich ein größeres Gebäude, dessen Dach von einigen goldblitzenden Aufsätzen gekrönt ist. Eine rot gekleidete Gestalt löst sich aus dem Tor, das in jenes Haus führt, und eilt den Fußweg hinunter zum Fluß. Wir haben soeben die erste Gompa, den ersten buddhistischen Tempel auf unserer Ladakhfahrt erblickt. Häuser, Tschörten, Gebetsfahnen, Gompa; die gesamte vom Menschen gestaltete Umgegend macht deutlich, daß wir nunmehr in einen neuen Kulturkreis, eine andere Lebensform eintreten. Der islamische Einfluß liegt hinter uns, wir treten ein in die Welt der zentralasiatischen Buddhisten. Tibet scheint nahe.
Der nächste größere Ort ist Mulbek, eine Ansammlung locker hingeworfener, grauer Hauswürfel, die von zwei Gompas auf einem hohen Kalkfelsen überragt werden. In einer Staubwolke hält unser Bus, gerade gegenüber einem einzigartigen, großen Felsklotz. Im Halbrelief wächst da eine riesige Figur über unseren Köpfen aus dem Stein. Von Ferne sieht es so aus, als stünde sie auf dem Dachrand eines kleinen, weißgetünchten Tempels. Sie ist vierarmig, um die nackten Schultern schlingt sich die Schnur der Brahmanen, und auf dem Haupt trägt sie eine Krone, mit einem kleinen Tschörten genau über der Stirn. Die beiden nach oben gerichteten Arme halten einen Kranz und eine Lotosblüte, die linke herabhängende Hand hält eine Kanne, die rechte ist ausgestreckt (Varada-Geste des Mitleidens). Ich habe gelesen, daß man sich über die Bedeutung der Figur unschlüssig ist. Der Tschörten in der Krone würde allerdings auf Maitreya deuten, den zukünftigen Buddha der allumfassenden Liebe. Auf jeden Fall ist dieser Buddha sehr alt, wahrscheinlich wurde er von kaschmirischen Meistern im 7. oder 8. Jahrhundert unserer Zeitrechnung geschaffen. Die erklärende Tafel in englischer Sprache am Eingang zu dem kleinen Hof vor der Statue dürfte erheblich übertreiben, wenn sie die Erschaffung dieses Maitreya in die letzten Jahrhunderte vor unserer Zeitrechnung verlegt. Vielleicht soll der Text die Touristen besonders ehrfurchtsvoll stimmen. Kunsthistoriker, die sich allerdings noch recht wenig mit dieser abgelegenen Gegend befaßt haben, würden den Maitreya stili-

stisch wohl in die ausgehende Guptazeit verweisen. Die elegante Grazie des etwa 7 Meter hohen Steinkörpers, die gelassene Ruhe des Gesichtes beeindrucken mich zutiefst. Eine derartige Ausstrahlung ist mir bisher nur von den Meisterwerken der mittelalterlichen Kirchenkunst Europas und von einigen sehr alten Steinskulpturen in nepalesischen Tempeln bekannt. Rund um die Figur erkennt man im Felsen kleine, viereckige Löcher. Ich kann mir vorstellen, daß sie als Halterungen für ein Gerüst dienten, auf dem die Steinmetzen jener fernen Zeiten arbeiteten. Vielleicht hielten sie aber auch die Stützen eines Daches über der Statue. Da steht er nun, der Maitreya von Mulbek und hält seit vielen Jahrhunderten Wache über das Tal, das Dorf, die Gompas und die vorüberziehenden Reisenden. Ein wohlwollender, lächelnder Wächter, der die freundliche Hinwendung zu aller Mitkreatur verkörpert und uns einlädt, ein wenig in die mitfühlenden Lehren Buddhas einzudringen. Wir spüren alle, daß sich von hier ab die Reise nach Ladakh zu einem guten Teil in eine Pilgerfahrt verwandelt.
Unsere Reisegruppe hat inzwischen Zuschauer bekommen. Ein paar neugierige Dorfbewohner sind vor unserem Bus stehengeblieben und betrachten uns aufmerksam. Sie amüsieren sich besonders über den Eifer, mit dem wir hierhin und dorthin laufen, in die Hocke gehen oder auf eine verfallene Mauer klettern, um möglichst verschiedene Fotos von dem steinernen Maitreya zu schießen. Die wunderlichen Stellungen der Fotografen müssen auf unbefangene Menschen einen unwiderstehlichen Lachreiz ausüben. Die Gesichter wirken offen und fröhlich, ohne jede Scheu oder Verklemmung. Ich beobachte einen Mann von vielleicht 30 oder 35 Jahren, der nahe an einen meiner Mitreisenden herangetreten ist und ihm über die Schulter beim Filmwechseln zuschaut. Voll Spannung beugt er sich vornüber, damit ihm auch nicht die kleinste Handbewegung entgeht. Dieser Mann ist in einen langen, roten Mantel gekleidet, der mit einem grauen Tuchgürtel um die Hüften und mit einem kugeligen Messingknopf an der rechten Schulter zusammengehalten wird. Über den Rücken hat er ein Bündel aus grobem Tuch geworfen, das mit einem vor der Brust verknoteten Band an der Schulter hängt. Sein verfilztes, ungekämmtes Haar hat er in einen Zopf geflochten und unter einem dunkelroten Hut aufgesteckt. Dieser Hut, der Kantok, ist das auffälligste Kleidungsstück an dem Mann. Er besitzt die Form eines niedrigen Zylinders mit aufge-

bogenen Flügelecken an der Vorderseite, wie ein Pagodendach oder ein gerade startender Vogel. Keß sitzt die Kopfbedeckung auf Haaransatz und Stirn, man erwartet jeden Augenblick, daß sie herunterfällt. Aber man wird vergeblich darauf warten, daß ein Ladakhi seinen Hut verliert. Auch bei der heftigsten Körperbewegung, bei der Feldarbeit oder beim Tanz, wird er wie festgeleimt auf dem Kopf verbleiben. Der Mann spürt, daß ich ihn beobachte. Er dreht sich herum und wendet sich mir zu. Sein braunes, ovales Gesicht verzieht sich zu einem verlegenen Lächeln, und für einen Augenblick erscheint seine Zunge zwischen den kräftigen, weißen Zähnen. Dies ist die im ganzen tibetisch beeinflußten Kulturkreis Zentralasiens übliche Begrüßung, von der Sven Hedin oder Ernst Schäfer oft berichten: das Herausstrecken der Zunge. Ich nicke ihm zu und gebe sein freundliches Lächeln zurück. Da legt er die Hände vor der Brust zusammen, eine eigentlich in Indien beheimatete Grußgebärde, und ruft mir fröhlich das Wort »Dschüläh« zu. Dieses Wort wird fortan ständig in unseren Ohren klingen, wenn wir von wohlgesinnten Ladakhis gegrüßt werden. Ob wir nun Frauen bei der Arbeit auf einem Gerstenacker begegnen, ob wir ein Haus betreten oder die Stufen zu einem Klosterhof hinaufsteigen, immer tönt uns als erstes das willkommen heißende »Dschüläh, dschüläh« entgegen. Wir erwidern es gern und mit Herzlichkeit. Ein junges Ladakhimädchen hat die kleine Szene bemerkt. Sie bricht in schallendes Lachen aus und hält dabei ihre Hand vor den geöffneten Mund. Eine Geste der Verlegenheit. Ihre vergnügten, dunklen Augen werden beim Lachen zu Schlitzen und verschwinden fast hinter den hohen Backenknochen. Alles ist rund an diesem fröhlichen Mädchen, die untersetzte Gestalt, die schön geformten Hände, das hübsche Gesicht mit den Grübchen in den Mundwinkeln unter der Stubsnase. Auch auf ihrem ungebändigten, schwarzen Haarschopf, der zwei schwere Zöpfe über den Rücken baumeln läßt, thront ein roter, zylinderförmiger Hut. Gekleidet ist sie in ein dunkelrotes Mantelkleid, das um die Hüfte von einer ebenfalls roten Schärpe zusammengehalten wird. Über den Rücken hängt, wie ein Überwurfmantel, ein langhaariges Ziegenfell mit dem Vlies nach innen. Weicher, warmer Schutz für Nieren und Lenden. Was aber die äußere Erscheinung dieses Mädchens erst vervollständigt, ist sein Schmuck. An den Ohrläppchen baumeln üppige Gehänge aus

Silber, mit Türkisen und Perlen besetzt. Den Hals umschließen drei unterschiedlich große Ketten aus Türkisen, Korallen, Bernstein und Keramikperlen; Steine, die Glück bringen sollen und überdies wertvoll sind. Eine Ladakhifrau würde sich ohne ihren Schmuck geradezu nackt vorkommen.
Das fröhliche Lachen hat den ersten Kontakt zu den Menschen unseres Gastlandes geschlossen. Da wir uns mit Worten nicht verständigen können, unterhalten wir uns in der Sprache der Augen, der Mimik, der Gesten. Diese Sprache wird überall verstanden, und sie hat mir auch schon auf meinen früheren Reisen in Nepal oder Nordindien gute Dienste der Verständigung geleistet. Es versteht sich am Rande, daß der sprachenkundige Hamid mir bei den Kommunikationsversuchen zur Seite steht. Aber er ist ein Moslem, stammt aus Kaschmir und ist ebenfalls ein Fremder im Kulturbereich dieser zentralasiatischen Buddhisten. Deshalb muß ich, bei aller Anerkenntnis seiner Sachkunde, immer wieder selber versuchen, hinter die Dinge, Erscheinungen und Menschen zu schauen, die mir begegnen.
Hamid hat ein interessantes Ereignis in Erfahrung gebracht, von dem er mir berichtet. Jedes Jahr wird in Mulbek im Sommer, wenn das Getreide reif geworden ist, ein Erntefest gefeiert. Tschang – ein säuerlicher Gersten- oder Hirsemost – und Buttertee werden dann in Strömen getrunken. Die Dorfbewohner feiern, tanzen und singen. Zugleich bedeutet dieses Erntefest aber auch den großen Auftritt des Orakels von Mulbek. Ein Bauer aus dem Dorf mit besonderen, medialen Fähigkeiten bekleidet dieses ungewöhnliche Amt. In tiefer Trance nimmt er Verbindung zu einer Gottheit auf, die durch seinen Mund Ratschläge und Weissagungen an die vielen Menschen verteilt, die das Orakel um Hilfe und Auskunft bitten. Sogar Kranke sollen auf diese Weise geheilt werden. Die Zeremonie findet in dem kleinen Tempel statt, der zu Füßen des steinernen Maitreya steht.
Es tut mir richtig leid, daß wir nicht länger an diesem Ort verweilen können. Der Platz mit seiner uralten Tradition, seinen lichtgrünen Weidenbüschen und seinen freundlichen Menschen hat mich in seinen Bann geschlagen. Aber unser Fahrer drückt schon ungeduldig auf die Hupe. An das belastende Los aller Reisenden, immer weitereilen zu müssen, kann ich mich nur schwer gewöhnen. Der Felsen mit dem Buddharelief wird hinter uns immer kleiner, und um eine Straßenbie-

gung herum ist er verschwunden. Unsere Fahrt verlangsamt sich wieder. In großen Schleifen erklimmt die Straße einen Paß, den 3700 Meter hohen Namika-La. Die Landschaft wird tiefer und weiter, je höher wir kommen. Auf der Paßhöhe liegt sie offen zu beiden Seiten des Bergrückens vor uns. Wie ein erstarrtes Meer reiht sich Berg an Berg, Schneegipfel an Schneegipfel. Man kann sich ein Ende dieses Raumes kaum vorstellen. Menschliches Leben, Siedlungen, Felder sind ebenso schwer vorstellbar in der Geometrie dieser durcheinanderlaufenden Bergzüge, die im Vordergrund braunrot und gelb wirken, gegen den Horizont zu violett und lichtblau werden. Dies ist die Hochgebirgswüste Zentralasiens, so wie ich sie mir nach den Erzählungen der großen Entdeckungsreisenden des letzten Jahrhunderts immer erwartet habe.

Ein kalter Wind fegt über die Paßhöhe. Ich ziehe den Reißverschluß meines Anoraks bis unter das Kinn hoch. Ein ungemütlicher Ort. Aber sobald man sich etwas außerhalb des Windes ein paar Schritte bergab begibt, wird es angenehm warm in der Nachmittagssonne. Und daß die höheren Berglagen noch ein wenig Feuchtigkeit abbekommen, erkennt man an den Gras- und Blumenflecken, die in den Kalkgesteinsschutt eingestreut sind. Ich bemerke weiße Anemonen und blauviolette, dornige Rachenblütler. Ein Apollofalter wird in taumelndem Flug vom Wind über den Paß getrieben. Es hält uns nicht lange in dieser unwirtlichen Höhe, bald rollen wir auf der kurvenreichen Straße talabwärts.

In Bodkarbu wird Mittagsrast gehalten. Die Straße schneidet hier ein Seitentälchen am Rande des Dorfes, in dem ein lichter Pappelhain spärlichen Schatten wirft. Während meine Reisegenossen auf den Tee warten, den unsere mohammedanische Begleitmannschaft zu den belegten Broten und kalten Hühnerfleischstücken aus den Lunchpaketen serviert, treibt mich naturwissenschaftliche Neugier in die Blockhalde oberhalb des Wäldchens und an das andere Ufer des Bächleins. Zu meiner Überraschung wimmelt es hier zwischen den Steinen von Ladakh-Skinken. Es sind die gleichen, denen ich schon unterhalb des Zoji-Passes begegnet bin. Wenn ich einen großen Stein aufhebe, huschen gleich drei oder vier dieser olivgrauen Glattechsen mit schlängelnden Bewegungen ihrer fingerlangen, aber bleistiftdünnen Leiber davon. Sie sind sehr flink, und ich habe Mühe, mir einige zu greifen, um sie ein wenig näher betrachten zu können. Der Kopf geht ohne Halsansatz in den Rumpf über, der von enganliegenden, glänzenden Schuppen bedeckt wird. Die Beine sind auffallend zart und schwach ausgebildet. Sie reichen allein zur Fortbewegung nicht aus und bedürfen der unterstützenden Hilfe durch die Schlängelbewegung des langgestreckten Körpers. Der Schwanz ist äußerst empfindlich und bricht bei allzufestem Zupacken leicht ab. Diese Eigentümlichkeit, die auch unsere europäischen Eidechsen besitzen, wirkt als Schutzmechanismus gegen Feinde. Ein angreifender Räuber, der das Echslein gern fressen möchte, wird von dem wild zuckenden, abgebrochenen Schwanzende abgelenkt und gibt dem Skink auf diese Weise Gelegenheit zur flinken Flucht. Überall auf den Steinen liegen Kothäufchen. Der Tisch ist für die kleinen Schuppengesellen reich gedeckt, denn es schwirrt nur so von winzigen Insekten, vor allem Fliegen und Mükken. Ich beobachte einen Skink, wie er sich mit Zeitlupenbewegungen einer Fliege nähert, die unter einem Grashalm nichtsahnend ihre Flügel putzt. Die einzige Bewegung, die bei der Echse Erregung verrät, ist die immer wieder hervorschnellende, gespaltene Zunge. Mit ihr wird die Witterung der Beute aufgenommen. Plötzlich ein blitzschneller Sprung, ein Zuschnappen, das man mit den Augen kaum wahrnehmen kann – und schon kaut der Skink genüßlich auf dem fetten Fliegenhappen herum. Bodkarbu liegt auf mehr als 3000 Meter, eine erstaunliche Höhe für wärmebedürftige Reptilien. Das größte Problem für diese Tiere dürfte der harte ladakhische Winter sein. Sie müssen ihn in ausdauernder Winterruhe überstehen, allerdings ist bisher nichts über diesen Winterschlaf und die dafür notwendigen Winterquartiere bekannt. Aus eigenen Untersuchungen, die ich an präparierten Tieren im Britischen Naturkundemuseum von London durchgeführt habe, und auch aus Fachpublikationen weiß ich, daß die Ladakh-Skinke lebende Junge zur Welt bringen. Die meisten Reptilien legen ja bekanntlich Eier. Hier wuselt es nun geradezu von winzigen Jungskinken, die offensichtlich erst vor kurzem geboren wurden. Der Lebensraum mit den vielen Steinen und stachligen Sanddornsträuchern als Zuflucht und mit dem Bach als Spender der notwendigen Luftfeuchtigkeit muß ihnen besonders zusagen. Ich sitze auf einem Felsblock und notiere jede Einzelheit, die mir im Lebensraum und im Verhalten dieser Tiere auffällt. Wenn ich nach Europa

zurückgekehrt bin, werde ich aus diesen Notizen den ersten ausführlichen Bericht über die Ökologie des Ladakh-Skinkes zusammenstellen.
Nach der Mittagsrast steuern wir den zweiten hohen Paß auf unserer Fahrt in das Innere Ladakhs an: den etwas mehr als 4000 Meter hohen Fatu-La. Er ist ebenso windig und unwirtlich wie der Namika-La. Der Ausblick auf die bizarr unwirkliche Hochgebirgswelt ist überwältigend; in das Gewirr von Bergketten und Schneegipfeln kann man einfach kein System bringen. Auf der Paßhöhe stehen ein paar roh errichtete Tschörten, von deren Spitzen windzerfetzte Gebetswimpel flattern. Wir halten uns nicht lange auf in Kälte und Wind, sondern fahren möglichst bald auf der kurvenreichen Straße, die an den Indus hinunterführt, bergab. Nach der Auffahrt von Sonamarg auf den Zoji-La ist dies das eindrucksvollste Straßenstück auf der ganzen Reise. Eine Haarnadelkurve reiht sich an die andere. Der Blick geht vom ungesicherten Straßenrand weit hinunter auf das dunkelgraue Band der Straße, die mit atemberaubender Kühnheit in die gelbbraunen Schutt- und Felshänge geschnitten ist. Immer wieder halten wir an, um den Tiefblick in uns aufzunehmen oder um zu fotografieren. Ich steige ein wenig von der Straße in die Hänge hinein und betrachte mir die Steine, die da herumliegen. Das unübersichtliche Durcheinander der Berglandschaft wiederholt sich hier in den Gesteinen. Es gibt Granite mit Hornblende und Quarz, daneben Ergußgesteine vulkanischen Ursprungs, die ich nicht kenne, und Kalke mit schönen Calcitkristallen. Am Fuße einer kleinen Felswand aus Kalkgestein liegen flache Steinplatten, deren Oberseite von merkwürdigen, moosartigen Mustern überzogen sind. Auf den ersten Blick sieht das aus wie eine fossile Pflanze. Aber ich erinnere mich, daß man diese Musterungen »Dendriten« nennt und daß sie immer dort entstehen, wo an Spaltflächen in Kalkgesteinen manganreiches Eisenhydroxyd ausfällt. Eine derart großflächige und vielgestaltige Dendritenbildung jedoch, wie sie hier unterhalb des Fatu-La vor mir liegt, überrascht. Die Ursache liegt sicherlich in der schieferartigen Verwitterungsform dieser Felsen. Ich sammle einige besonders schöne Dendritenmuster auf, um sie als Souvenirs mitzunehmen.
Je tiefer wir kommen, umso stärker erinnert die Umgebung an eine Mondlandschaft, karg und wüstenhaft öde. Doch plötzlich taucht aus

der abweisenden Urlandschaft, wie eine Fata Morgana, ein Gebäudekomplex hervor: Das Kloster Lamayuru. Auf bröckelig wirkenden, tief zerklüfteten Felsen erheben sich die hell leuchtenden Klostermauern, als seien sie aus dem Gestein gewachsen. Wie eine Burg stehen die Hauptbauten mit der großen Versammlungshalle auf der Bergkuppe, Wohnhäuser und kleinere Tempel ziehen sich den steilen Felshang hinunter, am Fuß des Berges breitet sich der neuere Teil des Dorfes aus. Ein großer und einige kleinere Tschörten markieren den Eingang zum inneren Tempelbezirk. Saftig grün leuchten die Felder aus dem Talgrund herauf. Daß die Anlage einst noch ausgedehnter war, erkennt man an Mauerresten, die am Rand der Siedlung und auf Felsvorsprüngen zu sehen sind. Der Anblick des Klosters versetzt mich mit einem Schlage in die Schilderungen Sven Hedins aus Tibet. So stelle ich mir den Hort der tibetisch-buddhistischen Lehre, die Wohnung der Buddhas, Bodhisattvas und Dharmapalas vor. Das Grün der Felder und Pappeln, die weiß getünchten Hausmauern mit den großen, hölzernen Fensterrahmen, die golden blitzenden Aufsätze an den Dachecken der Tempel kontrastieren in erregender Weise mit den phantastischen Formen der felsigen Bergwelt ringsum. Von der gegenüberliegenden Talseite schimmern gelblichweiße, tiefzerschrundete Felshänge wie nackte Landschaftsteile herüber.

Über die Gesteine um Lamayuru werden von verschiedenen Autoren sehr unterschiedliche Meinungen geäußert. Von Sandstein, Löß oder Lehmboden ist da die Rede. Ich kann die gelben Hänge nicht selbst in Augenschein nehmen, sie sind zu weit entfernt. Aber sie erinnern mich an die Formationen, die man am Ritten bei Bozen in Südtirol im Bereich der bekannten Erdpyramiden antrifft. Demnach müßte man ein hart verbackenes, lehmiges oder toniges Material erwarten. Dies würde sich auch mit der Legende von der Entstehung des Lamayuru-Tales vertragen, die von einem See erzählt, der sich in grauer Vorzeit an dieser Stelle ausgedehnt haben soll. Weiter heißt es, daß der Arhat Madhyantika hierherkam und mit seinen magischen Kräften den See trocken legte. Auf dem Hügel, der ursprünglich als Insel aus dem Wasser ragte, wurde dann später das Kloster Lamayuru gegründet.

In dieser legendären Entstehungsgeschichte scheint ein Kern naturwissenschaftlicher Wirklichkeit zu stecken. Ich kann mir denken, daß einst ein natürlicher Staudamm, vielleicht verursacht durch einen gewaltigen Bergsturz, den Fluß und damit das Tal von Lamayuru aufgestaut hat. So entstand nach einiger Zeit ein natürlicher Stausee. Als der Druck der aufgestauten Wassermassen zu groß wurde und das überfließende Wasser des voll angefüllten Sees zusätzlich in die Dammkrone einschnitt, barst eines Tages der ganze Damm. Mit einer gewaltigen Flutwelle lief der See aus, wobei die aufgestauten Geröll- und Erdmassen fortgeschwemmt wurden. Zurück blieben fruchtbarer Seeschlamm im Talboden und die gelblichen Lehmschichten an den Hängen darüber, die noch heute der Landschaft ihr bizarres Aussehen verleihen. Vielleicht hat sich späterhin das ganze Gebiet zusätzlich etwas gehoben, so daß die verschiedenen Ablagerungsschichten heutzutage höher liegen als ursprünglich zur Zeit des mutmaßlichen Sees.

Daß natürlicher Stau von Flußläufen und katastrophale Ausbrüche solcher Stauseen aus Ladakh und seiner direkten Nachbarschaft bekannt sind, schreibt Alexander Cunningham in seiner 1854 erschienenen, geographischen Analyse dieser zentralasiatischen Landschaft. Im 19. Jahrhundert ist der Sheyok-Fluß allein dreimal aufgestaut worden und nach einiger Zeit in einer Naturkatastrophe gewaltigen Ausmaßes ausgebrochen. Jedesmal hatten Gletschereis- und Felsmassen seinen Lauf abgeriegelt, bis der Wasserüberlauf und der Wasserdruck die natürliche Barriere hinwegrissen. Die ungeheure Flutwelle, mit der sich dann der Fluß durch das Tal des Sheyok und des Indus unterhalb von Skardu wälzte, schwemmte alles vor sich her, was ihr in den Weg kam. Bäume, Vieh, Menschen, Häuser, ja ganze Dörfer wurden fortgetragen. Der erste Dammbruch erfolgte im Jahre 1826, der zweite 1833 und der dritte, mit den verheerendsten Folgen, im Jahr 1841. Diese dritte Flutwelle traf auf ein Lager der Armee von Raja Gulab Singh, das mitten auf dem Talboden des Sheyok aufgeschlagen war. Zwar konnte sich der größte Teil der Mannschaft retten, dennoch ertranken viele und alle Zelte, Ausrüstungen und Waffen gingen verloren. Ein Augenzeuge hat die Flut ein Stück unterhalb des Camps erlebt und berichtete darüber:

»Es war 2 Uhr nachmittags, als man ein näher kommendes Grollen hörte, wie von fernem Kanonendonner oder einem Gewitter. Plötzlich schrie jemand: – der Fluß kommt – und schon füllten sich die Bewässerungskanäle und das Flußbett selber in rasender Eile mit schmutziggelbem, dickflüssigem Lehmwasser. Ich rannte sofort dem Berghang zu und sah mich erst um, als ich eine sichere Höhe erklommen hatte. Diejenigen, die mit mir gerannt waren, entkamen dem Unglück. Alle anderen waren verloren. Auch in dem Militärlager der Armee von Raja Gulab Singh konnten sich nur diejenigen Menschen retten, die sich sofort dem Berg zugewandt hatten. Einige jedoch kletterten auf hohe Bäume, die beim ersten Aufprall der Flutwoge entwurzelt wurden, andere erklommen große Felsbrocken, die im Nu von den alles mit sich reißenden Wassermassen überspült waren. Unter uns tobte und brüllte der ausgebrochene Fluß in einem schrecklichen Durcheinander von Lehmwasser, Steinen, entwurzelten Bäumen, Uniformen, Kamelen, Zelten, menschlichen Leibern, Schafen, Kanonen, Hausgerät und Möbeln. Als das Wasser sich verlaufen hatte, bot der Talboden ein Bild der Verwüstung. Das Ackerland war fortgeschwemmt, die Obstbäume und Pappelhaine waren verschwunden und nirgendwo stand mehr ein Haus oder eine Hütte.« Die Höhe der Flutwelle betrug rund 10 Meter, und dort wo der Indus sich zwischen Chulung und Turtuk verengt, muß sie sogar 20 Meter erreicht haben.

Die Spuren dieser Katastrophe konnte man noch viele Jahre später deutlich sehen. Das untere Sheyok-Tal und der folgende Abschnitt des Indus waren verödet. Die einstmals berühmten Obstplantagen und Baumbestände gab es nicht mehr. Nirgendwo wuchs ein hoher Stamm, alle Gehölze waren jung und besaßen lediglich die Höhe von Büschen. Aber als hätte er einen Versuch der Wiedergutmachung vornehmen wollen, hatte der Fluß mit seinen lehmigen Ablagerungen eine Wolke von Goldstaub über den Talboden geschüttet. Die Ausbeute der Goldwäscher stieg dadurch in den auf die Katastrophe folgenden Jahren bis zum Vierfachen des normalen Ertrages an.

Ein ähnlicher Dammbruch wird vom Sutlej berichtet, der in Tibet in der Nähe des heiligen Berges Kailas entspringt und die indische Himalayaprovinz Himachal Pradesh durchfließt. Dort hatte im Jahre 1762 ein gewaltiger Bergsturz den Fluß etwa 20 Meilen nördlich von Simla aufgestaut. Sechs Wochen lang hielt der natürliche Damm, ängstlich beobachtet von der Bevölkerung, die auf den Hängen entlang dem Flußlauf bis hinunter zur Stadt Bilaspur Wachen aufgestellt hatte. Als am 19. Dezember Erde und Steine dem Druck des Wassers nicht mehr standhalten konnten und die mächtige Flutwand ihren brüllenden Lauf durch das enge Tal begann, da feuerten die Wachen Gewehrschüsse als Warnzeichen ab. In einer halben Stunde erreichte die Nachricht Bilaspur, die Flut kam zweieinhalb Stunden später. Die gesamte untere Stadt wurde fortgerissen, aber die Menschen konnten sich rechtzeitig retten.

Das Aufstauen natürlicher Seen und deren katastrophaler Ausbruch sind weit verbreitete Erscheinungen in allen Hochgebirgen der Erde. Es ist gut möglich, daß die Geschichte des Tales von Lamayuru mit einer solchen Naturkatastrophe beginnt.

Lamayuru – das Kloster im Mondkrater

Eva Dargyay: Meine klammen Finger umschließen den Plastikbecher mit dampfendem Tee, und wohlige Wärme durchzieht Hände und Arme. Der Dampf streicht über meine Wangen; eine tiefe Zufriedenheit steigt in mir auf. Wie bescheiden man im Himalaya wird! Lobsang bringt den Teetopf aus unserer provisorischen Küche in die »gute Stube«, ein komfortables »Glaszimmer« in einem der Gästehäuser in Leh. Durch die breiten, von zahlreichen Holzleisten unterbrochenen Fensterflächen bietet sich uns ein grandioser Ausblick dar: Teile der Königsstadt Leh, das weite Tal des Indus und darüber die mächtigen Berge, die das Markha- vom Indus-Tal abgrenzen. Heute sind zwar die Berge mehr zu erahnen, denn leichte Schneeflocken tanzen vom Himmel und die Sonne, deren Wärme man im April noch von Herzen herbeisehnt, ist nur ab und zu hinter einem Wolkenschleier als eine matte helle Scheibe sichtbar. Die brennende Kraft und Glut des Sommers ist ihr noch fern, desto höher schätzt man die Wohltat eines dampfenden Bechers Tee.

Ein festes Pochen an unserer Zimmertür weckt uns aus der Besinnlichkeit. Ein Bursche, rotbackig und ein wenig um Atem ringend, steckt seinen Kopf zur Tür herein und entledigt sich schnell seiner Botschaft: »Der Jongdsin Rinpotsche erwartet Sie diesen Nachmittag!« Ein Bakschisch von zwei Rupien zaubert ein Lächeln auf sein Gesicht und schon saust er die Treppe, die außen am Haus hinunterführt, hinab und ist unseren Blicken entschwunden. Hastig stellen wir die Teebecher auf unserem Allzweck-Tisch ab, eine der Aluminiumkisten, die unsere Expeditionsausstattung beherbergen, ziehen unsere dick gefütterten Anoraks über und verlassen das Haus. Am Bazar biegen wir nach rechts, folgen dem Weg, der an verstreuten Bauernhäusern, Pappelhainen, Bewässerungskanälen vorbeiläuft. Draußen, schon inmitten der Felder, liegt der Labrang, die Stadtresidenz des Jongdsin Köntschogsönam, des Lehrers des noch jungen Togden Rinpotsche. Ihm unterstehen die Klöster Pjang und Lamayuru in Ladakh.

Ein junges Mädchen empfängt uns an der Haustür und geleitet uns nach oben. Dort erwartet uns bereits der Jongdsin Rinpotsche; er hat sich von seinem Sitzplatz erhoben und ist uns bis zur Tür entgegengekommen. Wir begrüßen ihn mit der ihm zustehenden Ehrerbietung. Es folgen die üblichen Fragen nach dem Befinden, nach den Neuigkeiten usw. Inzwischen läßt unser Gastgeber Tee und kleine Knabbereien – Aprikosenkerne, Walnüsse und getrocknete Aprikosen – auftischen.

In Deutschland geboren und in der Nachkriegszeit dort aufgewachsen, fühle ich mich als moderne und freie Frau, die selbstverständlich die gleichen Rechte wie die Männer beansprucht. Wann immer ich in Indien Gebiete und Siedlungen mit tibetischer Bevölkerung besuche, muß ich in eine neue Rolle schlüpfen. Schon unter den tibetischen Flüchtlingen in Indien erwartet man von einer Frau eine gewisse Zurückhaltung, daß sie den Mann zuerst reden läßt, um dann, an ganz bestimmten Punkten des Gesprächs, ihre eigene Meinung, die ihr durchaus zugestanden wird, zu vertreten. In Ladakh jedoch genießt eine Frau längst nicht jene freiheitlichen Rechte wie unter den Tibetern. Man mag es dem Einfluß der dardischen Urbevölkerung oder den moslemischen Nachbarn zuschreiben, daß Frauen dort in allen Bereichen des Lebens den Männern deutlich nachstehen. In den Klöstern bleiben ihnen beispielsweise viele Kulträume versperrt; die buddhistischen Nonnen verrichten die Arbeit von Mägden auf den Höfen ihrer Familien. Allein der Mann bestimmt und entscheidet alles, was von Wichtigkeit und Bedeutung ist. Aus diesem Grund halte ich mich zurück, trinke schweigend meinen Tee und öffne dabei all meine Sinne, um so viel wie möglich von der Umgebung zu erfassen.

Während Lobsang in wohlgesetzten Worten dem Jongdsin Rinpotsche nach und nach unser wissenschaftliches Anliegen erklärt und ich ihm nur mit halbem Ohr folge, beobachte ich unseren Gastgeber und seinen Hausstand. Er selbst, ein wohlbeleibter Herr von etwa 60 Jahren, dessen Augen hinter einer randlosen Brille freundlich und zufrieden in die Welt lächeln. Immer wieder schiebt eine schmale, braune Hand den Türvorhang beiseite, dunkle Augen, eingebettet in ein glattes, ovales Gesicht, betrachten mich neugierig. Ein Wort des Hausherrn läßt die junge Frau hinter dem Vorhang hervortreten. Sie beginnt im Zimmer herumzuhantieren. Ihre Selbständigkeit verwundert mich dabei und mir steigt die Frage auf, ob sie vielleicht die *sang-jum* des Rinpotsche ist, d. h. eine Gefährtin, die ihm nicht nur Eheweib ist, sondern ihn auch in spiritueller Hinsicht fördert und seine geistigen Kräfte reifen läßt.

»In den nächsten Tagen möchten wir gerne das Kloster Lamayuru besuchen«, höre ich Lobsang sagen, »uns interessieren dabei alle Zeugen der Geschichte dieses berühmten Klosters.« Der Jongdsin ist in sich zusammengesunken, sein Kopf ruht auf dem gewaltigen Leib, fast könnte man meinen, er sei eingenickt. Er holt tief Luft und beginnt mit geschlossenen Augen zu erzählen.

»Als das ganze Land von Schamm – so nennen wir den unteren Teil Ladakhs – entstanden war, da besiedelten es Ungläubige, Dog-pa genannt. Bei jedem Dorf erbauten sie eine kleine Burg und befehdeten einander in Haß und Zwietracht. In dieser Gegend, Juru genannt, schwoll ein See an. Zu dieser Zeit kam der Ehrwürdige Madhyantika aus Indien nach Kaschmir. (In der ceylonesischen Chronik Mahavamsa wird er als Missionar Nordwest-Indiens bezeichnet.) Er brachte Wohlstand in die Dörfer, da er an allen Orten Safran sprießen ließ, und die Bevölkerung bekehrte er zur Lehre des Buddha. Er kam auch hierher, nach Lamayuru und erstieg einen Berggipfel im Osten. Da sah er, wie aus der Mitte des angeschwollenen Sees ein Stück ausgewaschenen Gesteins mit seiner Spitze herausschaute. Er zeigte mit der Hand darauf, so daß alle es sehen konnten und prophezeite: ›In zukünftigen Zeiten, wenn der See ausgetrocknet sein wird, dann wird sich auf diesem Stück ausgewaschenen Felsens eine Mönchsgemeinde ansiedeln, die die kostbare Lehre des Buddha Shakyamuni hochhält, und zwar die Sutren wie die Tantren!‹ Und diese Stelle im Osten von Lamayuru trägt noch heute den Namen Kambur (d. h. trockener Felsbuckel). Dank seiner wunderbaren Kräfte begab sich der Ehrwürdige Madhyantika auf die Spitze des ausgewaschenen Felsens inmitten des Sees. Den Schlangen-Dämon, Lu genannt, wie allen anderen Schutzgeistern brachte er ein Opfer von Wasser dar. Dann streckte er die Hand mit seinem Bettelstab aus und bohrte auf wunderbare Weise einen Abfluß durch die Berge (auf diesem Weg gelangte der Weise nach Kaschmir). Aus der Mitte des Sees aber stiegen zwei Moor-Löwen. So erhielt der Sengge-gang seinen Namen.«

»Sengge« bedeutet im Tibetischen Löwe; wogegen der letzte Bestandteil des Namens »auf« heißt. Heute bezeichnet dieser Name

den ältesten, noch erhaltenen Tempel in Lamayuru, der etwas unterhalb des weitaus jüngeren Haupttempels liegt.
»Dort wo er das Wasser-Opfer dargebracht hatte, da trieben nun die unruhigen Wellen die Reiskörner aus allen Himmelsrichtungen zur Mitte hin zusammen, gerade über der Spitze des ausgewaschenen Gesteins. Erde und Schlamm vermischte sich und die Samen begannen zu sprießen in Form einer Svastika (Hakenkreuz als buddhistisches Symbol). Als später das Kloster an dieser Stelle gegründet wurde, erhielt es davon seinen Namen.«
Die westliche Wissenschaft vermutet, daß diese Mythe – soweit sie sich auf Lamayuru bezieht – nachträglich entstand, um dem Namen des Klosters einen passenden Sinn zu geben. Wogegen die zu anfangs von Kontschogsödnam vorgetragene Meinung, daß nämlich in ältester Zeit diese Gegend den Namen Juru trug, mehr Wahrscheinlichkeit beanspruchen darf. Das Gespräch verliert langsam an Dichte, man geht über zu einer allgemeinen Plauderei. Das weitere Schicksal des Klosters Lamayuru ist uns aus einheimischen Quellen bekannt und der Jongdsin setzt nur noch hie und da ergänzende Akzente. Wir verabschieden uns von diesem so gebildeten wie freundlich aufgeschlossenem Würdenträger in der Hoffnung, daß er seine Pläne in die Tat umsetzen kann und wir ihn in wenigen Tagen in Lamayuru wieder treffen werden.
Nach der einheimischen Überlieferung soll der erste Meister, der sich hier in Lamayuru niedergelassen hat, Naropa gewesen sein. In eine Felsnische gekauert, hielt er den Blick auf den wunderbaren See mit seiner Svastika geheftet, den Sinn in gestaltlose Stille versenkt.
Naropa – welch ein Klang liegt in diesem Namen! Die Größe seines Lebens regte mehrere Nachfolger an, es wieder und wieder zu erzählen. Im Kloster Hemis verwahrte man eine Biographie des Naropa, auf mit Indigo gefärbtem Papier in Silber und Gold geschrieben. Schon in den ersten Jahren des 20. Jahrhunderts brachten Bergsteiger dieses kostbare Manuskript nach Europa. In München gelangte es in die Hände von Albert Grünwedel, der mit zu den Begründern der Tibetischen Studien in Europa gehörte. Leider verdunkelte sich sein Geist später durch Krankheit so sehr, daß er nicht einmal mehr seiner Muttersprache mächtig war, geschweige denn, daß er einen so

schwierigen Text wie die Biographie Naropas hätte bearbeiten und erschließen können.
Herbert Guenther, Deutscher von Geburt und Wahlkanadier, gelang es dann, das Leben dieses Mystikers in einer alle Aspekte umfassenden englischen Darstellung zu erschließen. In den Wirren des Zweiten Weltkrieges ging die Münchner Handschrift der Naropa-Biographie verloren und noch Jahrzehnte später glaubte man sie für immer verschollen; doch dann machte Grönbold, der Leiter der indischen Abteilung in der Bayerischen Staatsbibliothek, eine sensationelle Entdeckung – die Naropa-Biographie fand sich in einem entlegenen Winkel des weitläufigen Bibliotheksgebäudes.
Nach jüngsten Untersuchungen soll Naropa 956 n. Chr. in Bengalen geboren worden sein. Schon als Knabe fasziniert ihn Philosophie und Religion. Gegen den anfänglichen Widerstand seiner Mutter wandert er im Alter von 11 Jahren die rund 1800 km von Bengalen nach Kaschmir, damals ein Hort buddhistischer Gelehrsamkeit und Kultur. Er studiert nahezu alles, was seinerzeit an Wissen gelehrt wurde – Kunst, Medizin, Grammatik, Didaktik, Redekunst – und Tantras, jene schwer verständlichen Texte, voll von Symbolen, Lehrtexte der Mystik. Drei Jahre verbringt er als Student im buddhistischen Kaschmir, dann kehrt er heim in Gefolgschaft dreizehn anderer Gelehrter. Auf Drängen seiner Eltern läßt er sich verheiraten, doch die junge Frau – aus bester Brahmanen-Familie – ist ihm eine kongeniale Gefährtin. Unter dem Kastennamen Niguma schreibt sie tantrische Abhandlungen, die in tibetischer Übersetzung uns erhalten sind. Doch schließlich trennt sich Naropa von ihr, geht unbeirrbar seinen Weg. Mit 28 ist er wieder in Kaschmir, das Land, das ihn nicht losläßt. Drei Jahre bleibt er abermals dort. In dieser Zeit – so muß man annehmen – wandert der Mystiker über den Hauptkamm des Himalaya nach Zanskar und Ladakh. In Zanskar soll er in einer heute unzugänglichen Höhle gegenüber dem Kloster Dzong-khul sich für einige Zeit aufgehalten haben. Später in Zanskar erzählte mir Sönam Wangtschuk, daß vor vielen Generationen ein Hirte in diese Höhle geklettert sei und darin eine dicke Filzjacke zusammen mit einem Stock gefunden habe. Des Nachts sei ein seltsames Leuchten aus den gefundenen Gegenständen gedrungen und der Gastgeber des wandernden Hirten habe ihm die Gegenstände abgekauft. Doch aus Furcht vor

der unbekannten Macht, die an ihnen haften mochte, vermauerte er sie in seinem Haus. Und dort seien sie noch heute; er selbst, der Lönpo von Karcha, kenne auch diese Familie. Dann sei Naropa nach Lamayuru gekommen. Ich frage mich, ob Naropa vielleicht jenen Weg über Lingshed nach Lamayuru wählte, den heute noch mancher Tourist geht.
Naropa verläßt nach einiger Zeit das Industal, wandert über weitere Stationen im Himalaya schließlich zurück zum Mutterstrom Indiens, zum Ganges, um an der damals weltberühmten buddhistischen Universität Nalanda in einer öffentlichen Disputation den Glanz seines Geistes unter Beweis zu stellen. Er wird zum Abt dieser Bildungsstätte erwählt. Nach acht Jahren zieht er sich von allen akademischen Ämtern und Aufgaben zurück, nimmt erneut das Wanderleben eines Yogi auf sich, sucht seinen Guru. In stets wechselnden Visionen enthüllt sich der Guru ihm im Paradox; immer aufs neue ist Naropa enttäuscht, denn sein Geist, trainiert im Analysieren und Kategorisieren, ordnet die Visionen ein in das überkommene Raster der Ethik und Philosophie. Kaum wendet sich Naropa ab vom Geschauten, voll Ekel und Widerwillen, so verkündet ihm eine Stimme: »Ich bin's, Tilopa, dein Guru« und Naropa findet sich wieder allein mit sich, wieder hat er eine Chance verpaßt. In der totalen Selbstaufgabe, die Biographie drückt dies in einem symbolischen Selbstmord aus, gelingt es Naropa, endlich die Grenze seines Ichs zu überschreiten. Er geht auf im Wesen seines Guru, der nur zum einen eine historische Persönlichkeit ist, in der sich zum anderen das eigentliche, unaussprechliche, diamantene Wesen des Suchers personifiziert.
Als ich im Sommer 1978 mit einem wackligen Bus von Srinagar nach Leh fuhr, übernachtete ich in Kalsi. Ich hatte eine schlechte Nacht und so verließ ich das Zelt, noch ehe meine damaligen Reisegefährten erwachten. Ich saß auf einer Steinmauer und beobachtete, wie sich langsam die Bergspitzen rosa färbten. Die ganze Nacht hatte ich von Naropa geträumt, er war so gegenwärtig in dieser unwirklichen Landschaft, inmitten dieser Hochgebirgswüste. Und während Wolken die Gipfel umschwebten, sie meinem Blick entzogen, um sie sogleich wieder in strahlendem Glanz auftauchen zu lassen, da ahnte ich etwas von dem Geheimnis dieses Mystikers, von dem Feuer seiner Einsamkeit.
Jetzt, im Frühjahr 1979, da wir schon seit Wochen in Leh darauf warten, daß endlich der haushohe Schnee den Weg nach Zanskar wenig-

stens soweit freigibt, daß wir mit Trägern in dieses Tal marschieren können, nutzen wir die Zeit zu einer erneuten Besichtigung von Lamayuru. Wir hatten dieses Kloster 1978 zum erstenmal besucht. Wenige Tage ist es her, seit uns der Jongsdsin Rinpotsche in die Entstehungsgeschichte »seines« Klosters eingeführt hat, und wir sind mit ihm in Lamayuru verabredet – eine Begegnung, die in uns große Erwartungen aufkommen läßt und von der wir nur hoffen können, daß sie zustande kommt.
Nach mancherlei Anläufen haben wir in Leh endlich eine Fahrkarte für den Bus nach Lamayuru bekommen. Frühmorgens um 6 Uhr sind wir an der Busstation, einem von Öl und Ruß unglaublich verschmutzten Fleck Erde, direkt hinter den Stupas am Eingang von Leh gelegen, in deren Schatten die Menschen ungeniert sich ihrer Bedürfnisse entledigen. – Der Bus wird bereitgestellt und schon beginnt ein Schieben und Stoßen. Ich weiß nicht mehr, auf wie viele Füße ich trete und wie oft meine Schienbeine einen harten Schlag abbekommen. Endlich haben wir unser Gepäck auf dem Dach des Bus-Veteranen verstaut und uns einen Platz erobert. Mit angezogenen Knien und steifem Kreuz schaukeln wir Stunde und Stunde über die Piste. Dann und wann ergeben sich atemberaubende Ausblicke auf den in tiefer Schlucht türkisgrün dahinrauschenden Indus; manchmal erspähe ich auch die Überreste eines abgestürzten Lastwagens oder Busses. Den Gedanken »Was ist, wenn ...« verdränge ich geflissentlich und vertusche meine Bangigkeit mit Galgenhumor. Alle Spielarten von Gelb- und Ockertönen beleben die Wüstenlandschaft. In endlosen Kehren windet sich der Bus hoch. Und dann – welch eine Überraschung! In einem Trichter von gelbgrauem Gestein, das aussieht, als ob eben ein See abgeflossen sei, liegt das Kloster Lamayuru. Im Klosterhof treffen wir Lama Pema, der uns durch die Klosteranlagen führen will. Als erstes zeigt er uns die Grotte des Naropa, eine winzige Höhlung, die kaum diesen Namen verdient, gerade so groß, daß ein erwachsener Mensch darin in der Meditationshaltung sitzen kann. Heute stehen in der Grotte anmutige Skulpturen von Naropa, dessen Lehrer Tilopa und von Milarepa, dem wohl berühmtesten tibetischen Nachfolger jener indischen Mystiker. Ich starre in das Dunkel der Grotte, versuche mir Naropa darin vorzustellen. Wie das wohl sein mag, tagaus tagein im Dunkel

der Höhle, alles Denken und Wollen gestaltlos konzentriert, das schauende Auge, das sich selbst schaut...?

Wohl noch zu Lebzeiten Naropas betrat Rintschen-sangpo (958–1055) diesen so herausgehobenen Fleck Erde. Auf die Spuren dieses Mannes stoßen wir immer wieder in Ladakh, Zanskar, Spiti und Guge. Die ältesten Tempel dieser Region soll er gegründet haben; man spricht von einhundertundacht, doch das ist eine symbolische Zahl, die für »viele« steht. Wer war Rintschen-sangpo?

Die Nachwelt hat sein Leben mit einem frommen Legendenkranz umgeben, dessen goldener Schein oft den Blick auf sein tatsächliches Wirken verstellt. So ist es nicht leicht, sich ein Bild von diesem ganz bestimmt außergewöhnlichen Manne zu machen. In Alchi, dem kunstgeschichtlichen Kleinod Ladakhs, tritt er uns in einem Wandgemälde und gleichzeitig in einer einfachen Lehmskulptur leibhaftig entgegen: ein buddhistischer Mönch mit auffallend nicht-tibetischen Gesichtszügen. In der Biographie Rintschen-sangpos wird dem Buddha Shakyamuni folgende Prophezeiung in den Mund gelegt:

> »Nach meinem Eintritt in das Nirvana, wenn siebenmal fünfhundert Jahre vergangen sind, wird ein Mönch mit einem Vogelgesicht meine Lehre verbreiten.«

Die europäisch anmutende »Hakennase« auf dem Wandgemälde in Alchi scheint diese Prophezeiung, die ja auf Rintschen-sangpo bezogen wird, zu bestätigen. Dergleichen Prophezeiungen, auf die man im indo-tibetischen Kulturraum immer wieder trifft, entbehren für den westlichen Menschen der Glaubwürdigkeit, auch wenn der Irrtum nicht immer so kraß zutage tritt wie hier, denn zwischen dem Nirvana des Buddha Shakyamuni und der Geburt Rintschen-sangpos liegen bestenfalls 1500 Jahre und niemals 3500.

Dreihundertneunundzwanzig Jahre, so lese ich in einer tibetischen Chronik aus dem 16. Jahrhundert, nachdem Songtsän-gampo (ca. 620–649 n. Chr.) als der erste historisch belegbare König der Tibeter begann, der Lehre des Buddha, damals allumfassende Geistesmacht Asiens, in seinem Reich nach und nach einen Platz zu verschaffen, wurde Rintschen-sangpo geboren. In Europa schrieb man das Jahr 958; Otto I. löste gerade das Heilige Römische Reich Deutscher Nation aus seiner überkommenden Stammesstruktur und legte mit sei-

nen Verwaltungsreformen den Grundstein für das mittelalterliche Kaiserreich. Zu gleicher Zeit wurde in einem Dörfchen am Oberlauf des Sutlej, kurz ehe er die Mauer des Himalaya durchbricht und sich seinen Weg in die indische Ebene sucht, dieser Rintschen-sangpo geboten, der der Geistesgeschichte Asiens eine entscheidende Zäsur gab, die so tief einschnitt, daß spätere Geschlechter sein Wirken nie mehr auslöschen konnten. Auch wenn in Shipke, dem Geburtsort des Großen Übersetzers, wie man ihn später nannte, keine Tafel daran erinnert, daß er hier im alten Kju-wang das Licht der Welt erblickte, so wußten doch die Mönche des Tempels Radni bei Shipke den Forschern A. H. Francke und Giuseppe Tucci zu erzählen, daß hier seine Geburtsstätte sei. Heute liegt der Ort gerade an der Grenze zwischen Tibet und Indien und ist daher unzugänglich.
Rintschen-sangpo stammt aus einer distinguierten Familie. Sein Vater hat vor seiner Verehelichung dem buddhistischen Mönchsorden angehört; seine Schwester ist buddhistische Nonne und gilt als Meisterin in einer Reihe tantrischer Lehren. Empfängnis und Geburt geschehen unter zahlreichen Wundern. Sonne und Mond erscheinen auf den Schultern seiner Mutter – Symbol der geeinten Polarität von Mitleid und Weisheit, die das Wesen eines Erleuchteten ausmachen. Zur Niederkunft kommt sie, als sie bei ihrem Heimatort Kju-wang auf dem Felde arbeitet. Übelkeit befällt sie, und als sie sich am Feldrain niedersetzt, da sieht ihr Mann, wie sich ein Pfau auf ihrer rechten, ein Kuckuck auf ihrer linken Schulter und Eichelhäher auf ihrem Scheitel niederlassen und sich sodann in ihr auflösen. Der Knabe trägt von der Stunde der Geburt an alle Zeichen und Merkmale eines Buddha an sich – die goldene Hautfarbe, das Rad der Lehre ist auf seinen Hand- und Fußflächen sichtbar. Bereits mit zwei Jahren kann er schreiben und singt die mystischen Silben; sein Gewand wickelt er sich stets in der Weise eines Mönchskleides um seinen Körper. Die Tradition kann sich nicht genug tun, Rintschen-sangpo als den wahren Sohn des Erleuchteten zu preisen.
Halten wir ein wenig inne und vergegenwärtigen wir uns die historische Situation: im 7. Jahrhundert trat ein militärisch mächtiges tibetisches Reich unvermittelt auf die Bühne der Weltgeschichte; mit Krieg überzog es seine Nachbarn, eroberte in den folgenden zwei Jahrhunderten weite Teile Westchinas, Nordindiens und vor allem das gesamte nördliche und westliche Innerasien. Doch kulturell verharrte das

tibetanische Reich, innerlich uneins durch seine verschiedenen Stämme und die Rivalität ihrer Fürsten, in einer animistischen Weltanschauung. Es mag zwar militärisch ein Schrecken für die chinesische Tang-Dynastie oder die kultivierten innerasiatischen Stadtstaaten gewesen sein, doch als geistige Macht zählte es nicht. Dieses Defizit an Bildung und geistiger Kultur spürten offenbar die Könige sehr wohl und suchten dies auszugleichen, indem sie den Buddhismus, aber auch weltliche Bildung aus Indien importierten. Während sie damit einesteils der Bildungsstand ihrer Untertanen – und man darf mit Fug und Recht annehmen, daß hierunter nur die Adeligen zu verstehen sind – anhoben, lösten sie gleichzeitig das bis dahin in Mythen verankerte sakrale Königtum aus diesen Verflechtungen und säkularisierten es. Die Anhänger der alten Überlieferungen empörten sich. Die buddhistischen Geschichtsschreiber, die ungefähr fünf bis sieben Jahrhunderte später die Zeit der tibetischen Königsherrschaft als eine einheitliche Entwicklung zusammenfassend darstellten, gaben dieser Partei der Traditionalisten den Namen Bön.

Es blieb bisher jedoch völlig offen, ob die Bön-Bewegung in der Zeit des 7.–9. Jahrhunderts in unmittelbarem Zusammenhang mit den gegenwärtigen Vertretern dieser Richtung steht. Jüngste Ergebnisse, an denen Bön-Gelehrte wesentlich beteiligt waren, legen die Annahme nahe, daß man unter Bön den ersten Versuch der Tibeter sehen muß, die umliegenden Hochreligionen – Buddhismus, Manichäismus, nestorianisches Christentum, Gnosis, Mazdaismus usw. – einzuschmelzen.

Unter dem synkretistischen Gewebe des Bön scheint eine Schicht von animistischer Bauern- und Hirtenreligion zu liegen, deren Lebensnerv das sakrale Königtum bildet. Der alttibetische König war ein Repräsentant der Götter auf Erden, mit ihnen teilte er auch das Wesen der Unsterblichkeit. Die alten Schriften erzählen, daß die ersten neun Könige bei ihrem Tod keinen Leichnam hinterlassen haben. Und als später mehr oder minder durch einen Unfall das »Geisterseil« – wie jene Verbindung zwischen Götter- und Königswelt genannt wird – zertrennt wurde, da betraten die Könige zusammen mit den Vertrautesten aus ihrem Hofstaat, den »Schicksalsgefährten«, lebendig die aufwendigen Grabbauten. Ein bis in Einzelheiten ausgearbeiteter Ahnenkult bediente den im Grab anwesend geglaubten König gleich einem lebenden Herrscher. Der König durfte keine Zeichen von

Krankheit und Alter zeigen, denn er war ja Inbegriff des Göttlichen, des Mächtigen. Vieles deutet darauf hin, daß die Könige noch in besten Mannesjahren, auch bei Anzeichen von Krankheiten – besonders Geisteskrankheiten – den Thron für ihren Nachfolger räumen mußten, der in der Regel mit dreizehn die Herrschaft antrat.

So tolerant der Buddhismus die Götter, Dämonen und Geister jener Länder und Völker, die er neu eroberte, in sein Pantheon aufnahm, so wenig duldete er geistige Haltungen, die dem Wesen seiner Lehre widersprachen. In Tibet fiel das sakrale Königtum mit seinem ausgeprägten Ahnenkult dem eindringenden Buddhismus zum Opfer. Die Geister und Götter der vor-buddhistischen Zeit leben bis in die Gegenwart hinein fort, von dem sakralen Königtum blieb aber nicht einmal mehr die Spur einer Erinnerung im tibetischen Volk zurück. Wir dürfen daraus schließen, daß sich an diesem Punkt die Traditionalisten und die Buddhisten schieden, denn im Kult der Berggötter, der Lu, der Tsän und wie all die Hunderte von Geistern heißen, war man sich einig. Den Kult eines im Prinzip unsterblichen Königs aber konnte der Buddhismus nicht akzeptieren. Verschiedene Adelshäuser, deren Mitglieder Minister und Heerführer stellten, widersetzten sich diesen buddhistischen Bestrebungen, das tibetische Königstum zu säkularisieren. Der König, der diese Säkularisation selbst wollte und betrieb, geriet daher oft in einen harten Widerspruch zu den traditionalistischen Adelshäusern.

Über vier Jahrhunderte hinweg gewann einmal die eine, dann die andere Partei die Oberhand, bis schließlich mit Langdarma ein König den Thron bestieg, der sich in den letzten Jahren seiner Regierung eindeutig auf die Seite der Traditionalisten stellte. Die buddhistischen Tempel ließ er schließen, die Kultfiguren wurden geschändet oder fortgeschafft, die Mönche in den Laienstand versetzt, das Werk des bewußt betriebenen Kulturwandels kam zum Stillstand. Die Tradition triumphierte. Ein Yogi nahm es auf sich, den – im Sinne der Buddhisten und Fortschrittlichen – abtrünnigen König zu ermorden – im Jahre 842.

Zwar wollten die Nachfahren Langdarmas weiterhin den Buddhismus fördern, das Werk der kulturellen Innovation fortführen, doch der Widerstand unter den zentraltibetischen Adelshäusern war zu groß. Das Königshaus wich dem Druck, der Urenkel Langdarmas übersiedelte nach Ngari, jene Gebiete im äußersten Westen, die erstmals im 7. Jahrhundert von den Tibetern erobert wurden. Unter seinen Söhnen teilte er das zerklüftete Bergland. Palgjigön erhielt Ladakh, dessen erster selbständiger Herrscher er damit wurde; Taschigön, der mittlere Sohn, regierte in Purang. Detsuggön wurde zum Herrn von Guge und begründete damit das Herrscherhaus, das in Tholing seine Residenz errichtete. Wenige Tagesreisen den Sutlej abwärts liegt Shipke, oder wie die alten Quellen sagen Kjuwang, der Geburtsort Rintschen-sangpos. Taschigöns Sohn Jescheö bestieg wohl in der ersten Hälfte des 11. Jahrhunderts den Thron von Tholing. Wie die Vorfahren in Lhasa, waren auch die Könige im westlichen Transhimalaya eifrig bestrebt, den Buddhismus zu verbreiten. Dies war nicht nur eine Angelegenheit des persönlichen Glaubens der Könige, dies war auch eine zivilisatorische Aufgabe, die der tibetischen Kultur zu ihrem Zauber und Charme verhalf, der jeden Fremden ergreift, wann immer er sich in den Bannkreis dieser Kultur begibt. Und Rintschen-sangpo hat hieran ganz entschieden mitgewirkt.

Nach diesem historischen Rückblick ist es nun an der Zeit, den Faden der Lebensgeschichte Rintschen-sangpos wieder aufzunehmen. König Jescheö sendet Rintschen-sangpo zusammen mit anderen Jünglingen nach Kaschmir, um sie dort, in einem der letzten Horte buddhistischer Kultur und Gelehrsamkeit, studieren zu lassen. In der Hitze und aufgrund der fremden Lebensbedingungen sterben die meisten; nur zwei kehren in das Hochland von Guge zurück. Einer von ihnen ist Rintschen-sangpo. Im Laufe seines Lebens unternimmt er noch zwei weitere Studienreisen nach Indien, rastlos bestrebt, so viel wie möglich von der Lehre des Erleuchteten zu hören, so viele Texte und Systeme zu studieren, wie er habhaft werden kann. Einhundertachtundfünfzig größere und kleinere Schriften übersetzt er allein oder in Zusammenarbeit mit anderen Helfern aus dem Sanskrit in das Tibetische – eine Leistung, die bis heute nichts von ihrer Größe verloren hat. Das Wissen seiner Zeit saugt er gleich einem trockenen Schwamm in sich auf. Mit Metrik und Poesie ist er so vertraut wie mit den Sutren, den Predigten des Buddha und den Tantren. Bereits nach seiner ersten Indienreise gilt er als ein großer Gelehrter, dem Ruhm und Anerkennung nicht versagt bleiben. In den Blauen Annalen, eine der großartigsten Chroniken des tibetischen Buddhismus aus dem 15.

Jahrhundert, heißt es daher von diesem außergewöhnlichen Mann: »Dieser herausragende Mensch, der Große Übersetzer, bekannt als Rintschen-sangpo, hatte im allgemeinen alle grundlegenden Texte der Prajnaparamita-Literatur wie auch der Tantren bemeistert und sie auch gelehrt, insbesondere aber verbreitete er die Yoga-Tantras.«
Bei seiner Rückkehr aus Indien begleiten ihn aber auch kaschmirische Künstler, die nun, wohl unter der Anleitung des Gelehrten und finanziert durch König Yescheö und seinen Nachfolger, die zahlreichen buddhistischen Tempel im ganzen Land errichten, von denen einige bis in unsere Tage nahezu unberührt blieben. Tabo in Spiti, seit Jahrzehnten für Europäer unzugänglich, Sumda am Unterlauf des Zanskar-Flusses, Manggju und schließlich Alchi am Indus, sowie den kleinen Senggegang Tempel in Lamayuru. Sicher ist, daß Rintschen-sangpo Njarma, heute eine Ruinenstätte etwas östlich von Tikse, selbst gegründet und dort auch gelehrt hat. All diese Tempel zeigen stilistische Eigenheiten, die der Kunst Kaschmirs im 10. Jahrhundert entnommen sind. Die kunsthistorische Aufarbeitung dieser reichen Wandmalereien hat gerade erst begonnen und so sind gesicherte Ergebnisse noch eine Rarität. Nur Alchi wurde bisher näher untersucht, und zwar von dem britischen Tibetologen D. L. Snellgrove. Alchi ist gewiß das eindrucksvollste Bauwerk aus der Epoche Rintschen-sangpos, auch wenn es von Kalden Scherab, der in Njarma studierte, ins Leben gerufen wurde.

> »Von begnadetem Geschick (tibetisch: *kalden*), besaß er den reinen menschlichen Körper und reich an Besitz, war er ein großer Gabenherr. Voll Weisheit (tib.: *scherab*) verstand er die tiefsinnigen Lehren und durchmaß Schritt für Schritt die zehn Stufen zur Buddhaschaft, angefangen von der ersten, der ›Freudvollen‹. Dieser Lehrer, der einen so trefflichen Namen trug, erkannte die Eigenheit der Wandelwelt, daß sie nämlich einem Trugbild gleicht, daß Reichtum und Besitz ganz und gar ohne Substanz sind. Um die Menschen das Wesentliche der Relativität zu lehren, ließ er diesen Tempel erbauen als einen Ort der Meditation und des Studiums. Aus dieser Absicht gab er seinen Besitz und Reichtum hin.«

Diese Inschrift findet sich in der Versammlungshalle von Alchi, Dukang genannt. Sie vermittelt uns etwas von der Begeisterung, dem Eifer, der in jenen fernen Tagen manchen Ladakhi entflammte. Rint-

schen-sangpo verstand es wie keiner zuvor, die Herzen seiner Zeitgenossen durch den ethischen und religiösen Anspruch der Buddha-Lehre zu bewegen. Mit ihm begann eine Epoche des inneren Aufbruchs, der zu einer tiefgreifenden Vergeistigung der tibetischen Kultur führte. In der Folge war der Buddhismus nicht mehr so sehr die überlegene Geisteshaltung der alten Hochkulturen rings um Tibet, sondern der mystische Weg der eigenen Läuterung. Auch der einheimischen Überlieferung war völlig bewußt, daß mit Rintschen-sangpo ein neuer Abschnitt in der tibetisch-buddhistischen Geistesgeschichte begann; man sprach daher von der »späteren Lehrverkündigung« und meinte damit die Zeit, die mit dem Großen Übersetzer begann. Freilich steht er nicht isoliert, denn sein Werk wurde erweitert und vervollkommnet durch Atisha, »das Stirnjuwel der Gelehrten Indiens«, der 1042 in Tholing eintraf und einige Jahre später nach Zentraltibet weiterwanderte. Seine Schüler begründeten die »Schule« der Kadampa, die nach gut drei Jahrhunderten in die Gelugpa, diese von Tsongkapa gegründete Schule, überging. Diese Richtung war vor allem bestrebt, auch das meditative und mystische Leben mit kritischem Verstand einer Analyse zu unterwerfen. Eine Blüte der Wissenschaften im Tibet des 18. Jahrhunderts war eine der Folgen. Kurz, wesentlichen Teilen der tibetischen Kultur verlieh Rintschen-sangpo Strukturen, die erst in den nachfolgenden Jahrhunderten sich voll entfalten konnten. Mit Fug und Recht darf man ihn eine der gewaltigsten Persönlichkeiten der tibetischen Geistesgeschichte nennen.
Kehren wir von dem langen Ausflug in die Geschichte Tibets, des Buddhismus und seiner hervorragendsten Vertreter im West-Himalaya nach Lamayuru zurück. Der Jongdsin Rinpotsche ist inzwischen aus Leh ebenfalls in Lamayuru eingetroffen, und er läßt es sich nicht nehmen, uns persönlich durch die Heiligtümer zu führen. Nach der üblichen Begrüßung und zahllosen Schalen Tee brechen wir auf, um den ältesten Tempel von Lamayuru, den Sengge-gang, zu besichtigen. Inzwischen sind Wolken aufgezogen und kalter Regen prasselt nieder. Der dunkle Tempel gewährt bergenden Schutz. Langatmig schildert er die Taten Rintschen-sangpos, sein Werk als Übersetzer, als Tempelerbauer. Hier in diesem kleinen, mit Staub gleichsam überzuckerten Tempel lebt noch der Wille dieses hervorragenden Mannes; die Stille und Einfachheit, die mystische Selbst-

versunkenheit des Buddha Vairocana, des Hauptbildes – ein Finger, der auf das Unaussprechliche deutet.

In den Tempeln aus der Zeit Rintschen-sangpos begegnen wir immer wieder den Mandalas, kreisförmigen Zeichnungen, denen oft Quadrate eingeschrieben sind, bevölkert mit einer Vielzahl von Wesen. Zwischen Lobsang und dem Jongdsin entspinnt sich ein Gespräch über das Wesen dieser Bilder, dessen Inhalt ich noch genau vor Augen habe. Die Mandala sind Diagramme, in denen der Kosmos als die äußere Welt und das Psychische als die innere Welt in einem Symbolbild zusammengefaßt werden. Äußerlich gesehen ist das Mandala ein Palast, in dessen Mittelpunkt eine Gottheit residiert, innerlich verstanden ist dies die Persönlichkeit des Meditierenden, in dessen Zentrum das unwandelbare Buddhaprinzip gleich einem Keim schlummert.

Stufenweise führt der erfahrene Meister seinen Schüler in die Welt des Mandala ein. Zuerst lehrt er ihn, darin eine göttliche, paradiesische Welt zu sehen, sie in Opfern und Gesängen zu verherrlichen, bis der Schüler reif genug ist, sich selbst in dem Schaubild zu erkennen. Diese Einweihungsriten wurden von Rintschen-sangpo vielleicht sogar hier, wo wir nun stehen, durchgeführt, ganz im Sinne seiner indischen Lehrer, und noch heute berufen die tibetischen Lamas sich auf diese Überlieferung, fahren fort, die Bildwelt des Buddhismus in seinem Sinne zu erklären.

Der Fremde ist zunächst von der Farbigkeit und der wilden Bewegung der Bilder gebannt, doch sogleich stellt sich die Frage nach dem Sinn, dem Inhalt, den Ideen, die sie vermitteln wollen. Ganz prinzipiell sind die meisten buddhistischen Bildwerke, die sogenannte Gottheiten darstellen, Symbolbilder, die eine Idee, einen geistigen Zusammenhang verdeutlichen, veranschaulichen wollen und daher als Personifikation dieser Idee gelten. Schuf ein griechischer Künstler eine Statue des Zeus, so glaubten seine Zeitgenossen, daß Zeus dem Bildwerk so ähnele wie ein Modell dem Bild. Anders ist es im buddhistischen Kunstschaffen. Bleiben wir bei Vairocana, dem Hauptbild im Senggegang Tempel in Lamayuru. Er gehört zu der Gruppe der Fünf Buddhas, die eine ganze Reihe von Fünferstrukturen als universale Baupläne personifizieren. So etwa ist jedes Lebewesen aus zahllosen einzelnen Phänomenen aufgebaut, die in fünf Kategorien zerfallen – Körperlichkeit, Wahrnehmung, Gefühl, Willens- und Gemütskräfte, sowie Bewußtsein. Fünf »Gifte« verblenden den Geist des Menschen und halten ihn in der Welt der Unwissenheit, des Leides fest – Stolz, Leidenschaft, Haß, Neid und Verblendung. Fünf Himmelsrichtungen geben der Welt eine sinnvolle Ordnung – die vier Kardinalpunkte und die Mitte als die erste »Richtung«. Fünf Elemente bilden den Kosmos – die Liste der Fünferstrukturen ließe sich noch lange fortsetzen.

Im Sinne des tibetischen Buddhismus ist der Buddha in erster Linie das Prinzip des Absoluten, das in keiner Weise gedacht und erfaßt werden kann und das keinesfalls als ein Etwas – was immer man sich auch darunter vorstellen mag – verstanden werden darf. Das Buddhaprinzip ist gleichsam der Schnittpunkt des Koordinatensystems, in dem sich, entlang den Achsen von Zeit und Raum, unsere Welt bewegt. Alle Evolutionen des Koordinatensystems gehen zwar vom Schnitt- bzw. Nullpunkt aus, ohne jedoch daß dieser selbst daran teil hätte. Die indische Philosophie definierte diesen ontologischen Nullpunkt als das Leere. Dieses ist niemals mit dem Nichts identisch, vielmehr ist es das noch ganz und gar Offene, das Undifferenzierte, die Fülle als solche. Aus diesem Denken ergab sich notwendigerweise die Konzeption der Zahl Null. Die Inder waren die ersten, die diesen aus der modernen Mathematik und Naturwissenschaft nicht mehr wegzudenkenden Wert entdeckten, damit wurden sie ebenfalls die Väter unseres Dezimalsystems. So wie alle Zahlen in Abhängigkeit zum Wert Null stehen, so ist das Buddhaprinzip Ursprung, Ende und eigentliches Sein der im steten Wandel begriffenen Welt, an der allein der Wandel und die allseitige Bedingtheit aller Phänomene Bestand haben. Im Buddhaprinzip fallen alle Bilder und Begriffe zusammen und aus ihm gehen alle wiederum hervor. Das Buddhaprinzip entfaltet sich gleichsam aus dem ontologischen Nullpunkt in einen Kosmos voller Symbole, in erster Linie in die Fünf Buddhas. Im alten Indien galt also die Fünferstruktur als ein allgemeines Prinzip im Aufbau des Kosmos; diesen »Strukturplan« personifizieren die Fünf Buddhas.

Vairocana ist weiß – die Summe aller Farben –, weil er den Äther, das Bewußtsein (weiß als Farbe des Gestaltlosen), die Mitte symbolisiert. Manchmal jedoch ist er auch von blauer Farbe, die dem »Urwasser«, dem Ungestalteten eigen ist. Jedes Detail des Bildes hat seine symbolische Bedeutung, die in den überlieferten buddhistischen Schriften festgelegt ist.

Der Symbolcharakter der tibetischen Bilderwelt gilt auch für die Darstellungen der schreckenerregenden Gottheiten, vom uneingeweihten Betrachter häufig als »Dämonen« klassifiziert. Auch in diesen bluttriefenden Gestalten, die mit allen Attributen des Grauens behängt sind, enthüllt sich ein Aspekt des Absoluten – nämlich das Mitleid. Dies klingt widersprüchlich, gewiß, doch lassen wir die Überlieferung zu Wort kommen. Zahllose Kommentare werden nicht müde zu erklären, daß das Buddhaprinzip sich in den schreckenerregenden Gottheiten verkörpert, damit der träge Geist des Menschen aufgerüttelt werde, erwache und erkenne, daß seit dem Anfanglosen der eigene Geist als der unbewegte, gestaltlose Spiegel das letzte Prinzip des Universums ist – der Buddha.

Neben diesen Symbolbildern gibt es aber auch Bilder, die im üblichen Sinne Götter, Geister und Dämonen, ja auch Könige und Krieger darstellen. Dergleichen findet sich vor allem an der Eingangsseite der Tempel. Folkloristische Elemente eines vorbuddhistischen Glaubens fanden hier oft Eingang in die buddhistischen Tempel; auch Herrscher ließen sich an dieser Stelle gerne verewigen.

Diese Szenen sind ein lehrreiches Bilderbuch zur Kulturgeschichte Ladakhs, das noch längst nicht ausgewertet ist.

Die Regenwolken lösen sich nach und nach auf. Und als wir aus dem Senggegang Tempel hinaustreten in die frische Luft, sticht bereits die Sonne wieder durch den aufsteigenden Dampf. Der Jongdsin Rinpotsche zwängt sich mit seiner Leibesfülle durch die schmale Türöffnung und klettert mit einer Behendigkeit, die ihm niemand zugetraut hätte, über die steilen und unregelmäßigen Felsstufen zum Haupttempel empor. Oben angelangt, überqueren wir mit wenigen Schritten den Klosterhof und stehen bereits vor der Empore, die einer Terrasse gleich dem Tempel vorgelagert ist. Ein Malermönch ist dabei, die verblaßten Wandmalereien aufzufrischen. Das künstlerische Niveau, das viele der älteren Malereien in Ladakh haben, wird kaum je erreicht und so beschränkt sich die Renovierung auf das Auftragen von möglichst grellen Farben. Natürlich beeilt sich der Maler zu erklären, wie teuer heute die Farben seien, daß man nach Srinagar mit dem Bus fahren müsse, um sie dort auf dem Bazar zu kaufen. Ich ahne bereits,

daß dies ein Angriff auf unsere Expeditionskasse ist, und so ertappe ich mich dabei, wie meine Hand sich zu meiner Geldbörse vortastet. Was soll's, eigentlich findet die Farbenkleckserei nicht meine ehrliche Zustimmung, aber die Menschen hier sehen in der Leuchtkraft der Farben noch eine ästhetische Qualität, und so spende ich etliche Rupien für die Renovierung des Klosters.
Am Tempeltor entledigt sich Lobsang seiner Bergstiefel, für mich das Signal, es ihm gleich zu tun. Eigentlich sollte man jeden Tempel oder Schreinraum nur barfuß betreten, doch beobachten wir immer wieder, daß in manchen Orten auch die Einheimischen mit Schuhen die Kulträume betreten. So warten wir zuerst, ob unsere Begleiter sich der Schuhe entledigen oder nicht, und wir tun es ihnen dann gleich.
Ein weiter Raum umfängt uns mit seiner Stille, in der der Dunst von »Butterlampen«, hier in Ladakh gespeist mit dem Öl der Aprikosenkerne, und von Weihrauch, vermischt mit Buttertee hängt. Gegenüber dem Eingang sitzen auf einer Empore nebeneinander die Kultfiguren, fast von der Größe eines Menschen. Die Zentralfigur stellt einen tibetischen Mönch dar, dessen Kopf von einem hochaufragenden Hut bedeckt ist.
»Welcher Lama ist dies?« will ich wissen. »Tschödsche Dschigtengömpo, der Begründer unseres Ordens.« Das Kloster Lamayuru gehört zusammen mit Pjang (auch Phyang geschrieben) zum Orden der Digung Kagjüpa.
Als der Buddhismus langsam in Tibet Fuß faßte, entstanden zuerst Gruppen von Nachfolgern, die sich jeweils um ihren eigenen Lehrer und dessen Überlieferungskette scharten. Die Gemeinsamkeit der rituellen und mystischen Tradition war das Einende in diesen Gruppen, nicht die klar erfaßbaren Unterschiede in der Lehre. Sobald sich die soziale Struktur dieser Lehrer-Schüler-Ketten, wie die Überlieferung diese Gruppierungen nennt, festigte und eigene Wege im Ritual und in der religiösen Praxis einschlug, wurde aus der Schar der Schüler, die sich um einen Lehrer oder Guru gesellten, eine »Schulrichtung«. Vier solcher Schulrichtungen gelangten in Tibet zu besonderer Blüte. Da sind die Njingmapa, »die Alten«, deren überragender Lehrer Padmasambhava ist, dessen Spur wir später in Zanskar begegnen werden. Um Atisha und Rintschen-sangpo entstand die Schule der Kadampa, die später – wie schon erwähnt – in die von Tsongkapa be-

gründete Schule der Gelugpa überging. Ebenfalls im 11. Jahrhundert liegen die Anfänge der Sakjapa-Schule, die im 14. Jahrhundert unter dem Mongolen-Kaiser Kublai-Khan die weltliche Macht in Tibet innehatte. Um die Jahrtausendwende formierte sich auch die Schule der Kagjüpa, deren herausragendste Lehrer die großen Mystiker des Buddhismus sind: Tilopa, Naropa, Marpa, der erste Tibeter unter ihnen, dann Milarepa und viele andere. Diese Schule der Kagjüpa zerfiel im Lauf der Zeit in zahlreiche Unterabteilungen, eine von ihnen nennt sich Digungpa, nach ihrem Stammsitz, dem Kloster Digung in Zentraltibet.

Tschödsche Dschigten-gömpo (1143–1217), einer der ersten originalen, buddhistischen Denker des tibetischen Landes, hat es gegründet. Er hat viele Texte religiösen Inhalts hinterlassen, doch bis jetzt ist nicht einer in eine westliche Sprache übersetzt worden, zu dunkel ist noch die altertümliche Sprache. Er war bereits zu seiner Zeit eine außergewöhnliche Persönlichkeit. In der Gegend um den Kailas ließ er Tempel und Klöster errichten, dabei wirkten die Könige von Purang, Guge und Ladakh als seine Förderer und Mäzene. Im Jahr 1215, als König Ngodubgön als »Gabenherr« der jungen Digung Kagjüpa-Tradition auftrat, begann eine neue Ära in der Geistesgeschichte Ladakhs. Die lebenspendenden Impulse der Buddha-Lehre kamen nicht mehr aus Indien, sondern aus Tibet. Nordwest-Indien war keine Pflegestätte beschaulicher Gelehrsamkeit mehr, sondern das Schlachtfeld nichtendenwollender Kämpfe der sogenannten Sklaven-Dynastie. Der Islam trat mit einem unbeugsamen Machtanspruch auf und zerstörte, was sich ihm nicht freiwillig unterwarf. Von da an kehrte Ladakh sich nach Osten und Norden, bezog seine Orientierung aus Tibet, schickte seine begabten Söhne an die aufstrebenden Kloster-Universitäten jenes Landes.

Die Zeit bis ins 16. Jahrhundert hinein ist für uns noch recht dunkel, da kaum historische Berichte aus dieser Zeit erhalten sind. Nach dem Jongdsin Rinpotsche, der ja den jungen Tulku und Klosterherrn von Lamayuru und Pjang erzieht, soll in dieser Zeit auch ein Lama, der der Karmapa-Schule angehörte, in Lamayuru gewirkt haben, so jedenfalls soll ein altes Dokument, das heute noch in Lamayuru aufbewahrt wird, berichten.

Unter dem König Taschi-namgjel (1555–1575) festigte sich das Band zwischen dem König und der Digungpa-Schule. Er war eine kraftvolle Herrscherpersönlichkeit, dehnte sein Herrschaftsgebiet weit aus und unterwarf auch das Königreich Guge zeitweilig seiner Botmäßigkeit. Auf dem Berg im Norden von Leh erbaute er die erste Burg zusammen mit dem Gönkang, einem heute noch vorhandenen Tempel, der die Schutzgötter des Königshauses und des Burgberges beherbergte.

Der Jongdsin Rinpotsche erzählt uns, wie diese enge Verbindung zwischen dem König von Ladakh und der Digungpa-Schule zustande kam.

»Der König ließ in der Nähe von Hemis Schukpa-tschen, das liegt nördlich des Indus zwischen Timogang und Likir, einen Kanal zur Bewässerung der Felder bauen, dabei wurde ein Sadag verletzt (Sadag, wörtlich »Erdherren«, sind Geister, die unter Bäumen, in Felsen und in der Erde hausen). Den König befiel eine schlimme Krankheit, die kein Arzt heilen konnte. Das war die Rache des Sadag, doch das wußte der König nicht. In seiner Not wandte er sich an die beiden Tsän-Dämonen, die jeweils zum Neujahrsfest im Kloster Matho von zwei Orakelpriestern Besitz ergreifen. Dies ist das beste Orakel im ganzen Land und die beiden Tsän-Dämonen verkündeten aus dem Mund ihrer Priester, der König solle einen Einsiedler namens Danma Tschödsche einladen, der zur Zeit am Kailas lebe. Er war ein Anhänger der Digungpa und wurde von den Königen von Guge und Purang großzügig gefördert. Der König von Ladakh sandte Boten aus, den Einsiedler einzuladen, doch ehe dieser Folge leistete, befragte er seinerseits das Orakel über den Sinn der bevorstehenden Reise. Er trat an das Ufer des Manasarovar-Sees (am Fuße des Kailas) und griff ins Wasser. Seine Hand stieß auf einen eigenartig geformten Stein. Als er ihn aus dem Wasser genommen hatte, erkannte Danma darin die Figur Milarepas. Es war keine von Menschenhand gefertigte, sondern eine von selbst entstandene, was wir besonders hoch schätzen. Noch heute wird sie im Schatz des Klosters Pjang aufbewahrt. Um jedoch ganz sicher zu gehen, machte Danma eine weitere Probe. Abermals tauchte er seine Hand in den heiligen See und holte auf dieselbe Weise einen Mani-Stein heraus (das ist ein Stein, auf den die heilige Formel »Om Mani Padme Hum« geritzt ist).

Um 1558 oder im darauffolgenden Jahr kam Danma endlich nach Ladakh und heilte den König schnell von seiner schweren Krankheit. Der König bat ihn, sein »Haupt-Lama« – das heißt sein königlicher Hauptpriester – zu werden. Danma lehnte jedoch ab und sagte voraus, daß er und der König wiedergeboren werden als Tiger und Löwe, dann werde er, Danma, sein Haupt-Lama werden.«

Diese Prophezeiung spielt auf die enge Verbindung an, die sich zwischen König Sengge-namgjel und dem Dugpa-Kagjüpa Mönch Tagtsang-repa entwickelte. Sie führte zur Gründung von Hemis, dem unter dem Schutz des Königs stehenden Klosters, und zu der noch heute herausragenden Stellung der Dugpa-Kagjüpa in Ladakh.

»So wollte der König Danma wenigstens angemessen beschenken« fährt der Jongdsin fort. »Er bat ihn, an einem Ort seiner Wahl ein Kloster errichten zu lassen. Auf der Suche nach einem geeigenten Platz erblickte Danma eines Tages, wie Atschi Dölma, die Schutzgöttin der Digungpa-Schule, von einem Hügel aus mit einer Flagge winkte. Da wußte Danma, daß dies der richtige Ort für die Klostergründung sei. Es war der Hügel, auf dem heute noch das Kloster Pjang steht, das Danma mit Förderung des Königs erbauen ließ und in dem er sich für den Rest seines Lebens niederließ. Das Land um Lamayuru samt den alten Tempeln und Klosteranlagen schenkte der König ebenfalls Danma. Als Zeichen seiner tiefen Dankbarkeit gewährte der König eine weitere Gnade: wer immer zwischen den beiden Fahnenmasten des Klosters Lamayuru weilt, der darf nicht der Gerichtsbarkeit des Königs unterworfen werden. Dieses Privileg gilt bis in die heutige Zeit. So geschah es, daß das Kloster Lamayuru in die Hand der Digungpa-Schule kam.« Der Jongdsin Rinpotsche holt tief Luft und nimmt einen kräftigen Schluck Tee.

Für uns war es ein ganz großes Glück, den Jongdsin wieder hier in Lamayuru zu treffen, zwar war uns der grobe Verlauf seiner Erzählung bereits aus der wissenschaftlichen Literatur bekannt, doch die farbigen Einzelheiten, die die historische Begebenheit zu einer Legende ausschmücken, waren uns bisher unbekannt geblieben. Unser Gastgeber ruft den Konnjer herbei, der in buddhistischen Klöstern etwa die Aufgabe eines Meßners versieht, er solle uns doch die Maske der Atschi Dölma zeigen. Wir folgen dem Mönch durch dunkle Gänge, steile Treppen, bis wir unversehens in einem Raum hinter dem Haupttempel angelangt sind. Er verschwindet hinter einem Türvor-

hang, man hört ihn mit allerlei Schlüsseln und Schlössern hantieren und dann tritt er in den Raum, in der Hand die mit Gold und Silber belegte Maske der Schutzgöttin. Ein friedlich lächelndes Gesicht von jugendlicher Schönheit, geschmückt mit einem fürstlichen Diadem und Ohrgehängen, ganz im Stil der Fürstinnen des alten Indiens. Im Dunkel des Raumes fangen sich einige Lichtstrahlen auf der Maske und lassen sie hell aufleuchten, Reflexe tanzen auf der dunklen Wand. Dann verpackt er die Maske wieder sorgfältig und verstaut sie in der Schatzkammer des Klosters, die wir nicht betreten dürfen.
Als in späteren Jahrhunderten immer häufiger Mohammedaner aus Kaschmir und Baltistan nach Ladakh zogen, wurde das Kloster Lamayuru hart betroffen. Es mußte zahlreiche Plünderungen und Brandschatzungen über sich ergehen lassen. Zwar versuchten die Mönche ihre Schätze – in erster Linie die geheiligten Figuren und Bildwerke – zu bewahren, indem sie sie im Wamda versteckten, dennoch ist nur noch ein kleiner Rest ehemaligen Glanzes erhalten.
In der Chronik Ladakhs, die ein deutscher Missionar Anfang dieses Jahrhunderts in Leh aufspürte, lesen wir:
»Ganz Ladakh wurde von den Baltis (damals wie heute Moslem) unterworfen; sie verbrannten alle religiösen Bücher, warfen einige ins Wasser und zerstörten die Tempel, ehe sie wieder in ihr Land zurückkehrten.«
Dies war nicht der einzige und nicht der letzte Raubzug, den die umliegenden Stämme und Könige nach Ladakh unternahmen.

Den Indus aufwärts

Ulrich Gruber: Wir haben das Kloster Lamayuru hinter uns gelassen und befahren den wohl spektakulärsten Abschnitt auf der Straße nach Kalatse. Wie die Windungen eines Schlangenleibes sind die atemberaubend ausgesetzten Haarnadelkurven in den steilen Gesteinsschutt geschnitten. Wenn man in einer Rechts- oder Linkskurve an die Außenseite des Busses zu sitzen kommt, wagt man kaum aus dem Fenster zu sehen; ungehindert gleitet der Blick über die Straßenschleifen zum Bett des Flusses hinunter. Schließlich erreichen wir die tiefeingeschnittene Schlucht, durch die wir nach Kalatse hinausfahren. Ein Bewässerungskanal mündet hier in eine Holzrinne, die sich über den Fluß spannt. Aus einem Leck schießt ein dicker Wasserstrahl in die Schlucht hinunter. In Kalatse stoßen wir zum ersten Mal auf den Indus. Der große Strom, der ganz Nordwestindien und Pakistan beherrscht: an dieser Stelle ist er ein ungezähmter, wilder Bergfluß von beachtlicher Breite. Eine mit Autos befahrbare Brücke führt ans andere Ufer, eine Konstruktion aus Eisenträgern und Holzbohlen. Daneben die Reste einer alten Holzbrücke, die Balken zerbrochen, der Steg nicht mehr begehbar. Dort muß auch Sven Hedin mit seiner Karawane zu Anfang unseres Jahrhunderts den Fluß überquert haben. Ein indischer Soldat mit einer Trillerpfeife wacht über das Verbot, die Brücke zu fotografieren. Ein energisch warnender Pfeifton ertönt, sobald sich ein vorwitziges Kameraobjektiv auf Fluß und Übergang richtet. Am anderen Ufer erkennt man die Ruinen einer alten tibetischen Burg aus der Zeit der Darden. Ein strategisch außerordentlich günstiger Ort, um die Karawanen zu kontrollieren, die einst auf ihrem Weg nach Nordwestpakistan, Yarkand oder Leh hier vorbeikamen.

Während unserer weiteren Fahrt am Indus entlang fallen mir langgezogene Rinnen auf, die am Fuß der kahlen Berghänge viele Kilometer weit quer zur Hangneigung verlaufen. Sie haben schon von Kargil an immer wieder unsere Fahrt begleitet. Oft sind es drei oder vier solcher Bänder, die sich parallel übereinander hinziehen. Manchmal kann man sie nur schwach erkennen, manchmal sind sie von Erdrutschen unterbrochen, an anderen Stellen wiederum sind sie deutlich

ausgeprägt. Hamid bestätigt mir, daß es sich hier um Bewässerungskanäle handelt, die zum Teil aus sehr alter Zeit stammen. Heute werden nur noch wenige davon benutzt, die meisten sind schon lange nicht mehr in Stand gehalten worden und verfallen. Aber ihr oftmals nur angedeuteter Verlauf und die Menge der Rinnen am gleichen Ort künden von einer reicheren Zeit in Ladakh. Es muß Perioden größeren Wohlstandes in seiner Geschichte gegeben haben, als eine straff organisierte Verwaltung dafür sorgte, daß sorgsam angelegte und gewartete Bewässerungskanäle große Oasen mit dem notwendigen Wasser versorgten. Handel und Landwirtschaft müssen damals reicher geblüht haben als heute und sicherlich war damit auch eine blühendere Kultur verbunden. Es macht mir Spaß, mich an den verfallenen Wasserrinnen wie an Fäden in die Geschichte zurückzuspinnen. Ich stelle mir vor, wie endlose Karawanen von Mulis, Pferden oder Yaks, beladen mit Salz, Wolle und feinen Stoffen, die schmalen Pfade entlangtrotteten, wie die Kaufleute und ihre Bediensteten in den Oasendörfern von freundlichen Dorfbewohnern mit gebuttertem Tee gestärkt wurden und wie Reitertruppen, mit Schwertern, Pfeil und Bogen oder Speeren bewaffnet, über den friedlichen Verlauf der Handelsreisen wachten. Aber solch ruhige Zeiten müssen lange zurückliegen, denn wer sich nur ein wenig mit der Geschichte Ladakhs beschäftigt, wird betroffen von den vielen blutigen Kriegszügen, die das Land vor allem in den letzten drei, vier Jahrhunderten mit Verwüstung überzogen. Reichtum und Wohlstand lockten immer wieder beutegierige Räuber und Eroberer an. Das zeigt gerade die Geschichte dieses Hochlandes. Die Rinnenbänder, die da draußen vorüberziehen, sind beredt.
Mit Ausnahme der bewässerten Oasen ist die Flußlandschaft des oberen Indus wüstenhaft karg. Es wächst nicht viel zwischen den Steinen und auf den Sandflächen. Aber wenn man genau hinsieht, bemerkt man doch immer wieder einzelne Pflänzchen, stachlige und zwergenhafte Büsche. Mitten aus kalkigen Steingeröllen streckt sich ein rosa blühender Lauch; er erinnert mich lebhaft an den Berglauch in den Alpen. An manchen Stellen fallen mir dunkelgrün belaubte Zwergsträucher mit leuchtend weißen Blüten auf. Sie sind stachlig und geben sich bei näherem Hinschauen als Kapernbüsche zu erkennen. Ein weißer Kranz von großen Blütenblättern umgibt ein dichtes Büschel

grauweißer Staubblätter, aus deren Mitte ein dicker, grüner Fruchtknoten ragt. Die Knospen sehen genauso aus wie die grünlichen Kügelchen, die mir als Kind in der Fischsoße immer ein rechter Greuel waren. Die Hänge fallen steil zum Fluß ab. Es bleibt wenig Platz für die Straße, so daß sie oft aus den Felsen herausgesprengt wurde. An einem etwas erweiterten Platz, an dem ein kleines Seitental in das Industal mündet, ist eine lange, hohe Steinmauer aufgeschichtet worden. Hier halten wir wieder einmal, um die grandiose Flußlandschaft mit ihren Stromschnellen und den senkrechten, braunen Felswänden zu fotografieren. Mich interessiert die Steinmauer, und ich klettere die steile Straßenböschung hinunter, um das Bauwerk näher zu sehen. Gegen die Seitenwände und auf die breite Mauerkrone sind flache Steinplatten gelegt, in die man tibetische Schriftzeichen und einige figürliche Darstellungen eingemeißelt hat. Mit meinen schwachen Tibetischkenntnissen kann ich die heilige Formel »Om Mani Padme Hum« erkennen, die in vielfacher Wiederholung immer wiederkehrt. Aber auch ausführlichere Texte sind mit Meißel und Hammer aufgezeichnet. Ein Stein, der ganz oben auf dem Haufen der anderen liegt, zeigt eine fein ausgeführte Abbildung des Buddha Shakyamuni. Klar und einfach in Gewand und Haltung mahnt er die eilig Vorüberreisenden, über ihrer Hast nicht die Besinnung auf das Vergängliche aller irdischen Vorhaben zu vergessen. Ich nehme einen flachen, grauen Stein vom Boden und lege ihn auf die Mauer. Eine einfache, persönliche Votivgabe als Zeichen meiner Bemühung, die Botschaft des zweieinhalbtausend Jahre alten Erleuchteten zu verstehen.

Wir übernachten in Nurla, einem Dorf mit ein paar Dutzend Häusern und einigen Läden an der Hauptstraße nach Leh. Unsere Zelte werden in einem Garten aufgeschlagen, der von einer hohen Mauer umgeben ist. Der Garten besteht fast ausschließlich aus Nuß- und Aprikosenbäumen. Es ist Erntezeit, die Äste biegen sich unter der Last der goldgelben, süßen Kugelfrüchte. Wir dürfen Aprikosen essen, soviel wir wollen. Einige von uns widmen sich dem Genuß der köstlichen, tischtennisballgroßen Früchte mit derartigem Eifer, daß sie sich sofort und gründlich den Magen verderben. Die Aprikosen sind die wichtigsten Vitaminlieferanten für die einheimische Bevölkerung, vor allem im Winter. Deshalb werden sie in großen Mengen getrocknet. Überall sieht man auf den flachen Dächern goldgelbe Flekken aus trocknenden Aprikosen. In kraxenförmigen Strohkörben bieten Bäuerinnen, im Schatten einiger hoher Weidenbäume vor den Bazarläden sitzend, ihre Aprikosenfrüchte feil. Die Sonne malt durch das dichte Blätterdach hindurch gelbe Kringel auf die Früchte in den Körben. Eine Bäuerin trägt auf dem Kopf eine stattliche Flügelhaube, den Perak, kennzeichnende Kopfbedeckung der verheirateten Frau. Diese Haube besteht aus einem breiten Lederstreifen, der vorne etwas über die Stirn ragt und hinten über den Nacken fällt. Er ist über und über mit Türkisen und Korallen besetzt; ein walnußgroßer und in Silber gefaßter Türkis prangt auf dem Vorderteil über der Stirn. Auf die Mitte des Lederstreifens sind drei silberne, mit Türkisen und Korallen versehene Amulettkästchen genäht. Seitlich schließen an den Streifen zwei große Ohrenklappen aus schwarzem Lammfell an. Eine Reiseteilnehmerin meint etwas respektlos, aber nicht unzutreffend, daß sie diese Ohrenklappen an Elefantenohren erinnerten. Hamid lacht über den Vergleich und bemerkt, daß der Elefant ein intelligentes Tier mit selbstbewußter und edler Haltung sei. Der schwere Perak nötigt seine Trägerinnen zu gemessener, aufrechter Haltung; die Ladakherinnen wirken unter ihrer Flügelhaube hoheitsvoll wie Edelfrauen.

Bis zum Abendessen bleibt mir noch viel Zeit, um ein wenig im Dorf herumzustreifen. An einer Hausecke sitzt ein alter Mann im dunkelroten Tibetermantel. Seine weißen Haare bedeckt eine braune Wollmütze und auf der Nase klemmt eine dunkle Hornbrille. In der linken Hand dreht er eine kupferne Gebetsmühle, während er mir freundlich grüßend zunickt. Die Kopfbewegung läßt seinen schneeweißen Spitzbart erzittern. Ich setze mich neben den Alten und langsam entspinnt sich eine Unterhaltung mit einigen tibetischen und englischen Worten und mit vielen erklärenden Gesten. Er will wissen, aus welchem Land ich komme und wohin ich zu reisen gedächte. Es sei merkwürdig, sagt er, daß seit einigen Jahren so viele Amerikaner und Europäer in sein Land angereist kämen, wo es doch außer einigen Oasendörfern und ein paar Klöstern nur Steine und hohe, eisige Berge gäbe. Auf meine Antwort, daß man hier aber Gelassenheit, Ruhe, freundliche Menschen und eine uralte Kultur fände, nickt er befriedigt mit dem Kopf. »Es kommen neuerdings viele junge Leute aus euren Ländern«, sagt er, »sie interessieren sich für die Lehre Buddhas in

unseren Klöstern. Einige haben sogar als echte Schüler der hohen Lamas in einem Kloster Anschluß gefunden.« Im Verlauf unseres Gesprächs gibt er sich schließlich als Emtschi zu erkennen, als Heilkundiger der tibetischen Medizin. Ich will mehr über seinen Beruf wissen und dränge ihn mit Fragen. Seine Medikamente seien vor allem aus tierischen, pflanzlichen und mineralischen Stoffen zusammengesetzt, sagt er. Dazu käme Staub aus Silber und Gold. »Es gibt ganz berühmte Gegenden in Ladakh, in denen man Heilkräuter findet«, bemerkt er. »Alljährlich wandern die Emtschis nach Nubra oder Zanskar, um dort die heilkräftigen Kräuter zu sammeln. Besonders auf den hochgelegenen Almen kann man so manches heilende Kraut finden. Die Mischung der verschiedenen Materialien ist jedoch kompliziert. Das gesamte Wissen über tibetische Medizin ist in fünf großen Büchern niedergelegt, die man zu Beginn eines tibetischen Medizinstudiums genau studieren muß.« Während unserer Unterhaltung dreht sich ohne Unterbrechung die Gebetsmühle in der Hand des alten Emtschi. Auch als er jetzt mit der Rechten in den Falten seines weiten Mantels kramt, rotiert der Gebetszylinder weiter. Er holt ein rundes Stück einer schwarzen Substanz hervor, die wie die Ichthyolsalbe riecht, die wir als Kinder immer auf eiternde Wunden geschmiert bekamen. Es handelt sich ganz offensichtlich um eine bituminöse Substanz, eine Art Erdpech oder ichthyolähnliche Masse. »Dieser Stoff«, sagt der Heilkundige, »tritt aus den Felsen hervor und wird zu vielerlei Medikamenten verarbeitet. Eine ganz besonders heilkräftige Medizin!«
Ein kleiner Bub hat sich vor uns hingestellt und lauscht unserem Gespräch mit offenem Mund. Er ist barfüßig, nur mit einer Hose, einem Hemd und einer geflickten Wolljacke bekleidet. Sein schwarzes Haar hängt in langen, ungekämmten Strähnen vom Kopf. Seine Augen unter dem dunklen Haarschopf mustern uns jedoch mit wacher Intelligenz. Ich muß unwillkürlich an meine eigenen Söhne in Europa denken, wie sie sich mit ganz ähnlicher Unbekümmertheit herzlich wenig um ihre äußere Erscheinung scheren. Ein etwa zehnjähriges Mädchen kommt die Dorfstraße heruntergelaufen. Es trägt auf seinen Armen ein schneeweißes Lämmlein. Das Kind bleibt stehen, schaut uns an und drückt seinen Kopf gegen das weiche Fell des Tieres. Wie ein Symbol für die buddhistische Forderung, sich aller lebenden Nachbarkreatur in ungeteiltem Mitgefühl zuzuwenden, stehen Menschen-

kind und Tierkind dicht aneinandergeschmiegt vor uns. Es kommt mir vor, als seien meine Sinne in diesem Land für derartige Beobachtungen und Gedanken besonders geschärft.
Ich erhebe mich, grüße meinen Gesprächspartner zum Abschied und schlendere zurück zu unserem Lagergarten. Ein schriller, hoher Gesang hält mich nach wenigen Schritten fest. Vor einem Haus ist eine runde Plattform aus gestampftem Lehm hoch mit reifen Gerstengarben belegt. Zwei Yaks und ein Esel, die mit einem Strick an einen Pfahl gebunden sind, werden von einer Frau immer im Kreis herum durch das gelbe Stroh getrieben. Mit ihren Hufen trampeln sie dabei die reifen Körner aus den Ähren. Mit heller Diskantstimme singt die Frau ein Lied im Takt der langsam stampfenden Schritte. Weithin schallt der Gesang über das Tal, getragen und schwermütig, immer im gleichen Rhythmus und in der gleichen Melodie. Ein fortwährendes Rundum der Schritte und des bald an-, bald abschwellenden Liedes. Es gibt viele solcher Dreschplätze im Dorf, die mit derartigen, lebenden Dreschmaschinen betrieben werden. Hier ist es ein alter Mann, der drei Yaks im Kreise treibt, dort ein junges Mädchen mit zwei Dzos, einer Mischung aus Yak und Rind, sowie zwei Eseln. Alle Tiere werden mit Gesang zum Rundlauf ermuntert. Auf einem Platz ist die Drescharbeit bereits beendet. Einige Männer und Frauen werfen mit Holzgabeln das gedroschene Getreide in die Luft, damit der Wind die Spreu vom Weizen trennt. Sie pfeifen dabei schrill durch die Zähne und fordern damit den Wind auf, stark genug zu blasen.
Heute abend verwöhnen uns unsere mohammedanischen Betreuer mit besonderen Genüssen aus der Küche. Wir sitzen im Kreis auf einer großen Decke unter dem Dach der Walnuß- und Aprikosenbäume und lassen uns einen Sardinentoast, eine Bouillon aus Lammfleisch, sauren Lammbraten, Bohnen, gebackene Kartoffeln, hinterher süßes Aprikosenkompott schmecken. Der dicke Koch Gophara sitzt dabei und strahlt über das ganze Gesicht, daß seine Küche so begeisterten Anklang findet.
Von Nurla aus kann man in einem von Norden her kommenden Tal das große Dorf Timogang erreichen. Es gilt als eines der größten und wohlhabendsten Dörfer Ladakhs, mit stattlichen Bauernhäusern, üppigen Getreidefeldern und ausgedehnten Obstplantagen. Außerdem gibt es hier eine höhere Schule. Über dem Dorf Timogang stehen

noch die Ruinen einer alten Königsburg, die dem König Dagpa-Bumde im 15. Jahrhundert als Herrschersitz diente. Rund 250 Jahre später floh König Deleg Namgjel aus seiner Hauptstadt Basgo vor einer mongolisch-tibetischen Armee hierher. Von Timogang aus kann man über Pässe das große, malerische Dorf Hemis Schukpatschen, das Kloster Rizong oder auch die recht bedeutende Klostersiedlung Likir erreichen. Wir verzichten aus Zeitgründen allerdings auf die Fußwanderung über die Pässe und fahren mit dem Bus bis in die Nähe von Likir.

Nachdem wir in einem kleinen Pappelhain gerastet haben, fahren wir noch ein Stück in das breite Tal hinein, an dessen Endknick sich die Klosterburg auf einem Hügel erhebt. Unterhalb mehrerer frischbemalter Tschörten bleibt der Bus stehen und wir laufen zu Fuß zum Kloster hinauf.

So wie der kompakte Gebäudekomplex auf dem braunen Bergrücken gegen die Schneegipfel am Horizont und den tiefblauen, wolkenlosen Himmel steht, erinnert er mich an Burgen in Südtirol, im Vintschgau zum Beispiel oder in der Gegend von Sterzing. Der staubige Pfad führt uns steil hinauf zum Klostertor, und über verwinkelte Stufen erreichen wir den Hof des Klosters. Drei alte Mönche und zwei Novizen stehen dort, als hätten sie uns schon erwartet. Sie haben uns auch bereits von ferne kommen gesehen und empfangen uns nun wie Gäste. Ihre Freundlichkeit und Aufgeschlossenheit bestrickt uns. Der ergraute Klosterbeschließer führt unsere kleine Gruppe in allen Tempeln herum und gibt auf Fragen bereitwillig Auskunft. Likir Gompa, das bereits im 12. Jahrhundert gegründet worden sein soll, gehört heute der Gelugpa-Schule an. Oberhaupt ist Nari Rinpotsche, der jüngere Bruder des Dalai Lama (der allerdings seine Klöster in Ladakh nur selten aufsucht). Trotz der langandauernden Abwesenheit seines Oberhauptes macht das Kloster einen sauberen und äußerst disziplinierten Eindruck. Wir besuchen die große Versammlungshalle, in der sich die rund 100 Mönche von Likir täglich zur Rezitation zusammenfinden. Die farbenprächtigen Wandmalereien sind großenteils durch Regale verdeckt, in denen Kandschur und Tendschur aufbewahrt werden, die heilige Schrift der Tibeter und die dazugehörigen Kommentare. In jedem Fach liegt ein Band, in seidene Tücher gewickelt und an beiden Seiten mit Holzdeckeln eingefaßt. Auf dem

Altar stehen die Figuren des Tschenresi, des Tsongkapa und des Buddha Shakyamuni, daneben drei Silbertschörten, die mit wertvollen Steinen verziert sind.
Über eine steile Treppe gelangen wir in den Raum des Abtes. Sein Thron steht neben dem Fenster, aus dem sich ein imponierender Ausblick auf die Klostergebäude, das Tal mit den Häusern des Dorfes Likir und auf die gebirgige Umgebung bietet. In den Häusern dort unten wohnen geschickte Maler und Schreiner; die Ortschaft ist ein Zentrum für künstlerische und kunstgewerbliche Arbeiten. Die dem Thron gegenüberliegenden Wände sind dicht behangen mit prächtigen Thankas. Szenen aus dem Leben Buddhas, der Reformator Tsongkapa, Buddha Amitabha und der Bodhisattva Tschenresi sind zu erkennen, alle von Meisterhand gemalt. Vor den Rollbildern stehen auf niedrigen Tischen Bronzefiguren, Gebetsglocken und lackierte Holzschalen von erlesener Qualität. Man merkt, daß an dieser Stelle eine kultivierte Persönlichkeit residiert. Der freundliche Führermönch erzählt, daß hier nicht nur der Abt wohnt, sondern daß dieser Raum auch als Behausung für einen Besuch des Dalai Lama vorgesehen ist. Lange lassen wir die Ruhe und gelöste Atmosphäre des Gemaches auf uns einwirken. Wir sitzen dann noch eine Weile auf den Stufen zum Dukang, der Versammlungshalle und spüren die wärmenden Strahlen der Nachmittagssonne. Die Mönche in ihren dunkelroten Kutten, den Rosenkranz um das rechte Handgelenk geschlungen, leisten uns Gesellschaft. Wir fühlen uns wohl an diesem Platz des Friedens und der Freundlichkeit; nur allzu bald müssen wir Abschied nehmen und den steinigen Pfad zu unserem Bus hinabsteigen.
Auf der weiteren Fahrt passieren wir das Dorf Basgo. Einst war es die Hauptstadt des westlichen Ladakh, aber von der Zeit als königliche Residenz künden nur noch die Ruinen der alten Burg und einige Wachttürme. Der einstige Glanz ist zu Staub zerfallen. Allerdings blieben in Basgo ein Tempel, ehemals königlicher Gebetsraum, und die frühere, religiöse Bibliothek der Könige erhalten. Im Tempel beherrscht eine vier Meter hohe, sitzende Gestalt des Maitreya, des zukünftigen Buddha, den Raum, und der Bibliothekstempel ist angefüllt mit wertvollen tibetischen Büchern. Beide Tempel sind mit bemerkenswert gut erhaltenen, figurenreichen Fresken ausgestattet, die zu den besten tibetischen Wandmalereien in Ladakh gehören.

Hinter der fruchtbaren Flußoase Nimu verläuft die Straße hoch über dem Flußbett. Von oben sieht man, wie sich die gelbbraunen Fluten des Zanskar mit den grünen Wassern des Indus vereinigen. An dieser Stelle ist der Zanskar der breitere und wasserreichere Strom. Eine neuerbaute Brücke führt kurz vor der Mündung der beiden Flüsse über den Indus nach Süden. Aber Hamid erzählt mir, daß der anschließende Weg nur bis zu einer kleinen, mehrere Kilometer entfernten Siedlung führt und dort endet. Die weitere Route in das Zanskargebiet ist hier nach wie vor durch die unpassierbare Schlucht des Zanskarflusses versperrt. Noch einmal wendet sich die Straße vom eigentlichen Industal ab und führt durch ein Wüstenhochtal. Die gelbbraunen und violetten Pastellfarben dieser Landschaft werden nur durch ganz vereinzelte Grasbüschel oder kleine Dornsträucher unterbrochen. Es dauert nun nicht mehr lange, bis wir an das Seitental des Indus kommen, in dem das berühmte Kloster Pjang liegt. Eine holperige Schotterstraße führt den breiten Talausgang aufwärts bis zu den ersten Feldmauern des zum Kloster gehörenden Dorfes. Von hier aus muß man dem breiten Fußsteig folgen, der über einen Bergrücken zur Gompa hinaufleitet. Eine Reihe von neuen, frisch geweißten und von halbzerfallenen Tschörten begleiten den Weg. Diese Tschörten wirken wie eine architektonische Brücke zu dem Gebäudekomplex des Klosters, der am Ende des Bergrückens massig über dem Dorf steht. Pjang Gompa gehört zur Digung-Kagjüpa-Schule und soll vor rund 400 Jahren während der Herrschaft des Königs Dschamjang Namgjel gegründet worden sein. Der heutige Abt, Togden Rinpotsche, ist ein recht weltlicher Herr; vor einigen Jahren hat er geheiratet. Er lebt in einer Stadtwohnung in Leh und sein lokalpolitisches Engagement läßt ihm nur wenig Zeit für die straffe Leitung seines Klosters. Im Hof erwarten uns wieder einige Mönche. Bereitwillig führen sie uns auf unsere Bitte durch die Tempel der Gompa. Neben einem kleinen alten Tempel gleich hinter dem Toreingang beeindruckt uns der Gönkang mit seinen zornvollen, dämonisch aussehenden Schutzgottheiten. Die Figuren sind zum Teil mit Tüchern und Kataks, den weißen Verehrungsschleiern, derart zugehängt, daß man die Gesichter, Arme und Attribute nicht erkennen kann. Auch die Fresken an den Wänden zeigen dämonische Schützer, vor allem viele Erscheinungsformen des Mahakala. Mit seinen wehrhaften Werkzeugen, wie Hackmesser,

Schwert oder magischem Zepter, bannt er die bösen Kräfte und bekämpft die Feinde der buddhistischen Lehre.
An den Holzsäulen hängen Tanzmasken, alte Waffen, ein ausgestopfter Adler und die Hörner von Steinböcken. Alles in diesem Tempel macht einen geheimnisvollen, für den Nichteingeweihten sogar etwas unheimlichen Eindruck. In der großen Versammlungshalle interessiert mich vor allem der Altar mit seinen herrlichen Bronzefiguren. Ein etwas korpulenter Mönch mit Brille und fröhlichem Lächeln auf dem breitknochigen Gesicht hat sich mir angeschlossen und erklärt die Statuen. Vajradhara ist dort zu sehen, eine Reihe von Äbten und Heiligen, Vairocana und eine religiöse Form des großen Tibeterkönigs Songtsän-gampo. Die schönste aller dieser Figuren stellt einen stehenden Gautama Buddha im kaschmirischen Stil dar, die rechte Hand mit der Geste der Belehrung erhoben, der Körper umgeben von einem mit zarten Linien angedeuteten Gewand. Die Ausstrahlung dieser Bronze ist stark, man muß vor ihr in Bewunderung verweilen. Der Mönchsbegleiter hat Gefallen an meinem Interesse und meinen allerdings geringfügigen ikonographischen Kenntnissen gefunden. Er weicht mir nicht mehr von der Seite und hätte mich am liebsten über unseren Besuch hinaus im Kloster behalten. Ob ich nicht einmal wiederkäme, fragt er, und dann für längere Zeit in Pjang bliebe. In solchen Augenblicken spürt man eine Versuchung, dem Anerbieten nachzukommen und sich nicht um Zeit und Verpflichtung zu scheren; könnte man den Ort meditativer Ruhe doch länger auskosten. Aber ich habe die Führung einer Reisegruppe übernommen und bei diesem Job geht die Betreuung anderer jeden selbstbezogenen Absonderungswünschen vor. Mein Mönchsfreund zeigt Verständnis, als ich ihm das mit Hilfe des dolmetschenden Hamid erkläre. Aber er steht noch eine ganze Weile auf der Treppe zum oberen Klosterhof und blickt uns nach, als wir Pjang Gompa wieder verlassen. Wer bei einem Besuch von Pjang etwas Zeit erübrigen kann, sollte noch einen unscheinbaren, dicht an eine Felswand gebauten Tempel jenseits des Bergbaches besichtigen. Die gut erhaltenen Fresken in dem kleinen Tempelraum müssen mehr als 700 Jahre alt sein und sind denen von Alchi vergleichbar.
Beim Abschied vom Klosterhügel reizen die vielen herumliegenden Steine meine zoologische Neugier. Es muß doch in dieser vielgestalti-

gen Wüstenlandschaft entsprechend angepaßte Wüstenreptilien geben. Mit Hilfe eines Reisegefährten drehe ich eine große Steinplatte herum und bemerke sofort die huschende Bewegung. Graubraun und dunkel gemustert, wie die Oberfläche des Steines, kann dies nur ein Gecko gewesen sein, eine Haftzeher-Echse. Unter dem nächsten flachen Stein erhasche ich das Tierchen dann. Sein Körper ist so lang wie zwei Fingerglieder, der Schwanz an der Wurzel verdickt und von gleicher Länge. Die großen Augen, deren Pupillen sich im Sonnenlicht zu einem strichförmigen Schlitz verengen, sind mit einer durchsichtigen Hornschuppe wie von einem Brillenglas überdeckt und dadurch vor dem feinen Wüstensand bestens geschützt. Die winzigen Zehen besitzen scharfe, hakenförmige Krallen, die ein behendes Klettern auf der rauhen Gesteinsoberfläche erlauben.

Der zentralasiatische Wüstengecko ist ein Insektenfresser, der Jagd auf Heuschrecken, Fliegen und Asseln macht. Sein Tisch scheint hier im Vorfeld von Pjang Gompa reich gedeckt, denn wir finden noch viele der zarten Gesellen, deren Schwanz bei grober Berührung an vorgeprägten Stellen abbrechen kann. Dies ist ein Schutz gegen Feinde, die sich zunächst mit dem wild zuckenden Schwanzende beschäftigen und dem Gecko so Gelegenheit zur Flucht geben. Der abgebrochene Schwanz wächst nach, und viele Tiere weisen regenerierte Schwanzenden auf. Bei der Beschäftigung mit den Wüstengeckos stoße ich auf eine zweite, etwa gleich große Echsenart, die in den zentralasiatischen Wüstengebirgen verbreitet ist. Es sind Krötenkopfagamen, mit merkwürdig krötenähnlichen Köpfen und graubrauner Streifenfärbung. Den Schwanz hoch erhoben und über dem Rücken eingerollt sitzen sie auf Felsbrocken und beobachten aufmerksam ihre Umgebung. Wenn sie eine Gefahr wittern, zittern oder schlagen sie mit der Schwanzspitze und nicken heftig mit den Köpfen. Es sieht so aus, als vollführten sie auf Kommando Liegestütze. Kommt man ihnen zu nahe, verschwinden sie blitzschnell unter Steinen oder ducken sich zwischen das Geröll und verschmelzen farblich völlig mit ihrer Umgebung. Sie können sehr schnell mit hoch erhobenem Schwanz laufen, und manche erwische ich nur in kühnem Hechtsprung wie ein Fußballtorwart. Das Fangen von Geckos und Agamen in einer Höhe von mehr als 3500 Metern ist eine atemberaubende Angelegenheit,

und man handelt sich blaue Flecken und Hautabschürfungen dabei ein. Aber selbst wenn man sie gleich wieder laufen läßt, der Fang ist fürs Protokollieren und Fotografieren unerläßlich. Für mich ist die Begegnung mit diesen Tieren ein großes Erlebnis, denn gelesen hatte ich in Fachveröffentlichungen schon manches, aber nun kann ich sie sogar lebend und in ihrer natürlichen Umgebung beobachten.
Voll Ungeduld ertönt die Hupe unseres Busses. Ich muß die Beschäftigung mit den Wüsten-Echsen beenden und mich wieder meinen Reisegefährten widmen. Wir kehren in das Industal zurück, hinter dem im Süden die schnee- und eisgekrönten Gipfelketten der Zanskarberge aufragen. Die letzten Kilometer nach Leh wirken im Vergleich zu den vorher durchfahrenen Wegstrecken eher unattraktiv. Zwar bleibt die Landschaft mit ihrem Wüstencharakter und ihren hohen Gebirgen nach wie vor beeindruckend, aber Militäranlagen der indischen Armee beeinträchtigen das Landschaftsbild. Ausgedehnte Militärcamps mit häßlichen Baracken und Ausrüstungslagern überziehen den Talboden. Es scheint ein Attribut der militärischen Bauten aller Nationen zu sein, daß sie sich immer besonders reizlos präsentieren. Geradezu rührend wirkt da der Versuch, die Zugänge der Mannschafts- und Offiziersunterkünfte mit Kieswegen und spärlichen Blumenrabatten zu verschönern. Die Anwesenheit der indischen Armee im Industal ist allerdings eine politische Notwendigkeit, denn nicht weit nach Nordosten, jenseits des Nubratales, verläuft die chinesisch-indische Grenze. Auf der anderen Seite der Grenzlinie liegen ebenfalls Truppen, chinesische diesmal. Nach den Erfahrungen des chinesisch-indischen Grenzkonfliktes Anfang der sechziger Jahre kann man die Sorge der Inder um ihre nordwestlichste Provinz verstehen, zumal dieses Land kulturell und stammesverwandtschaftlich stärker mit dem von China annektierten Tibet als mit dem nationalen Mutterland Indien verbunden ist. Um nun die Truppen an der unwirtlichen Nordostgrenze in ausreichender Weise versorgen zu können, bietet sich der erweiterte Talkessel des Indus unterhalb Leh als ideale Ausrüstungs- und Nachschubbasis an. Ohne diese Camps wäre es nicht möglich, die militärischen Grenzstationen jenseits von Nubra auf Dauer zu besetzen.
Es dämmert schon, als wir die großen Tschörten am Eingang nach Leh passieren und die breite Hauptstraße hinauffahren. Wir sind im

Hotel »Glacier View« untergebracht, einer einfachen Touristenbleibe mit dem Komfort für Anspruchslose. Nur, was man hinsichtlich Bequemlichkeit und Hygiene an Abstrichen machen muß, das wird durch die Freundlichkeit und Hilfsbereitschaft des Personals wieder wettgemacht. Wir bekommen ein wohlschmeckendes Abendessen aus Reis, Gemüse, Hühnerfleisch und einem Pudding als Nachspeise serviert, dazu heißen Tee mit Rum. Als am Abend das ohnehin schwache elektrische Licht ausgeht, sitzen wir noch lange bei Kerzenschein an den schlichten Tischen, trinken Tee und lassen im Gespräch die Erlebnisse der vergangenen Tage nachklingen. Als wir gegen Mitternacht über den Hof zu unseren Zimmern gehen, empfängt uns kalte Nachtluft. Über uns spannt sich ein Sternenhimmel, der einem mit seinen Myriaden von funkelnden Lichtern den Atem nimmt. Die dunklen Linien des Schloßberges von Leh und weiter im Süden der Zanskarberge sind schwach zu erkennen. Die Luft ist dünn in den 3500 Metern Meereshöhe von Leh – trotzdem schlafen wir tief und fest auf unseren harten Betten nach der Anstrengung der erlebnisreichen Fahrt vom feuchtheißen Kaschmir in die kalte Trockenheit Ladakhs.

Leh und die Namgjel-Könige

Ulrich Gruber: Der erste Spaziergang gilt am Morgen dem Bazar von Leh. Die breite Hauptstraße wird von Weiden und Pappeln gesäumt, die einen spärlichen Schatten werfen. Laden reiht sich hier an Laden, dazwischen einige kleine Restaurants, Banken, eine Apotheke und das Postamt. Leh ist mit seinen fünf- bis sechstausend Einwohnern das Handels- und Verwaltungszentrum der Provinz Ladakh, Sitz der militärischen und zivilen Distriktsregierung. Neben den Banken und den Einrichtungen der Post gibt es zwei Krankenhäuser, eine Rundfunkstation, eine öffentliche Bibliothek, ein Kino und verschiedene Schulen. Die Stadt, heiter und mit pulsierendem Leben erfüllt, erinnert mich etwas an Kathmandu in Nepal, obwohl ihre Architektur völlig verschieden ist. Die grauen, oft unverputzten Flachdachhäuser von Leh können sich mit der Pracht der geschnitzten Fassaden, geschwungenen Dächer und goldenen Tempelspitzen Kathmandus nicht messen. Aber die Straßen und Gassen sind mit einem ebenso bunten Völkergemisch erfüllt, die Läden stehen zur Straße hin offen, die Gelassenheit und Fröhlichkeit, mit der die Menschen ihren Beschäftigungen nachgehen, ist die gleiche, und beide Städte liegen eingebettet in eine großartige Hochgebirgslandschaft. Nur langsam kann man sich durch das Gedränge schieben. Frauen mit türkisbesetzten Peraks und samtenen Mänteln schlendern die Auslagen der Geschäfte entlang. Männer mit den aufgebogenen Kantok-Hüten sitzen am Straßenrand oder auf den Hausstufen. Hochgewachsene Inder, Sikhs mit blauen und roten Turbanen, Inderinnen im farbenfrohen Sari, Mönche aus den ladakhischen Klöstern bummeln straßauf und straßab. Eine Gruppe von Darden mit arischen Gesichtszügen, auf dem in kleine Zöpfe geflochtenen Haar die mit blauroten Steinen behängten Mützen, erregt diskretes Aufsehen. Sie wohnen in Dörfern ein Stück indusabwärts von Kalatse. Nomaden aus dem rauhen, ostladakhischen Rupschu, in grobe Fellmäntel gehüllt, staunen über die Schätze des Warenangebotes, von denen sie in den schwarzen Zelten daheim nur träumen können. Am oberen Ende der Bazarstraße, dort wo ein nie besetzter Verkehrsposten als Hindernis mitten auf der Fahrbahn steht, preist ein Quacksalber seine

Pülverchen und Tabletten an. Unter seinen Medikamenten und medizinischen Werkzeugen liegt auch eine einfache Zahnzange neben einem dicken Backenzahn. Der Gedanke, hier in aller Öffentlichkeit und mit diesem Instrument einen schmerzenden Zahn gezogen zu bekommen, erfüllt mich mit Grausen. Gleich neben dem wenig vertrauenerweckenden Heilkünstler sitzen in einer langen Reihe beiderseits der Straße die Marktfrauen hinter ihren Gemüseauslagen. Sie sind in ladakhische Tracht gekleidet, die Kantok-Hüte keck auf dem Hinterkopf, an den Handgelenken leuchtend weiße Armreifen aus polierten Gehäusewindungen von Meeresschnecken. Sie bieten in strohgeflochtenen Kraxenkörben und hinter sorgfältig aufgeschichteten Pyramiden ihre Rettiche, Kohlköpfe und Erbsen feil. Der Münchner Viktualienmarkt von Leh. Und wie die Standlfrauen auf dem Viktualienmarkt sind diese Bauersfrauen in Leh nicht auf den Mund gefallen. Wenn jemand allzu hartnäckig ihre Preise drücken will, erhebt sich ein großes Geschrei und Gelächter. Ich kann nicht verstehen, was sie einem zurufen, aber der allgemeinen Heiterkeit nach zu schließen, müssen es recht derbe Anzüglichkeiten sein.

Seitdem sich Anfang der fünfziger Jahre die Handelsrouten nach Tibet und Sinkiang schlossen, hat Leh seine Bedeutung als Handelsumschlagplatz für Zentralasien verloren. Das dürfte ein schwerer Schlag vor allem für die großen Handelsdynastien der Stadt gewesen sein. Die Bevölkerungszahl stagnierte in den folgenden Jahren. Heute haben sich die Straßen und Gassen wieder belebt, einmal wegen der Funktion als Zentrum der Verwaltung und des Militärs, zum anderen wegen der Bedeutung als Drehscheibe eines aufblühenden Tourismus. Während der Sommermonate mischt sich unter die Vielzahl einheimischer und indischer Menschentypen ein Pulk von Touristen aus Europa, Amerika und Japan. Die Händler in Leh haben sich auf diesen Ansturm von Fremden eingestellt und bieten Schmuck, tibetische Teeschalen, buddhistische Devotionalien, neue Thankas und Bronzefiguren sowie Webereien aus Wolle und Seide an. Viele dieser Dinge stammen aus dem Besitz einheimischer Familien, aber das meiste kann seine Herkunft aus kaschmirischen, nepalesischen oder bhutanesischen Werkstätten nicht verleugnen. Die Menschen aus fernen, westlichen Ländern sind zwar als Hotel bewohnende und Souvenirs kaufende Gäste willkommen; ihr Reichtum und die manchmal offensichtliche Mißachtung der landesüblichen Umgangsformen wirken sich jedoch verändernd auf Leben und Kultur der Ladakhis aus. Und diese Veränderungen sind kritisch anzusehen. Man macht es sich jedoch zu leicht, die Schuld an solchen negativen Erscheinungen und Auswüchsen einzig den Touristen anzulasten, ohnehin bereisen sie das Land nur in den 4 bis 5 Sommermonaten. Schwerer noch wiegt der Einfluß des moslemischen Kaschmir in der Verwaltung und im Erziehungswesen, sowie die massierte Anwesenheit des Militärs. So gibt es heute nur eine einzige buddhistische Schule in Ladakh, die noch dazu privat finanziert wird. Ein übriges tut die Straße, die mit Lastwagen- und Omnibusverkehr den steigenden Zustrom von technischen Geräten und Konsumgütern erleichtert. Außerdem zieht es viele junge Ladakhis in die Schulen und Ausbildungsstätten von Srinagar und seiner Umgebung. Wenn sie eines Tages heimkehren, fühlen sie sich erhaben über die vermeintliche Rückständigkeit der Eltern und Anverwandten. Handwerklich gediegene Gebrauchsgegenstände werden durch billige neue Geräte ersetzt, Häuser werden »modernisiert«, traditionelle Bräuche vernachlässigt, die Sprache wird mit Lehnworten aus der neuen Zivilisation durchsetzt. Umwandlung und großer Substanzverlust der überlieferten ladakhischen Kultur wird die Folge sein. Man kann die Veränderung heute schon von Jahr zu Jahr beobachten. Es liegt auf der Hand, daß hier der Einfluß der Touristen verhältnismäßig gering und oberflächlich bleibt; trotzdem sollte man sich mit dem Verhalten vieler reisender Mitmenschen aus unseren Ländern nicht zufrieden geben. Daß Tempel in unschicklicher Kleidung betreten werden, daß heilige Gegenstände angefingert oder Zeremonien durch rücksichtslose Blitzlichtfotografen gestört werden, sollte nicht vorkommen. Und auch die Begehrlichkeit nach alten Kultgegenständen sollte man möglichst im Zaume halten. Richtiges Verhalten kann erlernt werden; der Reisende in Gebiete mit gefährdeter Kultur bedarf der Anleitung und Schulung. Hier liegt ein ausgedehntes Betätigungsfeld für Reiseveranstalter, Reiseleiter und erfahrene Einzelreisende. Es ist verständlich, daß jeder Tourist der erste oder einzige im Bereich seines Reisezieles sein möchte; aber die Zeiten Sven Hedins, Alexander Cunninghams oder Ernst Schäfers sind vorbei. Es ist zu akzeptieren, daß viele Menschen das Verlangen nach

Reisen in ferne, fremdartige Länder haben, und auch anzuerkennen, daß viele heute diesen Wunsch verwirklichen können. Wenn man sich um Toleranz und Einfühlung gegenüber Mitreisenden und gegenüber den Menschen in den Gastgeberländern bemüht, dann wird der Schaden, den der Tourismus einem Land wie Ladakh zufügt, noch erträglich sein.

Am Nachmittag lerne ich ein weiteres Problem kennen, das Ladakh belastet und jeden bewegt, der mit ihm konfrontiert wird. Es ist das Schicksal der tibetischen Flüchtlinge. Diese Menschen sind nach der Flucht des Dalai Lama im Jahre 1959 ebenfalls über die tibetische Grenze gekommen, um chinesischer Oberherrschaft zu entgehen. Heute leben sie in großen und kleineren Flüchtlingslagern im Industal, im Nubragebiet und in Rupschu oder Tschangtang. Tschoglamsar in der Nähe des Indus unterhalb Leh ist ein solches tibetisches Flüchtlingslager, und ich suche es auf, um mir ein Bild von der Lage dieser Flüchtlinge zu machen. Viele Tibeter verdienen hier ihren Lebensunterhalt durch das Knüpfen von Teppichen und das Stricken von Pullovern, Mützen und Handschuhen. Die Teppiche und Wollwaren werden oben im Bazar verkauft. Andere finden ein kärgliches Brot als Bauarbeiter beim Straßenbau oder bei öffentlichen Bauten. Manche verdingen sich als Personal in den neuerstandenen Hotels und Restaurants oder betätigen sich als Souvenirhändler. Wieder andere versuchen, den kargen Wüstenboden zu beackern. Die Regierung Kaschmirs hat den Flüchtlingen Land zugewiesen; aber da sich alles wertvolle Ackerland schon seit eh und je in den Händen der ansässigen Bauern befindet, bleibt mehr oder weniger die trockene Erde der Wüste übrig. Man müßte sie gut bewässern, wollte man ausreichende Erträge erzielen. Doch das hieße, neue Bewässerungskanäle anzulegen und die wasserrechtlichen Fragen in dem trockenen Land mit der einheimischen Bevölkerung abzustimmen. Man braucht geeignetes Saatgut und technische Hilfsmittel. In den abgelegenen Landstrichen der Sperrgebiete leben Flüchtlinge, die einen Teil ihrer Viehherden mitbringen konnten; abgesehen von den weiderechtlichen Schwierigkeiten, die diese zusätzlichen Herden verursachen, sterben in den harten Wintern oft Tausende der Tiere. Nahrungs- und Existenzgrundlage der geflüchteten Viehzüchter und Hirten sind auf das Höchste bedroht.

Die indische und besonders die kaschmirische Regierung geben sich große Mühe, das Los der ungerufenen tibetischen Gäste zu erleichtern und sie in die Bevölkerung zu integrieren. Aber alle Maßnahmen kosten Geld, sehr viel mehr Geld, als die Regierung oder die Flüchtlinge aus Tibet je aufbringen können. Indien ist selber ein Land, dem niemals genügend Mittel zur Verfügung stehen, um die Bedürftigkeit in den eigenen Grenzen ausreichend zu beheben. Es kommt hinzu, daß das Problem der Tibetflüchtlinge auf internationaler Ebene nicht erkannt und anerkannt wird. So bleibt eine Hilfe vorwiegend privaten Initiativen vorbehalten: Ein SOS-Kinderdorf entstand in Tschoglamsar, und Kinder auch außerhalb des Kinderdorfes finden über private Patenschaften Hilfe für Lebensunterhalt und Schulbesuch. Besonders hart traf indessen das Flüchtlingslos die alten Tibeter, die oft krank und arbeitsunfähig in völlig unzureichenden Behausungen ihr Leben fristen. Zwar haben schon Menschen in unseren reichen Ländern über Patenschaften und Spenden sich dieser Alten angenommen und versucht, ihr Dasein zu erleichtern, aber immer noch gibt es großes Elend in den ladakhischen Flüchtlingslagern. Die Hilfe von außen ist hochwillkommen, reicht jedoch noch längst nicht aus, um alle Not zu lindern. Die geflohenen Tibeter sind arm, und viele tragen bitteres Leid. Aber man trifft keine Verbitterung, keine Anklagen und Vorwürfe in den tibetischen Flüchtlingslagern. Die so schwer belasteten Menschen leiden und hoffen mit einem Hauch von Heiterkeit und Fröhlichkeit, der uns Reiche aus der westlichen Zivilisation beschämen muß.

Wenn man die breite Bazarstraße von Leh aufwärts läuft, wird der Blick zwangsläufig von den mächtigen Mauern des alten Königspalastes angezogen, der beherrschend am Berghang über der Stadt steht. Wie eine verkleinerte Ausgabe des Potala von Lhasa wirkt er auf den Fremden. Heute verfallen die Mauern des majestätischen Gebäudes, das Dach weist Löcher auf, der Putz ist von den Wänden gefallen, die Malereien und Schnitzereien in den Prunkgemächern sind zerstört. Der Palast von Leh wird nicht mehr bewohnt. Aber einst waren die Höfe und Säle von Leben erfüllt, Pferdehufe klapperten durch das Burgtor, die Waffen der Wächter klirrten, Lachen und Rufe hallten durch die Räume. Das reiche Königsgeschlecht der Namgjels herrschte von hier aus über das karge Bergland. Das Schicksal Ladhaks ist während dreier Jahrhunderte auf das engste mit dem Geschick der Namgjel-Familie verknüpft gewesen. Sie hat das kulturelle Gesicht des Landes, so wie es sich heute dem Touristen zeigt, entscheidend mitgeprägt. Der Untergang des Namgjel-Geschlechts bedeutete aber zugleich das Ende der selbständigen, ladakhischen Geschichte. Will man heute das kulturelle Bild Ladakhs verstehen, muß man sich über die Geschichte der Namgjels informieren. Dazu muß man sich auf einen Ausflug durch die Zeit vom 16. bis zum 19. Jahrhundert begeben. Ausdauer und Geduld sind erforderlich, um den Weg der bedeutenden und unbedeutenden Persönlichkeiten dieses Geschlechtes zu verfolgen. Erst wenn man seine Geschichte kennt, wird man begreifen, welche Rolle das kleine Königreich für diesen Teil Asiens mit den mächtigen Nachbarn Indien und Tibet gespielt hat.

Der erste Palast, von dem nur noch Ruinen und ein kleiner Tempel zornvoller Schutzgottheiten bis auf unsere Tage erhalten geblieben sind, wurde von Taschi Namgjel im dritten Quartal des 16. Jahrhunderts auf der Spitze des Namgjel-Hügels errichtet. Zwar beginnt mit diesem König die fortdauernde Benennung der Dynastie unter dem Namen »Namgjel«, aber bereits sein Vater Kunga Namgjel (1535–1555) führte diesen Dynastie-Namen. In die Zeit des Stammvaters der Namgjels fallen auch die wilden Eroberungszüge des Mirza Haidar von Kaschmir, der mehrmals in den Jahren 1545 bis 1548 nach Ladakh einfiel und mit reicher Beute über den Himalaya heimkehrte.

Taschi Namgjel, dessen Regierungszeit von 1555 bis 1575 dauerte, wird von der Geschichte als starke Herrscherpersönlichkeit bezeichnet. Allerdings war er grausam; um den gefährlichen Rivalen loszuwerden, jedoch nicht zu töten, ließ er seinen älteren Bruder Lawang Namgjel blenden. Nach der Tat siedelte er den blinden Prinzen in Lingshed (Zanskar) an und erlaubte ihm sogar zu heiraten. Da er selbst kinderlos blieb, konnte so über die Söhne des Königsbruders die Thronfolge in der Dynastie gesichert werden.

Taschi Namgjel erwies sich als großer Einiger, der mit Mitteln der

Gewalt und geschickter Verhandlung das ladakhische Königreich weit über seine heutigen Grenzen hinaus ausdehnte. Er förderte Kunst, Gelehrsamkeit und die Klöster als Hort der Religion, wobei vor allem der Digung-Kagjüpa-Orden an Einfluß gewann. Als geistlichen Ratgeber und Lehrer erwählte er Danma-Kunga-Repa, einen Gelehrten und Priester von hohen Graden, der aus der Gegend des heiligen Berges Kailas stammte und als Führer der Digung-Kagjüpa-Schule des tibetischen Buddhismus anerkannt wurde. Die Regentschaft Taschi Namgjels brachte Ladakh, trotz der gelegentlichen Raubüberfälle aus Kaschmir, eine kulturelle und politische Blüte.

Dies blieb auch so nach dem Tode Taschi Namgjels, nachdem der älteste Sohn des blinden Lawang Namgjel den Thron bestiegen hatte. Der junge König Tsewang Namgjel (1575–1595) wurde einer der kriegerischsten und politisch erfolgreichsten Namgjel-Herrscher. Er dehnte seinen Herrschaftsbereich bis nach Baltistan, nach Kulu und Jumla aus; selbst Guge war ihm tributpflichtig. Den Plan, auch noch das Reich der Hor und Yarkand zu erobern, ließ er allerdings auf den Rat der Bewohner von Nubra fallen. Ein Krieg mit den Hor hätte die so wichtigen Handelsbeziehungen zwischen Nubra und Yarkand allzusehr geschädigt.

Auch Tsewang Namgjel starb kinderlos und so wurde sein jüngerer Bruder Dschamjang Namgjel (1595–1616) der Nachfolger auf dem Königsthron von Ladakh. Gleich zu Anfang seiner Regierungszeit überrannten die Truppen des Fürsten von Baltistan, Ali Mir, die Provinzen des Landes. Sie hausten fürchterlich in Ladakh, zerstörten die Tempel und verbrannten die heiligen Bücher. Der Balti-Fürst nahm Dschamjang Namgjel gefangen, entließ ihn aber bald wieder nach Leh und verheiratete ihn mit seiner Tochter, der Balti-Prinzessin Gjal Katun. Nach der schweren Niederlage war dem König die Politik gründlich verleidet; er wandte sich intensiv der Religion zu, sandte reiche Geschenke an die Klöster in Ladakh und Tibet und knüpfte enge Bande zu den Zentren des tibetischen Buddhismus. In diese Zeit fiel der erste Besuch einer geistlichen Persönlichkeit aus Tibet: der Gelehrte Tagtsang Repa, bedeutender Vertreter der Dugpa-Kagjüpa-Schule, suchte Ladakh und Zanskar auf, wo er eine Weile in Bardan

Gompa lebte, um dann eine große Reise nach Uddiyana (Indien) anzutreten.
Dschamjang Namgjel hatte sich von der Schmach seiner Niederlage gegen die Baltis nie völlig erholt. Er starb 1616 und machte den Thron für Sengge Namgjel (1616–1642) frei, der ihm als ältester Sohn von der Baltiprinzessin Gyal Katun geboren worden war. Die Regierungszeit dieses Herrschers ist gekennzeichnet durch das Wirken zweier grundverschiedener, jedoch einander ergänzender Charaktere: Auf der einen Seite der kriegerische, entschlossene König Sengge Namgjel, auf der anderen Seite der Frieden stiftende, vermittelnde Mönchsfürst Tagtsang Repa. Der bedeutende Gelehrte war kurz nach dem Regierungsantritt von Sengge Namgjel aus Uddiyana nach Ladakh zurückgekehrt, wo er für den Rest seines Lebens blieb. Als erstes ließ er in Basgo, das damals noch die Hauptstadt des Landes war, die große vergoldete Maitreya-Statue in dem gleichnamigen Tempel errichten. Erst später richtete sich das Interesse des Königs und seines Hofstaates stärker auf Leh, wo Sengge Namgjel den neunstöckigen Palast am Fuße des Namgjel-Tsemo – des Burgberges – erbauen ließ. Die Stärke des jungen Königs zeigte sich bald in seinen kriegerischen Erfolgen. Er erlangte die Oberhoheit Ladakhs über die Nachbarregionen von Zanskar, Rudok, Guge, Purig und sogar über einen Teil von Lahoul. Allerdings waren seine wehrhaften Unternehmungen nicht immer von Erfolg begleitet. Durch die Eroberung der Provinz Purig sah Kaschmir seinen Einfluß östlich des Zoji-Passes bedroht, und es schickte Husain Beg, dessen Truppen die Armee Sengge Namgjels in einer Schlacht bei Karbu schlugen. Der König rettete sich nur, indem er Verhandlungen herbeiführte und Tributzahlungen anbot, die er jedoch später vergaß und nie einhielt.
Weniger schmerzlich für den Regenten Ladakhs wurde der Konflikt mit Guge beendet, dem Königreich um den Manasarowa-See und den heiligen Berg Kailas. Tagtsang Repa brachte einen Burgfrieden zwischen den verfeindeten Ländern zustande und sorgte für einen Austausch der Gefangenen beider Seiten. Es war auch sein Verdienst, daß die Übernahme Guges mit seiner Hauptstadt Tsaparang ohne großes Blutvergießen verlief, daß es keine Plünderungen und Massaker gab. Die Autorität des Geistlichen war erstaunlich, er tauchte überall dort auf, wo es etwas zu vermitteln gab, und er wurde von allen Seiten als

Unterhändler anerkannt. Selbst die Auseinandersetzungen mit einer mongolischen Armee, die sich einem aufständischen Guge-Fürsten gegen Ladakh verbündet hatte, wurde durch die militärische Stärke Sengge Namgjels und das Verhandlungsgeschick Tagtsang Repas beigelegt.

Es sollte jedoch nicht der Eindruck entstehen, Sengge Namgjels Herrschaft sei mustergültig gewesen. Ein so willensstarker und impulsiver Mann mußte Fehler begehen. Der ärgste Fehlgriff war wohl die Entscheidung, den durch Ladakh führenden Handelsverkehr von Zentralasien nach Kaschmir zu stoppen. Der König wollte damit zwar das ungeliebte Kaschmir treffen, aber er schädigte nur sein eigenes Land. Der Verkehr verlagerte sich auf die Routen durch Nepal und die Wege über Skardo und Shigar nach Kaschgar. Der Handelsstopp erwies sich als ein kurzsichtiger Schlag gegen die Wirtschaft Ladakhs; er hat sicherlich viel zu der späteren Schwächung des Königreiches beigetragen. Das innenpolitische und religiöse Leben blühte jedoch auf, nicht zuletzt dank der starken Persönlichkeit Tagtsang Repas, der neben seinem Wirken als Schlichter und Begnadiger viele Klöster erbauen ließ. Das wichtigste Kloster, das durch ihn gegründet wurde, war Hemis Gompa. Allerdings lastete die Bautätigkeit auf der Bevölkerung; sie mußte mit hohen Abgaben und Steuern die Aktivitäten ihrer Herren tragen.

1642 starb Sengge Namgjel. Sein großer, geistlicher Antipode überlebte ihn noch fast 10 weitere Jahre. Seine Vermittlertätigkeit wurde noch einmal in Anspruch genommen, als er bei einem Einfall moslemischer Turkhorden aus Kaschgar und Yarkand die Feinde durch Geschenke zum Abzug bewog. Im hohen Alter von 76 Jahren starb Tagtsang Repa 1651 in seinem Hauptkloster Hemis. Das Volk hat ihm bis heute ein großes Ansehen bewahrt.

Es gab nun eine politische Übergangszeit, in der die Königin-Witwe Kalzang die Regierungsgeschäfte führte. Sie sorgte dafür, daß das Land unter ihre drei Söhne geteilt wurde. Indra Namgjel erhielt Guge, Demchog Namgjel wurde Herrscher von Zanskar und Spiti, Dedän Namgjel sollte den Rest von Ober- und Unterladakh regieren. Von den drei zunächst gleichberechtigten Königen setzte sich schließlich Dedän Namgjel (1642–1694) gegenüber seinen beiden Brüdern durch, die er sich als Vasallenkönige verpflichtete. Inzwischen war der Mogul-Kaiser Aurangzeb nach Kaschmir gereist, und da schien es Dedän Namgjel angebracht, ein gutes Verhältnis zum indischen Kaiserhof zu suchen. Dies war für ihn von um so größerer Bedeutung, als die alte Tributpflicht seines Vaters Sengge Namgjel gegenüber den Moguln noch nicht beglichen war. Er schickte daher 1663 eine Botschaft mit Tributzusicherungen an Aurangzeb nach Kaschmir. Um eine ähnlich lasche Ausführung dieses Versprechens, wie sie durch den verstorbenen Sengge Namgjel demonstriert worden war, zu verhindern, erschien zwei Jahre später der Sendbote Muhammad Schafi aus Kaschmir. Er erinnerte den ladakhischen König an die Tributpflicht, forderte ihn auf, sich der Oberhoheit der Moguln zu unterwerfen und verlangte seine Bekennung zum Islam. Dedän Namgjel sah angesichts des übermächtigen Kaiserreiches keine andere Möglichkeit, als beide Forderungen zu akzeptieren. Damit war der Anspruch Kaschmirs auf Ladakh über gelegentliche Überfälle hinaus zum ersten Male offenkundig; er sollte in den folgenden eineinhalb Jahrhunderten immer stärker werden. Die offiziellen Verhandlungen mit Kaschmir brachten aber auch ein günstiges Ergebnis mit sich: die Blockade des Handelsweges von Zentralasien nach Srinagar, die der Wirtschaft des Landes lange Zeit schweren Schaden zugefügt hatte, wurde aufgehoben.

Zu Tagtsang Repas Zeiten bestand ein ausgewogenes Verhältnis zwischen den beiden wichtigsten Lehrrichtungen des tibetischen Buddhismus in Ladakh, der Kagjüpa- und der Gelugpa-Schule. Trotz mancher Streitigkeiten ging man im allgemeinen freundlich miteinander um und verteilte den politischen Einfluß gleichermaßen auf beide Seiten. Unter Dedän Namgjel wurden die Differenzen und Querelen der Klöster untereinander zunächst größer und waren mühsamer zu schlichten. Aber es gelang dem König, die Meinungsverschiedenheiten notdürftig zu überbrücken und als Folge davon die Beziehungen mit der tibetischen Regierung in Lhasa zu verbessern. Da der Druck von seiten der Moguln nachgelassen hatte, seitdem Aurangzeb aus Kaschmir abgezogen war, wirkte sich die engere Anlehnung an Lhasa für den ladakhischen König stärkend aus; erneut konnte er mit Hilfe seines Feldherrn Shakya Gjatso die Provinzen Unterladakh und Purig unter seine Herrschaft bringen.

Dedän Namgjel zog sich 1678 von den aktiven Regierungsgeschäften

zurück und ließ die Herrschaft seinem ältesten Sohn Deleg Namgjel als Mitregenten. In dieser Zeit nahm der kaschmirische Machtanspruch zu. Wegen der angeblich schlechten Behandlung der Gelugpa-Mönche in den ladakhischen Klöstern brach 1679 ein Krieg zwischen Tibet und Ladakh aus; die Ladakhis wurden mehrfach geschlagen, Leh durch eine tibeto-mongolische Armee ohne Gegenwehr erobert. Die versprengten Truppen suchten Zuflucht in der Festung Basgo, der König und seine Minister residierten in Timogang. Dorthin riefen sie militärische Hilfe aus Kaschmir herbei. Eine Armee unter Fidai Khan zog über den Zoji-La und schlug die tibeto-mongolischen Streitkräfte in der Schlacht zwischen Basgo und Nimu. Die Tibeter zogen sich daraufhin aus Ladakh zurück. Die Militärhilfe Kaschmirs wurde jedoch nicht selbstlos gewährt; als Gegenleistung verpflichtete sich der König Ladakhs im Vertrag von 1683, den versprochenen Tribut in voller Höhe und umgehend zu begleichen, die Moschee in Leh instandzusetzen, seinen Sohn Dschigbal Namgjel als Geisel nach Srinagar zu schicken und sich erneut zum Islam zu bekennen. Darüber hinaus verlangte Kaschmir das Monopol auf den Wollhandel mit Ladakh und schuf sich damit eine eigene, die berühmte kaschmirische Wollindustrie. Politisch ging durch das Vertragsdiktat der Einfluß Ladakhs in Teilen von Purig und in Baltistan verloren.
Durch die offizielle Bekehrung des ladakhischen Königs zum Islam sah Lhasa den Buddhismus an der Westgrenze seines Reiches bedroht. Wieder trat einer der religiösen Diplomaten auf den Plan. Es ist eine nie so recht gewürdigte Funktion der Geistlichen im tibetischen Buddhismus, daß sie sich bei Streitigkeiten zwischen die verfeindeten Parteien stellen und den Zwist durch Vermittlung und Kompromisse beizulegen suchen. Die Regierung in Lhasa beauftragte den 6. Duktschen Mipam Wangpo – das Oberhaupt des Dugpa-Ordens – mit der Mission, den König, seinen Mitregenten und den regierenden Adel von Ladakh für den Buddhismus zurückzugewinnen. Dem Tibeter gelang das auch; das ladakhische Königshaus und seine Minister versprachen die Rückkehr zum Buddhismus, obwohl Kaschmir gegenüber die Fiktion der islamischen Bekehrung aufrecht erhalten blieb. Der 6. Duktschen hatte die buddhistische Religion in Ladakh gerettet. Außerdem wurde in einem gesonderten Vertrag der Handel mit Wolle, Gold, Tee und Fett für die heiligen Lampen im

Sinne Lhasas geregelt. Die Gebiete Rudok und Guge annektierte Tibet in das eigene Staatsgebiet, schon um den Handel mit Ladakh zu überwachen und sicherzustellen.

Die beiden Verträge mit dem Mogulreich auf der einen und mit der Lhasaregierung auf der anderen Seite kamen Ladakh hart an. Das ursprünglich so mächtige Königreich war damit auf die heutige Region buddhistischen Siedlungsbereiches geschrumpft. Der Grund für den Niedergang lag weniger in der militärischen Überlegenheit der Gegner als in der Schwächung der eigenen wirtschaftlichen Position, denn üppige Geschenke an die Klöster Ladakhs und Tibets wie auch die lange, von Sengge Namgjel begonnene Blockade des Kaschmirhandels hatten das Land finanziell ruiniert. Ladakhs Rolle als politische Macht im Himalaya war ausgespielt, es sollte sich von dieser Schlappe nie mehr erholen.

Der Nachfolger des unglücklichen Deleg Namgjel war Nima Namgjel (1694–1729), der sich einen Namen als Friedenskönig schuf. Er führte eine strenge Rechtsordnung ein, die Verbrechen wie Räuberei und Diebstahl fast zum Verschwinden brachte. Nima war ein frommer Buddhist; er förderte den Druck von religiösen Büchern, den Bau von Manimauern und Tschörten, den Ausbau der Klöster. Tibets Einfluß und besonders der der Gelugpa-Schule wuchs. Tikse wurde zur wichtigsten und angesehensten Abtei, aber auch die Verbindungen mit der Dugpa-Kagjüpa-Schule in Bhutan waren eng und freundschaftlich. Nima Namgjel erwies sich als hervorragender Diplomat, der nicht nur die Anlehnung an das religiöse und kulturelle Vorbild Tibet betrieb, sondern auch die guten Beziehungen zu Kaschmir und den Mogulherrschern pflegte. Lediglich an der Grenze zu Baltistan blieb es unruhig, und zur Befriedung mußte eine kleinere, militärische Aktion unter Führung des Generals Tsültim Dordsche durchgeführt werden.

Nur kurz regierte Dekjong Namgjel (1729–1739), ehe sein Sohn Puntsog Namgjel (1739–1753) den Thron bestieg. Gemeinsam mit dem Onkel Taschi Namgjel, der als Fürst von Purig in Mulbek residierte, pflegte er die guten Beziehungen zu Tibet und China. Als sichtbare Folge davon blühte der Handel mit Yarkand und Kaschgar. In Lhasa wurde das ladakhische Königreich als Wächter gegenüber feindseligen Annäherungen an der Nordwestflanke angesehen. Der politische Einfluß der Dugpa-Kagjüpa-Schule nahm in jenen Jahren zu. Die Entwicklung des Landes schien einen durchaus positiven Verlauf zu nehmen – da verfeindeten sich Onkel und Neffe. Der Grund: Taschi Namgjel beabsichtigte, den Kaschmirhandel allein zu kontrollieren; außerdem strebte er wohl insgeheim die Herrschaft über ganz Ladakh an. Als der Zwist einen kritischen Punkt erreicht hatte und in offenen Krieg umzuschlagen drohte, sandte der Dalai Lama 1752 wiederum einen Vermittler, Katog Rigzin Tsewang Norbu, einen hohen Geistlichen der Njingmapa-Schule. Der angesehene Großlama hatte gerade die Restauration der tibetischen Tempel in Nepal geleitet; er führte die Verhandlungen in Wamle im Beisein der beiden verfeindeten Potentaten und seinem Verhandlungsgeschick gelang es, den Streit beizulegen. Dabei wurde ausgehandelt, daß in Zukunft nur noch der jeweils älteste Sohn der Dynastie König des gesamten Ladakh-Reiches werden konnte. Diese Regelung sollte nach dem Tode Taschi Namgjels erstmalig in Kraft treten. Inzwischen hatte sich Puntsog Namgjels Geist umnachtet, und er mußte zugunsten seines Sohnes Tsewang Namgjel abdanken. Nach der Inthronisierung des jungen Königs wurde der Vertrag von Wamle nun im Palast von Sheh unterzeichnet, und die Mission Katog Rigzins, der wieder nach Nepal enteilte, war erfolgreich abgeschlossen.

Tsewang Namgjel (1753–1782) war ein tyrannischer, letztlich ein schwacher Herrscher. Sein größtes Vergnügen fand er in der Pferdezucht; sein persönlicher Reitstall umfaßte allein 500 Reitpferde. Der aufwendige Lebensstil des Königs erforderte hohe Steuern. Seine Affäre mit einem Mädchen aus der untersten Moslem-Klasse, der sogenannten Bibi, beunruhigte selbst seine engsten Vertrauten. Zweimal stand das Volk auf gegen den verschwenderischen Lebensstil des Königs und vor allem gegen das anmaßende Auftreten seiner Geliebten und der Emporkömmlinge aus ihrer Familie. Beim zweiten Mal geriet selbst der Adel in Aufruhr. Die verhaßte Bibi wurde an das Haupttor des Bazars genagelt und zu Tode gepeitscht; ihre Familie wurde verjagt. 1782 mußte der König abdanken; das Volk war nicht länger gewillt, seinen Luxus zu finanzieren. Für die letzten Jahre seines Lebens mußte er sich nach Hemis zurückziehen. Trotz jener innenpolitischen Tumulte blieben die Beziehungen nach außen, insbesondere zu China, das in der Zwischenzeit Yarkand und Kaschgar erobert hatte, traditionell gut.

Der älteste Sohn Tsewang Namgjels, Tsetan Namgjel (1782–1802), war das genaue Gegenteil seines Vaters. Der fromme Buddhist und menschenfreundliche Herrscher erfreute sich bei seinen Untertanen großer Beliebtheit. Er erleichterte den Druck allzu hoher Steuern, verminderte die Staatsausgaben, förderte Kunst und Literatur. Aber der geschätzte König starb jung. Nachfolger wurde sein jüngerer Bruder Tsepal Namgjel (1802–1840), der zunächst seinen Schwager Tsewang Tondup als eigentlichen Regenten des Landes anerkennen mußte. Die Schwierigkeiten mit den Baltis an der Westgrenze hatten zugenommen und auch in Kaschmir entwickelte sich eine für Ladakh immer bedrohlichere Situation. Ranjit Singh, der Löwe von Punjab, hatte 1818 Kaschmir erobert. Mit ihm war Gulab Singh, der Maharadscha von Jammu, nach Kaschmir gekommen und hatte diese Provinz seinem Reich einverleibt. Er warf ein begehrliches Auge auf das Nachbarland im Nordosten, verlangte und bekam die alten Tributleistungen. Zwar hatte der Engländer William Moorcroft 1820 versucht, den Schutz der britischen Regierung in Kalkutta für das ladakhische Königreich zu erwirken, aber der schlaue Fuchs Gulab Singh verstand es, sich als Freund der Engländer einzuschmeicheln und die inoffiziellen Bemühungen Moorcrofts zu vereiteln. Die Engländer sagten zu, bei einem möglichen Angriff auf Ladakh nicht einzugreifen. Ungewollt und unwissend, wie die Machtverhältnisse wirklich lagen, wurde so das englische Kolonialreich mitschuldig am Untergang Ladakhs. Die Unruhe an den Landesgrenzen stieg an; vor allem in Zanskar waren Überfälle und Plünderungen von Marodeuren aus Kulu, Kunawar und sogar aus Mandi gang und gäbe, ohne daß der schwache König zu Hilfe kommen konnte. 1825 starb der Regent Tsewang Tondup, König Tsepal Namgjel herrschte danach noch 15 Jahre auf ziemlich despotische Weise. Unter seiner Regierung wurden viele bewährte, alte Sitten aufgegeben.

All die unruhigen Jahre hindurch war der imponierende Palast von Leh Herrschersitz des Namgjel-Geschlechtes. Noch hatte sich die Familie nicht in das bescheidenere Domizil der Burg von Stok zurückziehen müssen. Wenn man heute von Leh nach Süden fährt, den Indus überquert und in das kleine Seitental eindringt, durch das der

Weg zur Stok-Kangri-Berggruppe führt, steht man gleich am Talanfang vor dem Palast von Stok. Im Vergleich mit den Ausmaßen des Potalas in Leh vermittelt dieses Gebäude eigentlich nicht den Eindruck eines herrschaftlichen Fürstenschlosses, sondern es sieht eher aus wie der Sitz eines Landadeligen. Wir wollen dem gegenwärtigen Oberhaupt der Namgjel-Familie, der sogenannten Rani von Stok, einen Besuch abstatten, aber die Fürstin ist nach Kaschmir verreist. Ein Bediensteter führt uns stattdessen bereitwillig durch einige Palasträume und über den rechteckigen Innenhof zu dem anmutigen Palasttempel. Wir bewundern die Holzschnitzereien an den Balkonbrüstungen und die schönen Thankas im Tempel. Allerdings liegt eine unbestimmte Schwermut über diesem Ort. Wir denken unwillkürlich an den Königspalast von Leh mit seinem zerbröckelnden Gemäuer, und wir fragen uns, warum die Namgjels ihr großes Schloß in der Stadt verließen. Was veranlaßte sie zu einer derartigen Einschränkung ihrer Hofhaltung? Um zu verstehen, wie es zu diesem Abstieg kam, muß man den dramatischen Verlauf der ladakhischen Geschichte bis zu dem Zusammenbruch des Königreiches kennenlernen.

Düstere, historische Gewitterwolken hatten sich über dem kleinen Königreich am Fuße des Karakorum zusammengebraut. Eine brutale Invasion der Dogra-Armee stand unmittelbar bevor. Raja Gulab Singh, der Herrscher von Jammu und Kaschmir, hatte beschlossen, Ladakh zu erobern. Er schickte im Jahre 1834 seinen Feldherrn Zorowar Singh mit einer Armee von 5000 gut bewaffneten Dogra-Kriegern auf den Weg; zur völligen Überraschung der Ladakhis fiel er, über den Bhot-Khol-Pass kommend, in Purig ein. In der Schlacht bei Sanku behielt Zorowar Singh die Oberhand; er rückte danach bis Suru und Pashkjum vor, wo er überwinterte. Die Winterpause benutzte der ladakhische General Togpo Lönpo zu Verhandlungen mit dem kaschmirischen Feldherrn, und dieser war gegen eine Tributzahlung von 15000 Rupien zum Rückzug bereit. Es schien, als könne man das Unglück noch einmal abwenden. Da jedoch widersetzte sich die Königin den Unterwerfungsplänen. Ihrem Willen entsprechend sollte weitergekämpft werden, und sie konnte sich durchsetzen.

Im Frühjahr 1835 kam es zur Schlacht bei Langkartse, in der die ladakhische Armee vernichtend geschlagen wurde. Die Leichtigkeit, mit der Zorowar Singh siegte, hatte mehrere Ursachen. Die ladakhischen Heerführer waren uneins und unentschlossen, ihre Soldaten schlecht und unzweckmäßig ausgerüstet. Jeder Mann schleppte seine Flinte, dazu Pulver und Kugeln, Nahrung und Decken für das Nachtlager – eine Last, die den Ladakhi plump und unbeweglich werden ließ. Es gab keine Kanonen, keine bewegliche Kavallerie. Schließlich wirkte sich der Aberglaube der Ladakhis als schweres Handikap aus: sobald ein Anführer verwundet wurde oder ein unvorhergesehenes Handikap entstand, flohen die Soldaten König Tsepal Namgjels in der festen Überzeugung, daß hier ein schlechtes Omen walte.

Nach ihrem Sieg bei Langkartse rückten die Dogras über Mulbek, Bodkarbu und Lamayuru bis Basgo vor, ohne auf nennenswerten Widerstand zu stoßen. Tsepal Namgjel führte schließlich Verhandlungen mit Zorowar Singh in Leh, ihm blieb jedoch nur die Unterwerfung unter Raja Gulab Singh.

Nachdem die Dogras kurz vor Winteranbruch 1835 abgezogen waren, versuchte der Namgjel-König verzweifelt, Unterstützung bei den Engländern zu finden. Aber diese setzten auf Gulab Singh und verweigerten jede Hilfestellung. Als keine Hoffnung mehr auf Hilfe von außen bestand, brach auch noch ein Aufstand in Leh aus, in dessen Verlauf der verhaßte Regent des Radschas von Jammu gefangen gesetzt wurde. Zorowar Singh reagierte mit der ihm eigenen Schnelligkeit und marschierte mit seinen Truppen in Eilmärschen nach Leh. Die überraschten Ladakhi hatten keine Zeit, Widerstand zu organisieren. Der junge Kronprinz, der schon bei den ersten Verhandlungen mit Zorowar Singh aneinandergeraten war, floh nach Nordindien auf britisches Gebiet. König Tsepal Namgjel mußte abdanken; ein neuer Regent wurde eingesetzt. Ladakh war nun vollständig in der Hand der Dogras und unter der Oberhoheit von Raja Gulab Singh. Hohe Tributzahlungen mußten geleistet werden. Aber das geschundene Land kam noch nicht zur Ruhe. Eine Rebellion in Zanskar und Purig (1839) rief sofort Zorowar Singh auf den Plan. Mit Leichtigkeit warf er den Aufstand nieder und nahm die ladakhischen Regenten dieser Gebiete gefangen. Da sich inzwischen die Baltis gegen den Raja empört hatten und dieser Ladakh als Bundesgenossen brauchte, wurde Tsepal Namgjel noch einmal für kurze Zeit als König von Gulab Singhs Gnaden eingesetzt. Mit seiner Armee mußte er am Krieg gegen Baltistan teilnehmen, in dessen Verlauf Zorowar Singh auch dieses Fürstentum unterwarf. Auf dem Rückweg nach Leh 1840 starb Tsepal Namgjel an den Pocken. Als letzter einheimischer Regent kam der noch unmündige Prinz Kunga Namgjel jetzt auf den Thron, doch waren ihm nur zwei Jahre Regierungszeit vergönnt.

Gulab Singh, ursprünglich Sikh-Herrscher in Jammu, entwickelte sich zu einer machtvollen Persönlichkeit, die bei allen politischen Ereignissen in Nordwest-Indien ihren Einfluß voll zur Geltung brachte. Als sich die Nachfolger Ranjit Singhs (Herrscher über Kaschmir seit 1819) als Trunkenbolde und Schwächlinge erwiesen, übertrugen die Briten die Macht an eben den Gulab Singh. Der hatte jetzt eine nahezu unangreifbare Position; ermutigt durch die Erfolge in Ladakh, sandte er seinen erfolgreichen General Zorowar Singh aus, um Tibet zu erobern. Er forderte Tribut, und als diese Forderung nicht akzeptiert wurde, marschierte Zorowar in Westtibet ein. Er nahm die Bastion bei Tsaparang am Oberlauf des Sutlej im Sturm und eroberte große Teile des Landes.

Jetzt aber wurde Gulab Singh mitsamt seinem erfolgreichen Feldherrn zu mächtig für die britischen Interessen, denn hier zeichnete sich eine neue und unberechenbare Großmacht ab. Die Unterwerfung Ladakhs schien die britische Hegemonie auf dem Subkontinent noch nicht zu gefährden. Nun aber, da Zorowar Singh sich anschickte, Tibet zu erobern und das hieß, alle Handelswege zwischen Indien und Zentralasien zu kontrollieren, mußten die Briten etwas unternehmen. Sie verwiesen auf den Nichtangriffspakt, der sie mit China verband, und behaupteten, durch Zorowar Singhs Kriegszüge in Westtibet würde dieser Pakt verletzt. Bevor allerdings die Briten massiver wurden, kam Zorowar Singh in große Schwierigkeiten. Er hatte sich überschätzt. Eine tibetische Armee unter den beiden Feldherren Tsetan Dordsche und Gjurme Tsewang – beide Mitglieder der Adelsfamilie Shatra, die heute im indischen Exil lebt – schlug die Dogras am 19. November 1841 entscheidend. In dieser Schlacht fiel Zorowar Singh verwundet von seinem Pferd, verteidigte sich mit dem Schwert, wurde aber schließlich von einem tibetischen Krieger mit der Lanze durchbohrt und getötet. Haupt und Glieder wurden ihm abgeschla-

gen und als Siegestrophäen fortgeführt. Die Dogras wurden völlig aufgerieben.
Nach dieser vernichtenden Niederlage des Dogra-Heeres witterten die Ladakhis ihre Chance, sich von der Fremdherrschaft zu befreien; sie begannen einen zunächst erfolgreichen Aufstand. Alle Militärposten der Dogras im Land und auch in Baltistan wurden niedergemacht; nur in Leh konnte sich eine kleine Truppe unter Führung von Magna Ram und Pehlwan Singh verschanzen und verteidigen. Es war jedoch klar, daß der Raja von Jammu und Kaschmir diesen Schlag nicht widerspruchslos hinnehmen würde. Gulab Singh sandte im Frühjahr 1842 eine Armee von 5000 gut ausgerüsteten Soldaten unter den Heerführern Dewan Hari Chand und Wesir Ratanu nach Nordosten; sie entsetzte die in Leh verschanzten Dogratruppen und unterwarfen Ladakh erneut.
Schließlich brachen die Sikh-Generäle auch noch den Widerstand der Tibeter in Westtibet, zogen sich jedoch von dort zurück und gaben sich mit der Beherrschung Ladakhs zufrieden. Im Verlauf dieser letzten Eroberung wurden fast sämtliche Klöster in Westladakh zerstört. Nur wenige Klostergemeinschaften im Industal entgingen der Vernichtung, wie beispielsweise Hemis Gompa, dessen Abt Sönam Losab Vorräte für die Dogratruppen zur Verfügung stellte. Sein Kloster blieb dafür verschont; es wurde sogar mit einer Wache von Sikh-Soldaten gegen plündernde Marodeure ausgestattet.
Die Verluste der Ladakhis in dem Krieg, der 8 Jahre lang von 1834 bis 1843 dauerte, erreichten ein unglaubliches Ausmaß. So hatte Zorowar Singh einmal eine Rebellion in Suru niedergeschlagen und die über 200 gefangenen Ladakhis auf der Stelle hängen lassen. Die Anführer von Aufständen wurden auf das grausamste exekutiert; ihre Hände, Ohren und Zungen wurden abgeschnitten, die Wunden in kochendes Fett getaucht, schließlich wurden sie geköpft oder ertränkt. Nicht weniger grausam ging man bei Plünderungen gegen die Bevölkerung vor. Große Schätze an Gold, Silber, Edelsteinen, Schmuck, Porzellan, Seide und Teppichen wurden von den Dogras fortgeschleppt und nach Jammu geschickt. Zorowar Singh selber schätzte seine Plünderungen auf 170 Ponyladungen. Besonders schlimm hausten Dewan Hari Chand und Wezir Ratanu: ihre Truppen plünderten die Klöster und Tempel, brachen aus den heiligen Figuren die wertvollen Steine

heraus, verbrannten die heiligen Bücher oder benutzten die stärkeren Seiten und Einbanddeckel als Material zum Dachdecken. Klostergebäude wurden niedergerissen, aus den Steinen errichtete man Festungen oder Soldatenunterkünfte. Viele Tempelräume wurden als Ställe für die Pferde, Mulis und Esel der Dogra-Armee benutzt. Der Schaden an der buddhistischen Kultur Ladakhs war unübersehbar, das Land verlor den größten Teil seines kulturellen Reichtums. Es hat sich von diesem Schlag nie wieder erholt.
So fand das selbständige Königreich Ladakh Ende 1842 ein trauriges Ende. Es wurde dem Reich Gulab Singhs zugeschlagen, der sich inzwischen als Maharadscha unter britischer Protektion etabliert hatte. Der blutjunge König Kunga Namgjel, letzter regierender Herrscher der Namgjel-Dynastie, wurde abgesetzt – ein Exmonarch, der von nun an im kleinen Palast zu Stok residieren mußte. Auch die Adligen verloren ihre Stellungen und jeglichen politischen Einfluß; viele wurden nach Jammu deportiert. Ladakh hatte keine eigene Geschichte mehr.

Ein langer Spaziergang führt mich zusammen mit einigen Freunden am Morgen von Westen her auf den Berg Namgjel-Tsemo. Zunächst wandern wir zwischen Terrassenfeldern etwa zweieinhalb Kilometer westwärts, um dem Kloster Sankar einen kurzen Besuch abzustatten. Die Luft ist kühl, die Sicht auf die Zanskarketten südlich des Industales gestochen scharf. Das Ohr nimmt alle Geräusche überdeutlich wahr, das Krähen eines Hahnes, die Rufe der Frauen bei der Feldarbeit, das Hupen eines Autos, das Kläffen eines Hundes. Sankar Gompa überrascht mich durch seine Lage. Unüblich für ein ladakhisches Kloster liegt es nicht beherrschend auf einem Hügel, sondern mitten im Dorf, das den gleichen Namen trägt. Durch ein überdachtes Eingangstor betritt man den Innenhof, in dem ein prächtig blühender Rosenbusch die Atmosphäre eines Gartens erzeugt. Aus der Fassade des zweistöckigen Haupttempels springt die breite Fensterbrüstung eines im oberen Stockwerk gelegenen Verandaraumes hervor und verleiht dem Bau ein heiteres Aussehen. Darüber glänzt die metallene Symbolfigur der zwei Gazellen, die das Rad der buddhistischen Lehre flankieren – Erinnerung an die erste Predigt Gautama Buddhas. Eine breite Freitreppe führt zur Vorhalle, deren Wände mit dem Rad des Lebens und den Darstellungen der vier Weltenhüter bemalt sind. Wir haben Glück, denn wir können im Versammlungsraum an der Morgenandacht des Klosters teilnehmen, die vom Abt Kuschok Bakula persönlich geleitet wird. Lange Zeit war dieser Abt als Abgeordneter für Ladakh im indischen Parlament, hat sich aber nun aus der Politik zurückgezogen und widmet sich heute ganz der Leitung der ihm unterstellten Klöster, zu denen Spituk (Hauptkloster) und Sankar gehören. Als bedeutendster Vertreter der Gelugpa-Schule in Ladakh besitzt er hohes Ansehen und immer noch großen Einfluß. Kuschok Bakula ist ein asketisch aussehender Herr mit schmaler, gebogener Nase und schön geformten, auffallend großen Ohren. In einer Pause zwischen den Rezitationen gibt der hohe Geistliche uns fremden Besuchern einige Erklärungen zur Sankar Gompa und ein paar Belehrungen zur Lehre Buddhas, wie sie von den Buddhisten Zentralasiens praktiziert wird. Als er uns später bittet, den Raum zu verlassen, damit die Mönche ungestört weiterrezitieren können, spricht er diesen Wunsch so freundlich und taktvoll aus, daß wir gerne und im Gefühl geehrt zu sein ihm nachkommen.

Gut gelaunt verlassen wir Sankar Gompa und spazieren hinüber zum Fuß des Namgjel-Hügels. Wir kreuzen dabei eine rauhe Schotterstraße, die über den mehr als 5600 Meter hohen Khardung-Paß nach Norden an den Beginn des Nubratales führt, ein strategischer Verbindungsweg, der die indischen Armeeinheiten an der indisch-chinesischen Grenze versorgt. Vorläufig ist er, wie auch das Gebiet des fruchtbaren und dicht besiedelten Nubratales, für ausländische Besucher gesperrt. Der Khardung-La dürfte einer der höchsten Pässe der Erde sein, und ein humorvoller Verwaltungsbeamter muß das Schild entworfen haben, das jeden auf die Aussicht hinweist, daß man während der steilen Fahrt »Zwiesprache mit Gott halten« könne. Ein Fußweg führt in scharfem Anstieg auf den Namgjel-Hügel und geradewegs zu den Ruinen des alten Königspalastes. Sie sind stark verfallen, so sehr, daß man aus Sicherheitsgründen nicht darin herumklettern sollte. Wo vormals Menschen gewohnt haben, hausen heute Vögel und Echsen.

Ich entdecke eine ganze Anzahl Himalaya-Agamen, die sich an den ehemaligen Palastmauern sonnen. Mit rund 3800 Metern Meereshöhe dürften sie hier an die Grenze ihrer Höhenverbreitung gekommen sein. Erstaunlich, daß diese wechselwarmen Schuppentiere den harten ladakhischen Winter durchstehen. Ein Jungtier mit rostroten Flecken am Hinterkopf lugt aus seinem Mauerversteck hervor, verschwindet jedoch sofort, als sich ein Schwarm Dohlen aus dem Gemäuer in die Luft schwingt. Zwei mächtige, kohlschwarze Kolkraben streichen mit tiefen »Klong-klong«-Rufen über den Hügel und gegen das Gebirge im Norden. Der Blick von der Bergkuppe über die Stadt und das Tal des Indus ist überwältigend. Wie ein willkürlich hingeworfener Steinhaufen liegen die grauen Flachdachhäuser von Leh vor dem Felshang, auf dem sich der vormalige Königspalast erhebt. Vor den Toren der Stadt dehnen sich grüne Felder, von grauen Feldsteinmauern umsäumt und an einigen Stellen von kleinen Pappelhainen oder einzelnen Häusergruppen unterbrochen. Weiter draußen breitet sich graubrauner Wüstenboden, den das Indusbett mit seiner Flußoase wie ein grünes Band durchschneidet. Militärbauten und den glatten Streifen der Flugpiste kann man erkennen. Jenseits des ausgedehnten Tales erhebt sich eine braunviolette Bergkette, über deren Gipfelkamm die schneebedeckten Häupter der Stok-Kangri-Berggruppe herübergrüßen. Sie sind ein beliebtes Ziel für Bergsteiger und Trekking-Wanderer.

Beim Abstieg nach Leh hinunter stößt man kurz unterhalb des alten Palastes auf einen kleinen Tempel, den Gönkang mit zornvollen Schutzgottheiten. Der furchterregende Mahakala ist darunter, der stierköpfige Yamantaka und die in Tibet besonders verehrte weibliche Schutzgottheit Palden Lhamo, die immer auf einem Maultier reitend dargestellt wird. Gleich neben der Eingangstür sind Miniaturfresken zu sehen, die neben anderen Gestalten ein Porträt von Taschi Namgjel, dem Gründer dieses Tempels, in kaschmirischer Fürstenkleidung zeigen.

Etwas weiter bergab steht unter dem Gönkang ein zweiter Tempel, der zu dem alten Palastkomplex gehört. Von einer buntverzierten Decke überwölbt, sitzt hier eine überlebensgroße und leuchtend angemalte Figur des zukünftigen Buddhas Maitreya; Tschamba nennen ihn die Ladakhis und Tibeter. Je näher wir der Stadt entgegensteigen, um so deutlicher erkennt man, daß auf dem Poloplatz am östlichen Rand der Siedlung eine dichte Menschenmenge zusammengeströmt ist. Man sagt uns, daß am heutigen Tag ein Volksfest gefeiert wird.

Neugierig mischen wir uns in das Gedränge. Ich lande bald in einem gelben Wirtshauszelt, in dem Männer und Frauen auf dicken Teppichen vor niedrigen Tischchen sitzen, Tschang, Buttertee und heiße Gemüsesuppe schlürfen. Bereitwillig rückt man zur Seite und macht mir einen Sitz frei. Die Wirtin, eine energisch blickende Frau mittleren Alters, erscheint mit einer Kupferkanne voll dampfenden Buttertees. Sie ist wie eine Fürstin in ein prächtiges Brokatgewand gekleidet und trägt den schönsten Perak, den ich je gesehen habe. Mehrere Hundert Türkise und Korallen sind auf das Nackenband genäht, goldene und mit Edelsteinen besetzte Amulettkästchen zieren den Kopfteil, ein makelloser Türkis von der Größe eines Theresientalers prangt an der Perakspitze über der Stirn. Auch der Halsschmuck, eine Kette mit dicken Türkisen und Korallen sowie einem üppigen goldenen Amulettbehälter, auf dem Rubine und Smaragde funkeln, lassen auf eine Frau aus angesehener Familie schließen. Die bescheidene Freundlichkeit, mit der diese sicherlich vermögende Frau Gäste jeden Standes bewirtet, beeindruckt mich. Gerne lasse ich mir von ihr meine Teeschale mehrmals vollfüllen, und ihre Momos – fleischgefüllte Teigtaschen – schmecken vorzüglich. Die Stimmung in dem gelben Zelt ist genauso fröhlich wie in einem Bierzelt des Münchner Oktoberfestes, nur nicht so lärmend.
Inzwischen tönt von draußen rhythmische Musik. Ich begleiche meine Zeche und trete wieder hinaus ins gleißende Sonnenlicht des Poloplatzes. Die Menschenmenge hat vor einem offenen Zelt mit hohen Gästen ein weites Halbrund umstellt, auf dem ladakhische Männer und Frauen in farbenprächtiger Tracht Volkstänze vorführen. Am Rande des Halbkreises sitzen sechs Männer mit Schalmeien und Trommeln – das Tanzorchester. Ihre Musik folgt betonten Rhythmen und schwermütigen Melodien; Beziehungen zur tibetischen Volksmusik sind unverkennbar. Zwei freundliche Polizisten öffnen mir eine Gasse durch das Gedränge und schieben mich in die erste Reihe der Schaulustigen. Ich solle einen guten Platz zum Fotografieren haben, sagen sie. Nach einigen Minuten winkt mich ein indischer Offizier in das Zelt und bietet mir den leeren Stuhl an seiner Seite an. »Von hier können Sie das Schauspiel bequemer überblicken«, meint er, »und ich unterhalte mich gern mit einem ausländischen Gesprächspartner.«

Aber wir kommen nicht viel zum Reden, die Musik übertönt unsere Worte. Die Tänzer sind in zwei Gruppen geteilt, auf der einen Seite die Männer, mit langen Mänteln und den Kantok-Hüten auf dem Kopf, auf der anderen Seite die Frauen in goldgestickten Brokatkleidern und mit Peraks auf dem schwarzen Haar, von denen die Türkise und Korallen nur so leuchten. Manchmal tanzen sie aufeinander zu, manchmal in einer langen, geschwungenen Reihe nebeneinander und bisweilen drehen sie sich in einem großen Kreis. Sie führen Schreit- und Stampftänze vor, mit gemessenen Schritten und fast bedächtigen Bewegungen. Im Vergleich hierzu sind die Volkstänze der Sherpas, die ich im Nepal-Himalaya oft erlebt habe, ausgelassene Tobereien. Anmutig bewegen sich Hände und Arme der Frauen, die Köpfe wiegen im Takt der Instrumente. Manche halten bunte Bänder in den Händen und begleiten die Tanzbewegungen mit weit ausholenden Gesten. Das gemessene Tempo der Tänze bringt die Anmut der Ladakhifrauen und die verhaltene Kraft der Männer vorteilhaft zur Geltung.
Mit großem Vergnügen folge ich den Rhythmen und Bewegungen. Vor der Kulisse der Berge und des wuchtigen Namgjel-Palastes entfaltet sich ein archaisches Bild aus dem Inneren Asiens. Sicherlich enttäusche ich meinen indischen Offiziersnachbarn, denn auf seine freundlichen Bemerkungen antworte ich meist etwas abwesend. Aber als ich mich für meine Einsilbigkeit bei ihm entschuldige, lächelt er verständnisvoll, und nach dem Abschluß des Schauspiels drückt er mir herzlich die Hand.
Bevor ich den Festplatz wieder verlasse, um zu unserem Hotel zurückzukehren, schließe ich Bekanntschaft mit zwei jungen Ladakhiburschen. Sie sind flott gekleidet, in modische, unten weit ausfallende Hosen, Jeansjacken und weiße Hemden mit offenem Kragen. In ihren runden, weichen Gesichtern unter dem Schwarzhaar blitzen gutmütige, schräg geschnittene Augen; sie erinnern mich mit ihren 15 oder 16 Jahren an meine Söhne im gleichen Alter. Es scheint den beiden Burschen Spaß zu machen, einen Europäer durch den Bazar zu führen. Sie sprechen ein recht gutes Englisch, das sie auf dem College in Srinagar gelernt haben. Sie quetschen mich aus über Deutschland, München und die Olympiade, von der sie vage gehört haben. Bevor sich die Straße nach links gegen das große Wasserreservoir wendet, an

dem unser Hotel liegt, bleiben wir vor einem Haus stehen, das sich kaum von den anderen allen unterscheidet. Einer meiner Begleiter erklärt mir, daß hier ein christlicher Tempel stünde, daß dies die Niederlassung einer Mission von deutschen Christen sei. Spätere Nachforschungen verschaffen mir die Gewißheit, daß diese bescheidenen Mauern tatsächlich die 1885 in Leh gegründete Herrnhuter Missionsstation beherbergen.

Dieses Missionswerk hat zwar keine Scharen von Christen im nordwestlichen Himalaya hervorgebracht, aber doch nachhaltige Spuren in Ladakh und seinen südöstlichen Randgebieten hinterlassen. Besonders die ereignisreiche Anfangszeit einer mehr als 120 Jahre dauernden Missionstätigkeit – der Moravian Church, wie diese christliche Missionskirche von den Engländern genannt wird – verdient unser Interesse. Im Jahr 1853 begann die Mission der Brüdergemeinde in »Westtibet«, wir sagen besser und genauer an der Grenze zu Westtibet, mit dem Aufbruch der ersten beiden Missionare Eduard Pagell und August Wilhelm Heyde. Sie sollten ursprünglich von Indien aus durch Tibet hindurch in die Mongolei reisen und dort eine Missionsstation gründen. Dieses Ziel vor Augen, begaben sie sich zunächst in das Kulu-Tal, zogen dann von dort über den Rotang-Paß, über den Baralacha-La, durch die Provinz Rupschu in das obere Industal und kamen schließlich bis kurz hinter die ladakhisch-tibetische Grenze. Dort verstellten ihnen allerdings die Tibeter den Weg und wiesen sie zurück auf indisches Hoheitsgebiet. Da in der Folge auch Versuche, sich in Leh oder im übrigen Ladakh niederzulassen, mißlangen, gründeten die beiden Herrnhuter 1856 eine Missionsstation im Dorf Kyelang, das in der Talschaft Lahoul liegt. Ein Jahr später stieß Heinrich August Jäschke zu ihnen. Er war beauftragt, die Leitung der Station zu übernehmen und mit seiner großen Sprachbegabung auch die Kenntnisse des Tibetischen voranzutreiben. Jäschke begab sich bald nach Stok bei Leh, wo er im Hause eines Ladakhi wohnte und ein Jahr lang intensiv Tibetisch lernte. Es war von großer Bedeutung, Sprache und Schrift der Tibeter zu beherrschen, denn so konnte man über Druckschriften die Missionsarbeit den Einheimischen verständlich machen und die Lehren der christlichen Religion verbreiten.

Jäschke richtete nach seiner Rückkehr aus Stok eine kleine Druckerei mit Druckpresse in Kyelang ein, die er konzentriert nutzte. Er fertigte die erste tibetische Bibelübertragung an, druckte Gesangbücher, Traktate, Lehrschriften und Schulbücher, alles in tibetischer Sprache. Die Schriften gingen weit über den engeren Bereich Lahouls hinaus und erreichten auch das Innere Tibets. Die größte Leistung Heinrich August Jäschkes aber war die Herausgabe einer tibetischen Grammatik und eines tibetisch-englischen Wörterbuches; beide besitzen heute noch Gültigkeit.

Zunächst begegneten die drei Missionare bei der Einrichtung ihrer Station großen Schwierigkeiten, denn die Einheimischen, vor allem die Mönche in den nahen Klöstern und die wohlhabenden Familien, verhielten sich äußerst zurückhaltend gegenüber den Vertretern jener fremden Religion und Zivilisation. Aber die Drei gewannen rasch an Ansehen: Pagell durch seine vertrauenerweckende, anteilnehmende Art; Heyde durch zupackende Aktivität und den gewandten Umgang mit Menschen; Jäschke durch seine Sprachbegabung und seine ruhige, Respekt einflößende Persönlichkeit. Die Gemeinschaft im Kyelanger Missionshaus wurde 1859 durch drei Damen ergänzt, die als künftige Ehefrauen nach Lahoul geschickt, den Junggesellenbetrieb in geordnete Familienverhältnisse überführen sollten. Während Emilie Rosenhauer, die Braut von Heinrich August Jäschke, und Friedricke Mächtle, die Braut von Eduard Pagell, ihren Zukünftigen schon kannten, hatte Maria Hartmann ihren Bräutigam August Wilhelm Heyde nie zuvor gesehen. Gerade die Ehe der Heydes wuchs jedoch im Laufe der Jahre zu einer besonders harmonischen Gemeinschaft zusammen. Maria, obgleich die jüngste, muß wohl die ausgeglichenste und mütterlichste gewesen sein; alle Kinder hingen ihr am Rockzipfel. Dabei mußte sie monatelang allein mit den Kindern ausharren, wenn ihr Mann auf langer Reise nach Leh oder Rupschu unterwegs war und Nachrichten ausblieben. Von sechs Kindern, die sie gebar, starben drei an einer Art typhösem Fieber, die drei anderen wurden zur besseren Schul- und Berufsausbildung nach Deutschland geschickt. Erst im hohen Alter von 78 und 76 Jahren verließen die Heydes ihre Wirkungsstätte in Lahoul und kehrten nach Deutschland zurück.

Das Leben war hart im Missionsgehöft von Kyelang. Schwere Feldarbeit mit der Anlage und Bewässerung von hochgelegenen Äckern, mit Viehzucht und Weidewirtschaft erforderte den ganzen Einsatz der

Männer. In einem Land, in dem Sahibs ein Herrenleben ohne körperliche Arbeit führten, umgeben von einer vielgegliederten Dienerschaft, boten kräftig zupackende Europäer, die den Pflug führten, Bewässerungsgräben zogen oder Obstbäume pflanzten, einen ungewohnten Anblick. Das Klima mit heißen Sommern, extrem kalten Wintern und bisweilen verheerenden Unwettern war oft schwer zu ertragen. Im Winter blieb die kleine Station dank tief verschneiter Pässe und Lawinenhalden monatelang von der Außenwelt abgeschnitten. So war es eine Hauptaufgabe dieser europäischen Niederlassung, sich in allen Dingen des täglichen Lebens selbst zu versorgen. Die Landwirtschaft wurde zu einer Musterfarm entwickelt, die Missionarinnen richteten eine Strick- und Nähschule für die Frauen und Mädchen der Umgebung ein, eine Schule wurde eröffnet, die Missionsbrüder übernahmen die gesundheitliche Betreuung ihrer eigenen Familien, wie auch die der näheren und ferneren Dorfbevölkerung; alle drei hatten eine umfassende Sanitätsausbildung erhalten. Kyelang wurde zu einem Stützpunkt, von dem aus man die Errichtung weiterer Niederlassungen im östlich anschließenden Himalaya und in Ladakh ins Auge fassen konnte.

Die erste Zweigstation gründete Eduard Pagell 1865 zusammen mit seiner Frau im Dorfe Pu, das im oberen Sutlej-Tal südöstlich von Lahoul liegt. Nach anfänglichen Schwierigkeiten fand er, vor allem durch die Fürsprache eines hohen Lamas aus Gartok in Westtibet, gute Unterstützung bei der einheimischen Bevölkerung. Ein besonderer Erfolg in seinem Missionsbemühen gelang Pagell im Jahre 1872, als er den hochgebildeten tibetischen Mönch Södpa Gjaltsen, der Lhasa wegen eines unbeabsichtigten Totschlages hatte verlassen müssen, auf den christlichen Namen Nathanael taufen konnte. Aber dann brach 1883 ein schweres Verhängnis herein, Eduard Pagell und seine Frau erkrankten an einem typhösen Fieber und verstarben beide. Als Nachfolger kam das Missionarsehepaar Redslob, zu dem sich später das Ehepaar Weber gesellte. Wie in Kyelang lag in Pu der Schwerpunkt der äußeren Arbeit auf der Landwirtschaft und dem Anfertigen von Kleidungsstücken. Redslob berichtete, daß zwei Drittel der Dorfbevölkerung von Pu in selbstgestrickten Strümpfen herumliefen.

Von den Herrnhutern selbst wurden Kyelang und Pu nur als vorbereitende Stationen für die Niederlassung im eigentlichen Ladakh angesehen. Immer wieder wurden Anträge auf die Gründung einer Missionsstation in Leh gestellt, immer wieder wies die kaschmirische Regierung solche Anträge zurück. Auf Druck der Engländer – auch in England gab es eine Niederlassung der Herrnhuter Missionskirche – gelang es dann endlich 1885, die Erlaubnis zur Gründung einer Missionsstation in Leh zu erhalten. Als erster Leiter der Station wurde der Missionar Redslob aus Pu eingesetzt. Er begann mit der Gründung einer Schule; seine Frau richtete einen beratenden Frauenkreis für die mohammedanischen Frauen der Stadt ein. 1887 kam Dr. Marx, der das kleine, von der Regierung errichtete Hospital mit einer Poliklinik übernahm. Schule und Krankenhaus entwickelten sich mit großen Fortschritten. Da fielen im Jahr 1891 schwere Schatten auf die Missionsstation von Leh. Das gefürchtete typhöse Fieber brach als Epidemie aus und raffte Dr. Marx am 29. Mai dahin; Missionsleiter Redslob, selbst schwer erkrankt, hielt ihm die Trauerrede, aber am offenen Grab brach auch er zusammen und starb. Die Witwen wurden ebenfalls von der Krankheit befallen, erholten sich jedoch nach einiger Zeit und führten zusammen mit dem Missionsbruder Shawe die Station so lange, bis das Ehepaar Weber aus Pu über Kyelang nach Leh gekommen war, um diese wichtige Niederlassung zu leiten. Das Hospital wurde in den darauffolgenden Jahren von dem heilkundigen Missionsbruder Shawe und der Diakonissin Kant versorgt. Als auch der Missionsleiter Weber an dem typhösen Fieber erkrankte, wurden er und seine Frau durch das Ehepaar Ribbach abgelöst.

Ribbach nun war ein bemerkenswert genauer Beobachter; über seine Missionstätigkeit hinaus wurde er bekannt durch die Veröffentlichung eines Buches, das am Beispiel eines Ladakhi (Drogpa Namgyal) eine bis ins einzelne gehende Einführung in Leben, Sitten und Bräuche der ladakhischen Menschen gab. Unterstützt hat ihn dabei ein aus Leh stammender christlicher Ladakhi, Josef Gergan, dessen Enkel gleichen Namens noch heute in Ladakh lebt und als einer der besten einheimischen Kenner der Region zwischen Karakorum und Himalaya gilt.

Schon zu Ribbachs Zeiten wurden im Industal die beiden Nebenmissionen Kalatse und Sheh gegründet. In Kalatse war auch Dr. A. H. Francke missionarisch tätig, eine herausragende Persönlichkeit unter den Tibetologen europäischer Herkunft. Auf Einladung der briti-

schen Regierung in Indien bereiste er im Jahre 1909 vier Monate lang die Gebiete Spiti, Lahoul und Ladakh, um archäologische, historische und kulturgeschichtliche Studien zu betreiben. In einem zweibändigen Werk – Antiquities of Indian Tibet – legte er den umfassenden Bericht seiner Reise vor, der heute noch Grundlage für jeden ist, der sich mit der Kultur und Geschichte Ladakhs befassen will. A. H. Francke unternahm 1914 erneut eine Reise in das Innere Asiens und nach Ladakh, diesmal, um im Auftrag des Münchner Königlichen Ethnographischen Museums eine ethnographische Sammlung anzulegen. Während dieser Reise brach der Erste Weltkrieg aus, Francke wurde zusammen mit anderen deutschen Missionaren in das Lager Ahmednagar interniert. 1916 wurden sie als Sanitätspersonal im Zuge eines Austauschprogramms nach Deutschland entlassen. Die Niederlage der Deutschen 1918 hatte zur Folge, daß die Missionsstationen in Pu und Kyelang aufgegeben werden mußten.
Fraglos war das Hauptziel der Herrnhuter Missionare in Ladakh und seinen angrenzenden Gebieten die Bekehrung der einheimischen Menschen zum Christentum. Als Kinder ihrer Zeit traten sie mit der Überzeugung von der Überlegenheit ihrer Religion und, wenn auch meist uneingestanden, ihrer technischen Zivilisation auf. Dieses Überlegenheitsgefühl gab ihnen die Sicherheit, ihr Werk gegen Anfeindungen und alle Widrigkeiten durchzustehen. Aber sie wurden nie überheblich oder selbstherrlich; das Gelübde der Demut ließ sie selbst bescheiden werden. Immer konnte man bei den Herrnhuter Missionsbrüdern Toleranz und Nachsicht gegenüber den ihnen meist unverständlichen religiösen Vorstellungen und Riten ihrer tibetisch geprägten Umgebung feststellen. Und die Gelassenheit und Freundlichkeit ihres Gastgebervolkes muß sogar stark prägend auf die Brüder gewirkt haben. Das Haupthindernis für die Bekehrungsversuche – von den Missionaren oft beklagt – war ein tief verwurzelter Buddhismus. Der Widerstand gegen die neue, aus Europa kommende Religion wurde selbstverständlich von den Mönchen in den buddhistischen Klöstern geschürt. So blieben die Bekehrungserfolge zahlenmäßig gering. 1865 wurden erstmalig Einheimische in Kyelang getauft; sie stammten selbst nicht aus Lahoul, sondern aus dem oberen Ladakh und aus Tibet. In den ersten 40 Jahren der Herrnhuter Mission erreichten die Christen in Ladakh, Lahoul und Spiti die Zahl

100; 1907 waren es 138 getaufte Christen, 1930 um 150, und diese Zahl blieb bis heute in etwa konstant.
Welch erstaunliche Naivität und Unkenntnis des tibetischen Buddhismus die Herrnhuter Brüder bei ihrem missionarischen Tun leitete, zeigt das Beispiel des Missionars S. Ribbach, der um das Jahr 1894 eine Bekehrungsreise den Indus aufwärts unternahm. Er hatte sich mit einer großen Menge von christlichen Traktaten und Bekehrungsschriften ausgerüstet, die er freigebig an jedermann verteilte. Ob er nun in einem Privathaus als Gast logierte oder ob er arbeitenden Bauern am Feldrand predigte, immer hinterließ er einen Kometenschweif erbaulicher Schriften. Selbst in die Segnungszeremonie eines durchreisenden, inkarnierten Rinpotsche griff er ohne viel Umschweife ein und hielt dem hohen tibetischen Geistlichen eine eindringliche Predigt. Man muß über die Toleranz der tibetischen Buddhisten staunen, mit der sie solche allein seligmachenden Angebote voller Gelassenheit und Nachsicht ertrugen. Immerhin erwartete wohl auch Ribbach keine durchschlagenden Erfolge seiner Missionsreise, denn er äußerte Zweifel auf die Frage nach »den mutmaßlichen Früchten«. Allein der Gedanke, das Evangelium bis an die Grenzen Tibets verkündet zu haben, gab ihm eine gewisse Befriedigung.
Weniger naiv und unkritisch verhielt man sich zu späteren Zeiten, als etwa der Schweizer Pierre Vittoz Anfang der fünfziger Jahre in Ladakh weilte und dort als Missionar tätig war. Er dachte ernsthaft darüber nach, wie man das Lehrangebot des Christentums für die asiatische Mentalität umsetzen könne. Ihm ging es darum, nicht einfach religiöse Vorstellungen aus Europa nach Asien zu exportieren, sondern ein auf den asiatischen Menschen und seine Vorstellungen bezogenes Christentum zu entwickeln und zu fördern. Aber auch Pierre Vittoz bekundete eine überraschend oberflächliche Kenntnis des tibetischen Buddhismus. Seiner Meinung nach konnte man den Menschen des Himalaya keine größere Wohltat erweisen, als sie zur Lehre Christi und zu einer christlichen Kirche zu bekehren. Dabei übersah auch er völlig, daß der Buddhismus gar keinen Ersatz für seine ethisch so hochdifferenzierte Lehre brauchte und daß die jahrzehntelange Missionierung darum wohl nur geringen Erfolg verbuchen konnte.
Wenngleich die mühevolle Bekehrung der Ladakhi auch keine rech-

ten Früchte trug, im täglichen Leben haben die wackeren Herrnhuter Missionare ihre Spuren bis heute hinterlassen. Der erste, Heinrich August Jäschke, hatte sich bald nach seiner Ankunft, eingeschweißt in eine Blechdose, einige Kartoffeln schicken lassen. Diese Knollen wurden die Stammeltern des ertragreichen Kartoffelanbaus zwischen Lahoul und Nubra. Kartoffeln werden heute sogar lastwagenweise nach Nordindien ausgeführt, sie bilden für viele Lahouler Bauern die Grundlage bescheidenen Wohlstandes. Die Musterfarm in Kyelang führte einem vor, wie intensiv man in trockenen Hochlagen Ackerbau betreiben konnte, wenn man direkt vom abschmelzenden Gletscher in stabilen Wasserleitungen das kostbare Naß auf die Felder leitete und sich nicht nur auf die schwankende Wasserführung der Bäche weiter unten verließ.

Die drei Missionarsfrauen der ersten Stunde hatten das Stricken im ladakhischen Gebiet eingeführt. In der Strick- und Nähschule von Kyelang wurden pro Jahr rund 1100 Paar Wollstrümpfe gestrickt, die man in den indischen und kaschmirischen Tälern südlich des Himalayahauptkammes mit Gewinn verkaufen konnte. Die Frauen und Mädchen des Kyelanger Tales sahen es als besonderen Vorzug an, daß sie zum Handarbeiten in der Missionsstation zusammenkommen durften, wo man neben Stricken und Nähen auch schwatzen, lachen und Kirchenlieder singen konnte. Die Kunst des Strickens hat sich schließlich über ganz Ladakh ausgebreitet. Als Kuriosum läßt sich die Herrnhuter Urheberschaft heute noch daran erkennen, daß die Ladakhis auf deutsche Art stricken, während man in Nordindien die Stricknadel wie die Engländer oder Franzosen führt. Außerdem benutzt man in Ladakh sogenannte böhmische Muster und strickt Sokken oder Strümpfe mit verstärkter Spitze und doppelter Ferse. Wer von den äußeren Nachwirkungen der Herrnhuter Mission spricht, darf schließlich das gut geführte Hospital in Leh nicht vergessen. Die Sorgfalt, mit der die ersten Missionsärzte ihre Patienten behandelten, macht sich in der Qualität dieses kleinen Krankenhauses bis heute bemerkbar.

Seit 25 Jahren bereits ist die kleine Kirche der Herrnhuter Mission in Ladakh auf sich selbst gestellt. Als aus Tibet eine chinesische Provinz wurde, gab die indische Regierung den ausländischen Missionaren keine Einreise- und Aufenthaltsgenehmigungen mehr. Durch das

Fortbleiben der Missionare gerieten die Gemeinden in Leh, Sheh und Kalatse in eine innere Krise, von der sie sich bis heute nur schwer erholten. Zu sehr waren ihre Mitglieder gewöhnt, sich einem Führer unterzuordnen, zu schwierig schien es, Streitigkeiten ohne einen »gebietenden Kopf« zu regeln. Eine Zeitlang erwies sich der aus Ladakh stammende Pfarrer Eliah Tsetan Puntsog als ein von allen anerkanntes Oberhaupt, aber er ging Anfang der sechziger Jahre nach Rajpur in Nordindien, um sich der Betreuung tibetischer Flüchtlinge zu widmen. Inzwischen ist er gestorben. Eine etwas günstigere Aussicht für den Fortbestand der christlichen Gemeinden in Ladakh besteht, seitdem die ladakhischen Grenzen für westliche Besucher geöffnet sind. So ist es heute wieder möglich, den Kontakt zur Mutterkirche in Europa zu halten, Besucher von dort zu empfangen und dem eigenen kirchlichen Leben neue Impulse zu geben.

Den letzten Nachmittag in Leh habe ich mir für einen Ausflug in das Dörfchen Changspa westlich der Hauptstadt reserviert. Vormittags hatten wir dem Kloster Spituk einen Besuch abgestattet und waren überrascht von der freundlichen Aufnahme dort. Ein alter Mönch führte uns durch alle Räume und verweilte besonders ausgiebig in den Zimmern des Abtes Kuschok Bakula, deren auffälligste Ausstattung in langen Reihen von bronzenen Tarafiguren besteht. Als besonders angenehm vermerkten wir, daß in Spituk keine Mönche auf den Treppen und Gassen des Klosters saßen, um den Touristen Gerätschaften und Devotionalien feilzubieten, wie wir das in Pjang oder Lamayuru erlebten. Allerdings sollte man von diesem Angebot einer qualitativ sehr unterschiedlichen Souvenirs-Ware nicht einen Ausverkauf der ladakhischen Klöster ableiten, wie es viele westliche Besucher gerne tun. Die dort angebotenen Gegenstände stammen in der Regel aus Privatbesitz, und oft betätigen sich die Mönche lediglich als Vermittler mit direkteren Absatzmöglichkeiten. Die Figuren, Thankas und religiösen Geräte, die dem Kloster selber gehören, sind immer sorgfältig registriert und werden als Klosterbesitz streng überwacht.
Der Weg nach Changspa beträgt nur eine Viertelstunde. Er führt an Gärten und Feldern entlang, oft im Schatten von Weiden und Pappeln. Um die Stämme der jungen, kaum armdicken Bäume hat man Manschetten aus Blechdosen gelegt, um das Vieh am Abschälen der

Rinde zu hindern. Auf einem kleinen Wiesenstück, versteckt zwischen Weidenbüschen, stoße ich plötzlich auf einen Obelisk aus Marmor, an dem auf zwei Seiten schwarze Marmortafeln angebracht sind. Mühsam entziffere ich die darin eingemeißelte Schrift und stoße einen Ruf der Überraschung aus. In englischer Sprache auf der einen und lateinischer Sprache auf der anderen Tafel wird hier mitgeteilt, daß man vor dem Grabmal eines europäischen Naturwissenschaftlers steht. Der lateinische Text beginnt folgendermaßen:

»Sub hoc marmore quiescit quod mortale erat, Ferdinand Stoliczka, Ph. D.«

Dann folgt eine Erläuterung zur Persönlichkeit des Toten, von der ich des leichteren Verständnisses wegen gleich die deutsche Übersetzung wiedergebe:

»Unter diesem Marmor ruht das, was sterblich war von Dr. Ferdinand Stoliczka, der am 7. Juni 1838 in Mähren geboren wurde und am 19. Juni 1874 bei Murgo starb, als er mit der Britischen Expedition, der er als Naturwissenschaftler angehörte, aus Yarkand zurückkehrte. Obwohl noch jung, als er ein Opfer seiner Pflicht wurde, hatte er doch schon durch seine Forschungen auf den Gebieten der Geologie und Naturgeschichte Indiens große Bedeutung erlangt, und sein früher Tod wird von der Welt der Wissenschaft tief bedauert, wie auch von der Regierung Indiens, die in Anbetracht seiner fähigen und ehrenhaften Verdienste dieses Denkmal im Jahre 1876 errichten ließ.«

Hier ruhen also die sterblichen Überreste des berühmten Asienforschers, der jedem Fachgenossen, der sich mit Zentralasien beschäftigt, ein Begriff ist. Er war, wie viele Naturforscher seiner Zeit, ein Allroundwissenschaftler, der über Steine und Pflanzen ebensogut Bescheid wußte wie über Tiere. Er sammelte ein reiches naturkundliches Material, das oft nach ihm benannt wurde, wie beispielsweise Wiesel, Bergmäuse oder Hasen. Sogar der Wüstengecko, den ich bei Pjang gefangen hatte, trägt seinen Namen: Cyrtodactylus stoliczkai. Den wenigsten Naturwissenschaftlern in aller Welt dürfte allerdings bekannt sein, daß in einem Garten bei Leh dieses fähigen, allzu früh verstorbenen Mannes gedacht wird.

Die Begegnung mit dem toten Kollegen hat mich nachdenklich gemacht. Ist er auch an jenem typhösen Fieber gestorben, dem so viele Herrnhuter Missionare zum Opfer gefallen sind? Er hat der Wissenschaft viele Fragen gestellt, die noch heute auf Antwort warten. Ein Anreiz, sich in der Zukunft einmal intensiver und länger mit der Tierwelt Ladakhs zu befassen. Während ich so Gedanken und Pläne fortspinne, erreiche ich den Ort Changspa, sehe ihn beherrscht von dem großen, weiß leuchtenden Taschi-Gomang-Tschörten, der inmitten eines Haines aus Pappeln und Weiden steht. Ein eigenartiger Zauber liegt über dem Platz, man meint Stimmen aus vergangenen, historischen Epochen herüberwehen zu hören. Weit geht der Blick nach Süden über das Industal auf die eisgepanzerten Gipfel der Zanskarketten. Gomang bedeutet »viele Tore«, vermutlich sind damit die zahlreichen Nischen in dem turmartigen Bauwerk gemeint, in denen wohl einstmals die Figuren von Buddhas und Bodhisattvas standen. Mehrere Reihen von insgesamt 108 kleinen Tschörten umgeben den Hauptturm, der gut instand gehalten und regelmäßig geweißt wird. Einige Schritte entfernt erhebt sich übermannshoch ein Granitblock, auf dem zu beiden Seiten im Halbrelief Figuren ausgemeißelt sind. Sie sollen die Buddhas Gautama Shakyamuni und Maitreya mit Begleitern darstellen. Ihre Haltung und die Linienführung ihrer Körper strahlen Harmonie aus. Die altertümliche Bauweise des Taschi-Gomang-Tschörten und der Stil der Relieffiguren lassen auf ein hohes Alter schließen; möglicherweise sind sie schon im 7. bis 9. Jahrhundert unserer Zeitrechnung entstanden. Ich bin sicher, daß dieser Ort in früherer Zeit eine bedeutende Rolle gespielt hat. Noch heute spürt man etwas von der geistigen Intensität und der konzentrierten Ruhe, die hier geherrscht haben muß.
Bevor ich mich auf den Rückweg zum Hotel begebe, schaue ich einigen Buben beim Volleyballspiel zu. Sie haben ein zerrissenes Netz zwischen zwei Häuserwände gespannt und widmen sich mit Hingabe und lautem Geschrei dem Ballspiel, das überall in Asien Mannschaftssport Nummer eins ist. Der Staub wirbelt unter den nackten Füßen auf, und mit Schwung schmettern sie den Ball über die Netzkante. Ernst und Heiterkeit, tiefe Religiosität und geschäftstüchtige Diesseitigkeit sind in Ladakh eng verschwistert; wir fremden Besucher müssen das erst lernen. Während ich nach Leh zurückschlendere, werden

die Schatten länger und die Abendsonne tippt gegen die Gipfel im Westen. Ich weiß, daß es bei der Gesprächsrunde nach dem Abendessen wieder anregende Diskussionen mit meinen Reisegefährten geben wird, und ich freue mich darauf.

Der Tschamtanz von Hemis

Ulrich Gruber: Hemis Gompa! Der Name übt einen eigenartigen Zauber auf mich aus. Das Kloster, das versteckt in den Bergen sich dem Zugriff feindlicher Eroberer immer entziehen konnte. Dazu das bedeutendste Kloster des Dugpa-Kagjüpa-Ordens, der in Ladakh besonders intensiv verbreitet ist. Wenn man vom Indus her den breit ausladenden und allmählich ansteigenden Schuttkegel, der aus dem Tal von Hemis herauszufließen scheint, emporsteigt, stößt man bald auf lange Manimauern und eine Reihe von Tschörten. Das Kloster selbst wird durch einen querstehenden Bergrücken verdeckt, so daß man es vom Indus her nicht sehen kann. Die Manimauern führen schließlich an den Rand der ersten Dorfhäuser, an die Mauern des Klosterbaues und in einen ausgedehnten Pappelhain. Die Häuser selbst sind grau und unscheinbar. Aber das Kloster thront hell und mächtig wie eine Burg über der Siedlung, auf dem flachen Dach gekrönt von Gebetsfahnen und golden blitzenden Kegelaufsätzen. Hinter seinen Bauten wächst eine braungelbe Felswand wie eine Trasse zur Unendlichkeit in den blauen Himmel. Ein außergewöhnlicher, aber sicherer und ruhiger Platz für eine mönchische Siedlungsgemeinschaft.

Hemis Gompa wurde zu Anfang des 17. Jahrhunderts gebaut, als König Sengge Namgjel eine Reihe von Klöstern neu errichten oder wieder aufbauen ließ, sofern sie nämlich durch Eroberungszüge der Mohammedaner zerstört worden waren. Der Gründer des Hemis-Klosters war Tagtsang Repa, hoher Lama und einflußreicher Gelehrter aus dem Kloster Tagtsang in Bhutan. Seit jener Zeit steht hier das Hauptkloster des Dugpa-Kagjüpa-Ordens in Ladakh, der seine eigentliche Heimat in Bhutan besitzt. Sicher hat das Kloster im Laufe der vergangenen 300 Jahre Erweiterungen und Umbauten erfahren. Aber wenn man den heutigen Gebäudekomplex mit älteren Fotos aus den letzten 50 Jahren vergleicht, sind keine grundlegenden Veränderungen zu erkennen.

Ich bin nun das zweite Mal in Hemis. Im Vorjahr war die Umgebung des Klosters von Tausenden von Menschen bevölkert; sie wollten alle das berühmte Maskentanzfest besuchen. Diesmal erscheint es mir

einsam: der Pappelhain, das Dorf, die Klosterbauten. Das große Fest ist seit 4 Wochen vorüber. Mit meiner Frau und einigen Freunden bin ich hierher gereist, nachdem wir eine anstrengende Wanderung durch das Zanskar-Tal hinter uns gebracht haben. Wir steigen im Schatten der Pappeln den Pfad zum Gästehaus des Klosters hinauf. Es liegt hinter einer hohen Steinmauer verborgen. Durch ein schmales, niedriges Tor treten wir in einen idyllischen Garten ein. Am Ende einer leuchtend grünen Wiese steht das Gästehaus mit flachem Dach und einem bunten Rundbanner darüber. Der große Raum, in dem wir unterkommen, ist hoch und leer. Wir legen unsere Schlafmatten an der Wand entlang auf den Boden und richten uns häuslich ein. Ein Ladakhi betreibt von einem anderen Raum des Hauses aus ein einfaches Restaurant, die Küche befindet sich in dem kleinen Nebengebäude hinter dem Haus. Wir setzen uns an Holztischen auf der Veranda vor unserer Behausung nieder und schlürfen heißen Tee.
Als schon die Dämmerung sich herabsenkt, gehe ich mit meiner Frau hinauf zum Kloster. Ich habe ein Gefühl von Heimkehr, als ich über den Bach kurz unterhalb der Klostermauer springe. Noch kenne ich den Weg vom Vorjahr. Wir betreten durch einen schmalen Seitengang den weiten Klosterhof. Seine etwa 20 mal 40 Meter große Fläche wird von vier hohen Masten mit Gebetsfahnen unterbrochen. Die Fassade des dreistöckigen Hauptgebäudes wirkt trotz ihrer beachtlichen Ausmaße harmonisch und heiter. Das bewirken jeweils zwei balkonartige Holzveranden über den Eingängen zu den Haupttempeln sowie einige mit geschnitzten Holzfenstern versehene Alkoven, die sich über die ganze Gebäudefront verteilen.
Der Hof liegt leer und verlassen da heute abend, nur ein struppiger, schwarzer Hund steht knurrend vor dem Eingang zu dem Raum mit der großen Gebetstrommel. Man kann sich kaum vorstellen, wie es hier von Menschen wimmelte, als die Maskentänze des berühmten Hemisfestes aufgeführt wurden. Wie war das, letztes Jahr Anfang Juli?
Mit einer Reisegruppe, die ich durch Ladakh führte, war ich nach Hemis gekommen, hatte auch damals im Garten des Gästehauses übernachtet. Der grüne Rasen war fast verschwunden unter der Menge blauer, gelber und grüner Zelte. Dicht an dicht standen sie, sogar auf dem an der Mauer umlaufenden Kiesweg. Genauso turbulent war

es in dem Pappelhain zwischen Gästehaus und Kloster zugegangen. Eine unübersehbare Zahl von Menschen – Ladakhis, Zanskaris, Inder, Kaschmiris, tibetische Flüchtlinge – lagerten unter den Bäumen. Manche hatten Zelte aufgeschlagen, die meisten aber schliefen, in ihre Decken gehüllt, in der kalten klaren Luft von Hemis unter freiem Himmel. Es war ein ständiges Kommen und Gehen. Pferde und Mulis trabten den Weg hinauf und herunter, Mütter riefen nach ihren Kindern, Verwandte und Freunde begrüßten sich überschwenglich, Neugierige starrten durch die Tür oder über die Mauer des Gästehausgartens. Es war das zweite Mal, daß eine größere Anzahl von Fremden aus Europa, Amerika oder Japan die Tänze besuchen durften, und die einheimische Bevölkerung genoß sichtlich das Vergnügen, die Fremden bei ihren merkwürdigen Verrichtungen, wie Waschen unter dem kalten Wasserhahn, zu beobachten.
Am späteren Vormittag sollten die Tschamtänze beginnen. Der Name Tscham bezeichnet getanzte Szenen religiösen Inhalts, bei denen die Tänzer unter Masken oder besonderen Kopfbedeckungen und in kostbaren farbigen Brokatgewändern auftreten. Nur Mönche dürfen diese Tänze ausführen. Die Tanzdarbietungen erinnern stark an Mysterienspiele des Mittelalters. Ihr Hauptthema ist der Kampf der beschützenden Gestalten gegen die bösen Kräfte, welche die Lehre Buddhas bedrohen; es ist auch der Kampf gegen die schlechten und schwachen Eigenschaften des eigenen Ichs. Er endet, so will es das Tanzritual, immer mit dem Sieg der guten Kräfte.
Der Tscham von Hemis wird zu Ehren des Heiligen Padmasambhava aufgeführt. Der lebte im 8. Jahrhundert, verbreitete und festigte die buddhistische Lehre in Tibet, Bhutan, Ladakh; ihm ist es zu verdanken, daß sich der Buddhismus in Zentralasien als vorherrschende Religion durchsetzte. Der Tanz in Hemis fällt immer auf den mutmaßlichen Geburtstag Padmasambhavas, den 10. oder 11. Tag des 5. tibetischen Monats. Meist ist dies im Monat Juni unseres Kalenders der Fall, manchmal aber auch erst Anfang Juli, so wie im Jahr 1976. Diese Verschiebung tritt jedoch nur auf, wenn in manchen Jahren ein zusätzlicher Schaltmonat eingeführt wird. Man kann den Tag des Hemisfestes leicht anhand eines ganz gewöhnlichen Taschenkalenders ausrechnen, denn das tibetische Jahr ist ein Mondjahr, und Neujahr liegt meist auf dem Neumondstag im Februar/März, zur Zeit unseres

Fastnachtendes. Den Neujahrstag eingerechnet zählt man nun bis zum fünften Neumond und von diesem an 10 Tage weiter, so landet man genau bei dem Termin des Festes. Es ist an anderen Gebräuchen gemessen nicht sehr alt und wurde um die Mitte des 18. Jahrhunderts von dem 3. Tagtsang Rinpotsche in der heutigen Form eingeführt. Ich hatte Tschamtänze bereits früher bei meinen Reisen in Nepal erlebt. Die Eindrücke der wirbelnden Masken, der bunten Gewänder und der eindringlichen Musik waren mir unvergeßlich. Mit großer Spannung stieg ich daher zum Kloster hinauf, um dieses Tanzfest zu sehen und vielleicht wie einen alten Bekannten zu begrüßen. Vor den Mauern des Klosters hatte man lange Reihen von Zelten und Ständen aufgebaut, an denen Stoffe, Kleidung, Gebrauchsgegenstände, Schmuck und Souvenirs für die Touristen verkauft wurden. Einige Zelte dienten als Restaurants. Hier wurde Tschang und Tee ausgeschenkt, konnte man sich an Gebäck oder Suppe stärken. Als wir den Hof des Klosters betraten, drängte sich Kopf an Kopf eine unüberschaubare Menschenmenge. Lediglich den Tanzplatz um die große Gebetsfahne, die der Zeremonienhalle Dukang Tschenmo gegenüber steht, hatte man freigelassen. Nicht allein auf dem Hof drängten sich die Menschen; sie hatten alle Mauervorsprünge, Balkone, Alkoven, Galerien und sogar die Dächer besetzt. Da waren Ladakhifrauen mit ihren Peraks und Kantok-Hüten, Brokattücher oder Ziegenfelle als Umhänge über dem Rücken; Hirten mit Fellmänteln und Wollmützen, Inder in europäischer Kleidung, vornehme Herren aus Leh oder den Dörfern am Indus mit fellbesetzten Brokathüten, Sikhs mit blauen und gelben Turbanen, Kinder aller Altersstufen und schließlich fremde Touristen, bewaffnet mit Fotoapparaten und Filmkameras. Indische Polizisten mit Stöcken sorgten für Ordnung in der Menge. Ein hoher Mönch erzählte mir am Ende der Feierlichkeiten, daß in jenem Jahr 6000 Einheimische und etwa 500 Touristen aus westlichen Ländern das Hemisfest besucht hätten. Kaum zu glauben, wie alle diese Menschen Platz zum Zuschauen gefunden hatten.

An der Wand zwischen den beiden Haupttempeln hing eine riesige, applizierte Thanka, beschattet von einem Tuchdach. Sie stellte Tagtsang Repa dar, den Gründer von Hemis, und sie reichte über zwei Stockwerke. Für angesehene Ladakhis und Inder, sowie für die touristischen Besucher war eine Galerie gegenüber dem Hauptgebäude reserviert worden. Gegen etwas Eintrittsgeld konnte man dort recht bequem sitzen und den Hof überblicken. Vor dem Tanzplatz waren die Zuschauergalerien durch eine hohe, vom Boden bis zum Dach reichende Nische unterbrochen, in der man den prächtig geschmückten Thron für den Abt aufgestellt hatte. Von dort sollte er den Tanzzeremonien vorsitzen.

Wir hatten noch nicht lange unsere Plätze eingenommen, als eine laute Musik von Zimbeln, Schalmeien, Pauken und Knochentrompeten ertönte. Bewegung kam in die neben und vor dem Eingang zum Dukang Tschenmo wartenden Mönche und Laien. Zunächst erschienen zwei Mönche mit Weihrauchkesseln an langen Silberketten, gefolgt von zwei Schalmeienbläsern, die merkwürdige, an Schiffe erinnernde Hüte auf dem Kopf trugen. Hinter ihnen wurde ein alter, mühsam gehender Lama von einem jungen und mehreren älteren Mönchen die steilen Stufen zum Hof herunter geführt. Dies war Dungse Rinpotsche, der ehrwürdige Lehrer des neuen Abtes und zugleich geschäftsführender Abt von Hemis. Der jugendliche Mönch aber, der ihn so sorgsam die Stufen heruntergeleitete, war niemand anderes als sein Schüler und das neue Oberhaupt des Hemis-Klosters und des Dugpa-Kagjüpa-Ordens in Ladakh: Duktschen Rinpotsche. Obwohl er ein so hohes Amt bekleidete, war er zugleich ein bescheidener, hilfsbereiter Junge von 14 Jahren, der sich fürsorglich um seinen verehrten Lehrer bemühte. Die beiden Großlamas, gekleidet in die einfache rote Kutte der tibetischen Mönche, wurden zu dem Thron am Rande des Tanzplatzes geleitet, wo Duktschen Rinpotsche seinen erhöhten Sitz bestieg und Dungse Rinpotsche auf einer etwas tieferen Plattform Platz nahm. Ein Mönch reichte dem jungen Abt einen gelben Umhang und eine gelbgolden schimmernde Mitra. Mit dem Anlegen dieser Kleidungsstücke ging eine Verwandlung an dem Jüngling vor sich. Wie durch einen geheimnisvollen Zauber wurde er vom fröhlichen, bescheidenen Kind zu einem gesammelten Würdenträger, der sein Amt mit Ernst und Konzentration ausübte. Die Tanzspiele konnten beginnen.

Neben der großen Gebetsfahne hatten zwei Mönche mit breiten roten Hüten Aufstellung genommen. Sie bliesen auf meterlangen, alphornähnlichen Trompeten, ihre Musik bestand aus abgrundtiefen Baßtönen. Daneben standen die Schalmeienspieler, hinten unter der Galerie

saßen Pauken- und Zimbelschläger und Mönche, die bisweilen auf Knochentrompeten und Schneckenhörnern bliesen. Als erstes traten 13 sogenannte Schwarzhuttantriker aus dem Dunkel des Tempeltores. Diese Tänzer trugen keine Masken, dafür spitze, schwarze und mit Pelz verbrämte Hüte, von denen weiße Katak-Schleifen und lange, bunte Bänder herabhingen. Über ihr Brokatgewand fiel eine geschnitzte Knochenschürze, in den Händen hielten sie einen Ritualdolch, den Purbu, und eine Schädelschale. Ihr feierlicher Tanz folgte einem langsamen Rhythmus, ihre Bewegungen waren ruhig und maßvoll. Weit hingen die Dreiecksärmel ihrer Gewänder herab, wenn sie sich mit ausgebreiteten Armen drehten. Ihr Tanz stellte die Einführung in die Mysterienspiele dar, sie reinigten gleichsam den Tanzplatz, vertrieben bedrohliche Kräfte und bereiteten den Boden für die Huldigung an Padmasambhava. Auch die nächste Tänzergruppe, 16 Metallmasken mit großen Öffnungen für Augen und Mund, führte einen Segenstanz auf und sorgte dafür, daß Haß, Neid, Gier und Unwissenheit den geweihten Ort nicht erreichen konnten.
Schließlich erschien der große Heilige selbst. An der Spitze einer farbenprächtigen Prozession von Maskentänzern und Mönchen trat er aus dem Dunkel des Tempeltores in das gleißende Sonnenlicht des Hofes. Seine Maske war die größte, der Ausdruck darauf friedvoll und freundlich. Er schritt unter einem runden, gelb gefärbten Ehrenschirm, der von roten Volants gesäumt war. Zu seiner Begleitung gehörten ein Mönch mit spitzem rotem Hut, ein Bündel Räucherstäbe in der Hand haltend, und seine acht wichtigsten Erscheinungsformen, sechs friedliche und zwei zornvolle. Langsam wandelte Padmasambhava mit seinem Gefolge um die große Gebetsfahne und nahm dann zusammen mit seinen Begleitern auf einer Bank neben dem Nordtor des Klosterhofes Platz.
Es folgte nun eine Tanzgruppe auf die andere. Alle standen unter dem gleichen Leitmotiv, der Huldigung an Padmasambhava und seine acht Erscheinungsformen. Besonders eindrucksvoll waren dabei 16 Mönche in gelben Seidengewändern und mit goldenen Dreieckskronen auf dem Kopf. Sie bewegten sich in einem rhythmisch abgesetzten, ruhigen Schreittanz um die Gebetsfahne, huldigten dem Padmasambhava und setzten sich dann ihm gegenüber auf einem langen Teppich nieder. Anschließend sprangen vier Atsaras auf die Tanzfläche, Spaßma-

cher unter komischen Masken, die hier die Rolle von Clowns übernahmen. Sie trieben ihre Späße mit sich selbst und mit den Zuschauern. Dann waren wieder ernste Masken an der Reihe, dämonische oder heroische Gesichter, die in wechselnden Tänzen mit maßvollen Schritten oder hohen Sprüngen um die Tanzfläche kreisten und dem Heiligen ihre Reverenz erwiesen. Die Masken sind aus unterschiedlichen Materialien hergestellt, die meisten aus Papiermaché, verleimtem Stoff und Leder, manche aus Holz oder aus Metall. Der starre Ausdruck und die schematisierte Bewegung der Tänze verleihen den Gestalten ein unwirkliches, vieldeutiges Leben. Es sind nicht mehr Menschen, die da Tanzszenen gestalten, es sind vielmehr leibhaftige Dämonen, magische Figuren, Heilige und Yogis, die ihr Publikum in einen seltsamen, fesselnden Bann schlagen.
Es dauerte eine ganze Weile, bis diese Stimmung in die unruhige Zuschauermenge eindrang. Einmal mußte ich sogar einen handfesten Streit zwischen zuschauenden Touristen schlichten. Schweizer, Deutsche, Österreicher, Franzosen und Holländer waren sich im Kampf um die besten Fotografierplätze in die Haare geraten. Einige an die Vernunft gerichtete Sätze konnten die Situation wieder beruhigen. Die Ladakhis blieben bei dem doch etwas peinlichen Vorfall gelassen und heiter, taten, als hätten sie nichts bemerkt und ermöglichten es den Fremden, ihr Gesicht zu behalten. Bereitwillig rückten sie zur Seite, wenn man eine Maske bildfüllend auf den Film bekommen wollte. Freundlich erwiderten sie ein Lächeln, wenn man ihnen im Eifer des Gedränges auf den Fuß getreten war. Und am Ende war das Geschehen auf dem Tanzplatz so fesselnd, daß es alle Aufmerksamkeit in Anspruch nahm.
In die Gruppe von Padmasambhava und seinen Gefolgsmasken war jetzt Bewegung gekommen. Eine nach der anderen erhob sich, umrundete mit gemessenen Tanzschritten die große Gebetsfahne, eilte die Stufen zum Dukang Tschenmo hinauf und verschwand im Tempelinneren. Als letzte verließen die 16 Tänzer mit ihren Goldkronen den Hof und geleiteten tanzend den heiligen Padmasambhava von der Stätte seiner Verehrung. Der erste Tanzvormittag war zu Ende. Duktschen und Dungse Rinpotsche verließen ihre Sitze und gingen ebenfalls in das Hauptgebäude hinüber. Die Menschenmenge im Klosterhof, auf den Dächern und Galerien lichtete sich. Eine Pause bis

zur Weiterführung der Tanzspiele am Nachmittag trat ein. Ich blieb noch ein wenig sitzen, hatte eine kleine Weile auf die verabredete Audienz bei den beiden Rinpotsches zu warten; ein junger Mönch sollte mich abholen. Inzwischen konnte ich mit Muße die kleinen Szenen beobachten, die sich am Rande des Festes abspielten. Vor mir saß auf der Brüstung der Galerie ein bildhübsches Ladakhimädchen, den Kantok-Hut auf dem Kopf, das Haar in einen dicken, schwarzen Zopf geflochten. Lebhaft schwatzte sie mit einer Freundin unten im Hof, ihre Stimme klang wie ein etwas rauhes Vogelzwitschern. Zwei Mönche in dunkelroter Tunika schlenderten quer über die Hoffläche, eng gegeneinander gelehnt und in ein konzentriertes Gespräch vertieft. So stellte ich mir Platons Philosophen vor, wenn sie auf der Agora des alten Athen ihren Disput pflegten. Neben einer der großen Gebetsfahnen stand ein etwa achtjähriger Knabe. Er war in einen roten Mantel gekleidet, der ihm bis auf die Füße reichte, und er blies auf einer Flöte aus Weidenholz. Ganz versunken stand er da, lauschte auf seine Töne und nahm die vielen Menschen um sich herum gar nicht wahr. Eine Frau mit türkisbesetztem Perak kam aus der großen Versammlungshalle und ging langsam über den Hof. Auf ihren Armen trug sie einen Säugling, um dessen Handgelenke und Hals kleine Silberkettchen geschlungen waren. Den Kopf des Kindes bedeckte eine gestickte Filzhaube, besetzt mit einigen Türkisen und einem Amulett aus Metall. Die Frau setzte sich neben der Gebetsfahne auf den staubigen Boden, öffnete ihre Bluse und gab ihrem Kind die Brust. Das Gewimmel der Menschen um sie herum störte sie nicht im geringsten. Das Kleine lag mit geschlossenen Augen wohlgeborgen in der Wärme des mütterlichen Körpers. Auch dieses Bild gehört zum Padmasambhava-Fest von Hemis.
Ein junger Mönch trat auf mich zu. Er war einen Kopf kleiner als ich, sehr schlank, und aus seinem fein geschnittenen Gesicht mit scharfer Nase blickten mich dunkle Augen an. Er bat mich zur Audienz bei den Rinpotsches. Ich folgte ihm durch finstere Gänge und über steile Holzstiegen steil nach oben auf das Dach des großen Tempelgebäudes. In der Dunkelheit stieß ich an Menschen, die hinauf und herunter eilten. Es roch nach Zentralasien; nach ranzigem Fett, Vieh, Schweiß und Buttertee. Auf der weiten Dachter-

rasse erhoben sich kleinere Gebäudeaufsätze, einige davon waren ganz offensichtlich Tempel. Ich wurde in einen hohen Raum geführt, der sich oberhalb des Tanzhofes befand. Rechts neben der Tür saß auf einem erhöhten Thron mit gekreuzten Beinen der junge Duktschen Rinpotsche, vor sich ein bunt ornamentiertes Tischchen, auf dem liturgische Geräte, Kataks und viele Geldscheine lagen. Er begrüßte mich mit einem Lächeln, das so strahlte, daß man ihn sofort ins Herz schloß. Er war ein ausgesprochen hübscher Junge mit ebenmäßigen Gesichtszügen und anmutigen Bewegungen. Er war als Oberhaupt der Dugpa-Kagjüpa-Schule eingesetzt worden und stand in der Überlieferung des Gelehrten und Heiligen Naropa. Nachdem seit dem Einmarsch der Chinesen in Tibet der eigentliche Abt verschollen war, hat man 1975 Duktschen Rinpotsche als vorübergehenden Abt aus Darjeeling nach Hemis geholt. Dieses Mal leitete er noch den Tschamtanz von Hemis, aber ehe der Winterschnee die Pässe schloß, sollte er wieder nach Darjeeling zu seinen religiösen Studien zurückkehren. Erst ein paar Jahre später würde er endgültig die Führung des Klosters übernehmen.

Im nächsten Jahr mußte dann der beliebte Dungse Rinpotsche den Tanzaufführungen vorsitzen. Der weise, alte Mann mit seinem Spitzbärtchen und einem Antlitz, dem die Güte aus allen Fältchen sprang, saß auf einer etwas niedrigeren Bank neben einem Schrein des elfköpfigen Tschenresi. Ein unablässiger Strom ehrfürchtiger Besucher zog an ihm vorbei. Er schien viele persönlich zu kennen. Oft beugte er sich zu einem alten Mann oder einer schüchternen Frau vor und erkundigte sich herzlich nach ihrem Anliegen. Jedem einzelnen legte er seine schlanke Hand segnend auf den Kopf. Er sprach mit leiser, tiefer Stimme, die den Ohren wohl tat. Mich begrüßte er mit einem Lächeln und einem Kopfnicken. Ich mußte mich direkt neben ihn setzen und ihm von Europa erzählen. Besonders interessiert zeigte er sich, als ich ihm von dem kleinen tibetischen Tempel in München berichtete und von den Menschen, die sich dort in die Lehre Buddhas vertieften. Die geistlichen Führer des Kagjüpa-Ordens sind durchaus bereit, ihre religiösen Lehren auch in westlichen Ländern vorzustellen. So sind in den letzten Jahren in den USA, in Frankreich, England, Dänemark, Schweden und der Bundesrepublik Deutschland eine Anzahl buddhistischer Zentren der Kagjüpa-Schule entstanden. Sicherlich er-

kannte auch Dungse Rinpotsche hier die Möglichkeit eines religiösen Brückenschlags von Asien in die westliche Welt.
Unterdessen hielt der Strom der gläubigen Pilger ununterbrochen an. Indische Soldaten und sogar zwei Sikhs waren darunter. Alle Audienzbesucher legten ihre in weiße Kataks gewickelten Gaben, meist Geldscheine, auf dem Tischchen vor Duktschen Rinpotsche nieder. Er segnete sie dafür mit seiner auf ihren Kopf gelegten Hand, und ein assistierender Mönch knüpfte ihnen ein gelbes oder rotes Amulettband um den Hals. Die Atmosphäre in dem Audienzraum war trotz der vielen kommenden und gehenden Menschen sehr gelassen. Duktschen Rinpotsche fand neben seiner segnenden Tätigkeit immer wieder Zeit, mit mir oder anderen Besuchern einige Worte zu wechseln. Manchmal wurde für ein paar Augenblicke der ernste, pflichtbewußte Geistliche in ihm von dem verspielten Vierzehnjährigen verdrängt, und er kicherte und tuschelte mit seinem jungen Assistenten. Das war der Mönch, der mich heraufgeführt und auch mein Gespräch mit Dungse Rinpotsche übersetzt hatte. Duktschen Rinpotsche dagegen sprach recht gut Englisch und konnte seine Unterhaltung mit den Europäern und Amerikanern selbständig führen. Was mich immer wieder bezauberte, war sein strahlendes Lächeln. Nur schwer konnte ich mich von der charmanten Heiterkeit dieses Knaben-Heiligen trennen. Aber meine Audienzzeit war vorüber. Ich verbeugte mich mit vor der Brust zusammengelegten Händen vor den beiden Rinpotsches, bekam von beiden den Segen und ein Amulettbändchen um den Hals. Dann stand ich wieder auf dem Tempeldach in der gleißenden Sonne des frühen Nachmittags.
Nawang Tsering, der Sekretär und Dolmetscher des jungen Rinpotsche, war mit mir gegangen. Eine Sympathie war zwischen uns, die bereits nach kurzer Zeit Züge der Freundschaft trug. Er bestand darauf, mich noch ein wenig in Hemis umherzuführen, ehe die Tänze erneut begannen. Zunächst betraten wir den sogenannten »schönen Tempel«, den Zabkang, der sich ebenfalls auf dem Dach befand und nur für wenige Augenblicke geöffnet wurde. In dem Dämmerlicht des offensichtlich sehr alten Tempels hingen an Wänden und Pfeilern hervorragend gemalte Thankas. Auf einem Altarschrein stand eine große Ansammlung von herrlichen Bronzen, wie ich sie in dieser Menge noch nie gesehen hatte. Ich erkannte die Buddhas Amitabha,

Maitreya, Vairocana und Shakyamuni, den Boddhisattva Tschenresi, heilige Lamas und verschiedene zornvolle Gottheiten. Eine leichte Staubschicht lag auf den Figuren, aber ihre vergoldeten Körper und Gesichter übten auf den Beschauer eine große Faszination aus, die sich unwillkürlich mit der Lehre verband, die sie verkörperten. Vor den Bronzen flackerte eine Reihe von brennenden Butterlampen. Wir wagten nur zu flüstern in diesem geweihten Raum. Neben mir warf sich ein alter Bauer dreimal andächtig zu Boden und legte dann, ein leises Gebet murmelnd, seine blütenweiße Katak vor den Figuren nieder. Als wir den Raum wieder verließen, drängte der Tempelbeschließer auch alle anderen Besucher hinaus. Er war sichtlich froh, die Türe hinter dem letzten Pilger schließen zu können, damit die Buddhas und Bodhisattvas darin wieder zu ihrer meditativen Ruhe fänden. Nawang Tsering erzählte mir, daß dieser Tempelraum selten und nur zu besonderen Gelegenheiten geöffnet würde.

Wir kletterten jetzt eine steile Stiege um ein Stockwerk tiefer. Hier zeigte mir Nawang Tsering einen weiteren, sehenswerten Tempel, den Tsonkang. Als wir über die Schwelle traten, saß rechts neben der Tür ein Mönch mit gekreuzten Beinen hinter einem pultartigen Tischchen. Vor ihm lag ein aufgeschlagenes Buch, daneben stand eine Gebetsglocke, die Drilbu, und neben ihm hing an einem Holzpfeiler eine große, hautbespannte Pauke. Völlig versunken rezitierte er mit leiser Stimme aus dem Buch und schlug ab und an mit einem geschwungenen Schlegel auf die Pauke. Der Lärm und die Musik der Tanzspiele drunten im Hof drangen nicht in seine abgeschiedene Klause. Auf dem Regal hinter ihm standen die Bronzefiguren von verschiedenen Äbten des Klosters, von Buddha Shakyamuni und von Mahakala. Eine Ecke füllte der reichverzierte Silbertschörten mit den Reliquien des Tagtsang Repa, des Gründers von Hemis. An den Stützpfeilern und neben den Regalen hingen prächtige, wertvolle Thankas. Durch einen Spalt der hölzernen Fensterläden fiel ein Lichtstrahl genau auf eine vierarmige Bronzefigur des allbarmherzigen Tschenresi, von der ich mich kaum mehr losreißen konnte. Es war die vollendetste Bronze, der ich je begegnete. Gesicht, Proportionen und Material zeigten eine Harmonie, die zu meditativer Andacht zwang.

Allzulange konnten wir nicht verweilen. Wir verließen den bronze-

nen Tschenresi und den rezitierenden Mönch und stiegen die Stufen zurück auf das Dach. Nawang Tsering führte mich jetzt in die kleine Küche, die den Audienzgemächern gegenüber lag und aus der die beiden Rinpotsches ihre Mahlzeiten erhielten. Zwei freundliche Küchenmönche taten hier Dienst. Auf einem breiten Lehmherd standen brodelnde Töpfe. Im Feuerloch prasselte ein loderndes Feuer, das von Ästen eines dürren Strauches genährt wurde. Neben dem Herd stand ein hohes, mit Messing beschlagenes Holzrohr, das zum Mischen des Buttertees diente. Die Decke war rauchgeschwärzt und es roch gut nach Holzfeuer. Ich mußte auf der niedrigen Sitzbank unter dem Fenster zur Dachterrasse Platz nehmen. Nawang Tsering stellte eine Porzellantasse und eine Schale mit Gebäck vor mich hin. Einer der beiden Küchenmönche kam mit der Teekanne, aus der auch den beiden Rinpotsches ausgeschenkt wurde und goß meine Tasse bis zum Rand voll. Mit einer Handbewegung forderte er mich auf, zu essen und zu trinken. Sobald ich einen Schluck genommen hatte, kam er wieder, schwenkte die Kanne im Kreis, um den Buttertee gut durchzumischen und goß nach. Ich kostete diese stillen Augenblicke in der Klosterküche mit allen Sinnen aus; die freundliche Atmosphäre, den duftenden Rauch, die knisternden Flammen, die blitzenden Kupferkannen und -töpfe auf den Regalen entlang der Wand. Dann trank ich mit einem einzigen Zug meine Tasse leer bis zum Grunde, als Zeichen, daß ich gehen müsse. Ich verabschiedete mich von meinem neuen Freund und suchte mir unten im Hof einen Platz, von dem aus ich den Fortgang der Tänze gut verfolgen konnte.
Die Musik der Schalmeien, Hörner, Zimbeln und Pauken setzte mit voller Lautstärke ein und kündete den zweiten Teil der Tanzspiele. Zunächst erschienen zornvolle Gottheiten, Dämonenmasken mit dem dritten Auge auf der Stirn. Sie stellten Dharmapalas dar, auf tibetisch Tschö-Kjong genannt, die mit ihrem furchterregenden Aussehen die reine Lehre Buddhas vor allem Bösen bewahren sollten. Ihrem Tanz liegt eine Legende zugrunde. Als ein Dharmapala dem ersten Duktschen Rinpotsche im Traum erschien, gab er ihm das Versprechen, alle Lebewesen zu beschützen und zur Erleuchtung zu führen. Diese Hinwendung zur Mitkreatur, über den Menschen hinaus, ist charakteristisch für die moralische Grundforderung des Mahayana-Buddhismus. Eine große Stiermaske mischte sich unter die Dämo-

nen: Yamantaka, der Besieger des Totenkönigs, mit einem scharfen Messer in der rechten Hand. Etwas später gesellten sich zwei Affenmasken und vier Totenkopfmasken mit weit aufgerissenen Mündern hinzu. Die Totenköpfe waren in weiße Jacken und Hosen gekleidet, auf die man rote Streifen als Skelettmuster gemalt hatte. Inzwischen legten drei Mönche eine Teigfigur in menschlicher Gestalt auf ein rotes Tuch in der Mitte der Tanzfläche und deckten sie mit einem blauen Schleier zu. Diese Figur, Linga genannt, schloß symbolisch alle bösen und bedrohenden Eigenschaften ein. Während die Mönche ein Opferritual zelebrierten, waren fünf furchterregende Masken erschienen. Eine weiße mit einer Peitsche, um den Körper des Bösen zu bestrafen, eine gelbe mit einem Seil, um die Hände des Bösen zu fesseln, eine rote mit einer Sichel, um das Herz des Bösen zu durchbohren, eine grüne mit der Handglocke, um die bösen Kräfte fernzuhalten und schließlich eine besonders große, rote Dämonenmaske mit einem Schwert in der Rechten.

Diese herausragende, schreckliche Gottheit führte den folgenden Tanz an. Sie verkörperte den Guru Dragpo, eine zornige Erscheinungsform des Padmasambhava. Der Tanz, der langsam und gemessen begonnen hatte, wurde schneller. Vor allem die Skelettänzer steigerten sich zu immer wilderen Pirouetten und Sprüngen. Alle drehten sich um das Tuch mit der Teigfigur, von der der blaue Schleier fortgerissen wurde. Plötzlich erhob Guru Dragpo das Schwert und zerschlug das Linga. Sichtbar hatte er das Böse besiegt.

Nachdem Guru Dragpo und sein Gefolge abgetreten waren, stürmten zehn barfüßige Dämonenmasken auf den Hof. Auf ihren Köpfen trugen sie dreieckige Flaggen, von ihren Schultern und Hüften hingen Leopardenfelle und in der Hand hielten sie große Handtrommeln, die mit gebogenen Schlegeln geschlagen wurden. Sie schlugen in heftigem Rhythmus auf die Trommeln und vollführten unter Schreien und schrillen Pfiffen einen wilden Abschlußtanz. Dann war der erste Tanztag beendet. Die Rinpotsches und die hohen Lamas gingen zurück in den Tempel. Die Dämmerung brach bereits herein. Wir saßen an diesem Abend noch lange auf der Veranda des Gästehauses beisammen und ließen die Erlebnisse des Tages nachklingen. Die fremdartigen Rhythmen und Klänge, die bunten Gewänder und Masken, die Schritte und Drehungen der Tänzer hatten mich in eine

derart erregte Stimmung versetzt, daß der Film der Tschamspiele bis in meinen Schlaf hinein weiterlief.
Am Tage darauf waren wir zwar früh auf den Beinen, um einen guten Platz für die Tänze zu ergattern, aber wir mußten noch lange warten. Da der indische Gesundheitsminister, zugleich das Oberhaupt der ehemaligen Maharadschafamilie Kaschmirs, das Fest besuchen sollte und sich seine Ankunft verzögert hatte, begannen die Tanzspiele heute erst am späten Vormittag. Zusammen mit einigen Freunden überbrückte ich die Wartezeit durch den Besuch in den Gasträumen eines ladakhischen Lokalfürsten, der Hemis finanziell unterstützte und dafür einige Wohnräume im Kloster beanspruchen durfte. Wir unterhielten uns mit dem Fürsten mittels eines Dolmetschers und bekamen ausgezeichneten Tee vorgesetzt. Inzwischen zelebrierte man im Haupttempel Dukang Tschenmo eine lange Zeremonie zu Ehren der Schutzgottheit von Hemis, Gjalpo Pehar, bei der Laien nicht zugelassen wurden.
Schließlich war es aber doch so weit. Der Minister war eingetroffen, die Spiele begannen. Wieder wurden die Tänze von den Schwarzhuttantrikern, den Meistern der geheimen Lehren, eröffnet. Feierlich und mit bedächtigen Bewegungen der Beine und Arme tanzten sie um die große Gebetsfahne. Anschließend trat eine Hirschmaske auf. Sie stach aus den übrigen Masken deutlich hervor; ihre Gewänder waren knalliger bunt, das Maskenantlitz glatt und leuchtend, zwischen die Geweihstangen waren rote und grüne Bänder geknüpft. Allerdings konnte ein scharfer Beobachter einen kleinen Stilbruch in der Gewandung bemerken; der Tänzer trug anstatt der gestickten Filzstiefel billige, indische Turnschuhe an den Füßen. Der Tanz, den diese Gestalt vorführte, war jedoch fulminant. Mit hohen Sprüngen und rasenden Drehungen fegte sie über die Tanzfläche, dabei kam jede Bewegungsphase kontrolliert und präzise. Schließlich kniete sie am Boden und wiegte sich mit hoch erhobenen Armen rhythmisch in den Hüften. In allen Belangen fiel dieser Tänzer aus dem Rahmen; Farbe, Ausstattung und Vorführung paßten nicht zu den übrigen Darbietungen von Hemis. Nawang Tsering schmunzelte, als ich ihn später auf diese Beobachtung aufmerksam machte. »Diese Maske gehört auch nicht zu dem Padmasambhava-Tscham von Hemis«, sagte er, »auf ausdrücklichen Wunsch des jungen Rinpotsche haben wir den Tänzer, seine

Hirschmaske und die Gewänder aus Darjeeling mitgebracht. Aber sag selbst«, fügte er noch hinzu, »ist der Hirsch nicht eine Bereicherung des Hemisfestes?« Ich mußte diesem Argument zustimmen.
Nach dem Auftritt des Hirschtänzers waren die Vormittagstänze beendet. Es trat eine lange Pause bis zum frühen Nachmittag ein. Ich schlenderte gemächlich zum Kloster hinaus, um im Gästehausgarten einen Mittagsimbiß einzunehmen. Mit mir hatte sich der größte Teil der Zuschauermenge in die Gassen des provisorischen Zeltbazars unterhalb der Klostermauern verlaufen. Da wurde geschwatzt und gefeilscht. Da klapperten die Löffel in den mit Suppe gefüllten Porzellanschüsseln und Tschang wurde mit hörbarem Glucksen in die rasch geleerten Becher nachgefüllt. Da priesen Wahrsager und Horoskopdeuter ihre Dienste an. Man feierte das Fest des Padmasambhava hier auf vergnügte und recht weltliche Weise. In unserem Zeltlager hinter der hohen Gartenmauer hatte es auch einige Veränderungen gegeben. Zu Ehren des Gesundheitsministers hatten die Mönche auf der Gästehausveranda ein kaltes Büffet aufgebaut und quer über die Wiese einen langen, roten Teppich als Zugang ausgerollt. Was in Ladakh Rang und Namen besaß, war heute hier zusammengekommen. Geistliche Würdenträger und weltliche Personen von Rang in den schönsten, tibetischen Festtagsgewändern. Schließlich erschien der hohe Gast, begleitet von Nawang Tsering als Dolmetscher und den höchsten Äbten der ladakhischen Klöster. Der Minister trug einen hochgeschlossenen, indischen Anzug von grauer Farbe und eine graue Mütze auf dem Kopf. Der Schlichtheit seines Äußeren entsprach die einfache, rote Robe seiner geistlichen Gastgeber. Da war der Abt von Spituk, Kushok Bakula, der früher als Abgeordneter im indischen Parlament die Interessen seiner ladakhischen Landsleute vertreten hatte, da waren die Äbte von Lamayuru und Pjang Gompa. Vor allem aber waren da die beiden Hausherren, Duktschen und Dungse Rinpotsche. Der junge Schüler, obwohl höher im hierarchischen Rang, stützte seinen grauhaarigen Lehrer, der wegen seiner arthritischen Gelenke nur mühsam gehen konnte. Das Verhältnis zwischen diesen beiden Menschen war herzlich und innig, das spürte man. Ihr Lächeln richtete sich mit Wärme und Aufmerksamkeit auf jeden, den sie erkannten. Wir, die wir als Touristen gekommen waren, empfanden die Nähe so vieler wichtiger Persönlichkeiten Ladakhs als ein beson-

deres Erlebnis. Da wir im selben Bereich lagerten, wurden wir ebenfalls als Teilnehmer des Empfangs behandelt.
Am frühen Nachmittag fand sich alles wieder auf dem Klosterhof ein. Ehe die Tänze ihren Fortgang nahmen, wurden zwei Pferde, einige Ziegen und drei Hunde vor den Tempel gebracht und mit etwas Tschang geweiht. Danach wurden die Tiere unter lautem Gejohle und Gepfeife der Zuschauer über den Hof und um die Tempel getrieben. Dreimal mußten sie den Gebäudekomplex umrunden, und die Treiber achteten darauf, daß sie nicht seitwärts ausrissen. Diese Tiere werden als symbolische Opfergaben von Gläubigen an die Schutzgottheiten des Klosters betrachtet. Als Klosterbesitz genießen sie bis zu ihrem Tode ein friedliches Leben in der Nähe der Mönche.
Schließlich erschallte wieder Musik und neue Masken traten auf. Waren mir die gestrigen Tanzszenen mit den langen Huldigungen an Padmasambhava unbekannt gewesen, so fühlte ich mich heute stärker an die Tänze erinnert, die ich vor Jahren in den Klöstern des östlichen Nepal-Himalaya erlebt hatte. Elf Geistermasken begannen die Tanzfolge; sie hielten in den Händen den Dordsche, der Verlassenheit, Krankheit und Hunger vernichtet und den Spiegel, der die wahre Natur aller Dinge enthüllt. Schon während dieses Schreittanzes begannen Mönche damit, den Platz für das Symbolopfer vorzubereiten. Sie formten auf dem Boden neben der Gebetsfahne ein Dreieck aus Erde und umgaben es mit einem Diagramm aus blauem Lehmstaub. In diese Art Käfig legten sie wieder eine Teigfigur, das schon vom Vortag her bekannte Linga, in dem einerseits das verblendete Ich der Menschen, andererseits die Buddhas Lehre bedrohenden, bösen Kräfte verkörpert waren. Die Figur wurde mit einem roten Tuch bedeckt. Nun füllte sich der Hof mit einer großen Menge von Gestalten, Schwarzhuttantriker, zornige Dämonenmasken, Hexen, Yogis und Krieger mit Köcher, Pfeilen, Schwertern und Schilden. Gruppe auf Gruppe tanzte und nahm anschließend auf einem langen Teppich Platz. Zwei Mönche brachten vier Silbertassen auf einem Tablett und eine Metallkanne, aus der sie Tschang in jede der Tassen gossen. Die vier Schwarzhuttantriker ergriffen die Tassen, stellten sich um das Linga auf und gossen den Inhalt ihrer Tassen als symbolisches Opfer auf den Boden. Dann verließen alle Tänzer, einer nach dem anderen, mit feierlichen Tanzschritten den Platz.

Nun kündigte sich mit einem Tusch aller Instrumente der Höhepunkt des heutigen Nachmittags an. Eine große, schwarze Stiermaske stand vor dem Dunkel des Tempeltores: Yamantaka, der Vernichter des Totengottes. Er ist ein Dharmapala, eine der wichtigsten, beschützenden Gottheiten in den Mysterienspielen. Er trug eine rotumrandete Schürze mit einem dreiäugigen Dämonengesicht auf seinem Brokatgewand und einen gebogenen Säbel in der rechten Hand. Begleitet wurde er von acht dämonischen Masken mit einem Kranz von Totenschädeln über der Stirn. Langsam und nachdrücklich stieg Yamantaka, zum Klang der Pauken, Zimbeln und Hörner, die Tempelstufen herunter. Sein Tanzrhythmus steigerte sich, wurde heftiger und leidenschaftlicher. Ein Mönch zog das rote Tuch über dem Linga fort. Yamantaka hielt mit hoch erhobenen Armen vor dem blau umzeichneten Lehmdreieck inne. Wie Fahnen hingen seine weiten Dreiecksärmel herab. Dann hieb er heftig und im Takt der Musik auf die Teigfigur ein, zerfetzte sie und warf die Stücke in alle Himmelsrichtungen. Mit dieser Zerstörung des inneren und äußeren Bösen versinnbildlichte Yamantaka den Austritt aus dem Kreislauf der Wiedergeburten und das Aufgehen in der erleuchteten Erlösung. Nach dem musikalischen und tänzerischen Höhepunkt des Festes erschienen noch einmal die Skelettmasken und beseitigten in einem heftigen Tanz mit ihren bloßen Füßen die letzten Reste des Lehmdreiecks und des blauen Diagramms. Die Freude über den Sieg gegen die bösen Kräfte war auch unter den Zuschauern groß. Sie lachten und bekundeten den immer ausgelassener tanzenden Totenköpfen ihren Beifall. Dann entschwanden auch diese zurück in den Tempel.

Der Ausklang der Hemistänze war heiter. Die schwarze, freundlich lächelnde Maske eines alten Mannes trat auf, gefolgt von fünf kecken Knabenmasken. Der alte Mann wird als Hoshang bezeichnet, als ein buddhistischer Gelehrter vergangener Zeiten. Eine andere Erklärung besagt, daß es sich hier um den chinesischen Dickbauch-Buddha mit seinem Gefolge von Kindern handelt. Das Verhalten dieser Figuren war possenhaft. Die Knaben sprangen umher, boxten einander und neckten die Zuschauer. Als Hoshang vor dem Thron den jungen Rinpotsche verehrte, karikierten sie seine Huldigung durch übertriebene Gebärden. Schließlich hängten sie dem alten Mann eine Katak um den Hals und führten ihn die Stufen zum Tempel hinauf. Noch einmal fanden sich alle Instrumente in einem großen Schlußakkord zusammen. Mit akzentuierten Rhythmen und schleifenden Melodien riefen sie den Schutz der friedvollen und zornigen Gestalten, der Buddhas und Bodhisattvas für Kloster und Land herbei. Dann schwiegen sie. Die folgende Stille war hörbar, die Töne klangen noch eine Weile im Inneren nach. Der Tschamtanz von Hemis war beendet.

Viele der Zuschauer wanderten sogleich nach dem Ende der Festspiele heimwärts. Manche blieben noch über Nacht und reisten erst am folgenden Morgen ab. Dazu gehörten auch wir. Wir saßen noch lange am Abend vor dem Gästehaus und sprachen über das, was wir die letzten zwei Tage erlebt hatten. Nawang Tsering gesellte sich kurz zu uns, vor allem, um sich von mir zu verabschieden. Würde ich diesem jungen, sympathischen Mann jemals wieder begegnen? Ich mußte ihm versprechen, Bilder vom Fest und von seiner Dolmetschertätigkeit bei dem Empfang im Gästehausgarten nach Darjeeling zu schicken.

Es hatte mir gut gefallen in Hemis, trotz der vielen Menschen und der drangvollen Enge mit den vielen Touristenzelten in unserem Übernachtungscamp. Am nächsten Morgen unternahm ich noch allein einen kurzzeitigen Ausflug nach Götsang Gompa, einer kleinen Meditationseinsiedelei, eine knappe Stunde Wegs oberhalb Hemis auf einer Höhe von etwa 4000 Metern gelegen. Hier herrschte eine gesammelte und beruhigende Atmosphäre, man merkte, daß an diesem Ort viel meditiert wurde. Zwei Mönche waren damit beschäftigt, Holzdrucke mit religiösen Darstellungen herzustellen. Sie nickten mir freundlich zu und schwiegen. Ein Flug Karmingimpel hüpfte vor dem Tempel herum, ihre leise flötenden Rufe waren die einzigen Töne in der Stille. Beim Rückweg sah ich Himalaya-Agamen auf den Steinmauern am Wegrand, graue, handlange Echsen. Sie standen hochaufgereckt auf der Mauerkrone und nickten bei meinem Näherkommen warnend mit den Köpfen, ehe sie in ihre Nischen verschwanden. Als wir mit unserem Bus die schmale Straße zum Indus hinunterschwankten, verloren sich nur noch einzelne Heimkehrer zwischen den Manimauern und Tschörten. Dorf und Kloster verschwanden hinter dem schützenden Bergvorsprung und versanken in ihrer gewohnten Ruhe.

Nun stehe ich ein Jahr später wieder auf dem Hof von Hemis. Es ist schon fast dunkel und der Platz wirkt in seiner Verlassenheit doppelt weit. Der junge Duktschen Rinpotsche ist nach Darjeeling zurückgekehrt und mit ihm mein Freund Nawang Tsering. Ich kann mir den Trubel der tanzenden Gestalten und die Töne der Klostermusik nur schwer in Erinnerung rufen. Ein hochgewachsener, junger Mönch kommt die Stufen vom links gelegenen Dukang-Tempel, der großen Versammlungshalle, herunter und tritt auf meine Frau und mich zu. Ein Lächeln des Erkennens geht über sein Gesicht. Er freue sich, sagt er, daß ich wiedergekommen sei, nachdem wir uns im vergangenen Jahr beim Maskentanzfest kennengelernt haben. Er führt uns beide in die Versammlungshalle, wo die Mönche eine Abendrezitation abhalten. Kaum kann man ihre geschorenen Köpfe im schwachen Flackerschein der Butterlampen wahrnehmen. Mit tiefer Stimme sprechen sie im Chor ihre Texte, deren Melodie bald an-, bald abschwillt. Im Hintergrund der Halle thront eine mehrere Meter hohe, vergoldete Statue des Buddha Shakyamuni. Im Dämmerlicht ist sie nur schwach zu erkennen, aber dennoch beherrscht ihre goldfunkelnde Gestalt den ganzen Raum. In der linken, hinteren Ecke bemerkt man die Umrisse einiger, mit kostbaren Steinen besetzter Silbertschörten. Die Zeremonie endet bald in einem Tusch von Schalmeien, Zimbeln und Pauken. Die Mönche erheben sich und verlassen den Versammlungstempel. Unser Mönchsbegleiter lädt uns noch in seine Wohnzelle ein. Der Raum ist mit einer Lagerstatt, einer niedrigen Sitzbank mit Lacktischchen, einer Truhe und einem kleinen Altar in der Ecke ausgestattet. Wir bekommen Buttertee serviert, der nach der Kühle im Tempel wohltuend wärmt. Ich schenke dem Mönch einige Farbfotos, die ich im letzten Jahr aufgenommen habe, und ich bereite ihm damit sichtlich eine Freude. Bevor wir gehen, macht er uns auf eine ausführliche und wichtige Zeremonie aufmerksam, die morgen früh in der Versammlungshalle stattfindet. Wir seien eingeladen, als Zuhörer an diesem Gottesdienst teilzunehmen.

In der Nacht wache ich auf, als etwas laut gegen mein Zeltdach trommelt. Es regnet! Es ist kein sanfter Nieselregen, wie wir ihn im Zanskar erlebt hatten, sondern ein handfester Landregen. Ein Niederschlag dieser heftigen Art ist etwas Seltenes im trockenen Ladakh. Bei rund 300 mm Durchschnitts-Niederschlägen im Jahr kann man sich vorstellen, daß ein derartiges Ereignis nicht allzu häufig vorkommt und entsprechend freudig von der Landbevölkerung begrüßt wird. Wir wandern schon früh durch die schweren Tropfen hinauf zum Kloster, um an der Morgenzeremonie teilzunehmen. Jetzt sind wir froh um unsere Schirme, die bisher nur dazu dienten, uns vor einem Sonnenstich in den großen Höhen zu bewahren. In der Vorhalle vor dem eigentlichen Tempel stellen wir unsere triefenden Regendächer ab und ziehen die Schuhe aus. Den geweihten Ort betritt man nicht mit seinen Wanderstiefeln. Von der Wand der Vorhalle begrüßen uns die vier Lokapalas, die Wächter der vier Himmelsrichtungen und die Darstellung eines sehr schönen Lebensrades mit den 6 Welten der Wiedergeburten. In der Versammlungshalle herrscht dämmeriges Licht, das der Raum von einer einzigen Öffnung über der zentralen Figur Buddha Shakyamunis erhält. Die flackernden Butterlampen steuern nur wenig zur Beleuchtung der Halle bei. Wir lassen uns an der Holzwand rechts vom Eingang nieder. Unser Mönchsfreund von gestern abend bringt zwei lange Polster, die uns ein bißchen vor der Bodenkälte schützen. Draußen rauscht der Regen immer noch in langen Strähnen hernieder. Die Ruhe und Gelassenheit des Ortes greift auch auf uns über. Die Mönche sitzen entlang einem Mittelgang in je zwei Reihen einander gegenüber, vor sich niedrige Tischchen mit Büchern und Ritualgegenständen. Von einem erhöhten Thron vor der Statue Buddha Shakyamunis aus leitet Dungse Rinpotsche die Zeremonie. Ich habe ihn sofort wiedererkannt. Die Feier, an der wir teilhaben dürfen, besteht vorwiegend aus Rezitationen, die im Rhythmus und mit sehr tiefen Stimmen vorgetragen werden. Ab und an setzt das Klosterorchester aus Schalmeien, Pauken, Zimbeln, Gebetsglocken und Handtrommeln eine akzentuierte Unterbrechung in die Textvorträge.

Ganz am Anfang der Reihe hocken einige Novizen, Knaben von 6 bis 12 Jahren in roten Kutten, barfüßig und mit kahl geschorenen Köpfen. Sie haben sofort bemerkt, daß Fremde in den Tempel gekommen sind. Kichernd und tuschelnd machen sie sich gegenseitig auf uns aufmerksam. Einer der Schalmeienbläser hat ganz offensichtlich die Aufsicht über die unruhige Schar. Freundlich, aber bestimmt und mit leise flüsternder Stimme weist er die kleinen Flöhe zurecht. Meist genügt ein warnender Blick, um für wenige Augenblicke Ruhe einkehren zu lassen; dann beginnt wieder das Kichern und Schubsen. Einmal verschwinden alle Novizen nach draußen in die Vorhalle. Bald hört man von dorther ein zunehmendes Lachen und Lärmen. Kopfschüttelnd erhebt sich der Erziehermönch und geht ebenfalls hinaus. Man hört ein paar energische Worte, und einen Augenblick später huschen die rotgewandeten Knirpse wieder herein und auf ihre Plätze. Ein Rascheln und Zischeln, ein Zappeln und Hinundherrücken; das freie Kuttenende wird mit Schwung über die Schulter geworfen und dann sitzen sie wieder friedlich wie zuvor. Was war geschehen? Unsere zum Trocknen aufgespannten Regenschirme waren zu verlokkend gewesen, man mußte sie einfach auf- und zuklappen und so den Nachbarn vollspritzen. Dungse Rinpotsche aber sitzt mit freundlichem Gleichmut auf seinem Platz, als sei nichts vorgefallen. Seine Autorität ist selbstverständlich und unantastbar. Sie kommt aus einer tiefen und wohlmeinenden Nachsicht den ihm anvertrauten Menschen gegenüber. Sie schöpft ihre Kraft aus der Hinwendung zum Nächsten.

Während der lang andauernden Rezitationen übernehmen die Novizen kleine Dienste. Sie verteilen an die Mönche geweihtes Wasser und Schalen mit Reiskörnern für die Symbolopfer. Zweimal werden die Zeremonien durch eine Essenspause unterbrochen. Die Mönchsknaben schleppen große Kupfergefäße herbei und schöpfen eine dampfende Suppe mit Teigklößchen und Gemüse in die Holzschale, die jeder der Mönche aus seiner Kutte hervorholt. Die Suppenflüssigkeit wird getrunken, die festen Bestandteile werden mit den Fingern herausgefischt und in den Mund geschoben. Ganz am Schluß erhalten auch die Novizen ihren Anteil an der Mahlzeit. Eifrig schlürfen und schmatzen die sonst so schwatzlustigen Lippen, die kleinen Zungen lecken auch das letzte Tröpfchen aus der Schale. Dann beginnt wieder der Sprechgesang. Diese zweigeteilte Mahlzeit ist Bestandteil der Zeremonic; eine gemeinschaftliche Verrichtung, die zu der Kulthandlung gehört.

Dungse Rinpotsche schickt in einer der Essenspausen seinen Sekretär zu mir, um zu erfahren, welche Gäste sich da im Tempel eingefunden haben. Als er erfährt, daß ich letztes Jahr bei ihm war und daß ich Grüße von dem buddhistischen Tempel in München bringe, bittet er uns zu einer Audienz nach dem Morgengottesdienst. Der letzte Ton der Instrumente verhallt, die letzten Worte verstummen und die

Mönche erheben sich, um den Tempel zu verlassen. Dungse Rinpotsche nickt uns freundlich zu, als er an uns vorbeigeht. Als erstes sind natürlich die Novizen nach draußen gewitscht. Mit steifen Knien vom ungewohnten Kreuzsitz treten wir hinaus in die Vorhalle. Der erste Sonnenstrahl bricht durch die dunklen Wolken, die Regenfäden werden dünner und verrauschen schließlich vollständig. Auf dem Weg hinauf zu den Wohnräumen des Abtes werfen wir noch einen Blick in den ältesten Tempel des Klosters, den Lakang Njingpa. Die Wände dieses Tempels sind mit besonders schönen Fresken geschmückt. Links erkennt man eine vorzügliche Darstellung des Tagtsang Repa. In ein weißes, goldverziertes Gewand gekleidet sitzt er auf einem Thron; Körperhaltung, Gesicht und Hände sind von unvergleichlicher Eleganz. Daneben sind einige Szenen aus dem Leben Buddha Shakyamunis gemalt. Der Traum seiner königlichen Mutter Maya beispielsweise, in deren rechte Seite ein weißer Elefant eindringt, die Begegnung mit dem Leiden in Form eines Bettlers und eines Kranken oder der Prinz beim Abschneiden seiner langen Haare, bevor er sich der Meditation widmet. Das wichtigste Bild jedoch zeigt den großen Yogi und Dichterheiligen Milarepa in einer Meditationshöhle, die Hand zum Ausrufen seiner hunderttausend Gesänge zwischen Ohr und Kinn haltend.
Kurze Zeit später betrete ich wieder den Audienzraum auf dem Dach des Klosters, in dem ich im Vorjahr den beiden Rinpotsches von Hemis meinen Besuch abstattete. Heute ist Dungse Rinpotsche allein, nur in Begleitung eines Dolmetschers. Ohne das Gedränge von ehrfurchtsvollen Pilgern wirkt der hohe Raum doppelt ruhig. Der ehrwürdige Abt bittet mich neben sich auf die Bank, meine Begleiter setzen sich auf die weichen Teppiche ihm gegenüber. Ich fühle mich beglückt und gelöst in der Nähe dieses weisen Mannes. Seine starke Ausstrahlung teilt sich jedem von uns unmittelbar und persönlich mit. Unser Gespräch ist intensiv, mit vielen Fragen aus unserer kleinen Gruppe von Europäern. Das Thema hat erwartungsgemäß Religiöses zum Inhalt, den Buddhismus. Auf die Frage nach dem Einstieg in die Lehren Buddhas, betont Dungse Rinpotsche die Notwendigkeit eines Lehrers, der den Schüler je nach seinem Kenntnisstand belehrt und Schritt für Schritt immer tiefer in das Wissen dieser Lehre einführt. Am Anfang stünden auf jeden Fall die Shilas, die ethischen

Verhaltensregeln. Diese gelte es zu beachten; sie müßten immer wieder geübt und bewußt gemacht werden. Dabei sei es wichtig, sich nicht nur auf die eigene Person zu konzentrieren, sondern man müsse auch das Wohl der Mitlebewesen bedenken, seien es nun Tiere oder Menschen. Jemand fragt, welcher Zeitpunkt für den Beginn der Beschäftigung mit dem Buddhismus der günstigste sei. »Jeder Augenblick ist geeignet«, antwortet Dungse Rinpotsche, »man sollte keine Zeit verlieren, sondern jede Gelegenheit ergreifen, die Lehre Buddhas zu erfahren und zu praktizieren.« In der Nähe dieses weisen Menschen, bei den klaren und einfachen Erklärungen, die er zu seiner Religion gibt, wird mir bewußt, mit wieviel Vorurteilen und fehlgedeutetem Balast unser Wissen um den tibetischen Buddhismus belastet ist. Wie oft schon habe ich mich betroffen gefunden, wenn ich in Büchern und Schriften die überheblichen Meinungen vieler Autoren lesen mußte, die sich zur Religion der zentralasiatischen Buddhisten äußern. Der Buddhismus ist keine Götterreligion; man muß durch das vordergründige Gewimmel der Gestalten und Symbolfiguren hindurchblicken auf das hochentwickelte, äußerst logische Gedankengebäude der buddhistischen Lehre. Bezeichnungen wie »Lamaismus«, »Tantrismus«, »Zauberpriester« oder »tibetische Götter« sind schlicht falsch. Diese Begriffe gibt es für die Menschen Zentralasiens nicht, sie sind europäische Erfindungen. Es fällt uns Bürgern der westlich-technisierten Welt schwer, eine logische Erkenntnis vom Leiden und seiner Überwindung mit einer unendlichen Fülle von symbolisch gemeinten, figürlichen Erscheinungsformen zu verbinden. Aber sie gehören für Asien zusammen; sie bilden eine erkennbare und erfaßbare Einheit für denjenigen, der sich ernsthaft auf den Weg der Erkenntnissuche begibt.
Besonderes Interesse bekundet Dungse Rinpotsche wieder für die buddhistischen Entwicklungen in Europa. Ich kann ihm von neugegründeten buddhistischen Zentren in Frankreich, Dänemark und der Bundesrepublik Deutschland erzählen. Er freut sich über Fotos aus dem tibetisch-buddhistischen Tempel in München. Bei allem geistigen Tiefgang des Gespräches, bleibt unsere Begegnung jedoch ausgesprochen heiter. Dungse Rinpotsche lacht und lächelt gern. Wir haben ihm eine stark wirkende Salbe für seine arthritischen Knie mitgebracht, und als ich ihm vorführe, wie er nach der Behandlung mit die-

sem Medikament wieder hüpfen und rennen könne, lacht er laut und herzlich. Bevor wir gehen, weist er noch auf die hervorragende Figur des elfköpfigen Tschenresi oder Avalokiteshvara hin, die neben seinem Sitz in einem Schrein an der Wand steht. Die Köpfe, die vielen Arme, die Attribute und das Gewand sind von Meisterhand gestaltet. Dieser Bodhisattva verkörpert in Vollendung das Prinzip der Hinwendung zum Nächsten, er wirkt wie das Ausrufungszeichen hinter unserem Gespräch.

Auf der weitläufigen Dachterrasse des Klosters treffen wir einen australischen Mönch, der seit einem Jahr in Hemis wohnt und hier ein zweites Mal überwintern möchte. Er erzählt von seinen Eindrücken in diesem Kloster. Er ist von den Mönchen und vor allem von Dungse Rinpotsche freundlich aufgenommen worden. Der heilige Mann hat ihn als Schüler akzeptiert und ihm viele Belehrungen gegeben, deren Bedeutung er dann in Meditationen ausloten und vertiefen mußte. Er hat eine kleine Zelle zur Verfügung gestellt bekommen und erlebt nun das Leben im Kloster als vorübergehendes Mitglied dieser Gemeinschaft direkt mit. Am stärksten habe ihn beeindruckt, sagt er, welch eine große Rolle die Anwesenheit des Abtes für die Disziplin im Kloster spiele. Solange Dungse Rinpotsche in Hemis weilt, läuft alles wie am Schnürchen. Die Rezitationen und Zeremonien werden regelmäßig und pünktlich abgehalten. Die Tempel werden ordentlich instand gehalten. Wenn irgendwo an den Gebäuden etwas abbröckelt oder verfällt, wird der Schaden sofort ausgebessert. Wenn jedoch der alte Abt im Winter Hemis Gompa für einige Monate verläßt, sinkt die Disziplin merklich ab. Ein gewisser Schlendrian kehrt ein; man könnte meinen, niemand fühle sich mehr so richtig für das Ganze verantwortlich. Auch die Sauberkeit im Kloster läßt dann sehr zu wünschen übrig. Ohne Abt wirkt die Gemeinschaft kopf- und führerlos. Erst wenn im folgenden Frühjahr die Abtgemächer auf dem Dach erneut bezogen worden sind, ist die alte, straffe Ordnung wiederhergestellt. Neue Gebetsfahnen werden genäht und mit Holzdruckstöcken bedruckt, die Tempel werden jeden Tag peinlich sauber gekehrt, Mauer- und Dachschäden werden repariert. Man kann es nachempfinden, wie sehr Dungse Rinpotsche daran gelegen ist, in einigen Jahren den jungen Duktschen Tulku ein für allemal auf dem Thronsessel von

Hemis und damit an der Spitze der Dugpa-Kagjüpa-Schule in Ladakh zu sehen.
Wir sind ganz nach vorn an den Rand des Daches getreten. Der Blick geht weit über das Industal auf die Berge nördlich des großen Flusses, hinter denen sich die unendlichen Hochebenen Tibets dehnen. Es gibt viele Klöster wie dieses in den Bergen dort drüben, sagt der australische Mönch. In manche kommen immer mehr junge Leute aus unseren westlichen Ländern, um die Lehre Buddhas zu hören und zu studieren. Das wird auf die Dauer sicherlich Auswirkungen auf unsere Vorstellung vom Buddhismus in Europa, Amerika und Australien haben. Ich stimme ihm zu, kenne ich doch selbst eine Reihe von buddhistischen Gemeinschaften in verschiedenen europäischen Städten. Oft haben wir über die Möglichkeiten diskutiert, aus dem Buddhismus Nutzen für das Weltbild eines modernen Abendländers zu ziehen. Insbesondere auf den naturwissenschaftlich Gebildeten üben die logischen Prinzipien und die folgerichtigen, ethischen Richtlinien eine große Faszination aus. Allerdings genügt es nicht, lediglich Rituale, Zeremonien und mystische Vorstellungen der zentralasiatischen Buddhisten zu übernehmen, wie es häufig bei uns geschieht. Das bleibt zumeist im Äußerlichen stecken und ist nicht von Dauer. Man muß überlegen, wie eine Verbindung zwischen der kontemplativen Weltbetrachtung des Buddhisten und der Dynamik des Abendländers herzustellen ist, dann erst kann die Beschäftigung mit der Friedenslehre Buddhas in Praxis und Übung dem in westlicher Technik und Zivilisation beheimateten Menschen dienlich werden. In dem australischen Mönch steht mir ein lebendiger Versuch, einen solchen Weg zu beschreiten, gegenüber. Seine Sanftmut und seine Freundlichkeit sind sichtbare, äußere Zeichen der buddhistischen Prägung. Ich bin überzeugt, daß die Zahl derer zunehmen wird, die diesen Versuch ebenfalls wagen wollen. Die Unterhaltung mit dem Australier hat meine Bereitschaft, mich mit buddhistischem Gedankengut zu beschäftigen, neu belebt. Er begleitet mich noch zu unserem Camp im Gästehausgarten des Klosters, wo ich ihn einlade, an unserem mittäglichen Imbiß teilzunehmen. Als wir am frühen Nachmittag Hemis verlassen, tut es mir richtig leid, schon so bald Abschied nehmen zu müssen. Der abgeschiedene Ort in dem Winkel hinter einem Bergvorsprung oberhalb des Industales vermittelt dem Besucher, der ihn

mit offenen Augen und wachen Sinnen betritt, mehr anregende Impulse, als dieser je erwartet. Die Erlebnisse, Begegnungen und Gespräche von Hemis haben in meine Erinnerung unvergeßliche Bilder eingegraben.
Die Rückfahrt nach Leh unterbrechen wir an zwei bemerkenswerten Orten: Tikse Gompa und Sheh. Bevor wir jedoch nach Tikse gelangen, zweigt kurz hinter der Indusbrücke nach rechts ein Tal ab, das von Norden her in das Industal mündet. In diesem Tal liegen zwei weitere, bedeutende Klöster Ladakhs: Chemre Gompa, das mit Hemis eng verbunden ist und das Höhlenkloster Taktog Gompa, das zur orthodoxen Njingmapa-Schule gehört, und von dem in Ladakh hochgeschätzten Abt Taklung Rinpotsche geführt wird. Beide Klöster sind erst seit 1978 für Touristen zugänglich. Nach kurzer Zeit erscheint dann auf der gegenüberliegenden, südlichen Seite des Indus die Stakna Gompa, wie der Horst eines Greifvogels auf einem steil aufragenden Felsen gelegen. Weiter hinten erkennt man in einem breiten Taleinschnitt auf dem Bergrücken über einem Dorf das berühmte Kloster Matho Gompa. Es gehört als einzige, ladakhische Gompa der alten Sakjapa-Schule an. Jedes Jahr finden hier im Winter Tschamtänze mit Masken statt. Am Ende dieser Festspiele treten zwei Orakelmönche auf, die im Trancezustand auf dem Klosterdach tanzen. Dabei balancieren sie mit traumwandlerischer Sicherheit auf Mauern und Vorsprüngen, von denen abzustürzen den sicheren Tod bedeuten würde. Außerdem fügen sie sich mit scharfen Messern Wunden an den nackten Oberkörpern und Armen zu, die bereits am nächsten Tag verheilt sein sollen.
Es dauert nun nicht mehr lange, da wächst wie eine Märchenstadt auf einem Hügel im blenden Licht der Nachmittagssonne die Klostersiedlung Tikse gegen blauschwarze Wolken und schneeweiße Berggipfel empor. Diese Klosterburg, die vermutlich um die Mitte des 15. Jahrhunderts von Palden Scherab als erstes Kloster der Gelugpa-Schule in Ladakh gegründet wurde, besitzt wohl die schönste und eindrucksvollste Lage aller Klostersiedlungen des Landes. Der Bus kann auf einer schmalen Teerstraße bis nahe an den Gebäudekomplex heranfahren. Wenige Schritte führen zum Eingangstor. Über dem weitläufigen Klosterhof bauen sich Tempel, Wohn- und Wirtschaftsgebäude wie ein künstliches Gebirge auf. An der Ostwand des Hofes

empfängt den Besucher unter Arkaden eine neuere, sehr fein ausgeführte Wandmalerei, deren zentrale Figur Buddha Gautama Shakyamuni mit seinen beiden Lieblingsschülern darstellt. Umgeben wird Buddha Shakyamuni von Tsongkapa, Padmasambhava, den Wächtern der vier Himmelsrichtungen und 16 Arhats. Gleich beim Betreten der Klostersiedlung übergeben wir einem Mönch ein Eintrittsgeld, das wir um einen weiteren Betrag zu einer Spende für die Mönchsgemeinde aufstocken. Viele ausländische Besucher stören sich daran, daß heutzutage von den Touristen Eintritt in die Klöster verlangt wird. Aber wie oft haben wir beobachten müssen, daß die für einen Buddhisten selbstverständliche Geldspende bei den reichen Besuchern aus fernen Ländern ausblieb, sicher in erster Linie aus Unkenntnis der landesüblichen Sitte. Da helfen nun die Mönche dem verdienstvollen Brauch des Spendens ein wenig nach, und damit auch jeder Fremde zu dem Verdienst dieser guten Tat kommt, wird einfach von Touristen Eintritt für die Klosterbesichtigung erhoben. Warum sollten die Klöster nicht teilhaben an dem Geldstrom, der durch den Tourismus ins Land fließt? Schließlich kommen die Beträge nicht nur den Mönchen, sondern auch den Klostertempeln und ihrer Erhaltung zugute.

Wir werden freundlich aufgenommen von den sogenannten Gelbmützen-Mönchen in Tikse. Es fällt mir auf, daß gerade die Gelugpa-Anhänger sich immer besonders aufgeschlossen und entgegenkommend verhalten. Wir dürfen uns ausgiebig umsehen in den Tempeln, die durch verwinkelte Gassen und Treppen miteinander verbunden sind. In der großen Versammlungshalle ziehen sich lange Regale mit tibetischen Büchern an den beiden Längswänden hin, und in einer Ecke blinken im Dämmerlicht prächtige Kupferkannen, die für die Teezeremonien während der Rezitationen gebraucht werden. Überall begegnen wir den Statuen des mitleidenden Tschenresi und des Reformators Tsongkapa, der die Schule der Gelugpas begründete. In einem kleinen Raum hinter der Versammlungshalle sind die Wände mit Tierdarstellungen bedeckt: Yak, Schaf, Pferd, Tiger, Krähe, Adler, Hund und Elefant bilden hier eine große Herde. Sie stehen in symbolischer Beziehung zu den Dharmapalas, den zornvollen Schutzgottheiten. Ganz oben über den anderen Tempeln betritt man tief gebückt durch eine niedrige Tür einen hübschen kleinen Tempelraum, in dem eine große Maitreya-Figur sitzt. Auf dem Schoß und zwischen den Fingern hält diese sorgfältig ausgearbeitete Statue Geldscheine und Münzen, über die Arme ist ein Bündel Kataks gelegt. Auch wir bringen dem Maitreya und damit dem Tempelchen mit seinen schönen Wandmalereien unsere persönliche Gabe dar. Dann treten wir wieder ins Freie und genießen den Rundblick vom Klosterdach. Dieser Blick das Industal aufwärts und abwärts ist das eindrucksvollste Erlebnis in Tikse. Wie ein breiter, grüner Teppich zieht sich die Flußoase nach Nordwesten und Südosten. Scharf abgeschnitten stößt das fruchtbare Ackerland an den braungrauen Wüstenboden. Berge und Wolken leiten das Auge rundum bis an den Horizont. Wir können uns kaum sattsehen an der formen- und farbenreichen Szenerie. Ein Stück unterhalb der Dachterrasse queren wir einen kleinen Innenhof, auf dessen Wände, neben einem Plan des Klosters Taschilunpo in Tibet, die Wunder vollbringenden, 84 Mahasiddhas gemalt sind. Man gelangt von hier in die Empfangsräume des Abtes. Ein Mönch verkauft mit Holzschnitten bedruckte, rote und gelbe Gebetsfahnen an die Touristenbesucher. Außer uns drängen sich noch einige Belgier und Franzosen um den Stapel von farbigen Tüchern. An manchen Tagen geht es hoch her in den Gompas des Industales, eine Besuchergruppe löst die nächste ab, aber man muß als Reisender in die fremdartigen Kulturwinkel unserer Erde heutzutage akzeptieren, daß auch andere Menschen den Wunsch nach einer Besichtigung der buddhistischen Heiligtümer am Rande Tibets verwirklichen möchten. Über steile Treppenstufen steigen wir zurück auf den Haupthof von Tikse. Hier finden im Winter die großen Tschamtanz-Festspiele statt, deren Reigen in Chemre und Spituk eröffnet wird, dann in Tikse, Leh, Stok, Matho und Pjang seine Fortführung findet und schließlich mit den einzigen Tschamtänzen des Sommers in Hemis endet. Wir können uns im Augenblick das Gewoge der bunten Gewänder und Masken lediglich in unserer Fantasie ausmalen.

Einige Kilometer indusabwärts von Tikse gelangen wir nach Sheh. Da die Zeit drängt, statten wir diesem historischen Ort nur einen kurzen Besuch ab. Unter den ersten Herrschern Ladakhs war Sheh die Hauptstadt des Landes, und auch später zur Zeit der Namgjel-Dynastie diente sie noch oft als Königsresidenz. Von der ursprünglichen Burg und Stadt auf dem Bergrücken oberhalb des Dorfes Sheh sind lediglich Ruinen übrig geblieben, und auch der ehemalige Palast verfällt, wie der Königspalast in Leh. So kann man heute nur ein paar Tempel der alten Gompa besichtigen. Hinter einem großen, weißgetünchten Tschörten mit goldenem Pyramidenaufsatz steht der bekannte Tempel, der die viele Meter hohe Statue Buddha Shakyamunis aus vergoldetem Kupfer enthält. Die Riesenfigur reicht über zwei Stockwerke und wurde von König Dedän Namgjel Mitte des 17. Jahrhunderts gestiftet. Die künstlerische Bearbeitung der Statue ist anspruchslos, aber die Größe beeindruckt. Wände und Decke des Tempelraumes sind von den vielen, brennenden Butterlampen im Laufe der Jahrhunderte schwarz gebeizt. Unterhalb des alten Palastes stößt man auf einen Tempel, der eine zweite Monumentalfigur Buddha Shakyamunis beherbergt; auch diese Skulptur reicht über zwei Stockwerke empor. Hier sind an den Wänden sorgfältig ausgeführte Malereien erhalten, die Shakyamunis Lieblingsschüler Shariputra und Maudgalyayana, die Patriarchen Padmasambhava und Tsongkapa, sowie die 16 Arhats darstellen und die vermutlich von König Sengge Namgjel gestiftet wurden. Ein paar Schritte entfernt besichtigen wir ein weiteres Tempelchen, in dem eine schöne Figur des Buddha Amitayus sitzt und dessen Wände vollständig mit Miniaturmalereien der populären 1000 Buddhas überzogen sind. Vor dem Tempelkomplex sind große Steinplatten aufgestellt, in die Buddha- und Bodhisattvareliefs gemeißelt wurden, ähnlich wie wir sie schon in Dras und Changspa gesehen haben. Wahrscheinlich sind diese Relieffiguren sehr alt, und es sieht so aus, als habe man sie aus verschiedenen Teilen des Landes an diesem Residenzort zusammengetragen. Wir steigen zum Abschluß der Besichtigung von Sheh ein Stück den Hügel oberhalb des Shakyamunitempels hinauf und erleben einen ähnlichen Weitblick in das Industal, wie auf der Dachterrasse in Tikse. Hier oben erhält man einen Eindruck von der Stattlichkeit und der beherrschenden Lage des ehemaligen Herrschersitzes. Die weißen Mauern von Stadt und Palast, die goldenen Aufsätze der Tempel, die unendlichen Mengen von Tschörten am Hügelfuß und in der Ebene davor müssen auf jeden Reisenden, der sich dem Platz von Osten oder Westen näherte, einen glanzvollen Eindruck ausgeübt haben. Die Anlage von Sheh mit dem verfallenden Palast, den Tempeln und den Tschörten ist heute noch im Besitz der Maharadschafamilie der Namgjels.

Das momentane Oberhaupt der Familie, die Rani von Stok, übt wieder einen gewissen politischen Einfluß in Ladakh aus und wurde während der letzten Legislaturperiode vorübergehend in das Landesparlament der Provinz Jammu-Kaschmir gewählt.
Es ist bereits dunkel, als wir am Abend nach Leh hineinfahren. Wir sind müde und ein wenig erschöpft von all den Eindrücken, die heute auf uns einstürzten. Aber die Bilder, die sich allmählich in unserer Rückschau zu einem Gemälde fügen, werden uns noch lange beschäftigen, wenn wir nach Europa zurückgekehrt sind. Wir fühlen uns jetzt schon ein wenig daheim in Leh und in unserem einfachen Hotel mit seinem freundlich bemühten Personal, den funzeligen Lampen und den Wasserhähnen, aus denen es oft nur tröpfelt, wenn man sich den Staub vom Leibe waschen will. Wir sitzen am Abend lange im Garten, versunken in ein nachdenkliches Gespräch über den Fortbestand buddhistischer Lebensformen zwischen einbrechender, westlicher Zivilisation und kommunistischem Machtbereich. Über uns ziehen die Sterne auf wie Juwelen an einem Festtagsgewand; die helle Kammlinie der Zanskarberge jenseits des Industales kann man gerade noch erkennen. In meinen Träumen muß ich in dieser Nacht den Andrang von dämonischen Masken, riesigen Buddhastatuen, über Dächer wirbelnden Mönchstänzern und goldgekrönten Tempelmauern bewältigen.

Zanskar – Tal des weißen Kupfers

Eva Dargyay: In glitzerndem Weiß breitet sich vor unseren Augen ein weites Trogtal aus. Der keuchende Atem der Träger, die unsere zentnerschwere Ausrüstung seit Tagen über Schnee und Eis tragen, dringt an mein Ohr, doch kann es meinen Sinn nicht abwenden von dem, was ich vor mir sehe: Zanskar – das Tal des weißen Kupfers! Letzten Sommer war ich zum erstenmal hier und als ich nach einem Monat bereits wieder abreisen mußte, da stand ich an derselben Stelle wie jetzt, acht Monate später. Damals nahm ich voll Wehmut Abschied und legte an dem Stupa einen Stein nieder, in der Hoffnung, daß irgendeiner der vielen Götter hier für meinen Wunsch zuständig sei, doch wieder in dieses Tal zurückzukehren. Und nun ist mein Wunsch in Erfüllung gegangen.

Die Zeit, seitdem Lobsang und ich von München abgereist sind, zieht an mir vorüber: die Wochen in Indien und Srinagar, angefüllt mit den emsigen Vorbereitungen für diese Reise; dann der unerwartet lange Aufenthalt in Leh, als wir immer wieder nach Süden blickten, dorthin, wo Zanskar liegt, und unsere Sorgen nicht abnahmen, da die Berge stets wolkenverhangen waren. Und dann endlich der Aufbruch. Wir waren die ersten Fremden, die in diesem Frühjahr 1979 den Marsch wagten. Im März und April hatte es heftige Schneefälle gegeben, so daß noch Ende Mai die Berge bis in die bewohnten Gebiete hinab tief verschneit waren. Zahlreiche Lawinen hatten Brücken und Wege mit sich in die Tiefe gerissen. Als der Jeep uns in Panikar, einem kleinen Dorf im Surutal, absetzte, wußten wir noch nicht, wie wir nach Zanskar kommen sollten. Nur einen halben Tag konnten wir den kleinen Himalaya-Pferden unsere Lasten aufladen, dann hielt uns in Parkatsig, einem Dorf am Fuße des Nun-Kun Massives, ein Schneesturm fest. Die Pause nutzten wir zum Anheuern von Trägern.

Seit sechs Tagen nun marschieren wir zusammen durch das Surutal, kochen den Tee am gleichen Feuer und teilen das Tsampa. Vorgestern haben wir Rangdum, den buddhistischen Vorposten diesseits des Pensi La, hinter uns gelassen – für Tage die letzte menschliche Siedlung. Die Männer aus Parkatsig haben unsere Achtung und Zuneigung gewonnen, ohne Murren tragen sie die schweren Lasten über den meterhohen Schnee, in den sie um Mittag bereits bis zur Hüfte versinken. Seit Tagen schlüpfen wir jeden Morgen in beinhart gefrorene Schuhe, die sich tagsüber wie ein Schwamm mit Schmelzwasser vollsaugen. Die Haut hängt uns an Gesicht und Händen in Fetzen herunter, überall sind Risse und Blutkrusten.

Doch das alles zählt jetzt nicht: wir stehen am Stupa, der die Grenze Zanskars markiert, wir haben die Höhe des Passes, des Pensi-La, überschritten. Unser Ziel liegt wie ein Leintuch vor uns ausgebreitet. Ein seliges Glücksgefühl durchzieht uns. Die Spur eines Schneeleoparden weist uns den besten Weg hinab ins Tal, denn die in Serpentinen angelegte Fahrpiste ist unter dem tiefen Schnee nicht mehr zu ahnen. Als wir vorigen Sommer hier zu Pferd unterwegs waren, da pfiffen die Murmeltiere zu Dutzenden von den in Blüte stehenden Almhängen herab. Es war eine Wonne. Jetzt aber rutschen wir in meterhohem sulzigem Schnee die steilen Hänge geradewegs hinab, umgehen die Felsbrocken, und lauschen argwöhnisch dem Murmeln der Bächlein, die, vom Schnee noch verdeckt, unter unseren Füßen fließen. Der Himmel bedeckt sich mit Dunst, eine seit Tagen ungewohnte Hitze erfüllt die Luft und erweicht den Schnee. Immer tiefer versinken wir darin, immer mühsamer raffen wir uns hoch. Als wir den Talboden erreichen, setzt Schneetreiben ein. In dem kilometerbreiten Tal spuren wir weglos durch den schnell höher werdenden Neuschnee. Vergeblich halten wir nach einem schneefreien Zeltplatz Ausschau, nach einer trockenen Höhle für unsere Träger, die ja kein Zelt mit sich führen. Meine Füße sind bleischwer in den völlig durchweichten Bergstiefeln; müde und hungrig schleppe ich mich voran.

In der unendlichen Weite des Schnees verliert sich der Gedanke, je heute abend an ein Ziel zu kommen, sich im schützenden Zelt wohlig geborgen ausstrecken zu können. Schritt für Schritt kämpfe ich mich voran. Die Träger sind weit hinter mir geblieben, und auch Lobsang habe ich aus den Augen verloren, nur Rigzin, unser Scout, spurt vor mir durch den Schnee. Um die Qual und Mühe des Augenblicks zu vergessen, rufe ich mir die Vergangenheit ins Bewußtsein.

In Urzeiten herrschte hier in Zanskar der mythische König Gesar, an dessen Treiben noch zahlreiche Spuren erinnern: jene zwei, nahe beisammen liegenden Hügel sind das Korn und Stroh, das Gesar drosch;

der runde Fels ist ein Batzen Butter, die Gesars Frau Drugmo rührte. Mit seinen Gefährten liebte er die Jagd auf den Skin, den Steinbock, und allenthalben sieht man an Felsen die wilde Jagd noch eingeritzt – Männer mit Pfeil und Bogen, die dem Skin auflauern. Noch heute kann man im Tal Barden treffen, die das Epos dieses Helden zu erzählen wissen. Mit dem Namen Gesar verbinden die Leute in Zanskar alles, was sie für die älteste Überlieferung halten. Er ist für sie ein Synonym für alles Vorbuddhistische.

Obschon eine Reihe namhafter Wissenschaftler des Westens sich seit Jahrzehnten mit den verschiedenen Fassungen des Gesar-Epos befaßten, das vom Baikal-See und West-China über Tibet und die Mongolei bis nach Afghanistan verbreitet ist und dabei zahlreiche Sprach-, Religions- und Kulturgrenzen überschreitet, weiß man bisher noch recht wenig über dieses weit verzweigte Epos. Nebeneinander existieren – oft im gleichen Tal – schriftlich niedergelegte neben rein mündlich überlieferten Fassungen des Epos. Vieles spricht dafür, daß die Verbreitung des Epos vor allem den Händlern und Karawanen-Begleitern zu verdanken ist. Auf ihren oft viele Monate dauernden Wanderungen von Ost-Tibet nach Ladakh und Kaschmir verkürzten sie die meist bitterkalten Nächte durch ihre Erzählungen, die sich um einen Superhelden rankten, der alles unterwarf, was sich ihm in den Weg stellte. Je nach Bildung des Erzählers flocht er Passagen aus anderen Legendenkreisen ein, griff er zurück auf uralte volkstümliche Überlieferungen, suchte die Spannung bei seinen Zuhörern zu verstärken, indem er seinen Helden Abenteuer voll Fantasie und Imagination erleben ließ. In Baltistan und an anderen Orten diente das Epos zur Verherrlichung einheimischer Fürstengeschlechter und so findet sich in diesen Versionen alles, was einem Fürsten schmeicheln kann.

Verschiedentlich war man versucht, in dem Gesar-Epos die älteste Schicht der tibetischen Kultur zu erblicken. Bisher lassen sich aber Einzelteile des Epos in ihrer schriftlichen Fassung nicht über das 14. Jahrhundert zurückführen. Soweit bekannt ist, findet sich die erste Anspielung auf das Epos im Lang Poti-seru, einem Werk zur Verherrlichung der Fürstenfamilie von Lang, die sich – wie viele andere auch – auf Gesar zurückführte. Wie die meisten Legendenzyklen, die über lange Zeiträume in erster Linie mündlich überliefert wurden, so

weist auch das Gesar-Epos in der einen oder anderen Fassung Stellen auf, die Überlieferungsgut aus grauer Vorzeit bewahrten. So klingt im Gesar-Epos, wie es in Zanskar erzählt wird, in einzelnen Motiven tatsächlich sehr Altes an, doch dürfte man fehlgehen, wenn man darin Anklänge an historische Begebenheiten sehen wollte.
Im Tal haben sich bis heute Überlieferungen erhalten, in denen vielleicht einige tatsächliche Erinnerungen an längst vergangene Zeiten fortleben. Dem Reisenden fallen sofort die vielen Burgruinen auf, die sich auf unzugänglichen Felsklippen finden, oft Stunden von jeder Siedlung entfernt, manchmal aber auch am Rande heutiger Siedlungen. Die meisten dieser Ruinen bestehen aus Mauern, die aus scharfkantigen platten Natursteinen, ohne durch einen Mörtel oder ähnliches verbunden zu sein, aufgeführt sind. Seltener sieht man Mauern, die aus bloßem gestampftem Lehm bestehen. Die örtlichen Überlieferungen verbinden die meisten dieser Burgruinen – mit Ausnahme der Ruinen von Zangla und Padum – mit keinen historischen Persönlichkeiten, sondern vielmehr mit Gesar. Welche Werte einst diese zahlreichen Burgen schützen sollten, kann der heutige Reisende sich nicht mehr vorstellen, denn wohin sein Auge schweift, erblickt er nichts als öde Geröllhalden, endlose Schottermoränen, und er weiß das Land von Pässen bewacht, die im Jahr nur ganz wenige Monate leicht passierbar sind.
Der Lonpo von Karcha, dessen Ahnen von der tibetischen Regierung in Lhasa als eine Art Vogt für Zentral-Zanskar eingesetzt wurden, erzählte mir Wochen später, was seit Generationen in seiner Familie weitergegeben wurde. Als einst König Gesar das Tal beherrschte, saßen seine Gefährten als mächtige Fürsten auf diesen Burgen. Wenn Feinde die Burg angreifen wollten, versuchten sie diese über den Steig zu erstürmen, der zum Bach hinabführte, wo die Bewohner der Burg ihr Trinkwasser holen mußten, denn Brunnen kannte man nicht. Die Verteidiger der Burg bewarfen die Anstürmenden mit Steinen, die in der Größe unseren Pflastersteinen nicht unähnlich waren. Diese Wurfsteine mußten die Untertanen des Burgherren als Steuerleistung vom Flußbett zu der Burg hinaufschleppen. In der Ruine, die heute über dem Kloster von Karcha thront, konnte ich selbst noch eine Reihe dieser Wurfsteine sehen, die sich sowohl von den Steinen, aus denen die Mauerreste aufgeführt sind, wie auch von den natürlich vor-

kommenden Steinen des Berghanges deutlich unterscheiden. Ließen sich mit diesem Hagel von Wurfsteinen die Angreifer nicht verscheuchen, dann verbanden die Verteidiger der Burg zwei Mühlsteine mit einem Holzstück als Achse und ließen sie in der Steilrinne, in der stets der Weg zum Wasser hinabführte, hinuntersausen. Diesem steinzeitlichen unbemannten »Panzer« widerstand kaum ein Feind. Wenn wir auch nicht wissen, welcher Zeit und welchen Umständen diese Überlieferungen zuzuschreiben sind, so spiegeln sie doch sehr archaische Lebensumstände, die man für gewöhnlich als steinzeitlich bezeichnen möchte.

Gedankenverloren torkle ich vor mich hin, stolpere und raffe mich, auf den Eispickel gestützt, wieder hoch. Da sehe ich Rigzin, unseren Führer, bei einem Felsüberhang stehen und winken. Ein Funken der Freude glimmt in mir: ob er einen einigermaßen schneegeschützten Übernachtungsplatz entdeckt hat? Diese Hoffnung beflügelt meine Schritte, Lobsang schließt nun hinter mir auf. Er war bei den Trägern geblieben, die im Abstand von einigen hundert Metern hinter uns folgen. Und tatsächlich, inmitten dieser Wüste von Schnee und Eis ist hier ein trockener, ja sogar warmer Platz, denn man hatte hier offensichtlich für längere Zeit Pferde stehenlassen, und so war uns ein dikkes Polster von trockenem Pferdemist ein willkommener Schutz gegen die Kälte des darunterliegenden Eises.

Da tauchen auch schon unsere Träger aus dem immer dichter werdenden Schneetreiben auf. Mit einem Seufzer der Erleichterung setzen sie sich auf den Boden, lösen mit beiden Händen die Seile, mit denen sie die Lasten aufgebunden hatten. Muhammad Ali, der die schwerste Last von fast 40 kg trägt, hilft uns beim Aufbau des Zeltes, was in wenigen Minuten geschehen ist. Und doch macht uns der wieder heftiger einsetzende Schneesturm zu schaffen. Es ist ein nasser Schneeregen, der Hände und Seile schnell klamm werden läßt. Muhammad Ali hockt noch vor dem Zelteingang, während seine Gefährten schon trockenen Mist sammeln, um ein Feuer zu entfachen, denn seine großen, von der Arbeit und der Kälte ganz hart gewordenen Hände hatten einen kleinen Riß. Mit seinen hellen Kinderaugen, die einen auffallenden Kontrast zu seiner hünenhaften Gestalt bilden, sieht er mich unschuldig an und beteuert, daß dieser kaum sichtbare Riß große Schmerzen bereite und er ein Pflaster und eine Tablette brauche.

Ich erinnere mich, daß ich als kleines Mädchen immer sehr glücklich war, wenn ich ein Pflaster auf ein kleines Wehwehchen erhielt. So krame ich schnell nach meiner Medikamententasche und klebe ihm ein Heftpflaster auf seine Hand. In meinem Rucksack findet sich noch eine zerknautschte Zigarette. Sie lockt auf Alis Gesicht ein glückliches Leuchten hervor. Ich sage ihm aber, daß dies die letzte sei und er sie mit den anderen Trägern teilen solle.

Der Wind wirft mir eine Handvoll Schnee ins Gesicht und ich schliesse schnell unser Zelt. Lobsang hat innen bereits den Gaskocher angezündet, und so dampft bald eine köstliche Suppe im Topf. Müde und schweigsam löffeln wir den Topf aus und fallen sofort in Schlaf. Als wir erwachen, umgibt uns eine eigenartige Dunkelheit. Kaum ein Geräusch dringt an unser Ohr. Ein Blick auf die Uhr: es ist noch nicht 18 Uhr. Wir öffnen das Zelt und unser verwunderter Blick sieht in eine lautlose Welt, dick eingepackt in eine Hülle von Neuschnee! »Mein Gott, was wird morgen?« entfährt es uns gleichzeitig. Und weiterhin rieselt der Schnee wie ein dichter Vorhang nieder. Ein Gefühl der Verlassenheit und Einsamkeit steigt in uns hoch. Sorgenvoll verrammeln wir das Zelt, würgen ein paar Bissen als Abendbrot hinab und legen uns in unseren Daunenschlafsäcken schlafen.

Eisige Kälte kriecht durch unsere Schlafsäcke und läßt uns lange vor Sonnenaufgang erwachen. Im Schein der Taschenlampe blitzen Schneekristalle auf, die in einem luftigen Reigen vom dunklen Himmel herabtanzen. »Es schneit immer noch!« seufzt Lobsang. Er betastet die Zeltwände, die unter der Last des Neuschnees schlaff herabhängen, aber nun steif gefroren sind. Zu der Nässe von gestern abend kommt nun noch die Kälte. Frierend wickele ich mich enger in meinen Schlafsack, während Lobsang versucht, seine Füße in die steinhart gefrorenen Bergschuhe zu zwängen, um mit den Trägern die Lage zu beraten. Aus Furcht vor umherstreunenden Wölfen, deren Spuren wir im frischen Schnee oft begegnet sind, hatten sie die ganze Nacht über ein kleines Feuer unterhalten. Zähneklappernd und in ihre Decken gehüllt hocken sie stumm in seinem flackernden Schein. Nach wenigen Worten ist es klar, wir alle wollen warten, bis es hell wird, und dann muß man entscheiden, was zu tun ist. Mit Anbruch des Tages verschärft sich die Kälte und nur mehr wenige Schneeflokken tanzen in der Luft. Wir alle fürchten einen neuen Schneesturm,

so brechen wir hastig auf. Die Zeltheringe sind im Boden festgefroren; die Haut an unseren Händen platzt wieder auf, als wir sie herausziehen wollen. Die Finger schmerzen, ich weiß nicht mehr, ist es Kälte oder siedendes Wasser, das die Finger zu krebsroten steifen Würsten werden läßt. Endlich ist all das hart gefrorene Zeug so verpackt, daß die Träger es aufschnallen können. Durch kniehohen Pulverschnee ziehen wir eine jungfräuliche Spur. Einen eiskalten Fluß, der sich uns brückenlos als erstes Hindernis in den Weg legt, durchwaten unsere schwer beladenen Träger in ihren Gummistiefeln. Mit unseren eisigen Bergschuhen balancieren wir von Trittstein zu Trittstein, mit der klammen Furcht im Herzen, daß wir doch ausrutschen können und dies nicht so heil überstehen würden wie unsere Träger. Gleißend rollt die Sonnenscheibe über die eisgepanzerten Berge herauf. Sie entzündet funkelnde Lichter in den Tausenden von Schneekristallen; geblendet schließen wir vor dieser Pracht für einen Augenblick die Augen. Schade, daß wir unsere Langlaufskier nicht mithaben, meint Lobsang und wir blödeln über das Thema »Zanskar, das Paradies für den Langläufer«.
Unser heutiges Ziel ist Tschibra, die erste feste Siedlung in Zanskar. Dort solle die geschlossene Schneedecke zu Ende sein, so hatten die Leute in Schüldo uns vor vielen Tagen gesagt. Es ist ein weiter Marsch; sieben Stunden im weglosen Schnee und dann im Laufe des Tages im teils hüfttiefen Schneematsch. Gegen Nachmittag nehmen aber die schneefreien Stellen zu; unter dem Schneematsch gurgeln Bäche von Schmelzwasser, und dann kommt endlich die Ebene von Tschibra in Sicht. Wo der Erdboden aufgetaut ist, versinken wir im Schlamm. Und wie ein Bettuch, das man wegzieht, hört wenige hundert Meter vor den ersten Häusern der Schnee auf. Nahe dem Felshang finden wir sogar ein Plätzchen, wo die ersten Grashalme aus der Erde sprießen und ein Bächlein frisches Wasser führt. Wir alle lachen und laufen erregt durcheinander, zu groß ist unsere Freude über den wiedergewonnenen Frühling. Mit Genuß schlagen wir die Zeltheringe in das weiche Erdreich, breiten die feuchten Sachen zum Trocknen auf den Steinmauern aus. Und dann: seit einer Woche zum erstenmal wieder Gesicht und Hände waschen! Der übliche Nachmittagssturm zaust unsere Haare und wir schließen die Daunenjacken, obschon

uns die tiefstehende Nachmittagssonne das Blut in die Backen treibt.
Rigzin ist ins Dorf gegangen, um zu fragen, ob wir Pferde für den Weitermarsch haben können. Es ist die Stunde, um Abschied zu nehmen von unseren Trägern. Jeder erhält seinen Lohn und noch ein angemessenes Bakschisch, das ihren tapferen Einsatz auf dem schwierigen Weg ausgleichen soll. Jeder verabschiedet sich mit Handschlag, und manche streicheln Lobsang über das Kinn als Zeichen ihrer liebevollen Verehrung. Benommen stehe ich in der untergehenden Sonne. Es will mir noch nicht in den Kopf, daß wir fortan ohne diese tapferen Balti, die uns als Träger so lange begleitet haben, reisen werden. Unsere zahlreichen Metallkisten türmen sich vor dem Zelteingang; morgen sollen sie auf den Rücken einheimischer Pferde verladen werden. Bisher ist nichts von unserer Ausrüstung beschädigt worden, zum Glück, denn nichts kann während der nächsten vier oder fünf Monate ersetzt werden und jedes Stück, das wir mitgenommen haben, ist unerläßlich. Zwar ist ein Ritt auf den oft störrischen und immer schlecht ernährten Himalaya-Pferdchen nicht so anstrengend wie ein Fußmarsch durch den Schnee, dennoch sehe ich mit einem gewissen Unbehagen dem morgigen Tag entgegen. Ich frage mich, ob unsere Ausstattung auch die zwei noch vor uns liegenden Tage heil überstehen wird. Als wir vorigen Sommer von Panikkar aus nach Zanskar geritten sind, da mußte ich nämlich jeden Tag die zerbrochenen und zerdrückten Dinge aussondern, was allerdings bei einem kürzeren Aufenthalt leichter zu verschmerzen ist als bei einem so langen, wie er vor uns liegt.
Die Anstrengung der vergangenen Woche legt sich bleiern auf unsere Glieder. In Lobsangs Augen leuchtet die gleiche heimliche Freude wie nach einer langen, aber anstrengenden Bergfahrt in den Alpen. Es ist die Gewißheit, wir haben es geschafft! Der Weg nach Karcha, wo wir unser Standquartier aufschlagen wollen, ist nun offen; nichts kann uns mehr abhalten. Wir kriechen in unser Zelt und bereiten auf dem Gaskocher eine Suppe. Warme Zufriedenheit dampft uns entgegen.
Zwei Zanskaris kommen raschen Schrittes auf unser Zelt zu, und vor Überraschung wissen wir kaum ein Wort der Begrüßung zu sagen: Taschi, unser treuer Begleiter auf all unseren Wegen im vorigen Jahr,

steht vor uns. Seine athletische Gestalt steckt noch immer in zerfetzten Mönchskleidern, doch eine neue Jacke aus einheimischem Wollstoff gibt seiner Erscheinung eine gewisse Würde. Nach und nach erfahren wir, wieso er hierher nach Tschibra gekommen war. Aus Leh hatten wir einem heimkehrenden Zanskari einen Brief nach Karcha mitgegeben, des Inhalts, daß wir wieder auf dem Weg nach Zanskar seien, aber noch nicht wüßten, wann wir wirklich ins Tal kämen, da der Paß durch Schnee blockiert sei. Von diesem Brief erfuhr Taschi, der eigentlich erwartete, daß wir ihn riefen, um uns in Leh abzuholen. Um seine innersten Wünsche vor den anderen nicht offenlegen zu müssen, suchte er einen Vorwand, um nach Kargil zu gehen. Und dieser fand sich, als der Schwiegersohn des Königs von Zangla nach Kargil reisen mußte; sofort erbot sich Taschi, ihn zu begleiten. Zögernd und unsicher dreht er sein Gesicht zur Seite; die Tränen der Freude sollen wir nicht sehen.
Es ist einer jener merkwürdigen Zufälle, über deren eigentliche Natur man lange nachsinnen kann, daß Taschi mit seinem Begleiter gerade an diesem Tag in Tschibra angekommen war und daß der eine von ihnen in der Nacht so sehr erkrankte, so daß uns Taschi am nächsten Tag freudestrahlend mitteilt, er gehe jetzt mit uns zurück nach Karcha in sein Kloster. Der Empfang durch Taschi gibt uns das Gefühl, heimgekehrt zu sein. Nun können wir sicher sein, daß alles auf unserer Reise glatt gehen wird. Endlich wieder ausschlafen! Eine Woche lang waren wir immer kurz nach Mitternacht bei eisiger Kälte aus den Schlafsäcken gekrochen; diesen Morgen aber bleiben wir liegen bis die Sonne warm durch die Zeltwand scheint. Ein Frühstück, das zwar auch nur aus Tsampa – geröstetes Gerstenmehl, das mit Butter, Zukker und Tee zu einem Teig verknetet wird – besteht, bei dem wir uns aber Zeit in Hülle und Fülle lassen. Welch ein Luxus! Unser Führer Rigzin ist wieder ins Dorf gegangen, um passende Pferde anzuheuern. Wir legen unsere Wollsachen zum Trocknen an die wärmende Sonne und genießen das Nichtstun. Ab und zu zirpt ein Vogel schüchtern in unserer Nähe; dann und wann entdecken wir die Knospe eines Huflattichs, eines Gänseblümchens. Als am späten Vormittag immer noch keine Pferde zur Hand sind, bitte ich Taschi, sich der Sache anzunehmen. Freudestrahlend eilt er mit wehenden Röcken ins Dorf, und bald sehe ich ihn auf einem alten Gaul in Richtung auf sein

Heimatdorf davonpreschen. Nach einigen Stunden kommt er im Galopp mit etlichen dürren Mähren zurück. »Amala (Mutter)«, – so nannte er mich immer – »bessere Pferde konnte ich nicht auftreiben!« Der lange Winter hat den armen Tieren arg zugesetzt. Noch verhüllt der dichte Winterpelz gnädig all die Narben und Wunden, doch die entsetzliche Magerkeit vermag auch er nicht zu verheimlichen. Uns bleibt aber keine andere Wahl, die Träger sind bereits heute morgen gegen drei Uhr früh nach Hause aufgebrochen. Unser Gepäck muß den Tieren aufgeladen werden. Taschi überwacht aufmerksam alles, und erst spät verlassen wir den Rastplatz. Nach knapp zwei Stunden bricht das erste Pferd zusammen. Es legt sich in den Staub und weigert sich aufzustehen. Die Peitsche saust nieder; einer reißt es am Schweif, der andere am Halfter. Alles umsonst. Ich krame aus meiner Anoraktasche ein Stück Zucker hervor, doch das arme Tier kennt diesen Leckerbissen nicht. Auf unsere Bitten hin lassen die Leute von dem Tier ab. Wieder schicken wir Taschi los, um nach einem Ersatztier auszuschauen. Auch Lobsangs Reitpferd ist bereits recht wacklig auf seinen Beinen und so zieht er es vor, zu Fuß zu gehen. Abends, kurz vor Einbruch der Nacht, erreichen wir endlich Manda. Das Tageslicht reicht gerade, um am Wegrand das Zelt aufzuschlagen.

Noch in der Morgendämmerung brechen unsere Helfer auf, um bessere Pferde zu finden, doch es ist hoffnungslos. Der Winter mit seiner ungewöhnlichen Länge hat alle Pferde in Zanskar an den Rand des Untergangs getrieben. Seit Wochen, so erzählt ein Bauer, gibt es kein Heu mehr; die Tiere scharren mit ihren Hufen die Wurzeln von einer Distelart frei, das ist ihre einzige Nahrung. Kein Wunder, daß sie völlig entkräftet sind.

Wir beraten, was zu tun sei. In wenigen Tagen soll im Kloster Bardan der Maskentanz beginnen, weshalb wir uns trotz Schnee und Eis bereits so früh im Jahr auf den Weg nach Zanskar gemacht haben, und nun soll alles am letzten Tag durch die Schwäche der Pferde gefährdet werden? Nein!

»Taschi und Rigzin, ihr geht zusammen ins Dorf und besorgt die besten Pferde, die es gibt. Überredet die Bauern, sie euch zu geben. Ein besonders starkes brauchen wir unbedingt. Es muß die Kiste mit der wissenschaftlichen Ausrüstung tragen. Und dann gehen wir eben

sehr langsam und versuchen, die Pferde so weit wie möglich zu schonen«, rät Lobsang.
Sooft ein Pferd stolpert, zucke ich zusammen. »Hoffentlich fällt es nicht hin«, denke ich und gestehe offen, daß ich mehr um unsere Ausrüstung bange, denn um die Gesundheit des Pferdes. Endlich, am Pfingstmontag abends kommen wir in Karcha an.
Der rhythmische Schlag der Stieltrommeln und Tschinellen dringt aus dem Inneren des Tempels, an dessen Dunkel sich unsere Augen erst langsam gewöhnen. Die Mönche aus den Klöstern Karcha, Stongde, Puktal, Bardan und Dzong-khul sind hierher nach Sani gekommen, um den Kandschur – Buddhas Wort in tibetischer Sprache – gemeinsam zu lesen. Die ersten drei Klöster folgen der Schultradition der Gelugpa, die von Tsongkapa im 15. Jahrhundert gegründet wurde, während die beiden letztgenannten Klöster der Tradition der Kagjüpa folgen, die auf den Lehren indischer Tantriker des 9. Jahrhunderts basiert. Im Gegensatz zu der oft im Westen gehörten Ansicht, daß sich die verschiedenen Lehrtraditionen des tibetischen Buddhismus gegenseitig ausschlössen, sitzen hier Anhänger zweier verschiedener Überlieferungen einträchtig beisammen und rezitieren die allen Buddhisten tibetischer Zunge gemeinsamen Lehrtexte.
Die vielen Mönche füllen den Tempel bis zum letzten Platz aus, und so drücken wir uns an die Wand nahe dem Eingang. Die Kagjüpa-Mönche umringen eine Seitenkapelle, den Gönkang, wo die tantrischen Schutzgottheiten in ihrem schreckerregenden Aspekt in Figuren und anderen geweihten Gegenständen anwesend sind. Mit voller Lautstärke singen sie die Gebete. Der eintönige und doch zwingende Rhythmus der Instrumente, die kehligen Stimmen der Mönche, das Dämmerlicht im Tempel, das im Schein der Butterlampen die Wandmalereien mit den tantrischen Gottheiten nur undeutlich aufschimmern läßt, das alles verleiht den Gebeten, in denen die Ideen des tantrischen Buddhismus, in Allegorien personifiziert, leibhaftig beschwört werden, etwas Zwingendes, ja Zauberisches. Vor dem Bild des vierarmigen Gönpo, des Schützers der Kagjüpa, steht auf einem Dreibein ein kunstvolles und doch grauenvolles Gebilde, im Tibetischen *torma* genannt. Aus Holzstäbchen ist eine Pyramide erbaut, mit den Därmen einer Ziege umkränzt. Fleischstückchen dienen als weitere Verzierung. An der Basis der Pyramide, aufgespießt auf ei-

nem Pflock, grinst mich ein aus Teig geformter, grell bemalter Totenkopf an.

Solche *torma* werden allgemein im tantrischen Ritual verwendet. Sie sind eine Waffe gegen alles, was der Religion feindlich ist; darunter verstehen die Gebets- und Ritualtexte in ihrer Symbolsprache alle Leidenschaften und alles Unwissen des Menschen. Doch im alltäglichen Gebrauch der Religion und in den Augen der einfachen Leute fließen hier manche Vorstellungen ein, die mit der Lehre Buddhas ursprünglich nichts gemein haben. So verdinglicht sich diese Feind-vorstellung immer mehr. Der Feind wird nicht mehr in bestimmten Neigungen des Menschen erblickt, sondern in den äußeren Mächten, die dem Wohlergehen des Menschen, dem Reifen der Ernte und der Fruchtbarkeit der Viehherden Schaden zufügen könnten. Nach dem Glauben der Zanskari hausen sie in manchen Bergen. Schonudung-la, der »Jüngling mit der Muschel in der Hand«, ist einer der bekanntesten dieser Schutzgötter. Sein Palast ist ein eindrucksvoller Berg in dem die Hauptkette des Himalaya durchschneidenden Seitental, das sich zwischen Sani und Padum nach dem Zanskar-Becken öffnet. Diese Berggötter sind eingebunden in den Kreislauf der Welt, sie können dem Menschen gewogen oder feindlich sein. Viele Gebets- und Ritualtexte des Buddhismus, die eigentlich den Menschen helfen sollten, sich aus seiner Verblendung und leidenschaftlichen Verstrikkung zu lösen, sind in diesem Sinne umgedeutet worden und sollen den Zorn der Berggötter besänftigen. Unter der Oberfläche buddhistischen Rituals leben uralte Kulte fort, mögen sie auch in unversöhnlichem Widerspruch zur Lehre Buddhas stehen. So wurde für diesen *torma* anläßlich des Kandschur-Lesens zu Sani bis 1978 eigens eine Ziege geschlachtet, um Fleisch und Gedärme zu erhalten. Ja, das Fell der Ziege mit dem Kopf daran diente als Unterlage für den *torma*. Der Teigkegel, heute nur mit roter Farbe angestrichen, wurde bis dahin mit dem Blut der Ziege übergossen. Den Mönchen von Bardan, die einen Laien mit der Durchführung des Blutopfers beauftragten, erschien dieses für das Wohlergehen des Tales notwendig. Daß sie damit der Lehre eines ihrer erhabensten Meisters – Milarepa – widersprachen, war ihnen wohl bisher nicht bewußt geworden. Milarepa, der tumbe Tor und Mystiker des 11. Jahrhunderts, wurde einmal an das Krankenbett eines reichen Mannes gerufen, der bereits Hunderte

von Tieren geopfert hatte, um den Göttern seine Gesundung abzutrotzen.
Milarepa bat alle Bön-Priester und Quacksalber, das Haus des Kranken zu verlassen, dann stimmte er einen Bön-Hymnus auf seine Weise an. Er bediente sich derselben Bilder, reihte sie in der gleichen Weise hintereinander, wie es die Bönpos seiner Zeit taten, doch er verwendete jeden Begriff als ein Symbol, das bestimmte Lehrinhalte der buddhistischen Erlösungslehre bedeutete. Der Schlächter, dem die Opferung der Tiere oblag, deutete er als die »allwissende Weisheit«, denn sie zergliedert ja die Welt; das Opfermesser war das Erkennen selbst und die Brusthöhlung aus der – so schrieb und schreibt es das Ritual vor – das noch zuckende Herz gerissen werden muß, das waren die »zwei Wegstrecken«, d. h. der Weg der spirituellen Entfaltung, an dessen Ende der »Lohn«, nämlich die Erleuchtung steht. Dies ist Milarepas Lied:

«Im weiten Hof des Bön,
da sind gebunden Yaks, Schafe und Ziegen.
Der Schlächter, allwissende Weisheit,
schärft schon das Schwert des Erkennens
und öffnet die Lebenshöhle der »zwei Wegstrecken«.
Der Schlächter reißt heraus das Rückgrat der zwei Hindernisse (Verblendung und Leidenschaft)
und zieht ab die Haut aller störenden Gedanken.

Er versteht den Sinn der Sutren und Tantren,
wissend zerhackt der Schlächter die Glieder.
Im Vertrauen auf die Überlieferung und das eigene Urteil,
so zertrennt er die einzelnen Teile
mit dem Hackmesser der wahren Unterweisung.«

Wer Ohren hat zu hören, der höre; doch die meisten Menschen sind taub, auch im Himalaya. So schlachten sie unschuldige Tiere und erkennen nicht, daß das Böse in ihrem eigenen Sinn steckt und die Vergiftung der Welt aus des Menschen Geist hervorgeht.
Den Tieropfern begegnet man in Zanskar allenthalben, nicht nur anläßlich des Kandschur-Lesens in Sani. Auch für den Tscham-Tanz im Kloster Bardan beauftragte bisher die Mönchsgemeinde einen Laien

aus dem nächstgelegenen Dorf Pibtscha mit der Opferung einer Ziege. Der dänische Ethnologe, Prinz Peter von Griechenland und Dänemark, konnte in den Dreißiger Jahren ein ganz ähnliches Ziegenopfer in Rupschu, jenem bisher unzugänglichen Gebiet östlich von Zanskar und Ladakh, beobachten und fotografieren. So sehr diese Tieropfer den Lehren Buddhas widersprechen, der die Achtung alles Lebendigen als das primäre moralische Gebot verkündete, so handelt es sich bei den genannten Beobachtungen in Zanskar durchaus nicht um Ausnahmen. Bis vor kurzem wurden einigen der Berggötter, die als »Dorf-Götter« das Gedeihen der Ernte, die Gesundheit von Mensch und Tier, sowie die Gunst des Wetters garantieren, an Naturaltären, die man *lha-tho* oder *lha-tse* nennt, Ziegen oder Schafe geopfert. Einen dieser *lha-tho* kann man bequem von der Straße zwischen Tongri und Karcha sehen; er steht auf einem schroffen Felsabbruch über dem Zanskar-Fluß, direkt dem Berg des Schonudongla gegenüber, dem das Ziegenopfer galt. Es ist eines der Verdienste der Buddhistischen Gesellschaft Ladakhs, daß sie diese Tieropfer immer weiter einzuschränken versucht.

In solche Überlegungen versunken, verlassen wir den Tempel und wenden uns nach rechts, um den heiligen Bezirk im vorgeschriebenen Uhrzeigersinn zu umwandeln. Hierbei handelt es sich um eine alte indische Sitte, daß man nämlich dem Objekt seiner Verehrung die rechte Schulter zuwendet. Mit dem Buddhismus fand diese Sitte bis in die Mongolei und nach Sibirien hinein Verbreitung.

Gleich neben dem Tempeltor zwängen wir uns in den dunklen niedrigen Gang. Das Gemurmel vieler Menschen, das Schlurfen ihrer mit Filzstiefeln bekleideten Füße dringt aus dem Dunkel bis zu uns. An den Wänden sind Votivtafeln und Weiheinschriften angebracht. Über Pfützen von Urin steigen wir hinweg, denn in den Nischen des Ganges befinden sich die Latrinen, die dem Ansturm der Besucher nicht gewachsen sind. Der Fäkaliengestank hüllt wie ein Nebel den ganzen Umgang ein und läßt uns schnell wieder ins Freie eilen.

Ein idyllischer Hof nimmt uns auf. In der Mitte der blendend weiße Kanika-Stupa. Von ihm sagen die Einheimischen, daß er von dem Herrscher Kanishka gegründet worden sei. Er war der bedeutendste Herrscher der Kushana-Dynastie, die kurz nach Christi Geburt aus dem westlichen Innerasien über das Punjab nach Indien einbrach und dort ein machtvolles Reich errichtete. In Kaschmir sind wir bereits auf die Spuren dieses Herrscher-Hauses gestoßen. Im Laufe seiner Regierungszeit wurde Kanishka zum entschiedenen Förderer des Buddhismus. Diese einheimische Überlieferung, die bisher von keinen datierbaren schriftlichen Quellen belegt ist, erscheint nicht ganz unwahrscheinlich, wenn man sich der bereits angeführten Inschrift bei Kalatse erinnert, und von Sani kann man diesen Ort schließlich in einer Woche Fußmarsch durchaus erreichen.

Der Stupa selbst ist heute in einer Gestalt zu sehen, die sich deutlich von der der üblichen Stupas oder Tschörten des Zanskar-Tales und der umliegenden Gebiete unterscheidet. Der bauchige Hauptteil des Stupa, er wird in der indischen Architektur-Theorie als das »Ei« bezeichnet, ruht mit seiner breitesten Stelle auf einem viereckigen Sokkel von 3 Stufen. Der »Schirm« erhebt sich über dem »Ei« als eine schlanke Pyramide von einzelnen, übereinander geschichteten Tellern. Sonne und Mond, in Gold gearbeitet, bekrönen das Bauwerk und bezeichnen die Einheit von absoluter Einsicht und vollkommenem Mitfühlen. Die heutige Gestalt des Stupa erinnert in mancher Hinsicht an den großen Stupa von Swayambhunath in Nepal, von dem man weiß, daß er in seinen ältesten Bauteilen auf Ashoka (2. Jahrhundert v. Chr.) zurückgeht. Freilich, weder die heute sichtbare Gestalt des Stupa von Swayambhunath noch die des Kanika-Stupa in Sani reichen in die Zeit ihrer Gründung zurück. Der eigentliche von Kanishka, oder einem anderen Herrscher der Kushana-Dynastie begründete Stupa soll sich im Inneren des heute sichtbaren Bauwerks befinden, das damit eine Art Mantel um das alte Heiligtum bildet.

Diese Sitte wiederum läßt sich allenthalben in Zanskar beobachten, daß man nämlich für besonders heilig erachtete Stupa – deren Errichtung man etwa Rintschen-sangpo (11. Jahrhundert) zuschreibt – mit einem Mauermantel umgibt. Auch für sehr heilig geschätzte, kleine Bronzefiguren werden oft in später errichteten Monumentalfiguren eingeschlossen.

Dem Kanika-Stupa gegenüber befindet sich ein kleiner Schreinraum, der von Schadpa-dordsche (18. Jahrhundert), dem malenden und dichtenden Einsiedler vom Kloster Dzong-khul, ausgestaltet wurde. Die Mauerflächen sind mit Stuckarbeiten verziert, die ganz im Stil der chinesischen Landschaftsmalereien des 18. Jahrhunderts gehalten

sind. Eingeflochten in diese Szenerie sind Meditationsgrotten, in denen sich verschiedene Statuen befinden. Sie alle stellen Padmasambhava, einen indischen Tantriker aus dem 8. Jahrhundert, dar, und zwar in seinen acht verschiedenen Erscheinungsformen.
Zwischen Schreinraum und Stupa, an die Umfassungsmauer des Tempelbezirkes angelehnt, ist ein zierlicher Pavillon mit Pagodendach. Etwas widersinnig wird er als »Naropas Meditationsgrotte« bezeichnet. Einmal im Jahr, je nach dem tibetischen Mondkalender, schwankt der Termin zwischen Mitte Juli und Mitte August, wird der Pavillon geöffnet. Die Burschen und Mädchen kommen am Vortag aus dem ganzen Tal zusammen, klettern auf den Berg hinter Sani hoch, entzünden dort ein Feuer, um dem ganzen Tal zu verkünden, daß morgen die Tür des Heiligtums geöffnet wird. Mit großen Sträußen von Bergblumen steigen sie am nächsten Tag herab und bringen sie dem Heiligen in seiner Grotte dar. Das zentrale Kultbild ist eine etwa 40 cm hohe Figur des Naropa, jenem hochberühmten Tantriker, mit dem wir uns bereits anläßlich des Besuches in Lamayuru ausgiebig beschäftigt haben. Die Wände dieses Pavillons gestaltete ebenfalls Schadpa-dordsche im chinesisch inspirierten Stil. Über Shigatse und Tashilhunpo, zwei Orte in Zentraltibet, die sich im 18. Jahrhundert einer lebhaften Förderung durch das Kaiserhaus der Mandschu erfreuten, wurde diese Kunstrichtung nach Ladakh und Zanskar weitergegeben. Mit etwas Glück kann man in Zanskar hie und da noch Reste dieser anmutigen Malerei finden, wenn auch hier leider immer mehr Klöster die alten Fresken durch geschmacklose »Renovierung« zerstören. An der Stelle, wo im 18. Jahrhundert der Pavillon errichtet wurde und auf dem nahen Leichenplatz (*durtö)* soll Naropa vor rund tausend Jahren meditiert haben.
Die Überlieferung verbindet bestimmte Steinfiguren, die sich dort befinden, mit der Errichtung des Kanika-Stupa. Es sind Figuren, die als Halbreliefs aus monolithischen Steinen bzw. Steinplatten herausgemeißelt sind. Der Stil ist indisch, doch eine genauere Zuordnung wird durch die relativ grobe Bearbeitung und die Verwischung feinerer Konturen durch Wind und Wetter unmöglich gemacht. Die größte und eindrucksvollste Figur, die sich auf der einen Seite eines etwa 2 m hohen, schlanken Steines befindet, der wie ein Menhir aufgerichtet ist, trägt auf dem Haupt eine dreizackige Krone, wie sie etwa Vishnu,

der hinduistische Gott, auf einer guptazeitlichen (5. Jh. n. Chr.) Steinfigur aufweist, die heute im National Museum in Delhi steht. Auch die restlichen Figuren tragen, soweit noch erkennbar, diese dreizackigen Kronen, doch dieses Stilelement blieb über Jahrhunderte hinweg üblich. Eine Identifizierung der Figuren muß dahingestellt bleiben. Die Tatsache, daß die Figuren als Halbreliefs gearbeitet sind, läßt an die Monumental-Figur von Mulbek denken, deren zeitliche Einordnung allerdings ebenfalls noch offen ist. Auch ist der Unterschied in der handwerklichen Qualität so groß, daß ein Vergleich der beiden Monumente nicht möglich ist.

Der »Leichenplatz« ist heute ein anmutiger Ort, der zum Verweilen einlädt. Die großen Steinplatten stecken aufrecht im Halbrund in der Erde. Ein hoher Fahnenmast verkündet dem Besucher sogleich, daß sich hier der gesuchte Ort befindet. Wir lassen uns im Gras nieder und aus der Ferne genießen wir das bunte Bild der Frommen, die in ständig wachsender Schar um die Umfassungsmauer des Tempelbezirks kreisen. Frauen mit prächtigen *peraks*, über und über mit Türkisen besetzt, behängt mit Ketten von Korallen, Türkisen und auch Bernstein, so wandern sie in Gruppen und Grüppchen, plaudernd und scherzend im Kreis. Die Männer bilden wiederum in sich geschlossene Gruppen. Alle tragen sie ihre besten Kleider, die dunkelrote Tschuwa, in wochenlanger Handarbeit aus der Wolle der eigenen Schafe angefertigt. Die Reitpeitsche im Gürtel verleiht ihnen ein Flair von Wagemut und Männlichkeit. Doch nur selten verirrt sich ein schmucker Jüngling in eine Gruppe kichernder junger Mädchen; die Trennung der Geschlechter ist obligatorisch.

Langsam sinkt der gleißende Sonnenball nieder und wir stehen auf, um uns wieder zum Tempeleingang zu begeben. Bei Sonnenuntergang soll der *torma* »weggeworfen« werden, was der Höhepunkt des Rituals ist. Der Eingang zum Tempel ist von Lausbuben, Bettlern und schwatzenden Bauern umlagert. Mühsam gelangen wir endlich in das Innere des Tempels. Der Hauptlama des Klosters Bardan ist bereits in das Kostüm der Schwarzhut-Tantriker gehüllt, ein langes Mantelkleid von altem chinesischem Brokat, an manchen Stellen schon zerschlissen. Den Kopf bedeckt ein breitkrempiger Hut, einstmals pelzverbrämt, doch vom Zahn der Zeit ein wenig schäbig geworden.

Grelle Trompetenstöße – die Prozession formiert sich. Ein Mann schafft mit einer Peitsche Platz; ein Mönch unterstützt ihn dabei mit einem Stock. Das Volk läuft nun eilends aus dem Tempelbezirk, drängt und stößt sich gegenseitig, Kinder fallen brüllend zu Boden, Staub wirbelt auf, Buben stoßen gellende Pfiffe aus. Und dazwischen schreiten die Mönche in einer langen Reihe aus dem Tempel heraus, bis sie einen bestimmten Platz inmitten der Felder erreichen. Der *torma* wird zusammen mit anderen kleinen Teiggebilden auf den Boden gestellt. Der Hauptlama ergreift nun den Teller mit den Teigkegeln, ein junger Mönch reicht ihm ein Messer. Unter Gebeten, begleitet von Trompetenstößen, schleudert er das Messer in Richtung auf die Berge. Sodann folgt Bogen und Pfeil, die beide ebenfalls als Waffen gegen die »Religionsfeinde« geworfen werden. Die Hauptwaffe ist aber der *torma*. Der Lama ergreift ihn und in weitausholenden, langsamen Tanzschritten und Drehungen schleudert er den Teller mit dem ganzen Aufbau darauf in die gleiche Richtung. Mit dem Fuß tritt er alles nieder. Die Menge johlt auf, Mützen fliegen in die Luft. Die Männer pfeifen wieder und alle rennen wild hin und her. Mich erinnert es ein wenig an die Begebnisse auf einem Fußballfeld. Der eigentliche Sinn dieser Zeremonie ist, daß damit alles, was der Verwirklichung der absoluten Wahrheit entgegensteht, besiegt wird; aber wie ich schon sagte, wird die eigentliche Bedeutung dieser Zeremonie nicht mehr verstanden und ganz im Sinne einer innerweltlichen, zauberischen Handlung umgedeutet. Erschöpft von dem stundenlangen Warten, aber auch ein wenig bedrückt ob dieser Degeneration der Lehre des Erleuchteten, wandern wir zu unserem Zelt zurück. Wir haben es in den Flurauen aufgeschlagen, etwas abseits vom Dorf und seinem Festtagstrubel.

Noch lange sitzen wir in der beginnenden Nacht im hellen Licht der Sterne vor dem Zelt und diskutieren mit dem Lönpo von Karcha die Geschichte Zanskars. Bis heute kennen wir nur Bruchstücke, denn die meisten Dokumente wurden in den zahlreichen Kriegen vernichtet. So ist es die vordringlichste Aufgabe der Wissenschaft, die vielen mündlichen Überlieferungen, die die wenigen alten und wissenden Menschen dieses Tales noch erzählen, aufzunehmen, ehe sie von der Flut moderner Kommunikation hinweggeschwemmt werden und die reiche Vergangenheit dieses Tales nur mehr in der Phantasie der Menschen rekonstruiert werden kann. Aus diesem Grund finanzierte die Stiftung Volkswagenwerk unsere Forschungsreisen, daß wir die letzten noch greifbaren Bruchstücke einer untergehenden Tradition erfassen und sie – soweit dies möglich ist – in einem historischen Zusammenhang der Nachwelt erhalten. Der Lönpo ist einer der wenigen Menschen im Tal, der diese Intention versteht und der uns deshalb in stundenlangen Gesprächen immer neue Facetten der Geschichte seines Tales enthüllt. Über König Gesar haben wir bereits gesprochen, auch über die vagen Andeutungen, daß zur Zeit der indischen Kushana-Dynastie buddhistische Denkmäler in Zanskar errichtet worden seien. Wo wir Europäer noch Zweifel an der historischen Verifizierbarkeit haben, ist es für den Lönpo unbestritten Überlieferung seiner Ahnen.

Das Gespräch wendet sich den Begebenheiten zu, die mit diesem Ort, Sani, verbunden werden. Gegenüber vom Fluß, hoch oben in der Bergwand, liegt eine Meditationsgrotte, in der Padmasambhava verweilt haben soll. Die Grotte ist heute mit einer Stirnmauer versehen; noch sprudelt aus ihrem Inneren eine muntere Quelle, der man wunderbare Heilkraft nachsagt. Sonst aber ist es ganz still dort oben, nur selten verirrt sich ein Pilger hinauf. Im ganzen Himalaya kann man da und dort solche Höhlen sehen. Ein normaler Mensch hätte ein Bergsteiger von außergewöhnlichen Fähigkeiten sein müssen, all diese entlegenen Orte in luftigen Höhen zu betreten. Doch die einheimische Überlieferung sieht in Padmasambhava keinen normalen Menschen, der an Zeit, Raum und Schwerkraft gebunden war. Er gilt als der überragende Meister aller parapsychologischen Fähigkeiten. Es hat wenig Sinn zu rätseln, was von diesen Fähigkeiten im Lichte einer naturwissenschaftlichen Betrachtung übrigbliebe. Wir würden uns selbst damit den Zugang zum Wesen dieser Menschen hier in Zanskar verbauen. Für sie ist Padmasambhava der erhabene Tantriker, der die primäre Vitalität der höchsten Erkenntnis in tausend Wundern den Menschen zeigte. Und so wollen wir lauschen, was im Tal von Padmasambhava erzählt wird:

»Nachdem Padmasambhava aus Udyana kam, band er alle Unholde mit dem Versprechen [fortan der Lehre Buddhas zu dienen]. Die üblen Omina des Landes unterdrückte er. Das Erdreich warf er gleich einer Dämonin rücklings nieder und baute auf ihren Kopf [den Tempel] von Sani Kanika, auf ihre Herzen [den Tempel] des Njanam-guru zu Pipiting, und auf ihre Beine den Maitreya Tempel des Njanam-guru [in Tsa-zar]. Er prophezeite, daß [der Leichenplatz von Sani] gleich dem indischen Leichenplatz von Dedän sei. Sein Torwächter im Osten sei Tsere, im Süden Shrīdevī, im Westen Durlha-trugpa und im Norden ein Wunschedelstein, doch Herrin des Heiligtums sei Dschomo Tschän-tschig-ma; [Heilige] werden sich zu Sani versammeln wie Vögel, Leichenbäume und Leichenvögel werden entstehen, so prophezeite er. Er prophezeite, es werde ein Platz, an dem die Dakinis sich versammeln.«

Als Padmasambhava im 8. Jahrhundert vom tibetischen König gerufen wurde, in sein Land zu kommen, um die Dämonen zu unterwerfen, die sich der Errichtung des ersten buddhistischen Klosters bei Samje widersetzten, berichtet die Überlieferung ähnliches wie wir eben aus Zanskar hörten. Es ist gut vorstellbar, daß zu jener Zeit, als im 10. Jahrhundert Nachkommen der zentraltibetischen Dynastie aus ihrem Stammland nach Westtibet flohen und Zanskar ein Teil ihres Reiches wurde, diese Herrscher auch die Mythen und Legenden mitbrachten, die ihren Herrschaftsanspruch begründeten. So könnte man es sich erklären, daß manches, was wir aus der Zeit der zentraltibetischen Königsdynastie kennen, in Zanskar und anderen westtibetischen Gebieten ebenfalls anzutreffen ist. Auch in Tibet soll Padmasambhava das Land gleich einer Dämonin auf den Rücken geworfen und Heiligtümer auf sie gepflanzt haben, um sie fortan am Aufstehen zu hindern.
Padmasambhava prophezeite, daß die Dschomo Tschän-tschig-ma die Herrin des Heiligtums von Sani sein werde. »Die Einäugige Herrin«, wie ihr Name im Tibetischen lautet, ist eine Gottheit, die etwa zwei Stunden zu Pferd von Sani entfernt in Schilatse in einer kaum zugänglichen Höhle verehrt wird. Eines Tages besuchen wir das Heiligtum. Um den Eingang dieses Höhlensystems ist ein Kloster gebaut, das verschiedene kleinere und größere Kulträume beherbergt, die zum Teil erst jüngst von einer Lawine mit ins Tal hinabgerissen und wieder aufgebaut wurden. In einem ganz niedrigen Kellerraum stehen wir plötzlich vor einer aus Steinen locker errichteten Mauer,

die schnell hinweggeräumt wird. Der Mönch führt uns durch labyrinthische Höhlengänge, manchmal erhaschen wir durch ein natürliches Fensterloch einen beängstigenden Blick hinab ins Tal und dann stehen wir endlich in einer etwa 1,50 m hohen Höhle, ganz schwarz verräuchert. Das Auge muß sich erst an die Finsternis gewöhnen und dann entdeckt es an der Decke eine Auswölbung ähnlich dem Leib und der Brust einer Frau und darüber eine dritte, ganz flache, in der ein weißer Quarzstein leuchtet. Es ist das eine Auge der Einäugigen Herrin. Ansonsten ist in der Höhle kein Element des buddhistischen Kults zu sehen, kein weiteres Bild, kein Sakralobjekt. Auch der Mönch, der uns führt, weiß zunächst nicht, wo denn das Kultbild sei. In den Augen der Einheimischen ist es ein sogenanntes selbstentstandenes Bild, das daher besondere Verehrung genießt. In der Gegenwart allerdings beschränkt sich diese Verehrung auf das Hörensagen, denn kaum jemand aus dem Tal besucht noch dieses alte Heiligtum.

Seit den Tagen als der Buddhismus in das Zanskar-Tal kam, wurde dieses Kultbild als Dschomo Tschän-tschig-ma oder – wie sie mit ihrem Sanskrit-Namen heißt – Ekajāti bezeichnet. Ekajāti ist eine Dakini oder Inspirationsgöttin, die mit Padmasambhava eng verbunden ist. Das Tropfsteingebilde in der Höhle von Schilatse jedoch entspricht nicht den ikonographischen Details, die von Ekajāti berichtet werden. Die tantrische Initiationsgöttin hat als einziges Auge nur das Auge der Weisheit, das auf der Mitte der Stirn leuchtet. Die Einäugige Herrin von Schilatse jedoch hat den weißen Quarzstein in der linken Gesichtshälfte. Auch weiß man eine Legende von ihr zu erzählen, die nicht zu der tantrischen Initiationsgöttin paßt:

In Urzeiten war in Zanskar ein Weib, das ob seiner Schönheit alle Männer verwirrte und Zwietracht in die Herzen der Menschen säte. Doch keiner konnte ihrer Schönheit widerstehen. Erst als Padmasambhava ins Tal kam, da warf er seinen Vajra nach ihr und schlug ihr damit ein Auge aus. Er nahm ihr das Versprechen ab, fortan der Lehre Buddhas zu dienen und als Herrin des Heiligtums von Sani zu wirken. Damit erhielt sie den Namen Dschomo-Tschän-tschig-ma, d. h. die Einäugige Herrin.

Aus der vergleichenden Religionsgeschichte wissen wir sehr wohl, daß die Heiligkeit eines Ortes nicht plötzlich geschaffen werden kann, sondern daß sie meist eine viel längere Geschichte als der jeweilige Kult hat. So mag das einer Frau ähnelnde Tropfsteingebilde in der Höhle von Schilatse bereits zu einer Zeit verehrt worden sein, die längst vor Padmasambhava und der ihn inspirierenden Ekajāti liegt, doch wir wissen hierüber nichts Näheres. Merkwürdig ist, daß die Höhle eigentlich von Frauen nicht betreten werden darf. Erst nach langem Reden ist es uns gelungen, den jungen Mönch zu einer Ausnahme zu bewegen.

Das Treiben der indischen Tantriker in den unzugänglichen Tälern des Himalaya ist umwoben vom Glauben der Frommen, von der Spekulation der Weisen und der Skepsis der westlichen Wissenschaft. Die positivistischen Wissenschaften sind nicht das geeignete Instrument, um das Tor zum Verstehen jener Mystiker aufzustoßen. Vielleicht sind die Wege der Träume, der Imagination, der Intuition weit eher angetan, uns nicht verstehen, sondern schauen zu lassen. Die großen Tantriker des Buddhismus haben ihre menschliche Existenz so radikal in Frage gestellt, daß eben diese Existenz sich im mikroskophaften Zugriff der Wissenschaft verflüchtigt. Die Grenze menschlichen Wissens ist hier erreicht, jenseits ist das Absolute, oder wie immer wir dieses Unnennbare nennen mögen. Das Wirken der Tantriker glauben wir in manchen Spuren in Zanskar noch zu ahnen, doch alles entzieht sich der Prüfung durch unsere Ratio. Langsam verstummen wir; das Feuer glimmt nur noch in einzelnen Brocken. Das Schweigen der glänzenden Sternennacht umfängt uns, und unsere Gedanken fliegen weit über die Grenzen unserer menschlichen Enge hinaus.

Dschampa-ling, das Kloster von Karcha

EVA DARGYAY: In einer tibetischen Chronik aus dem 17. Jahrhundert, die Sangjä-gjatso (1653–1705), der Kanzler des Fünften Dalai Lamas, zum Ruhme der Gelugpa-Schule verfaßte, liest man:

> »In Zanskar gibt es die beiden Klöster Karcha Dschampa-ling und Puktal. Das erste wurde durch Zanskar Lotsawa Pagpa-scherab gegründet. Der Lopön Dode-rintschen erweiterte es. Töd-Schersang führte dort die Religionsübung des Dschamgön Lama (d. h. des Tsong-khapa) ein. ... ca. 200 Mönche leben dort.«

Im knappen Stil tibetischer Annalen wird hier das Wesentlichste der fast tausendjährigen Geschichte des Klosters Karcha zusammengefaßt. Mit den einzelnen Fakten werden wir uns nun näher beschäftigen. Zuerst will ich versuchen, die relevanten Informationen über das Leben des Gründers, des Zanskar Lotsawa, zusammenzutragen.
Das Kloster Karcha, dessen eigentlicher Name Dschampa-ling, Land des Maitreya, lautet, ist somit nicht nur das größte Kloster in ganz Zanskar, sondern auch jenes, das auf die älteste Tradition zurückblikken kann, wenn man von den vagen Angaben zur Errichtung des Stupa bei Sani durch den Kushana-Herrscher Kanishka absieht. Die Angaben in der eben zitierten Chronik werden durch ältere Texte bestätigt. Über das Leben des Gründers von Karcha und Stongde sagen jedoch die meisten Texte nichts aus. Allein die Blauen Annalen, die die Entwicklung des Buddhismus in Tibet bis ins 14. Jahrhundert hinein darstellen, geben einige knappe Angaben zum Leben des Zanskar Lotsawa Pagpa-scherab. Den Großen Übersetzer, Rintschensangpo (gest. 1055 n. Chr.), traf er gerade nicht mehr lebend an und so studierte er bei dem sogenannten Jüngeren Übersetzer, Legpäscherab. Von Anfang an interessierte er sich für die Tantren und als er dem Meister Kumarakalasha, wohl einem Inder oder Kaschmiri, begegnete, schlug für ihn die entscheidende Stunde. Der Meister weihte Zanskar Lotsawa in das Tantra Vajrashekhara ein, dem fortan sein besonderer Eifer galt. Der Meister Kumarakalasha hielt sich, wie so viele gelehrte Zeitgenossen, am Hofe von Tholing auf und übersetzte dort das Manjushrimulatantra. Dieser Text enthielt Prophezeiungen,

denen eigentlich nepalesische Verhältnisse zugrunde lagen, doch in Tibet hat man die Namen umgedeutet und die Prophezeiung auf das eigene Land bezogen. Bereits Butön, ein hervorragender Gelehrter und Historiker der Tibeter, sah in ihnen die Reichsideologie, aus der die tibetischen Herrscher die Legitimation ableiteten, als Dharmarajas, als Könige der Buddha-Lehre aufzutreten.

Verschiedentlich wirkte Zanskar Lotsawa als Übersetzer, wenn es galt, die Lehre Buddhas anhand von Sanskrittexten den Tibetern und den Menschen tibetischer Sprache im Westhimalaya nahe zu bringen. Wo immer er geeignete Schüler fand, verbreitete er das Vajrashekharatantra.

Wir dürfen wohl annehmen, daß er 1076 an dem Konzil in Tholing teilnahm, während er damit beschäftigt war, einen logischen Text ins Tibetische zu übersetzen. Und irgendwann in seinem Leben ist er dem großen Marpa, dem Lehrer Mila-repas und dem Begründer der Kagjüpa-Richtung, begegnet. Vielleicht geschah dies sogar in Zanskar, denn das heutige Kloster Stongde, Karcha gegenüber auf dem Ostufer des Zanskarflusses gelegen, soll auf Marpa zurückgehen, der dort in einer Höhle einige Zeit gelebt haben soll, weshalb der Ort anfänglich den Namen Marpaling getragen hat.

Dann begab er sich einmal – das Jahr kennen wir leider nicht – auf die Wanderschaft nach Nepal und Westtibet. Um 1108 soll er sich in Bodonge, einem um 1049 gegründeten Kloster in der Gegend von Shigatse, aufgehalten haben.

Pawo-tsuglag (geb. 1503), ein tibetischer Geschichtsschreiber ersten Ranges, schreibt, daß Zanskar Lotsawa vor allem von zwei kaschmirischen Lehrern unterrichtet wurde, daß er den Kult des Reichtumsgottes Kubera, der heute noch in vielen Tempeln Zanskars zu sehen ist, einführte und daß er in der näheren und weiteren Gegend von Lhasa insgesamt etwa fünfzehn Heiligtümer errichtete. Daß er über eine erstaunliche Sprachbegabung verfügt haben mußte, wird durch eine Anekdote klar, die ebenfalls von Pawo-tsuglag erzählt wird:

> »Auch Ra Lotsawa übersetzte einen tantrischen Text. Doch während er noch nicht einmal fünf Verse übersetzt hatte, hatte Zanskar Lotsawa bereits fünfmal soviel übersetzt. Daher ergriff Ra Lotsawa

die Eifersucht und er gab ihm Gift, so daß er erkrankte. Später starb Zanskar Lotsawa in Tschumi-ringmo.«

Gewiß, die Anekdote stimmt nachdenklich und entspricht nicht der buddhistischen Ethik, doch von Ra Lotsawa sind viele ähnliche Anschläge überliefert. Mögen sie wahr sein oder nicht, jedenfalls zeigen sie uns, daß auch die Tibeter selbst nicht jeden ihrer Gelehrten als eine Verkörperung des Großen Mitfühlens und Mitleidens ansahen. Das Menschlich-Allzumenschliche guckt auch unter der dunkelroten Robe manches Mönches und Würdenträgers hervor.
Pawo-tsuglag bezieht sich in seinen Angaben über das Leben Zanskar Lotsawas auf dessen Biographie, die bis heute jedoch unauffindbar blieb. Mag sein, sie liegt noch in irgendeinem verstaubten Winkel einer Klosterbibliothek im Himalaya, oder sie ist im Laufe der seither vergangenen Jahrhunderte verschollen. Wir wissen es nicht.
Daher kennen wir bis heute nicht das Todesjahr des Zanskar Lotsawa, sein Name aber ist mit der Verbreitung der sogenannten Yoga-Tantras unauflöslich verknüpft. Zukünftige Untersuchungen der von ihm verfaßten bzw. übersetzten Texte lassen uns hoffen, daß wir nicht nur die aus seiner Zeit stammenden Wandmalereien in den ältesten Tempeln und Klöstern Zanskars besser deuten können als dies heute möglich ist, sondern auch die Geistesgeschichte seiner Zeit besser verstehen werden.
Fassen wir das alles zusammen, so gewinnen wir dennoch nur knappe Umrisse vom Leben des Klostergründers. Wie viele seiner Zeitgenossen war er erfaßt vom heiligen Eifer des dharma, der Lehre des Erleuchteten. Das Wirken Rintschen-sangpos leuchtete damals in ganz Ladakh und den umliegenden Talschaften wie eine Fackel, die überall weitere Lichter entzündete. Nach mündlichen Überlieferungen soll Zanskar Lotsawa aus Wakha stammen, einer alten Ortschaft ganz nahe bei Mulbek, doch die Schriften schweigen dazu. Noch als Jüngling machte er sich auf, um den weithin berühmten Rintschen-sangpo aufzusuchen. Doch ehe er an der Wirkstätte des Meisters ankam, war dieser bereits verschieden (1055). Nach der Biographie Rintschen-sangpos hielt er sich zuletzt in Wengir auf und man nimmt an, daß sich dieser Ort in seiner Heimat befand. Zanskar Lotsawa mußte von seinem Geburtsort Wakha – wenn wir der mündlichen Überlieferung

folgen – über Zanskar, dem Lungnak-Fluß aufwärts über den Shingo-La oder Baralacha-La nach Guge gewandert sein. Wohl in Tholing, der Residenz der Könige von Guge, mag er den jüngeren Übersetzer Legpä-scherab getroffen haben, bei dem er zunächst studierte, ehe er seinem eigentlichen Guru in Kumarakalasha begegnet. Auf seinen weiten Wanderungen durch das Bergland des westlichen Himalaya und bis nach Zentraltibet begegnete er noch manchem Weisen, dessen Lehren er lauschte. Obschon er Zutritt hatte zu jenem Kreis von Gelehrten, die sich um Rintschen-sangpo und Atisha versammelt hatten, zählte Zanskar Lotsawa niemals zu den Begründern des Kadampa-Ordens. Er hat sich wohl keiner Gruppierung angeschlossen, sondern zog das ungebundene Leben eines Tantrikers vor. Diese Ungebundenheit mag nicht zuletzt die Ursache dafür sein, daß trotz seiner Bedeutung für die Überlieferung einiger tantrischer Lehren so wenig von ihm bekannt ist. Vier Hauptschüler bewahrten in Zanskar sein Erbe, doch auch von ihnen sind nur noch die Namen bekannt.

Mit einem leichten Lächeln, das dennoch sein ganzes Gesicht erhellt, empfängt uns Gesche Ngawang-tarpa in seiner kaum 3 qm großen Mönchszelle. Vor den gewachsenen Fels, in den eine Art Bücherregal geschlagen ist, baute einstmals ein Mönch von Karcha eine dicke Steinmauer. In dem dadurch entstandenen Zwischenraum zog man ein Geflecht von Zweigen ein, auf das Lehm geschüttet wurde. So entstand eine zweigeschossige Mönchswohnung, die heute Gesche-la bewohnt. Die Räume sind so niedrig, daß wir alle mit eingezogenen Köpfen dastehen. Erleichtert setzen wir uns auf den dünnen Matten nieder. Das niedrige Holztischchen bricht fast unter der Last der Bücher, die kreuz und quer auf ihm aufgehäuft sind, zusammen. Mit geübter Handbewegung hüllt er die Blätterbündel, denn tibetische Bücher haben keine Bindung, in zerschlissene Seidentücher und packt sie auf das Regal.

Die üblichen Fragen nach dem Wohlbefinden, dann die nach den Sargjur, den Neuigkeiten – eine verständliche Frage in einem Tal ohne Radio, Zeitungen oder Ähnliches. Wir sind ein wenig ratlos, was denn nun für den Gesche-la eine interessante Nachricht sei, die Querelen der Weltpolitik gewiß nicht. So erzählen wir von unseren bisherigen Studien zur Geschichte der Klöster in Zanskar, berichten, was wir über das Leben Zanskar Lotsawas wissen. Einige der tibetischen

Chroniken, die uns im Westen zugänglich sind, kennt Gesche-la nicht. Er fragt nach dem Titel, ob die Bücher in Indien nachgedruckt worden seien usw., während ein junger Mönch aus dem Untergeschoß, in dem die winzige Küche untergebracht ist, in einer hübsch geformten Tonkanne Buttertee heraufbringt. Einige flache Brote aus Gerstenschrot reicht er dazu.

Gesche-la erzählt, daß er fast den ganzen Winter in Ladakh verbrachte, um von frommen Laien Geldspenden zu erbetteln, so daß er in den nächsten Jahren seine Studien der buddhistischen Philosophie mit der erforderlichen öffentlichen Disputation abschließen kann. Dabei muß er die ganze Mönchsgemeinde bewirten und jedem Mönch zumindest ein kleines Geldgeschenk machen. Mit einem leichten Seufzer meint er, daß er wohl nicht geschickt vorgegangen sei, denn die wenigen Rupien, die er sammeln konnte, reichen bei weitem nicht aus, die Aufwendungen für die Prüfung zu decken. Er ist heute ein Mann von etwa fünfzig Jahren und sein größter Wunsch, seine Studien mit der öffentlichen Disputation abzuschließen, wodurch er einen akademischen Rang erhielte, der etwa einem mittelalterlichen doctor theologiae entspricht, wird wohl unerfüllt bleiben.

Nachdem wir einige Tassen des salzigen und mit Butter zu einer Emulsion vermischten Tees getrunken haben, meint unser Gastgeber, daß es doch besser sei, sich der ehrwürdigen Vergangenheit zuzuwenden, als über die Schwierigkeiten der eigenen Existenz zu reden. Er selbst wolle uns nun die Stätten zeigen, an denen Zanskar Lotsawa wirkte.

Wir steigen den steilen Klosterberg hinter unserem gelehrten Führer wieder hinab, bis wir am Ufer des Baches angelangt sind, der das Dorf Karcha in zwei Teile teilt. Dort befindet sich ein Tempel, dessen Untergeschoß wir auf einem krummen Steigbaum überwinden. Von dem Flachdach aus, das bereits etliche Löcher und brüchige Stellen aufweist, genießen wir einen imposanten Rundblick über das zentrale Zanskarbecken, das im Süden von der alle Beschreibung übertreffenden Mauer der Hauptkette des Himalaya begrenzt wird. Unser Führer ruft uns nun in das Innere des kleinen Tempels. Eine große Figur von Maitreya, dem künftigen Buddha, der in westlicher Sitzhaltung auf einem Thron sitzt, jederzeit bereit, »zum Wohle aller Lebewesen« in die Wandelwelt der Vergänglichkeit und des Leidens einzutreten, beherrscht den Raum. Vielmals wurde diese Figur, von der man sagt, sie sei von selbst entstanden, mit neuer Farbe überstrichen, so daß sie sich uns in einem scheinbar modernen Gewand präsentiert. Die Rückwand des kleinen Tempels ist der gewachsene Fels, in den flache Nischen geschlagen wurden, deren glatt polierte Flächen Malereien bedecken. Leider sind sie von einer so dichten Staubschicht zugedeckt, daß wir kaum etwas von der ursprünglichen Gestalt erkennen können. »Wer gründete nun dieses Tempelchen?« will ich gerne wissen. »Das weiß man heute nicht mehr genau«, antwortet Gesche-la. »Denkbar ist, daß es schon vor Zanskar Lotsawa bestand und er dieses Heiligtum zum Anlaß nahm, darüber den größeren Tempel, den wir gleich noch besuchen werden, zu errichten. Das meinen jedenfalls die meisten unseres Klosters. Ohne Zweifel aber gab das kleine Tempelchen dem späteren Kloster und auch dem Tempel des Zanskar Lotsawa seinen Namen. Nach seinem bedeutendsten Kultbild, dem Maitreya hier, den wir in Tibetisch Dschampa nennen, hatte das Tempelchen seit Menschengedenken den Namen Dschampa-ling. Später, als man auch den Tempel des Zanskar Lotsawa als Dschampaling bezeichnete, faßte man den Namen des alten Heiligtums genauer und nannte es fortan Dschampa Rangdschung, d. h. der von selbst entstandene Maitreya.«

Der Kustos des Tempelchens, eine alte, verrunzelte Bauersfrau aus dem Dorf, klappert etwas ungeduldig mit einem bizarr geformten Schlüssel – eine deutliche Aufforderung den Raum zu verlassen, damit sie ihn wieder mit dem eisernen Vorhängeschloß verschließen kann. Doch davon unbeeindruckt zeigt uns Gesche-la noch die Flachreliefs, die hinter dem Tempelchen in die glatte Felswand geritzt sind. Sie ähneln in gewisser Weise jenen Reliefs, die sich unterhalb der Burg von Sheh am Indus finden. In beiden Fällen sind Buddhas und Bodhisattvas die Motive.

»Dieses Tempelchen untersteht nicht dem Kloster«, klärt uns Gesche-la auf. »Es gehört dem Dorf, daher ist der Kustos auch diese Bauersfrau. An bestimmten Tagen des Jahres versammeln sich hier die frommen Leute aus dem Dorf und widmen sich für volle zwei Tage nur dem Gebet und der Meditation, während sie fasten, um den Geist besser konzentrieren zu können.«

Inzwischen sind wir wieder ins Freie gekommen und über steile Trampelpfade schnaufen wir den Berg hoch – die dünne Luft hier

oben, wir sind gut fünfhundert Meter über dem Gipfel der Zugspitze, läßt einen immer schnell außer Atem gelangen. Durch einen großen Torstupa betreten wir den eigentlichen Klosterbezirk, und schon bald stehen wir vor dem imposanten Bau des Labrang, der gleichzeitig Verwaltungsgebäude und Sitz des »Klosterherrn«, des Ngari Rinpotsche, ist. Ein dichtbehaarter schwarzer Hund, der seine enge Verwandtschaft mit dem Tibet-Mastiff nicht verleugnen kann, bewacht knurrend den Eingang. Mit ein paar Brocken Tsampa ist er schnell abgelenkt und wir huschen in das kühle, dunkle Innere.
Elf steile Steinstufen gilt es atemringend zu ersteigen, dann stehen wir im engen Innenhof des Gebäudes, um den sich auf jedem Stockwerk balkonartige Umgänge lagern. Hier erwartet uns bereits der Schatzmeister des Klosters, der Hausherr des Gebäudes. Er ist nicht mehr der gleiche Mönch wie im vorigen Jahr, denn alle drei Jahre erwählt die Mönchsgemeinde einen anderen aus ihrer Mitte zum Schatzmeister. Gesche-la stellt uns vor und, begleitet vom Klirren des mächtigen Schlüsselbundes, tasten wir uns durch dunkle, staubige Gänge voran bis wir, geblendet von der grellen Vormittagssonne, auf einem Flachdach im Freien stehen. Am Rande des Flachdaches befindet sich eine Kapelle, die verschiedene Figuren von buddhistischen Gottheiten und von einzelnen Lamas beherbergt, sowie eine Reihe alter Thankas, die jedoch so verstaubt und verkommen sind, daß wir meist nicht mehr erkennen können, was darauf dargestellt sein soll. Gesche-la nimmt einige der Thankas von ihren Wandhaken und da sehen wir, daß die Wand einstmals mit der Darstellung von verschiedenen Klöstern geschmückt war. Ob es die verschiedenen Klöster sind, die unter der Obhut des Klosters Karcha stehen, oder eine bestimmte Landschaft, die hier dargestellt wurde – vielleicht in Tibet – das bleibt uns unklar, denn zu sehr ist die Malerei zerstört. Freilich, ein geschulter Restaurator könnte hier vieles retten und manche bisher verschüttete Quelle unseres Wissens würde sich dann öffnen, aber wer sollte dies finanzieren?
Der Schatzmeister verschließt die Tür zu dieser Kapelle wieder mit dem alten tibetischen Vorhängeschloß, und wir wenden uns der viereckigen Dachluke zu, die in das Flachdach eingelassen ist. Dornengestrüpp ist darüber gebreitet, damit nicht zu viele Vögel den Weg in den Tempel finden; dann klettern wir über eine Leiter ins Innere des

Tempels, der ausschließlich durch diese Dachöffnung Licht erhält. Wir stehen in einem großen rechteckigen Raum, dessen Front von Monumentalfiguren eingenommen wird, die in ein zweites Geschoß hinaufragen, so daß man im Tempel nur die Ansicht der unteren Körperhälfte genießt. Die Figuren wurden auch hier immer wieder mit neuer Farbe übergossen, so daß die eigentlichen Konturen längst verwischt sind und wir nur grobe Umrisse und grelle Farben sehen. So wenden wir uns gleich den über und über bemalten Wänden zu.
Der Gesche-la erklärt uns, daß Zanskar Lotsawa diesen Tempel gegründet habe und daß hier der nämliche Künstler wie in Alchi tätig war. Doch auf den ersten Blick sehen wir keine Parallelen. Alchi ist ganz und gar noch vom indischen Kunstempfinden geprägt, doch hier zeigt sich der westtibetische Stil in seiner eigenen Genuität, die feine Strichführung in der Gestaltung der Gesichter läßt an chinesische Kunstfertigkeit denken. Steht man in der Mitte des Tempels und läßt das Auge nachdenklich über die bemalten Wände gleiten, so erkennt man, daß einige Partien übermalt worden sind, daß andere vom Regen, der durch das Flachdach drang, stark zerstört worden sind, daß weitere in ihrer ursprünglichen Form noch erhalten sind. Fünf monumentale Figuren beherrschen die Ost- und Südwand. Unter ihnen sind die Buddhas Amitabha und Vairocana leicht zu erkennen, und so möchte man meinen, daß die anderen ebenfalls zu den fünf Meditationsbuddhas gehören. Die Darstellungen weichen jedoch in ihren ikonographischen Details von dem allgemeinen buddhistisch-tibetischen Schema zu sehr ab, so daß wir eine sichere Zuordnung lieber nicht vornehmen. Hier liegt noch viel Arbeit vor uns.
Der Buddha Amitabha ist inmitten seines Strahlungsfeldes, das Glückhafte genannt, dargestellt. Die Weisen, die der Lehrvermittlung in diesem reinen Gefilde teilhaftig werden, stehen auf kleinen Lotos und füllen mit ihren streng gegliederten Reihen den weiten Himmelsraum, durch den Blumen regnen. Die heute sichtbare Malerei ist mit Sicherheit das Werk eines Restaurators, der nicht immer mit Geschick eine darunter liegende ältere Darstellung übermalte. Wiedergaben des Buddha Amitabha inmitten Sukhavati finden sich in Zentralasien, in dem Gebiet, wo tibetische und chinesische Kultur sich berühren. In Ladakh aber sind diese Darstellungen wohl sehr selten.
Zwischen den großen Figuren finden sich verschiedene Meister des

tibetischen Buddhismus: Atisha (982–1054) mit seinem tibetischen Schüler Domtön (1008–1064), der zeit seines Lebens Laie blieb, Sakja-Pandita (1182–1251), der große Gelehrte zur Zeit der Mongolenstürme, Tsongkapa (1357–1419), zwar ohne seine üblichen Embleme von Buch und Schwert, doch durch eine Weiheinschrift klar belegt, sodann Milarepa (1040–1123), der Sänger und Mystiker, sowie einige Meister der Kagjüpa Schule. Tsongkapa ist die jüngste der datierbaren historischen Gestalten. Zumindest dieser Teil der Wandmalereien muß also nach dem 15. Jahrhundert angebracht worden sein. Ich möchte vermuten, daß dies mit der Überführung des Klosters in die Tradition der Gelugpa geschah. Der Stil, in dem die historischen Persönlichkeiten gemalt sind, ist aber von dem der Gottheiten verschieden, dies muß klar gesagt werden.

Trotz aller Nachforschungen ist bis heute keine Klostergeschichte von Karcha bekannt geworden, und man vermutet daher, daß sie – falls überhaupt je eine existierte – einem der zahlreichen Kriege oder einem Brand zum Opfer fiel. Nur vergleichende Studien können daher Anhaltspunkte liefern, wann diese Malereien entstanden sein mögen. Jene Wand des Tempels, vor der die großen Figuren stehen, ist mit überlebensgroßen Darstellungen der Hierarchien der Gelugpa Schule bedeckt: Atisha und Tsongkapa, der in der Art eines Buddha von seinen beiden Hauptschülern Kädupdsche und Gjältsabdsche flankiert wird. In der Mitte der Wand ist ein eindrucksvolles Bild – leider stark zerstört – des historischen Buddha Shakyamunis zu sehen. In der Nordwest-Ecke dieser Wand sieht man das Bild des elfköpfigen Avalokiteshvara. Im Anschluß daran haben sich an der Nordwand, in der auch die einzige Tür des Tempels eingelassen ist, kleinflächige Malereien erhalten, die teils kriegerische Szenen zeigen. Sie ähneln in gewisser Weise den Darstellungen im Lhakhang Soma von Alchi, die sich ebenfalls an der Türwand befinden. In dieser entlegenen Ecke des Tempels sind die Malereien fast unbeschädigt erhalten und sind dem Schicksal des fortwährenden Übermalens entgangen. Die Türwand weist ansonsten Malereien auf, wie sie auch in tibetischen Tempeln zu finden sind: Shridevi mit ihrem Gefolge von weiteren schreckerregenden Wesenheiten, die in ihrer Rauch- und Flammenaureole aufscheinen; sodann Yama, der Erstgestorbene und Totenrichter mit seiner Schwester Yami; über der Tür thront Kubera, der Reichtumsgott. Die anschließende Nordost-Ecke ist bis auf das Mauerwerk zerstört; nur eine furchterregende, gehörnte Gestalt hat sich noch erhalten. Sie mag Mara, das Böse, verkörpern, als er Shakyamuni von dem Eintritt in die vollkommene Erleuchtung abhalten wollte. Diese Malereien gehören sicher zum ältesten Bestand, der heute noch in Zanskar zu finden ist, und es stimmt uns recht nachdenklich, daß das Kloster nicht im entferntesten daran denken kann, je die Mittel für eine sachverständige Renovierung aufzubringen. So verfällt eines der schönsten Denkmäler für das Kunstschaffen Zanskars von Jahr zu Jahr immer mehr.

Gesche-la macht uns auf Vertiefungen im Boden des Tempels aufmerksam. In den gewachsenen Felsen hat man einst die Getreidespeicher des Klosters eingelassen, die auch heute noch benutzt werden. Steinplatten verschließen die engen Öffnungen. Sieht man genau hin, dann entdeckt man die Abdrücke eines rechteckigen Siegels, das in der Art tibetischer Siegel Zeichen aufweist, die der mongolischen Quadratschrift entlehnt sind. Fünf hierzu eigens bestimmte Mönche müssen anwesend sein, wenn einer der elf Getreidespeicher, angefüllt mit Korn, versiegelt werden soll. Will die Klosterverwaltung im Laufe des Jahres einen Speicher öffnen, so müssen ebenfalls diese fünf Mönche anwesend sein. Diesen schönen alten Maitreya-Tempel betreten die Mönche von Karcha nur mehr anläßlich des Neujahrsfestes, ansonsten steht er leer.

Noch einen letzten Blick werfe ich auf die feinen Linien der Malereien, die ahnen lassen, welcher Enthusiasmus einst die Gründer dieses Tempels beseelt haben muß. Während der Schatzmeister hinter uns die Tür wieder sorgfältig verschließt und anderen Aufgaben nachgehen will, fährt Gesche-la fort zu erzählen, wie denn die alten Klöster Zanskars in die Hand der Gelugpa kamen. Es war Töd Schersang, von dem es heißt, er habe die Lehre der Gelugpa bis zu den Grenzen der Welt verbreitet, der nicht nur in Ladakh selbst, sondern auch in Zanskar die Klöster der Schultradition seines Lehrers Tsongkapa zugeführt hatte. Seither verfestigte sich das Band, das Karcha mit den tibetischen Klöstern der Gelugpa-Schule verband, immer mehr. Besonders greifbar wird dies, als 1779 der damalige Ngari Rinpotsche, Lobsang-gelegjesche-dagpa, von der tibetischen Regierung mit den Klöstern Likir, Mulbek, Puktal und Karcha, sowie mit dem Gebiet

um Rangdum belehnt wird. Er ließ dann in der gewaltigen, von zahlreichen Flußarmen durchzogenen Schotterebene von Rangdum das Gelugpa-Kloster erbauen. Im Laufe der Zeit wurden auch die restlichen Gelugpa-Klöster in Ladakh und Zanskar der Jurisdiktion des Ngari Rinpotsche unterstellt. Damit rückte er zum bedeutendsten geistlichen Würdenträger in diesem Raum auf.
Der Ngari Rinpotsche ist ein Tulku oder, wie man auch sagt, ein inkarnierter Lama. Viel wurde schon geschrieben über diese eigentümliche Institution in der klerikalen Struktur der tibetischen Gesellschaft, und oft gewinnt man den Eindruck, daß sich der westliche Beobachter vom ersten Eindruck bizarrer Exotik so sehr befangen ließ, daß er gar nicht mehr geneigt war, tiefer zu sehen. Die meisten der sogenannten großen Tulkus führen ihre Existenz zurück auf einen der Arhat in dem Umkreis des historischen Buddha Shakyamuni, manche auch auf eine herausragende und meist populäre Symbolgestalt die – weit davon entfernt, etwa einen historischen Kern zu beinhalten – eine Idee, ein Ideal verkörpert. Dies trifft beispielsweise für die Existenz-Reihe des Dalai-Lama zu, der sich auf den Bodhisattva Avalokiteshvara, die Verkörperung des Großen Mitfühlens, zurückführt. Der Ngari Rinpotsche sieht sich – wie auch der Bakula Rinpotsche, die zweite bedeutende Figur im Aufbau der buddhistischen Hierarchie Ladakhs – als die Verkörperung eines Arhat an, also einer historischen Person. Liest man die tibetischen Texte sorgfältig, so fällt auf, daß die frühesten Texte davon sprechen, daß etwa eine besonders herausragende Persönlichkeit »gesegnet« war von jener Idealfigur, mag es sich um eine historische oder um eine symbolische handeln. Ja, oft stößt man auf Formulierungen, die besagen, der aus seiner Umwelt so Herausragende war »ähnlich« jenem alten Vorbild, war ihm gleich, war inspiriert von ihm. Die Redewendungen werden dann immer dichter und dinglicher, je weiter man sich in der Zeit vom Geschehen entfernt. Die Überzeugung, daß sich jedes Lebewesen nach seinem Tod wiederverkörpert, verband sich mit der verständlichen Neigung des Menschen, einen besonders herausragenden Mitmenschen für alle Zeiten gleichsam zu bewahren, ihn der Nachwelt zu erhalten. Was lag näher als nach der Wiedergeburt des so Herausgehobenen zu forschen und so fortzufahren, bis daraus eine Institution

wurde, die im Laufe der Geschichte die biologische Erbfolge der königlichen Dynastien ersetzen konnte?

Die Gründung von Rangdum am Ende des 18. Jahrhunderts war ein Markstein im Zuge der Ausbreitung der Gelugpa in Ladakh und Zanskar. Rangdum war ihre ureigene Stätte, nicht eine Gründung aus der Vergangenheit, belastet mit Vorstellungen und Verpflichtungen, die dem 18. Jahrhundert als »überholt« erscheinen mußten. So herrschte denn auch in Rangdum der Schutzgott Dordsche Schugdän, der zum eifernden Wächter der Gelugpa wurde. Rangdum war ein Außenposten tibetischer Religionspolitik. Dort meditierten keine Mystiker, keine Yogis waren dort in Selbstversunkenheit entrückt.

Der heutige Ngari Rinpotsche ist der jüngste Bruder des Dalai Lama; noch als kleiner Bub verließ er seine Heimat und wurde seiner traditionellen Kultur und Erziehung entrissen. Die auf ihn einstürmende moderne Welt bot dem Heranwachsenden keinen Kompromiß an zwischen seiner Bestimmung zu einem hohen inkarnierten Lama und seinem bloßen Menschsein. Als junger Mann entzog er sich allen geistlichen Verpflichtungen, ja schlug sogar eine militärische Laufbahn ein. Wie so viele Flüchtlinge unserer Zeit ist er ein Getriebener, der seine Identität sucht. Die Gelugpa-Klöster in Zanskar aber haben nur ihn als letzte verantwortliche Instanz. Alle Probleme, die nun auch durch die Öffnung Zanskars auf sie einstürmen, wollen sie nur von ihm gelöst wissen, der aber diesem Anspruch einer geistlichen Hierarchie und einer für ihn überholten Institution nicht mehr entsprechen kann. Es ist ein typisches Schicksal unserer Zeit, am Rande der bekannten Welt, und doch so ähnlich unseren eigenen Problemen.

Als die Großen, die die Buddha-Lehren im 11. Jahrhundert im westlichen Himalaya verbreiteten – wir sind den Namen Atisha, Rintschen-sangpo, Domtön und anderen begegnet – dehnten ihre Reisen auch bis nach Zentraltibet aus, legten dort den Grundstein für die buddhistische Erneuerung. Noch war der Eifer der Königszeit nicht ganz verflogen, und so entstanden schnell wieder geistige Zentren voll Leben und Tiefe. Die Söhne Ladakhs, Guges, Zanskars usw. wandten sich fortan nach Zentraltibet, um dort das Wort des Erhabenen zu studieren. Mit dem Siegeszug der Gelugpa, in Tibet wie in Ladakh, verstärkte sich diese Tendenz zunehmend. In den Gelugpa-

Klöstern Zanskars entstand damit eine Literatur, die in den Kreis der schriftstellerischen Tätigkeit der großen Gelehrten aus der tibetischen Gelugpa gehören. Sie fühlten sich aufs Innigste verbunden mit den westtibetischen Stammsitzen dieses Ordens und als die legitimen Erben der großen Vergangenheit.
Man glaubte daher, in Ladakh auf die Errichtung von großen zentralen Bildungsstätten verzichten zu können und eröffnete lieber Kollegien an den zentraltibetischen Klosteruniversitäten und reservierte sie allein für die jungen ladakhischen Mönche. Als das kommunistische China Tibet 1959 mit Militärmacht unterwarf, wanderten viele Mönche aus Ladakh in die Zwangsarbeitslager und Gefängnisse der neuen Herren in Tibet. Fast in jedem Kloster erzählen die Mönche von diesem oder jenem Mitbruder, der in den kommunistischen Kerkern umkam, als er sich in Tibet zum Studium aufhielt und von den Unbillen der Geschichte dort ahnungslos überrascht wurde.
Seit Wochen hat Rigzin, ein etwa dreißigjähriger Mönch des Klosters Karcha, für uns Tonbandaufzeichnungen niedergeschrieben. Da sich nun die Arbeit langsam ihrem Ende nähert, will er uns beide zu sich zum Mittagessen einladen. Das Mönchshäuschen, das er noch mit anderen Mönchen bewohnt, befindet sich neben dem Labrang, dem Verwaltungsgebäude. Erst vor kurzem hat Rigzin einen weiteren Raum hinzugefügt. Arme junge Mönche, die über keinerlei finanziellen Rückhalt verfügen, hatte er gebeten, Lehmziegel für ihn zu formen. Das einzige Hilfsmittel, das dabei verwendet wurde, war eine rechteckige Form aus Holz und eine Schaufel, mit der der Lehm herangetragen wird. Das Einfüllen der Form, das Feststampfen, das alles wurde mit der bloßen Hand besorgt. Dann fügten sie die an der Sonne getrockneten Ziegel in Reihen übereinander und strichen mit den Händen Lehm als Bindemittel dazwischen. Sodann beauftragte Rigzin wiederum andere Mönche mit der heiklen Arbeit des Verputzens. Dazu holten sie in Körben Schwemmsand vom Flußufer, den sie mit Lehm und Kuhmist zu einer feinen Paste verarbeiteten, die nun mit den Händen und der Hilfe von alten Lappen als Verputz aufgetragen und glattgestrichen wurde. Mit glatten Steinen schliffen sie alle rauhen Stellen des Verputzes ab. Dann mußte Rigzin warten, bis der Lharipa, der Bildermaler, mit der Renovierung des Tempels fertig war, um ihn zu bitten, sein neu gebautes Zimmer auszumalen. Mit

einer Blumenbordüre schmückte er die obere Zone der Wände, dann folgte ein dreifarbiger Streifen mit einer Faltenwurf-Imitation. Den mittleren Teil der Wand hatte er rotbraun streichen lassen. An einer Wand prangten drei pralle Granatäpfel als Zierde. Ein Streifen, farbig abgesetzt, bildete den Abschluß. 4000 Rupien hatte Rigzin für diesen Raum bezahlt, viel Geld, wenn man die Schlichtheit der Mittel und die Enge des Raumes – etwa 8 qm – bedenkt. Ein dreigliedriges Fenster, sogar verglast, gewährt uns einen atemberaubenden Blick auf die Kette des Himalaya. Mit höflichen Gesten bittet Rigzin uns, auf den Teppichen Platz zu nehmen. Indische Blechkoffer dienen als Tischchen. Während wir uns noch über den Fortgang der Bauarbeiten und ihre Kosten im einzelnen unterhalten, bringt ein Schüler Rigzins das Essen aus der kleinen Küche herauf, Tschapatti, das indische Fladenbrot, mit gedünsteten Erbsen, dem einzigen Gemüse, das in Zanskar wächst. Den i-Punkt bildet jedoch ein Kompott aus gedörrten Aprikosen, die aus dem Industal importiert werden. Für uns ist dies ein lang entbehrter Genuß. Dann bringt der Schüler eine große Thermosflasche chinesischen Ursprungs voll Buttertee.
Schon lange interessierte uns, wie denn die Mönche im einzelnen leben. Rigzin steht in der Ämterhierarchie noch nicht so hoch, so daß wir ihn getrost fragen können. Ganz ruhig und langsam beginnt er das Geschick der Karcha-Mönche zu erzählen: Jeder der Mönche muß pro Jahr dem Kloster acht Kilo Butter abliefern. Bei einem Kilopreis von 35 Rupien und mehr macht dies gut 240 Rupien aus, keine kleine Summe für einen einfachen Bauernsohn. Diese Butter wird für den allgemeinen Tee, der an manchen Tagen während der stundenlangen Gebete im Tempel an die Mönche ausgeschenkt wird, verwendet. Da heute dem Kloster rund 130 Mönche angehören und für eine einmalige Zubereitung von Buttertee mindestens 4 kg benötigt werden, reicht diese Butter längst nicht aus, den Butterbedarf eines Jahres zu decken. Ja, früher da war es für die Mönche ziemlich einfach: da lebten nur etwa 30 Mönche im Kloster, die bloß an den Feiertagen zusammenkamen. Ganz entgegen den buddhistischen Mönchsregeln, doch völlig in Übereinstimmung mit den Landessitten, tranken die Mönche dabei Tschang, einen wässrigen Aufguß aus Gerstenmaische, der ein säuerliches, leicht alkoholisches Getränk ergibt. Und die Zubereitung von Tschang ist viel billiger als die von Buttertee, so daß

nicht nur eine größere Anzahl von Mönchen, die nun auch meist ständig im Kloster leben, sondern auch die Einführung von Buttertee als mönchischem Getränk einen enormen, von der Verwaltung des Klosters keinesfalls zu tragenden Anstieg der Kosten verursachte.
»Was besitzt das Kloster eigentlich – Äcker, Viehherden oder was sonst?« fragen wir. Eigentlich besitzt das Kloster zahlreiche Äcker in Karcha, doch nur ein Viertel des Ertrages wird ihm abgeliefert, die restlichen Dreiviertel verbleiben in der Hand der Bauern, die entweder die Felder bebauen oder früher dem Kloster irgendwelche Privilegien abgerungen haben. Häufig handelt es sich dabei um die Familien früherer Würdenträger des Klosters. Doch die schwierigste Aufgabe, meint Rigzin, sei die Beschaffung des Brennmaterials, um den allgemeinen Tee zu kochen, verständlich in einem nahezu baumlosen Land. »Und woher bezieht ihr dann das Brennmaterial?« wollten wir wissen. »Ja, in erster Linie ist es die Aufgabe des sogenannten Nerwa, das Brennmaterial zu beschaffen.« Den Nerwa kann man am ehesten mit dem Kassierer und Lagerverwalter eines Vereins vergleichen. Er ist verantwortlich für die korrekte Bereitstellung und Lagerung aller für das Kloster notwendigen Lebensmittel, und dazu gehört auch die Besorgung des Brennmaterials für den allgemeinen Tee. Mehrmals im Jahr sucht er die einzelnen Bauersfamilien des Dorfes auf, um von ihnen Brennmaterial zu erbetteln. Doch die Bauern sind von sich aus kaum gewillt, dem Kloster das kostbare Brennmaterial, sei es Gestrüpp, das man von den Bergen holt, oder Mistziegel, die aus dem Dung der Rinder und Pferde bereitet werden, zu überlassen. Der Nerwa muß da schon nachhelfen und bringt eine große Thermosflasche voll Tschang mit, drängt die Bauern zum Trinken, um sie so seinem Anliegen geneigter zu machen. Bis zu fünfmal, so sagt uns Rigzin, muß der Nerwa jede Familie aufsuchen, und doch geben manche Familien nur eine Handvoll trockene Sträucher als Gegengabe. Den Tschang für diese »Bettelgänge« muß der Nerwa selbst besorgen, Getreide und wiederum Brennmaterial braucht er dazu. Ein Kreis ohne Ende. Etwa neuntausend Rupien muß ein Nerwa im Laufe seiner Amtszeit von einem Jahr dafür aufbringen. In den Maßstäben von Zanskar ist dies ein Vermögen, das hart erarbeitet sein will. Die meisten jungen Mönche verdingen sich daher als Kuli und Träger – auch für die Fremden –,

um das verdiente Geld für die Zeit, da sie als Nerwa für das Wohl der Mönchsgemeinde zuständig sind, zu sparen.
Wir wollen es genau wissen und fragen den augenblicklichen Nerwa, wie oft denn ein Bauer einen *mang-dscha*, einen »allgemeinen Tee« der Mönchsgemeinde spende. »Ja, eigentlich nur«, so meint er, »wenn ein Mitglied seiner Familie stirbt, oder wenn ihn ansonsten ein Unglück trifft.« Der Nerwa seufzt, noch habe er einige Monate seines Amtes vor sich, doch dann werde er abgelöst; von seiner Familie habe er sich viel Geld geliehen, um alle Ausgaben bestreiten zu können; sobald sein Amt beendet sei, müsse er sich als Kuli verdingen, um die Schulden abarbeiten zu können.
Als Buddha seinen Mönchen empfahl, vom Bettel zu leben, glaubte er, sie damit aus der Verflechtung wirtschaftlicher Abhängigkeit gelöst zu haben. Doch in einem so dünn besiedelten Gebiet, mit einer rein bäuerlichen Struktur, führte die Institution des Bettelgangs dazu, daß die Mönche eines Klosters auf Gedeih und Verderben von der Willkür eines einzelnen Dorfes abhängig wurden. Die Institution des Bettelgangs konnte den Intentionen des Gründers nur in einer städtischen Gesellschaft mit breiter wirtschaftlicher Basis gerecht werden. In den Einöden Zentralasiens führte sie zum Gegenteil.
In den ältesten Schriften des Buddhismus liest man von den üppigen Gastmälern, die fromme Laien dem Buddha und seinen Mönchen bereiteten:

> »Da ließ nun Kiki, der König von Benares, am nächsten Morgen in seiner Behausung ausgewählte feste und flüssige Speisen auftragen, ein Gericht aus frischem, gesichtetem Reis, saftig und würzig bereitet und sandte einen Boten an den Erhabenen mit der Meldung ›Es ist Zeit, o Herr, das Mahl ist bereitet!‹«

Auch im tibetischen Raum hat sich diese Sitte durchgesetzt, doch spenden hier die Laien den Mönchen nicht ein ganzes Mahl mit vielen Gängen, sondern – angepaßt an die spartanischen Lebensgewohnheiten der Landbevölkerung – nur einen Buttertee oder eine Suppe.
An einem heißen Tag steigen wir wieder hinauf zum Kloster und suchen den Lama auf, der hier die Stelle eines Abtes vertritt. Wir möchten der Mönchsgemeinde gerne einen »allgemeinen Tee« spenden und erkundigen uns nach den einzelnen Umständen. Die But-

ter, so erfahren wir, sei das Wichtigste; 8 kg brauche man für einen erstklassigen Buttertee. Wir bitten daraufhin Taschi, unser Mädchen für alles, seine Familie aufzusuchen, die in einem Ort, 3 Stunden entfernt von Karcha, wohnt, um bei ihr die Butter zu bestellen. Da Sommer ist, lebt seine Mutter mit einigen seiner Geschwister auf der Alm. Es ist ein weiter Weg bis dorthin. Nach 2 Tagen ist Taschi wieder zurück: »Ja, in etwa 3 Wochen hat meine Mutter die Butter bereit. Ich kann sie dann abholen.« Ich frage mich im stillen, wie denn 8 kg Butter bei einer Hitze von über 50° C transportiert werden können – und in welchem Gefäß. Später erfahre ich, daß Schafsmägen als Behälter verwendet werden, um die Butter aufzunehmen. Diese mit Butter gefüllten Schafsmägen werden sodann in eine große Satteltasche gesteckt, die mit frischem Gras ausgestopft ist, das als Wärmeschutz dient.

Endlich ist es soweit. Taschi hat die Butter geholt und nun lagert sie in seiner kühlen Mönchswohnung. Wir besprechen die letzten Einzelheiten mit dem Nerwa und dann kommt der Tag, da wir beide »Gabenherren« für die Mönchsgemeinde sind. Noch im Morgengrauen hören wir den dumpfen Ton der Muschelhörner, der den baldigen Beginn der Gebete ankündigt. Schnell trinken wir eine Tasse heißen Tees und machen uns sogleich auf den Weg zum Tempel. Atemlos kommen wir oben an. Aus dem Innern des Tempels dringt bereits das Murmeln der Mönche. Der Nerwa erwartet uns und geleitet uns zu einem eigens vorbereiteten Sitzplatz am Ende der Mönchsreihen. Dicke Polster sind mit einem alten tibetischen Teppich bedeckt und davor steht ein niedriges hölzernes Klapptischchen. Nachdem wir Platz genommen haben, ziehen wir unsere eigenen Teeschalen hervor, denn schon kommen die jungen Mönche herein, in der Hand die viele Kilo schweren kupfernen Teekannen schleppend. Manche der kleinen Novizen haben Schwierigkeiten, wenn sie die Teekannen vorschriftsmäßig schwenken, ehe sie mir Tee eingießen, zumal dabei gerne das lange Tuch, ein Teil der Mönchskleidung, den sie um die Schultern gewickelt tragen, herabgleitet. Dann heißt es die Teekanne so zu halten, daß nichts verschüttet wird, und dabei das Schultertuch wieder in seine richtige Lage bringen. Manchmal mißlingt alles Bemühen und ein Zipfel des Tuches taucht in den Tee.

Im hellen Rechteck des offen stehenden Tempeltores lagern zahlrei-

che wilde Hunde. Hungrigen Auges verfolgen sie jede Bewegung der Mönche – in der Hoffnung, daß irgend ein Brocken abfällt. Die Teeträger bahnen sich einen Weg durch die Horde, manche vorsichtig, um keinen Hund zu treten, manche mit Fußtritten. Ein Hund ist besonders keck – oder besonders hungrig, beide Vorderpfoten legt er über die Schwelle und sobald er sich unbeobachtet glaubt, schiebt er seinen mageren Leib zentimeterweise nach, bis nur noch die Hinterpfoten außerhalb des Tempels sind. Ein scharfer Zuruf eines älteren Mönches scheucht den Hund wieder hinaus, und nach einigen Minuten beginnt das Spiel von neuem.
Die Mönche verstummen langsam; der Gebku, verantwortlich für die Disziplin während der Versammlungen, kommt auf uns zu und fordert Lobsang auf, mit ihm zu kommen. Lobsang tritt vor den Altar hin und legt dort die weißen Glücksschleifen, Katak genannt, nieder. Eigentlich hätte ich als seine Ehefrau mitgehen sollen, doch da ich mich im tibetischen Zeremoniell nicht so ganz sicher fühle, sind wir bereits vorher übereingekommen, daß er allein alles übernimmt. Nun verbeugt er sich vor dem Lama, dem Haupt des Klosters, überreicht auch ihm einen Katak, den der Lama jedoch sogleich wieder Lobsang um die Schultern legt. Dann wird die Geldspende an die einzelnen Mönche verteilt. Jeder erhält eine Rupie, doch ein Teil der Mönche erhalten ein Drei- oder Vierfaches davon, da ihnen Würde und Verdienst um das Kloster einen besonderen Rang einräumen. Es dauert lange, bis Lobsang, begleitet vom Gebku, die Reihen der Mönche abgeschritten hat und jedem seinen Anteil gibt.
Noch ehe die Rezitation der Gebets- und Meditationstexte abgeschlossen ist, bittet uns der Nerwa, mit ihm zu kommen. Wir huschen so unauffällig wie möglich hinaus und treten in das kühle Untergeschoß unter dem Tempel ein. Dort ist das Reich des Nerwa; Säkke voll Tsampa stehen entlang der rohen Steinwände. Rissige Balken tragen die Decke, von Spinnweben und Staub umhüllt. Wieder hat man für uns einen Sitzplatz hergerichtet, und wieder heißt es von »unserem« Buttertee trinken. Kaum ist der Tee in die Schale gegossen, schwimmt die viele Butter wie Rahm als eine gelbe Schicht auf dem milchigen Tee.
Gesche-la kommt nun herein. Freudestrahlend flüstert er, daß unser Tee erstklassig gewesen sei, daß höchst selten ein so guter Tee den

Mönchen gespendet werde. Dies war unsere Absicht, und so sind auch wir aufs höchste zufrieden. Doch mir liegt der fettige Tee wie ein Stein im Magen und verstohlen nehme ich eine Tablette.
Die untergehende Sonne taucht die höchsten Spitzen des Himalaya in strahlendes Gold-Rosa. Die Nacht mit ihrer unglaublichen Sternenpracht zieht herauf. Der Nachmittagssturm hat sich bereits gelegt; wir stehen auf dem Flachdach »unseres« Hauses, versunken in diesen Anblick, an dem ich mich nicht satt sehen kann: Die schmale Mondsichel schwebt über den silbern leuchtenden Gipfeln. In ihrem Licht verwandelt sich der Zanskar-Fluß in ein Quecksilberband. Die Häuser stehen als dunkle Steinklötze gegen einen smaragdenen Himmel von ungeahnter Transparenz. Der Bach, jetzt im Spätsommer nur mehr ein unscheinbares Rinnsal, läßt sich mit einem schwachen Glucksen vernehmen. Da! ein dunkler, leicht vibrierender Ton erfüllt plötzlich die Luft, moduliert eine fremdartige Melodie, verklingt und setzt wieder ein. Die Mönche von Karcha blasen das Nokturno für die Schutzgötter auf ihren kurzen und langen Hörnern. Welch eine Idee, den Schutzgöttern ein Abendlied zu spielen! Alles ist hierin eingefangen, die ganze Lebensanschauung, die diese Menschen in ihrer Weise leben läßt, die Vergöttlichung und Spiritualisierung des Universums. Der Osten verwandelt die Natur in Geist, so daß sie mit dem Geist des Menschen eins wird. Der Westen enthüllt den Geist des Menschen als Natur und bettet ihn damit ein in das All alles Seienden. Zwei unterschiedliche Wege und doch ein Ziel – so scheint es mir in dieser Nacht in Karcha.

Auf der Burg des Garuda

Eva Dargyay: Seit Stunden reiten wir über Schotter und Sand. Die Pferde sind auch durch Rufen und Peitschenschwingen nicht zu größerer Eile anzutreiben. Die Luft ist knochentrocken und läßt alle Schleimhäute ausdörren. Mein Taschenthermometer zeigt 62° C in der Sonne – und seit wir Karcha verließen, sahen wir keinen Schatten mehr. Moonland – immer wieder kommt mir das Wort in den Sinn. Da senkt sich der Weg ab, windet sich über Schotterterrassen dem Zanskarfluß zu, und da ist sie auch: die Hängebrücke von Zangla. Sie gilt als die längste des Landes, aber auch als diejenige, die am besten instand gehalten ist. Für den Reisenden im Himalaya ist eine Hängebrücke so etwas wie eine vereiste Autobahn für den heimischen Autofahrer – Herausforderung und Wagnis zugleich.
Die Brücke von Zangla überspannt den Zanskarfluß an einer relativ engen Stelle, wo Felsen ihn auf beiden Seiten in ein tiefes Bett drängen, dennoch schätzt man die Länge der Brücke auf ca. 70 Meter. Zwei Felsen dienen als Widerlager, die man mit Steinmauern noch erhöht. Hieran sind die Drahtseile befestigt, eine willkommene Zutat der Technik zu diesem Bauwerk. Die drei Drahtseile – eines für die Füße und je ein weiteres für die Hände – sind mit dicken Tauen umwickelt, die die Einheimischen aus den dünnen Zweigen der Lonicera fertigen. Solche Lonicera-Taue verbinden denn auch anstelle von Querverstrebungen etwa alle Meter die beiden Haltetaue mit dem Tragseil. Während Taschi noch damit beschäftigt ist, unsere Seesäcke den Pferden abzuladen, gleitet mein Blick kritisch prüfend über die Drahtseile und das Flechtwerk. An manchen Stellen hängt das Seidelbast-Geflecht tief herab, und man muß allein auf dem Drahtseil über die Tiefe balancieren. Seiltänzer müßte man sein! Mit geübten Griffen bindet Taschi unsere beiden Säcke zusammen und schultert sie gleich einem Rucksack. Ohne Zögern betritt er die schwankende Brücke, greift mit den Händen weit aus, umklammert die rauhfaserigen Taue und schreitet sicheren Fußes über alle Gefahrenstellen hinweg. Am anderen Ufer angelangt, klettert er von dem Felsen herunter und deponiert das Gepäck an der ersten geeigneten Stelle, dann kehrt er zurück, um die weiteren Gepäckstücke zu holen, denn die Pferdetreiber

weigern sich, die Kisten mit unserer wissenschaftlichen Ausstattung über die Brücke zu tragen. Schließlich ist alles auf der anderen Seite des Flusses, und es ist an Lobsang und mir, die Brücke zu überqueren. Lobsang geht mir voraus; zwar sind auch in Tibet solche Hängebrücken äußerst selten, aber als er vor zwanzig Jahren aus Tibet floh, lernte er diese im Himalaya zur Genüge kennen. Ich wiederhole für mich nochmals alle Bewegungen, die ich bei Taschi beobachtete, und dann greife auch ich schon nach den geflochtenen Tauen, taste mit dem rechten Fuß vorsichtig dem Tau entlang, bis ich einen Halt finde. Ich belaste den rechten Fuß, hole den linken nach vorne, suche Halt und greife mit dem rechten Arm weiter aus. Als nur das Drahtseil sich als Halt noch anbietet, da schweift mein Blick unwillkürlich in die Tiefe. Und ganz plötzlich glaube ich mich mit Macht stromaufwärts gerissen, alles schwankt, alles strudelt. Das ist der Schwindel, vor dem mich Lobsang bereits vorher gewarnt hatte! Für einen Augenblick schließe ich die Augen, um den Trug der Sinne zur Ruhe kommen zu lassen. Sogleich werde ich zu einem ruhenden Punkt, und von nun an hüte ich meine Blicke noch besser als vorher. In der Mitte der Brücke, wo sie sich so tief absenkt, daß ich glaube, die Wellen könnten meine Füße noch benetzen, habe ich den richtigen Takt gefunden, und mit einem Mal fühle ich mich eingebettet in den lebendigen Rhythmus von Wasser, Wind und Brücke. Vorbei ist die Beklemmung von vorhin, und lachend steige ich von dem Steinsockel auf dem anderen Ufer herab.

Inzwischen hat Taschi bereits einige Esel besorgt, die unser Gepäck bis Zangla tragen sollen. Zunächst führt der Weg knapp am Rande des Flußbettes entlang. Bei Hochwasser mag dieser Pfad wohl überschwemmt sein. Dann öffnet sich das Flußbett zu weiten Auen, voller Wiesen. Eine Quelle sprudelt aus dem Boden hervor, doch als ich mich hinabbücke, um mir die Hände zu waschen, springt Taschi herbei und hält mich zurück. »Nicht, Amala, in der Quelle haust ein giftiger Lu! Viele Leute hat er bereits krank gemacht!« Die Lu sind Wesen, den Schratten und Nixen deutschen Volksglaubens verwandt, halb Schlange halb Mensch, und sie hausen in Quellen und Flußläufen. Beschmutzt jemand ihre Behausung, und dies kann schon das Waschen meiner Hand sein, reagieren sie empfindlich und strafen den Übeltäter mit Krankheit. Da die Lu ferner für den Wasserhaushalt

der Natur verantwortlich sind, und damit auch für das Gedeihen der Saat, erbaut man ihnen gerne inmitten der Äcker kleine Häuschen, *lu-wang*. Zwar habe ich keine Angst vor den Lu, doch die Quelle mag Bestandteile enthalten, die dem Menschen nicht immer verträglich sind, so verzichte ich auf die ersehnte Erfrischung.
Bald leuchten aus der Ferne die weiß getünchten Häuschen von Zangla auf. Der Anblick beflügelt unsere müden Beine, und so stehen wir schnell am Ufer eines tosenden Bergbaches. Barfuß tasten wir uns im eiskalten Wasser auf den rutschigen Steinen voran. Zum Glück kommen wir ohne unfreiwilliges Bad auf dem anderen Ufer an. Und nun grüßt uns auch schon die Burgruine von dem Berg herab.
Hier lebte zu Beginn des vorigen Jahrhunderts der Ungar Alexander Csoma de Körös für mehr als ein Jahr. Welche Kälte mochte er im Winter ausgehalten haben; wie mochte er unter den Entbehrungen gelitten haben, die dieses unwirtliche Land jedem Fremden auferlegt? Je länger ich mich in Zanskar aufhalte, um so mehr bewundere ich die Leistung jenes Pioniers der Zentralasienkunde. Mit zwanzig englischen Pfund ausgestattet, verließ er seine ungarische Heimat im Herbst 1819. Pest und Kriegswirren zwangen ihm manchen Umweg auf und so kam er im Winter 1822 in Kaschmir an. Der Brite Moorecroft hatte den Ungarn auf die Bedeutung der tibetischen Kultur hingewiesen und ihm als Leitfaden für sein Studium das *Alphabetum Tibetanum* in die Hand gedrückt, jenes Werk, das – in Rom 1762 aufgelegt – das gesamte damalige Wissen Europas um Tibet beherbergte. Es war die Frucht mühseliger Studien von Kapuzinermönchen, die sich immer wieder seit dem 14. Jahrhundert in Lhasa aufhielten, um Tibeter zum Christentum zu bekehren, ein Unterfangen, dem kaum Erfolg geschenkt war.
Als wir Tage später mit dem greisen König von Zangla zu der halb verfallenen Burg seiner Väter hinaufsteigen, da zeigt er uns die Stelle, wo bis vor einigen Jahrzehnten eine steinerne Gedenktafel hing, die besagte, daß Csoma de Körös hier vom Juni 1823 bis zum Oktober 1824 lebte. In einem Kämmerchen von knapp 2 qm, eingeschlossen von eisiger Kälte und Schnee, war er ganz seinen Studien hingegeben, gänzlich entblößt all dessen, was ein Mensch für gewöhnlich zum Leben braucht. Die vielen Monate, die ich nun schon in Zanskar lebe, lassen mich ahnen, was es bedeutet, einen Winter in diesem Land zu

verbringen. Allein der Gedanke läßt mich schaudern: die nackten Lehm- und Steinhäuser, ohne genügende Beheizung, eingesperrt zu sein in einem dunklen, muffigen Kellergemach, zusammen mit allen Tieren ... Dieser Ungar, der in seinen Briefen nur von seinen wissenschaftlichen Bemühungen und kaum von der Härte und den Entbehrungen spricht, die er zu erdulden hatte, muß eine faszinierende, einzigartige Persönlichkeit gewesen sein. Ich wäre ihm gerne begegnet.

Unsere kleine Karawane trottet müde durch das Dorf Zangla, umtobt von zerlumpten und von Schmutz überkrusteten Buben, die mit lauten Zurufen sich gegenseitig aufstacheln, doch die *tschi-gjelpa*, die Ausländer, zu betrachten. Unwillkürlich dachte ich an unsere zoologischen Gärten, in denen wir uns vor den Käfigen der Tiere drängen, um die jüngste Neuerwerbung zu bestaunen. Hier in Zanskar sind wir in jedem Dorf eine stets neue Sensation, die entsprechend begafft wird. Zum Glück sind es nur noch wenige Schritte zum Neuen Palast des Königs von Zangla. Mit einem Seufzer lassen die Träger unser Gepäck zur Erde gleiten, und wir bahnen uns den Weg durch das völlig dunkle, aus unbehauenen Felsbrocken gebaute Treppenhaus, das mehr einem engen Labyrinth gleicht denn einem Palastaufgang. Durch die weite viereckige Öffnung in der Decke der Atriumshalle im ersten Stock dringt das noch grelle Licht eines späten Sommernachmittags und läßt uns, die wir aus dem Dunkel heraustappen, für einen Augenblick geblendet stehen. Nima-Norbu, der Prinz von Zangla, steht mit weit geöffneten Armen mitten in der Halle und empfängt uns mit dem strahlendsten Lächeln, das man sich vorstellen kann.

In mannigfacher Hinsicht ist er eine außergewöhnliche Persönlichkeit. Schon seine Gesichtszüge unterscheiden ihn von der Mehrzahl seiner Landsleute. Obwohl er in der Mitte des Lebens steht, hat er sich ein glattes, ja jugendlich strahlendes Gesicht bewahrt. Seine samtigen Augen umfassen den Besucher mit einer solchen Wärme, daß jeder das Gefühl hat, der Prinz habe ausschließlich auf ihn gewartet und er sei sein bester Freund. Gleichgültig, ob alte Freunde ihm begegnen, wie Lobsang, mit dem er vor fast zwanzig Jahren gemeinsam in Benares Sanskrit studierte, oder Bauern, ehemals Untertanen seines Großvaters, aus den umliegenden Dörfern. Mit herzlichen Gesten drängt er uns in sein Privatgemach, ein kleines Zimmer, das mit viel Geschmack im traditionellen Stil Ladakhs ausgestaltet ist. Etwas nervös nestle ich an den Schuhbändern meiner Bergstiefel, die ich an der Schwelle des Zimmers – der Landessitte folgend – ablegen will. Und unversehens steht eine würdevolle Erscheinung vor mir: eine Ladakhi-Frau, aufs vornehmste gekleidet, deren selbstsicherer Blick mich mustert. In meiner von der langen Reise reichlich mitgenommenen Cordhose und dem schäbigen Anorak komme ich mir etwas deplaziert vor, doch da stellt Nima Norbu in der Dame seine Frau vor, die Tochter des Kalön von Mulbek, das heißt, sie stammt aus den ersten Kreisen des Ladakhi-Adels, ebenbürtig dem Prinzen. In wohlgesetzten Worten spricht sie mich in Englisch an und erkundigt sich nach meinem Befinden und ob der Weg uns Schwierigkeiten bereitet habe. Als wir dies verneinen, beginnt sie sofort von der »schrecklichen« Hängebrücke zu erzählen, die sie nicht zu überqueren wagte. So holte ihr Gemahl einen starken Mann, der die junge Frau des Prinzen auf seinen Rücken nahm und mit ihr sicher über die brüchigen Taue balancierte.

Auf alten tibetischen Teppichen nehmen wir Platz, vor uns niedrige kunstvoll geschnitzte und bemalte Tischchen. Ein Diener bringt flugs Silberschalen herbei, die die junge Frau des Prinzen sogleich mit Tschang füllt. Dies ist ein trübes Getränk, das leicht säuerlich schmeckt und – gut zubereitet – hervorragend erfrischt. Es wird aus der mitten im Gärprozeß befindlichen Gerstenmaische gewonnen, indem man Wasser darauf gießt. Und genau hierin liegt auch die Gefahr des Tschang; wird das Wasser aus dem Dorfbach geschöpft, so ist die Möglichkeit einer Darminfektion gegeben. Aus dieser Überlegung heraus haben wir den Genuß von Tschang in den Dörfern meist abgelehnt, doch hier können wir sicher sein, daß der Prinz schon darauf achtet, daß nur bestes Quellwasser verwendet wird. Und so leeren wir, durstig vom langen Marsch in der glühenden Sonne, bald eine Schale nach der anderen.

Wo immer wir in Zanskar unseren Fuß hinsetzen, bald schon stoßen wir auf Überlieferungen, die unmittelbar mit der Eroberung des Tales durch die Tibeter verbunden sind. Vorher gehörte es zum Siedlungsgebiet der Darden, wie auch das obere Industal um Leh. Doch aus dieser vortibetischen Zeit haben wir keine direkten Zeugnisse, wir können sie nur aus manchen Hinweisen erschließen. Dagegen ist die Eroberung Ladakhs und Zanskars durch die Tibeter eine von zeitgenössischen Quellen belegte, historische Tatsache. In Tun-huang, einer Oase inmitten der Wüstenzone Zentralasiens, fanden Briten und Franzosen zu Beginn unseres Jahrhunderts eine zugemauerte Bibliothek, die alle Wirren von gut tausend Jahren in künstlichen Höhlen, die fromme Mönche in die Steilufer eines längst ausgetrockneten Flusses gruben, überdauerte. Hier fanden sich auch Teile der Palast-Chronik der alttibetischen Königszeit, also aus dem 7. und 8. Jahrhundert n. Chr., in der stichwortartig alle wesentlichen Ereignisse des Hofes festgehalten sind. In den ersten Zeilen, noch ehe die erste Jahresangabe – das Jahr des Hundes, wohl 649 n. Chr. – genannt wird, liest man darin: »Zur Zeit des Königs Thisongtsän wurde der Nja-schur von Lig vernichtet und ganz Zhang-zhung als Untertan gerufen und beherrscht.« Der König Thisongtsän oder Songtsän-gampo, wie er auch genannt wird, ist der erste, historisch einwandfrei belegte König der Tibeter, in deren Überlieferung jedoch vor ihm 32 weitere Herrscher genannt werden. Zu seiner Zeit überschritt Tibet erstmals seine ihm von der Natur gesetzten Grenzen. Der König holte eine Verwandte des chinesischen Kaisers Tai-tsung (Regierungszeit 626–649; nach chinesischen Berichten geschah dies im Jahr 641), wie auch eine Tochter des nepalesischen Herrschers Amshuvarman als Gemahlin heim. Beide waren, ganz der Sitte ihrer Heimatländer folgend, der Lehre Buddhas gläubig ergeben; beide brachten buddhistische Kultbilder in ihrem Brautschatz mit nach Tibet; und beide errichteten in Lhasa, der Hauptstadt des jungen Reiches, Tempel, die bis heute bestehen.

Chinesische Quellen berichten, daß schon der Vater von Songtsängampo die tibetischen Stämme einte und sie unter seine Herrschaft zwang. Dies hatte zur Folge, daß Stamm um Stamm dem tibetischen Reich angegliedert wurde, das gleich einem zur Lawine anschwellenden Schneeball in den kommenden Jahrzehnten sich beständig ausdehnte, so daß es auf dem Höhepunkt seiner Macht weite Teile Westchinas, Innerasiens und auch des nördlichen und westlichen Indien beherrschte. Verschiedene dieser benachbarten Stämme hatten zu jener Zeit bereits mehr oder minder einflußreiche Staaten errichtet. Ihre Eroberung war für die Tibeter ein nicht immer einfaches Unterfangen. Einer dieser Staaten war Zhang-zhung, der die wesentlichen Teile West-Tibets umfaßte, vielleicht auch Zanskar. Der Begriff Nja-schur bezeichnet wohl einen militärischen Rang, so jedenfalls kann man aus seiner Verwendung an anderen Stellen der Dokumente aus Tun-huang schließen. Das Wort Lig schließlich kann seine Familie oder die Landschaft, aus der er stammte, bezeichnen. Wenn wir den angeführten Satz aus der alten Sprache der Palastchronik in unsere Sprache übertragen, so bedeutet er, daß ein Mann im Rang eines Nja-schur, ein Gebürtiger von Lig – was immer sich hinter diesem Wort verbergen mag – in einer Schlacht geschlagen wurde und damit das Land Zhang-zhung unter die Botmäßigkeit der alttibetischen Königsdynastie kam.

Diese Eroberung sollte den tibetischen Königen aber nicht nur Freude bereiten, denn Zhang-zhung war der Hort einer religiösen Bewegung, die den Namen »Bön« trug und zum Rivalen des Buddhismus wurde, um dessen Verbreitung sich ja gerade die Könige so sehr bemühten. Zwar wurde mit dieser Eroberung Zhang-zhungs zur Zeit von Songtsän-gampo, wohl um 634, das Gebiet des westlichen Transhimalaya formell dem tibetischen Reich einverleibt, doch während der kommenden Jahrhunderte war es ein Herd steter Unruhe. Wir dürfen annehmen, daß die dort Ansässigen sich der Überfremdung durch die tibetischen Herrscher widersetzten. Erst als die tibetische Dynastie sich in einem Bruderzwist während der Mitte des 9. Jahrhunderts aufrieb, begann der tibetische Einfluß in Zanskar und Ladakh sich durchzusetzen, denn die Nachkommen der zentraltibetischen Dynastie übersiedelten nach dem Westen und brachten hier alle Stämme, nicht nur die von Zanskar und Ladakh, unter ihre Herrschaft. Auch dieses Ereignis findet in der Ladakh-Chronik seinen Niederschlag. Gut hundert Jahre nach dem erwähnten Bruderzwist, der im Königsmord endete, übernahmen die drei Ur-Urenkel des seinerzeit in Lhasa ermordeten Königs die Herrschaft über den ganzen westtibetischen Raum. Der älteste von ihnen herrschte über das eigentliche Ladakh, das in den alten Schriften *»mar-jül«* – Goldland (so nach den neuesten Forschungen von L. Petech) – genannt wird, sowie über die sich nach Norden und Osten anschließenden Gebiete, in denen reiche Goldminen lagen. Der jüngste der drei Prinzen übernahm die drei Bezirke von Zanskar, das sind Lungnak, jenes Tal, das man

von Manali kommend bis Padum durchwandert, Töd, das »Obertal«, d. h. das Gebiet vom Pensi-la bis nach Dungri, und schließlich das Zentralgebiet mit Padum, Sani und Karcha als den wichtigsten Orten. Dieser erste uns bekannte Herrscher Zanskars trug den Namen Detsuggön und hat etwa um die Mitte des 10. Jahrhunderts gelebt. Außer Zanskar gehörte auch noch Spiti, ein Hochtal im Osten von Zanskar, das sich nördlich des Rotang-Passes befindet, zu seinem Herrschaftsgebiet. Nicht nur klimatisch und geographisch sind Spiti und Zanskar einander ähnlich, auch zahlreiche historische Verbindungen verknüpften diese beiden schwer zugänglichen Hochtäler des West-Himalaya.
Die Ladakh-Chronik stellt nur mit dürren Worten das Faktum fest, daß diese drei Prinzen fortan die Herrschaft über West-Tibet ausübten. In der Zanskar-Chronik jedoch findet sich eine anschauliche und fast lebensnahe Schilderung jener längst vergangenen Ereignisse:

> »Als die Tibeter die Burg zu Drangtse (in der Nähe des heutigen Sanku im Suru-Tal) eroberten, erlitten beide Seiten große Verluste an Männern und Pferden. Die Bewohner Zanskars rotteten sich zusammen, und da sie der Gegenseite mannigfachen Schaden zufügten, holte diese als Reaktion hierauf zehntausend Krieger aus Guge (das Gebiet westlich des Kailas bis Spiti). Daraufhin wurden die Dörfer Zanskars und alle Burgen niedergebrannt. Viele Menschen wurden getötet, und die Überlebenden deportiert. So wurde das Land entvölkert. Danach kamen aus verschiedenen Gegenden viele Menschen und daher entstanden [aufs neue] Dörfer: Padum besiedelten die Zhang-rung; den Norden [von Zanskar] die Skjapa; Stongde die drei Stämme der Lha-sa, Gunglön und Kjischan.«

Diese Zanskar-Chronik, die ebenfalls von A. H. Francke ediert und übersetzt wurde, ist eine Zusammenfassung von Dokumenten unbekannten Datums, die damals und teils auch heute noch im Kloster Puktal aufbewahrt werden. Dieser Bericht der Chronik lehrt uns, daß im 10. Jahrhundert der wichtigste und für Heere begehbare Weg vom Industal nach Zanskar über Sanku und die Burg Drangtse führte. Dem Nebenfluß des Suru aufwärts folgend führte dieser alte Weg wohl nach Rangdum, das wiederum über einen direkten Weg mit Mulbek und Lingshed verbunden war. So jedenfalls wissen die Leute in Zanskar zu erzählen, und es klingt wahrscheinlich, wenn man einen Blick auf die Landkarte wirft. Heute soll der Weg von der Burgruine Drangtse nach Rangdum durch einen Bergrutsch zerstört sein, so daß man ihn nicht mehr begehen kann. Der heutige Weg entlang dem Suru-Fluß wurde daraufhin als Ausweichroute gebaut. Während des kurzen Sommers ist er nun mit dem Jeep befahrbar. Nach der Schilderung dieser Chronik zu urteilen, muß es ein furchtbares Töten und Schlachten gewesen sein, dem der Großteil der ehemals dardischen Bevölkerung von Zanskar zum Opfer fiel. In dieses vom Krieg mit den Tibetern so arg verwüstete Tal zogen in der Folge fremde Stämme ein, die – wie die Chronik sagt – aus allen Himmelsrichtungen kamen und sich dort niederließen; verständlich, denn das Tal ist verglichen mit den Gegenden am Suru-Fluß, mit Dras nördlich des Zoji-La oder mit dem oberen Lungnak-Tal fruchtbar und klimatisch günstiger. Die Namen jener Geschlechter, die damals – wohl gegen Ende des 10. Jahrhunderts – das Tal erneut besiedelten, haben sich zum Teil bis heute erhalten. So findet man zwischen Zangla und Stongde noch das Geschlecht der Zhang-rung; die Skjapa lassen sich in vielen Dörfern des zentralen Zanskarbeckens aufspüren. Doch im Gefolge Detsuggöns sind offensichtlich auch weitere tibetische Geschlechter nach Zanskar eingewandert, meist übernahmen sie ganz bestimmte Funktionen am Hof der Könige von Zanskar.

Der König von Zangla, in dessen »Neuen Palast« wir nun wohnen – er wurde im vorigen Jahrhundert erbaut, nachdem der General des Sikh-Herrschers vom Punjab die alte Burg auf dem Garuda-Berg schleifen ließ und den König entmachtet hatte – sieht sich als Nachfahre dieses tibetischen Herrschers aus der Mitte des 10. Jahrhunderts. Zwar wurde eine Namensliste der Herrscher von Zangla bekannt, doch zwischen Detsuggön und dem nächst genannten Herrscher, Senggede, klafft eine Lücke von gut 450 Jahren. Wir haben bisher keine Ahnung, was in diesen viereinhalb Jahrhunderten in Zanskar geschah. Eine Herausforderung für jeden Wissenschaftler! Immerhin Sönamdondubnamgjelde, der greise König von Zanskar, und der Vater von Prinz Nima Norbu blicken zumindest bis in die Mitte des 15. Jahrhunderts auf eine lückenlose Ahnenreihe zurück.

Während wir beim Tschang sitzen und uns in der angenehmen Kühle des weitläufigen Hauses von der Hitze des Weges erholen, erzählt der

Prinz von seiner bevorstehenden Hochzeitsfeier. Ich schaue ihn etwas erstaunt an, denn er hat mir ja die vornehme Ladakhi-Frau als seine Ehefrau vorgestellt, und er liest mir meine Frage am Gesicht ab. »Sie müssen wissen, daß es bei uns in Zanskar drei Arten von Hochzeitsfeiern gibt. Bei der ersten Art holt der Vater für seinen Sohn eine Braut ins Haus, wo dann das junge Paar auch leben wird. Bei der zweiten Art holt der Vater für seine Tochter einen Bräutigam ins Haus. Diesen Bräutigam, der fortan als Ehemann im Haus seiner Schwiegereltern lebt, nennen wir *magpa*. Und als dritte Art gilt, wenn Braut und Bräutigam außerhalb des heimatlichen Tales sich verheiratet haben und nun in Zanskar die angestammten Hochzeitsfeierlichkeiten nochmals vollziehen, um der Ehe in den Augen der eigenen Leute Gültigkeit zu verleihen. Diese Art von Hochzeitsfeier begehen wir in den nächsten Tagen hier im Palast und dazu lade ich Sie ein.«
Er fährt fort zu erzählen, daß er das Elternhaus seiner Frau kennenlernte, da er ja seit Jahren als Referent für Landwirtschaftsfragen in der Nähe von Kargil im Dienst der indischen Regierung steht und somit häufig auch die Ländereien der Familie des Kalön von Mulbek inspizierte. Die Familie, einst dem König von Ladakh als »Minister« untergeordnet, hat nur diese Tochter und somit soll ihr Mann auch das große Anwesen einst übernehmen und bewirtschaften. So ist der Prinz von Zangla nun auch der Erbe des Kalön von Mulbek, wo er den Winter – wenn ein Agrarbeauftragter nicht viel zu tun hat – in dem fürstlich ausgestatteten Palast verbringt, während er im Sommer in Chigtan tätig ist. Die Hochzeit in Mulbek wurde bereits im vergangenen Winter gefeiert, aber mit der Nachfeier in Zanskar mußte der Prinz warten, bis der Schnee den Weg freigegeben hat, so daß die wenigen Wochen an Urlaub, die er hat, nicht auf dem langen Fußmarsch vom Surutal bis nach Zangla vergeudet werden.
Die Sonne ist bereits hinter den bizarr geformten Felsbergen verschwunden, und schnell steigt die Kälte aus dem Boden auf. Doch erst wenn die Dämmerung vollends hereingebrochen ist, werden die Niopa kommen. Das sind festlich gekleidete Männer, die die Braut abholen und sie dem Bräutigam zuführen. Vor dem Haus, in dem die Braut verborgen gehalten wird – normalerweise ist es ihr Elternhaus, doch hier bei der nachträglichen Fürstenhochzeit übernimmt der Bauernhof des Königs stellvertretend diese Rolle – hat sich bereits ei-

ne große Masse gaffenden Volkes angesammelt, auch Lobsang und ich mischen uns darunter. Ein Geruch von Tierfett, Ruß und Ungewaschensein hüllt uns wie eine Wolke ein. Es ist der »Duft Zanskars«, der uns und unserer Ausstattung noch lange anhaften wird, auch noch nach Wochen in Europa. Dann und wann stoßen unversehens Fäuste in die Rippen oder man tritt auf meine Zehen, doch das stört hier niemanden, und so nehme auch ich es schweigend hin. Die Kälte dringt immer unverschämter durch meine Kleidung, doch da ertönt auch schon der Ruf »Die Niopa kommen!« und alles rennt, Kinder fallen hin, die Alten humpeln hinterher. Eine Staubwolke nähert sich dem Dorf, mit wildem Geheul sprengen die Niopa einher, schwingen sich schon aus dem Sattel, noch ehe die schnaubenden Rösser zum Halten gekommen sind. Frauen aus dem Dorf, angetan mit dem besten Kleid, warten mit Kannen voll Tschang, die Reiter zu bewirten. Jeder greift in seine Brusttasche und holt eine kleine Silberschale hervor, die bis zum Überlaufen mit dem trüben Trunk gefüllt wird. Kaum ist ein Schluck genommen, so steht schon eine Frau bereit, sie neu zu füllen. Mit drängenden Gesten lädt sie die Reiter ein zu trinken. Mit einem Schöpflöffel füllt sie die Schale stets wieder auf; mancher Tropfen fließt daneben und besudelt das bodenlange Brokatkleid, die typische Tracht der Niopa. Eine eigenartige Kopfbedekkung, die einer mit Goldbändern umwickelten Fischreuse nicht unähnlich ist, sitzt den Reitern teils recht keck auf dem Kopf. Einer von ihnen hat einen altertümlichen Bogen geschultert und hält ein Bündel Pfeile in der Hand. Es ist der Taschipa, der in dem Hochzeitsbrauchtum als der Helfer und Stellvertreter des Bräutigams fungiert. Ist der erste Durst gestillt, so heften die Niopa Stoffstreifen von fünf verschiedenen Farben an die Kanne voll Tschang – der Dank für die Frauen und ihre gastliche Aufnahme.
Die Niopa formieren sich zum Reigentanz vor dem *lha-tho*, dem Schrein des Dorfgottes. In langsamen Bewegungen neigen und drehen sie sich, halten das Ende der Schärpen, die ihren Hals zieren, mit beiden Händen vom Körper ab. In der langsam hereinbrechenden Dunkelheit gleichen sie immer mehr gewaltigen Geistervögeln, die tanzende Menschen nachahmen wollen. Inmitten der Tänzer steht eine Kanne voll Tschang; der Taschipa tritt hervor, taucht einen Pfeil hinein und spritzt ein wenig davon auf den Schrein des Dorfgottes.

Mit kehligen Stimmen beginnen sie zu singen. In gebrochenen Kadenzen schwingt sich die fremdartige Melodie etwas zaghaft und scheu in die dunkle Nacht empor.

»Den reinen Goldtrank opfern wir auch den oberen Göttern!
Den Göttern mit den hohen Helmen auf dem Haupte, ihnen opfern wir!
Den reinen Goldtrank opfern wir auch den Tsän der Mittelwelt!
Den Tsän, die auf den hehren Bergen hausen, ihnen opfern wir!
Den reinen Goldtrank opfern wir auch den Schlangengeistern der Unterwelt!
Den Schlangengeistern, überhäuft mit Juwelen, ihnen opfern wir!
Den reinen Goldtrank opfern wir dem Gott des Dorfes, dem Erdherren!
(hier fügen die Sänger den Namen des jeweiligen Gottes ein.)
Den reinen Goldtrank opfern wir dem Ahngott und dem Gott unseres Geschlechtes!
Den reinen Goldtrank opfern wir den Dakinis und den Schützern der Religion!
Den reinen Goldtrank opfern wir dem ›Novizen des Ostens‹! (ein ›Dorfgott‹).«

Ist der Gesang beendet, erquicken sie sich selbst mit einigen kräftigen Schlucken, sitzen auf und sprengen in wildem Galopp wieder von dannen, um am nächsten Schrein erneut zu halten und das nämliche Lied, den gleichen Tanz zu wiederholen. Die Niopa reiten nicht durch einen geographischen Raum, sie reiten vielmehr durch ein mythisches Reich, von der Residenz eines Gottes zu der eines anderen, und jeder Gott wird durch den Goldtrank gnädig gestimmt, um dem Brautpaar Glück und Segen zu gewähren.

Die Tsän sind Dämonen, die in Wolken und Wind auf Rössern, Yaks und Ziegen dahinstürmen, angetan mit Panzer und Helm; ihre Hände schwingen Lanzen oder Lasso und sie hausen in den Bergen, die ihre Paläste bilden. Die Lu oder Schlangengeister dagegen hausen in Quellen und Flüssen, wo sie die Edelsteine hüten. Auf dem Weg nach Zangla begegneten wir ja bereits in einer Quelle einem Lu.

Langsam, immer wieder unterbrochen durch den Aufenthalt bei dem

Schrein eines Gottes, nähern sich die Niopa dem Dorf Zangla. Wir sind vorausgelaufen und drängeln uns nun mit vielen Leuten aus Zangla und den benachbarten Dörflern vor dem Bauernhof des Königs, in welchem die Braut verborgen gehalten wird. Voriges Jahr empfing uns der greise König dort, und es war ein unvergeßliches Durcheinander von quirligen, sich ewig kratzenden Hunden, gackernden Hühnern und kleinen Kaschmir-Ziegen, die alle um den König als ruhenden Mittelpunkt kreisten.

Vor dem Haus sind eine Reihe von Steinmalen errichtet, das letzte nur wenige Meter vom Haus, in dem die Braut verborgen ist. Bei jedem Mal, das jeweils ein Tor auf dem Weg zur Braut symbolisiert, halten die Niopa, trinken Tschang, singen ihr Opferlied und tanzen dabei. Das letzte Mal, das »Tor des Zwerges« genannt, besteht aus einem kunstvollen und komplizierten Aufbau. Fäden in verschiedenen Farben bezeichnen die acht großen und kleinen Weltkontinente – eine Vorstellung, die aus der indischen Kosmologie stammt. Das Tor selbst, mit Hilfe von zwei Stöcken und einem Faden dargestellt, bezeichnet den Kailas, jenen heiligsten Berg der Erde, der Buddhisten und Hinduisten gleichermaßen verehrungswürdig ist. In der Nähe des »Zwergen-Tores« ist eine Puppe vergraben; einer der Niopa muß blitzschnell diese Puppe mit seinem Messer aus der Erde herausholen, indem er tief in sie hineinsticht. Die Puppe steht für alles, was den beiden Familien, der des Bräutigams und der Braut, feindlich gesonnen ist. Mit diesem »Puppen-Opfer« hat der Niopa seine aufrechte Gesinnung gezeigt und darf sich zusammen mit den anderen dem Haus der Braut nähern. Doch bereits der Eingang ist wieder mit Dornengestrüpp verrammelt. Und wieder müssen die Niopa mit langen Liedern ihre ehrliche Gesinnung unter Beweis stellen.

Erst müssen sie den Torhütern des Hauses ihre Verehrung bezeugen: rechts thront Indra, der mächtige Götterkönig der Inder, dem Zeus der Griechen gleich, links ein Tsän-Dämon, sozusagen Vertreter der einheimischen Götterwelt, und in der Türschwelle haust ein Lu, ein Schlangengeist, Hüter des Wassers und uns bereits wohlvertraut. Ihnen allen werden Opferkuchen dargebracht, die bereits vorher die Helfer der Niopa bereitet haben. Nun endlich, es ist inzwischen Mitternacht geworden, dürfen die Niopa eintreten. Wir drängen uns durch das Gewühle, suchen Schutz im überfüllten Haus vor der bei-

ßenden Kälte, vor der uns auch unsere Daunenkleidung nicht schützt. Im matten Licht einiger Öllämpchen erkenne ich zwei Gruppen von festlich geschmückten Männern, die sich in Reihen gegenübersitzen. Die eine Reihe sind die Niopa, die die Interessen des Bräutigams und seines Klanes wahrnehmen, die anderen sind die Niopa, die die Braut und ihren Klan bei den spannungsgeladenen Hochzeitsverhandlungen vertreten.
In blumenreicher Sprache fragen die Leute der Braut-Partei, wem denn dieser oder jener Sitzplatz zugedacht sei, wem diese oder jene Schöpfkelle gehöre usw.; auf alles müssen die Leute von der Partei des Bräutigams eine Antwort geben. In diesen festgelegten Redewendungen spiegeln sich die feudalen Verhältnisse wieder, die zwar dem Buchstaben nach auch in Zanskar bereits der Vergangenheit angehören, doch in Wahrheit noch lebendige Gegenwart sind. Der beste Platz, die schönste Schöpfkelle gehören dem König, der nächstbeste Platz dem Minister und so fort, bis sie zu dem ihnen gemäßen Platz kommen, den sie – die Niopa – nun einnehmen müssen. In diesen Frage- und Antwortliedern müssen die Vertreter des Bräutigams zeigen, daß sie die Sitten und Gewohnheiten des Landes kennen, daß sie die Hierarchie der einzelnen Stände respektieren. Zum Abschluß singen sie wiederum das Opferlied vom Reinen Goldtrank. Endlich nehmen die Niopa Platz und laben sich bei Buttertee und Tschang.
Frauen mit herrlichen *peraks*, von oben bis unten mit Türkisen besetzt, zwängen sich durch die gaffende Menge, die Treppe und Eingang versperrt. Mit einem Seufzer der Erleichterung stellen sie die Tragkörbe voll frischer Fladenbrote ab, *takir* nennt man sie hier. Jeder bekommt drei Brote. Mit geübten Bewegungen werden Brocken abgezupft, in den Buttertee getaucht und mit genüßlichem Schmatzen verzehrt. Fett klebt an den Schnurrbärten, der tranige Geruch des Buttertees erfüllt mit seiner penetranten Süße den Raum und vermischt sich mit der säuerlichen Nuance des Tschang, dazu der Dampf, der aus den erhitzten Körpern aufsteigt, aus der Kleidung, die niemals einer Reinigung unterzogen wird.
Der Gesang der Niopa, der jede Speise, die neu aufgetragen wird, begleitet, geht in dem allgemeinen Geschwätz, Geschlürfe und Geschmatze unter. Am Schluß wird die beste Speise aufgetragen – eine Hammelseite, am offenen Feuer gebraten.

Die Niopa und ihre Verhandlungspartner von der Seite der Braut gehen nun hinaus zu der Menge der Gäste, die unter einer alten zerschlissenen Zeltbahn im Freien – bei Temperaturen um den Gefrierpunkt – gemütlich beisammensitzt. Auch hier wird Speise ausgeteilt: Fladenbrote, ein Kloß aus Gersten- und Erbsenmehl, sowie ein weiterer Kloß aus Tsampa, geröstetem Gerstenmehl, das mit Tee vermischt wurde. Festschmaus der Zanskaris, für einen europäischen Gaumen wenig verlockend. So vertieft sind die Gäste in das Schmausen und Zechen, daß kaum jemand bemerkt, wie die Niopa und ihre Verhandlungspartner aufstehen und sich in den Ziegenstall zurückziehen, ein dumpfes, fensterloses Gelaß, das durchdrungen ist vom säuerlichen Geruch faulenden Ziegen- und Schafsmistes. Hier fahren sie nun während der ganzen Nacht fort, mit gegenseitigen Fragen ihr Wissen über »die Götter der Welt« zu erproben.
Am Morgen, wenn die Niopa übernächtig und verkatert aus dem Ziegenstall kriechen, fordern ihre Verhandlungspartner von ihnen »einen Katak für den Vater, eine Kuh für die Mutter und für den Bruder alles was er braucht, um von Kopf bis Fuß bekleidet und geschmückt zu sein«. Inzwischen haben sich zusammen mit der Braut etwa fünfzehn gleichaltrige Mädchen in der »Winterküche«, einem niedrigen, ruß- und pechgeschwärzten Raum im Kellergeschoß, versammelt. Alle tragen die gleiche Festtagstracht; ein großes weißes Tuch ist über sie gebreitet. Wieder singen die Niopa und wiegen sich in ihrem langsamen Tanzschritt. Der Taschipa tritt hervor, zieht einen Pfeil aus dem Köcher, hebt ihn hoch empor, zögert und überlegt – und senkt ihn langsam, mit der Spitze voran, auf den Kopf eines der verhüllten Mädchen. Es muß die Braut sein. Trifft der Pfeil ein anderes, so gilt dies als schlechtes Vorzeichen für die künftige Ehe. Doch meist weint die Braut, denn den Bräutigam hat sie ja noch kaum gesehen, und ihr Schicksal scheint ihr unergründlich und voll Dunkelheit zu sein, und so verrät ihr heftiges Schluchzen dem Taschipa, auf wessen Kopf er den Pfeil setzen soll. Taschi Sonam zupft mich am Ärmel und sagt: »Siehst du, Amala, so bestimmte der große Minister Gar auch die chinesische Prinzessin Kongdscho für unseren König Songtsän-gampo.« Das war im 7. Jahrhundert n. Chr. Und wahrhaftig, als ich nach Monaten wieder in meiner Studierstube in München saß, fand ich bei einem tibetischen Geschichtsschreiber des 16. Jahrhunderts gerade die

Schilderung des Hochzeitszeremoniells jenes längst vergangenen Königs und sie stimmte in vielen Punkten mit dem heutigen Brauchtum in Zanskar überein. Immer wieder erschien mir Zanskar wie ein lebendiges Bilderbuch der längst vergangenen Geschichte des alttibetischen Königreiches. Durch die sich hin- und herbewegenden Gestalten des jetzigen Zanskar schob sich mir – wie bei einem doppelt belichteten Film – das Bild der Hochzeit des Königs Songtsän-gampo. Was für eine Merkwürdigkeit von Raum und Zeit. Ich reiste tausend Kilometer im Flugzeug nach Osten, glaubte eine rückständige Kultur der Gegenwart, bedroht durch die eindringende Neuzeit, zu erforschen und finde mich unversehens zur Zeit der Merowinger in Tibet ...

Die Niopa hinterlassen an ihrem Schlafplatz einen Zeremonienpfeil, geben kleine symbolische Geschenke an die Familie der Braut aus. Die Braut selbst wird nun mit einem weißen Tuch verschleiert, und ihr Gefolge steckt sich ebenfalls kleine, weiße Stoffstücke an die Mütze. Alle Beteiligten versammeln sich schließlich wieder im Obergeschoß, in der Atriumshalle. Dort verliest der Bruder der Braut die Liste der Mitgift. Zwischen den Säulen der Halle spannt man einen dikken Strick, darauf lädt man alle Dinge, die die Braut in die Ehe mitnimmt.

Taschi Sonam brummt vor sich hin »Oh, nun geht alles Glück fort«, aber ein kundiger Lama kennt das rechte Ritual, um dies zu verhindern. Einen kleinen Sack, Gefäß für alle Besitztümer, füllt der Lama mit seinen Wünschen für das Wohlgedeihen der Familie. Der Bruder der Braut hält den Sack und schnell schnürt der Lama ihn zu; der Wohlstand bleibt darin gefangen und damit der Familie erhalten.

Alle Verwandten und Freunde aus dem Dorf umdrängen immer noch die Braut. Jeder drückt ihr eine Kleinigkeit in die Hand, ein wenig Geld, ein paar Nüsse, ein paar getrocknete Aprikosen von Ladakh. Die Braut verneigt sich vor jedem, berührt seine Füße und bittet um Segens- und Glückwunsch. Ohne Feinde soll sie in den neuen Stand der Ehe eintreten. Die Braut weint, doch hier ist das gestellt, denn in diesem Fall kennt sie ihren königlichen Bräutigam nur zu gut, ja lebt bereits seit Monaten mit ihm als Mann und Frau. Doch in der Regel steht die Braut vor einer recht unbekannten Zukunft an der Seite eines ihr fast gänzlich fremden Mannes. Ein junger Bursche bringt das festlich gezäumte Pferd der Braut herbei. Das Zaumzeug ist mit herrlichen Silberbeschlägen verziert, den zentralasiatischen Holzsattel bedeckt eine tibetische Satteldecke, zu der die Sattelunterlage in Farbe und Muster fein abgestimmt ist. Diese Sattel-Sets sind in Zanskar sehr beliebt und unter dem verballhornten, chinesischen Wort *maschmath* bekannt; oft werden hohe Preise dafür bezahlt. Dreimal wird ihr Pferd wieder zu ihrem Haus zurückgeführt, ein deutliches Zeichen für das Widerstreben, das die Familie dem Fortgang der Braut entgegensetzt. Doch schließlich gelingt es den Niopa, die Braut in wildem Galopp mit sich zu führen.

Die Reiter umkreisen das Dorf, schwenken ein und halten in einer Staubwolke vor dem neuen Palast des Königs von Zangla. Wieder wird Tschang kredenzt und ein großer Topf voll Reisbrei, über den viel Butterschmalz gegossen ist, in ihre Mitte gestellt. Ohne davon zu kosten, beginnen die Niopa mit ihrem bekannten Reigentanz, angeführt von dem Taschipa, der die Pfeile und den einfachen Bambusbogen stets in seiner Hand hält. Weitere Gäste strömen herbei; eine Frau schöpft mit einer kupfernen Kelle aus dem Reisbrei und füllt jedem Gast eine Portion in die hohle Hand. Aus dieser verzehrt jeder den fettigen Brei. Im Kreis hocken und stehen die Männer um die tanzenden Niopa, während die Frauen wie ein Ring den Kreis der Männer umlagern. Stets aufs neue bin ich verblüfft über die scharfe Trennung von Männern und Frauen, die ich allenthalben hier in Zanskar antreffe. Es ist ein Relikt der dardischen Urbevölkerung, wie die jüngsten Forschungen deutlich zeigen. Nirgendwo sonst kann man bei tibetischen Stämmen diese geschlechtsspezifische Trennung der Gesellschaft erleben.

Der Tanz der Niopa ist beendet, und die neuangekommenen Gäste erzählen die Neuigkeiten aus ihren Dörfern. Ich wende mich etwas ab, um zu sehen, wie weit denn die Vorbereitungen der Mönche für die *sor* genannte Zeremonie gediehen sind. Zwei junge Mönche aus Karcha hocken auf einer dünnen Matte und kneten aus Teig Kegel von verschiedener Größe. Manche drücken sie an der Seite flach und kleben darauf ein Stückchen Butter, das ebenfalls besonders geformt ist. Rote Farbe, hergestellt aus einer mit Butter verkochten Wurzel, gießen sie darüber, so daß die Teigkegel nun wie blutüberströmt aussehen. In diesem Ritual vertritt die rote Farbe das Blut, das früher einmal – und in Zanskar manchmal auch heute noch – über die Teigkegel gegossen wurde. Auch dieses sind *torma*, doch von einer unblutigen und fleischlosen Art, während jene anläßlich des *Kandschur*-Lesens in Sani mit Fleisch und Blut verziert waren. Aus dem allgemeinen Stimmengewirr erhebt sich eine Stimme, der Geräuschpegel sinkt ab und alle Augen richten sich auf einen hochgewachsenen Lama, dessen spitze Pandit-Mütze ihn noch größer erscheinen läßt. Ohne die Umstehenden eines Blickes zu würdigen, nimmt er auf einem kleinen Teppich zwischen den beiden jungen Mönchen Platz. In tiefem Baß stimmt er Litaneien und Bittgebete an. Vor den Mönchen befindet sich ein leeres Rund, an dessen gegenüberliegender Seite eine flache Steinplatte wie ein Menhir aufgestellt ist. Mit Kohle hat man vorher darauf das Zeichen des Doppelvajra angebracht, Symbol für Beständigkeit und Festigkeit. Am Fuß der Steinplatte steht die Kiste mit der Mitgift der Braut; fast unbemerkt ist nun Nima Norbu, der Prinz, unter die Männer getreten, die bei dem Stein stehen.

Mit tiefer Stimme intoniert der Lama die Gebete, die beiden Mönche fallen ein und im Auf und Ab der Melodie schwanken sie rhythmisch mit ihrem Körper. Dann erhebt sich der Lama, ergreift die Räucherpfanne, in der man Zedernzweige »als Wohlgeruch für die Götter« verbrennt, und das Tablett mit den *torma*. Mit weit ausholenden Tanzschritten und Drehungen um die eigene Achse nähert er sich der Gruppe der Niopa und dem Bräutigam, die alle bei dem Menhir stehen. Die Männer beugen sich tief vor dem Lama, und er schwenkt sowohl die *torma* wie auch die Räucherpfanne über ihre Köpfe. Mit einer blitzartigen Bewegung schleudert er dann die *torma* gegen den Menhir, und fast gleichzeitig springen der Bräutigam und die Niopa gegen diese Steinplatte und werfen sie damit um. Unter großem Geschrei trampeln sie darauf herum, alle Leute stimmen in das Freudengeheul ein und rennen aufgeregt hin und her.

»Sag, Taschi, was bedeutet das denn? Warum treten die Niopa und der Bräutigam auf den Stein mit dem Doppelvajra, dies ist doch ein heiliges Symbol?« will ich wissen. »In den *torma* bannt der Lama alles, was je dem Brautpaar Unheil bringen könnte, alles Böse ist darin eingeschlossen. Dieses gilt es zu vernichten, daher wird der Doppelvajra, das Zeichen beständigen Glücks, daraufgeschleudert und von ihm gleichsam begraben. Darum springen die Männer mit voller

Kraft auf der Steinplatte mit dem Doppelvajra herum. Das ist ein ganz wichtiger Akt im Laufe der gesamten Hochzeitszeremonien,« klärt mich unser Begleiter auf.

Mit lautem Hallo schiebt und drängt nun die Menge in den Palast. Auf der schmalen Treppe bleibe ich hoffnungslos im Gewühl stecken, drücke meinen unersetzlichen Fotoapparat besorgt an mich. Da entdeckt mich von oben ein Diener des Hauses und ruft den Leuten zu, mir doch einen Weg zu bahnen. Noch vor wenigen Augenblicken glaubte ich, daß hier nicht mehr einige Zentimeter an freiem Raum vorhanden wären, so bin ich jetzt erstaunt, daß sich plötzlich eine Gasse auftut und ich die unregelmäßigen Stufen erklimmen kann. In der Atriumshalle kauern dicht aneinander gedrängt die Gäste aus dem Dorf, doch die Honoratioren sollen in dem dahinterliegenden Raum Platz nehmen. An der Rückwand dieses Raumes liegt eine Feuerstelle, auf der Kannen voll Buttertee stehen. Zwei Säulen tragen das Gebälk des weiten Raumes, dem ein schmaler Balkon vorgelagert ist, so wie man es fast überall im Himalaya sehen kann. Ungehindert strömt die Kühle und Frische der Nacht in den Raum. An einer Seite sitzen bereits die Niopa, während Nima Norbu zusammen mit seiner Frau, die hier ja die Braut spielt, an der Spitze dieser Reihe Platz genommen hat. Über die Köpfe der hereindrängenden Menge hinweg kann ich Lobsang entdecken, der bereits einen der bevorzugten Sitzplätze zugewiesen bekommen hat. Der Diener versucht mich nun ebenfalls in diese Richtung zu schieben, und indem ich Unzähligen auf die Zehen und Füße trete, gelingt es mir tatsächlich, mich an der Seite von Lobsang niederzulassen. Vor uns hocken die Tschang-Mädchen, neben sich ein Faß voll Tschang, in das sie unablässig den Schöpflöffel eintauchen, während sie mit der linken Hand mit einer ermunternden Geste die Gäste unentwegt zum Trinken animieren. Jeder zieht eine kleine Silberschale aus seiner Brusttasche und läßt sie vollgießen, nimmt selbst einen Schluck und führt sodann die Schale dem Tschang-Mädchen an den Mund. Diese Geste fällt mir auf, denn oft wurde mir erzählt, daß rituelle Befleckungen daher rühren, daß man aus dem Eßgeschirr eines »Fremden« gegessen oder getrunken habe. Der Begriff des Fremden scheint indes ziemlich weit gefaßt zu werden, zumal nun gleich mein Nachbar mir seine volle Schale anbietet, und mir bedeutet, sie nachher weiterzureichen.

Vor dem Taschipa liegt ein Teil eines gebratenen Hammels, von dem er dann und wann einen Bissen abzupft und schmatzend verzehrt. Die anderen Gäste erhalten einige Flachbrote. Ein Mädchen trägt nun eine Schale voll Tschang herein, am Rand klebt ein Butterklümpchen, das *jar*, Zeichen des Glückes und des Überflusses. Daraus gibt der Taschipa Braut und Bräutigam je dreimal zu trinken, und das allgemeine Trinkgelage nimmt nun erst seinen eigentlichen Anfang. Später steht das junge Paar auf und begibt sich zu den allgemeinen Gästen hinaus auf den Platz vor dem Haus. Wieder werden Flachbrote verteilt, wieder singen die Niopa; Tschang wird den Göttern geopfert.
Dann treten die Verwandten vor und bringen einzeln ihre Geschenke, angeführt vom Mutterbruder des Bräutigams. Bei den meisten tibetischen Stämmen übt der mütterliche oder väterliche Onkel im Brauchtum und sozialen Leben eine signifikante Funktion aus. Stirbt ein junger Mann, übernimmt oft der Onkel dessen Frau und Kinder; bleibt eine Frau als Witwe zurück, so übernimmt der Bruder ihrer Mutter nicht selten als Vormund die Betreuung der Kinder, steht ihr als Helfer und Schützer zur Seite. So ist es nur natürlich, daß die Onkel des Bräutigams als die bedeutendsten Verwandten die Reihe der Gratulanten anführen.
In Zanskar beschränken sich die Hochzeitsgeschenke auf die einfachen Dinge des Lebens: Brot, Butter, ein wenig Geld. Dem Prinzen von Zangla jedoch schenkte sein Vater eine wunderbare aus Messing getriebene Teekanne, verziert mit kunstvollen Silberbeschlägen, und das dazugehörige Kohlebecken, ein wahrhaft königliches Geschenk.
Die Nacht ist schon weit fortgeschritten, als sich das Brautpaar wieder in den Palast begibt, wo nun um Mitternacht die Braut entschleiert wird. Bis jetzt verhüllt ein weißes Baumwolltuch Kopf und Gesicht. Die Schicklichkeit erfordert es, daß sie bestrebt ist, keinem einen Blick in ihr Gesicht zu gestatten. Die Hochzeitsgesellschaft hat sich nun wieder niedergelassen. Der jüngere Bruder des Prinzen tritt vor und nimmt der Braut den Schleier ab. Müde vom vielen Reden, von der Aufregung des Festes, eingelullt in den Dunst ungezählter Schalen voll Tschang, sind viele der Gäste bereits eingenickt, ihr Kopf liegt auf der Schulter des Nachbarn, manche sind umgesunken und Schnarchtöne zeigen tiefen Schlaf an. Als das Brautpaar aufsteht, um

sich zur Ruhe zu legen, stehen auch wir beide auf, froh um die wenigen uns noch zum Schlafen verbleibenden Stunden.
In die Tiefe unseres Schlafes schleichen sich nur zu bald die gewohnten Geräusche, die den Morgen und sein Leben ankünden – die leichtfüßigen Schritte vorübereilender Ziegen- und Schafherden, der gräßliche Schrei der kleinen Esel, die mit Säcken beladen durch das Dorf traben, der langgezogene Ruf, mit dem die Frauen ihre Familie zur morgendlichen Suppe rufen. Noch unausgeschlafen finde ich mich in jenem Balkonzimmer ein, in dem ich bereits gestern saß. Dort treffe ich auch Lobsang an, der bereits eine Schale dampfenden Buttertees in seiner Hand hält. Ein Säckchen Tsampa steht vor ihm, und schon nötigt mir ein beflissener Diener eine Schale mit einem Stück Butter und Zucker auf. Ich lasse mir etwas Buttertee daraufgießen, so daß die Butter schmilzt und der Zucker sich auflöst. Dann fülle ich einige Handvoll Tsampa darauf und verknete alles zu einem festen Teig, forme kleine Kugeln daraus, die ich nun anstelle von Brot verzehre.
Immer mehr Leute drängen in den Raum. Ein Summen greift um sich und bald fallen andere Stimmen in das Lied ein:

Die Berge, dem Herzen so wohlgefällig,
die Berge, der Glocke gleich, die Tun und Weisheit bedeutet.
An ihrem Fuße, da erstand
Zangla, das Land des Glücks.

Im östlichen Zipfel des Landes
da ist der hehre Palast, voll alter Heiligtümer.
Auf dem Garuda, dem König der Vögel,
da ist der hehre Palast, voll alter Heiligtümer.

Über der Zinne des Palastes,
da sind die Mänla, von Natur erstanden.
Auf dem Garuda, dem König der Vögel,
da ist der hehre Palast, voll alter Heiligtümer.

Durch die Fußspur auf dem Felsen, o wie schön geworden
ist doch der Heilige Ort für alle Glücklichen.
Am Fuß der spiegelgleichen Berge,
da wandert der Hirsch hinauf und hinab.

Das Geschlecht des Nati-tsänpo,
auf der Burg des Garuda weilt es.
Das Geschlecht des Nati-tsänpo,
auf der Burg von Zangla weilt es.

Das Lied besingt den alten Palast der Zangla-Könige, der tatsächlich auf einem Felsen steht, der von einem gewissen Blickpunkt aus einem Garuda gleicht, der eben mit mächtigem Flügelschlag ausholt, um sich in die Lüfte zu erheben. Auf der gegenüberliegenden Felswand, sollen in Fels die Gestalten der acht Mänla, der Medizin-Buddhas, zu sehen sein. Keine Menschenhand habe sie geschaffen, so erzählte uns der König, sondern sie seien von selbst entstanden; auch die Fußspuren heiliger Männer des Buddhismus fänden sich dort. Schließlich preist die letzte Strophe des Liedes den König von Zangla als den Nachkommen von Nati-tsänpo, dem ersten König der Tibeter, der einstmals vom Himmel herabgestiegen sei, um die Ordnung unter den Menschen zu begründen.
Das Lied ist verklungen und ich sinne über den Inhalt noch eine Weile nach. Es ist eine Art von Nationalhymne eines kleinen Königtums, in einem vergessenen Tal jenseits des Himalaya und doch mit einer Geschichte von Jahrtausenden und einer farbigen Überlieferung erfüllt.

Im östlichen Zanskar

Ulrich Gruber: Mit meiner Frau Margret und einer Gruppe von Freunden bin ich über den rund fünfeinhalbtausend Meter hohen Furtse-La in das östliche Zanskar gezogen, in das Land der Blauschafe, des Schneeleoparden und der Hängebrücken. Während Eva und Lobsang Dargyay die wilde Flußlandschaft des Zanskargebietes von Westen her und noch im schneereichen Winter betreten, kommen wir von Osten, aus den Talschaften Kulu und Lahoul. Überdies reisen wir im Sommer, wenn die Bergblumen blühen, wenn Tier- und Pflanzenleben auf dem Höhepunkt ihrer jahreszeitlichen Aktivität stehen. Eine kleine Karawane von Mulis und Pferden, die unser Gepäck tragen, begleitet uns. Eine einheimische Mannschaft von Pferdetreibern aus Lahoul, von Sherpas aus Nepal und zwei Tibetern sorgt für unser Wohlergehen. Sie werden von Herrn Rinjen Lama angeführt, einem aus Bhutan stammenden Trekkingunternehmer, mit dem ich schon seit Jahren befreundet bin. Wir wissen, daß wir alle Nahrungsmittel für unsere Karawane mitführen müssen, denn in der Talschaft Zanskar werden nicht genügend Lebensmittel erzeugt, um eine so große Gruppe von Menschen zu ernähren. Vor etwa einer Woche sind wir aus Manali im Kulutal aufgebrochen. Ein Bus brachte uns über den mehr als 4000 Meter hohen Rotang-Paß in die Gebirgsprovinz Lahoul. In Darcha warteten bereits die Tragtiere und die einheimischen Begleiter auf uns, denn von hier sollte es zu Fuß weitergehen. Wir querten den fast 5000 Meter hohen Baralacha-La, einen Paß in menschenleerer Einöde. Auch das breite Tal, durch das wir uns dem hohen Grenzpaß gegen Zanskar näherten, war mit seiner Sohle mehr als 4000 Meter hoch gelegen. Weit und breit gab es keine menschlichen Siedlungen. Als einziges Anzeichen gelegentlicher Anwesenheit von Menschen zog sich im Talgrund eine lange Steinmauer hin, gegen die Votivsteine mit eingeritzten Schriftzeichen gelehnt waren. Eine Wegspur teilte sich an der Mauer und zog auf beiden Mauerseiten entlang; es war der alte Karawanenweg, der durch dieses einsame Tal über den Paß hinüber in die Siedlungen des Zanskar führte. Einmal sahen wir an den Hängen der gegenüberliegenden Talseite, klein wie Spielzeug, eine Gruppe von schwarzen Zelten. Nomadenhirten hatten dort ihre vorübergehende Wohnung bezogen. Über den Zelten war der Hang mit weißlichen und schwarzen Punkten gesprenkelt. Ein Blick durch das Fernglas ließ eine riesige Herde von Schafen und Yaks erkennen. In dieser Einsamkeit, in der wir das Gefühl hatten, die einzigen Menschen weit und breit zu sein, verloren sich die Spuren menschlichen Lebens, kaum daß man sie bemerkt hatte. Gelegentlich mußten wir durch reißende Bergbäche waten. Bis an die Knie reichte oft das eiskalte Bergwasser, das die Füße nach wenigen Schritten gefühllos werden ließ. Pfarrer Kneipp hätte seine Freude an diesen unfreiwilligen Jüngern gehabt. Wir waren schließlich steil zum Paß aufgestiegen. Ein letztes Hochlager in 4900 Metern Meereshöhe ließ manche von uns schlecht schlafen. Aber die großartige Landschaft mit den hohen, schneebedeckten Gipfeln und der schier endlosen Weite entschädigte für viele Mühsal. Die Zelte wurden auf einer kaum geneigten Bergwiese aufgeschlagen, die sich wenig von einer Wiese in den Alpen unterschied. Zwischen dem kurzen Gras blühte eine erstaunliche Fülle von Bergblumen. Verschiedene Arten von blauen Enzianen standen dort, Astern zitterten mit ihren Blütenköpfen im böigen Wind. Edelweiß in ganzen Teppichen breiteten ihre weißfilzigen Blüten wie behaarte Sterne aus. Wo es hinter Felsen etwas windgeschütztere Plätze im Bereich kleiner Quellflächen gab, wuchs hochstengliger, blauer Eisenhut. Sein Blütenstand war etwas lichter und gedrungener, als der Alpeneisenhut. Fingerkräuter und Läusekraut woben gelbe und rosa Flecken in den blühenden Teppich. Die Blumenfreunde unter uns gerieten fast aus dem Häuschen vor lauter Begeisterung, und trotz der Kurzatmigkeit, die schnelle Bewegungen in der großen Höhe herbeiführen, wurde eifrig in den letzten Strahlen der Spätnachmittagssonne mit der Kamera botanisiert.

Jetzt stehe ich endlich auf der Paßhöhe des Furtse-La. Der Höhenmesser zeigt 5450 Meter. Die Berge rundherum sind weniger schroff als drüben im Himalaya um das Kulutal, aber sie sind immer noch sehr hoch. Ich schätze sie auf teilweise weit über 6000 Meter. Nur die Gipfelkuppen sind von Schneefeldern und kleinen Gletschern überzogen. Schwere, dunkle Wolken ziehen über Pässe und Gipfel. Ein kalter Wind fegt über den Furtse-La und läßt die Gebetsfahnen knattern, die auf den Votivsteinhaufen gesteckt sind, den Lha-tho, der die

Paßhöhe markiert. Einer unserer Tibeter hat einige Räucherstäbchen entzündet und zwischen die Steine gesteckt. Aus seiner Jacke zieht er ein gelbes, mit tibetischen Schriftzeichen bedrucktes Stück Tuch und hängt es an die Leine zu den übrigen Gebetsfahnen. Ein symbolisches Dankopfer für die glückliche Überquerung des hohen Passes. Ich habe große Mühe mit dem Aufstieg gehabt. Eine schwere Erkältung der letzten Tage steckt mir noch in den Knochen; nur mit winzigen Schritten, jeweils eineinhalb Schuhlängen ausschreitend, bin ich heraufgekeucht. Die kurze Rast auf dem Sattel tut mir gut. Der Wind bläst den Kopf klar, und der Pulsschlag normalisiert sich wieder. Wir lassen zuerst die Tragtiere die außerordentlich steile Geröllhalde hinuntergehen, über die der Weg vom Paß in die Talschaft Zanskar führt. Die Pferde und Mulis rutschen mit ihren schweren Lasten bei jedem Schritt und lösen kleine Steinlawinen aus. Wenn ein Tier allzuheftig strauchelt, packt es der Treiber am Schwanz oder am Packgurt und zieht es nach oben. Als die Tierkarawane ebeneres Gelände erreicht hat, folgen wir Menschen nach. Man rutscht tatsächlich bei jedem Schritt auf dem übersteilen Pfad, und alle Aufmerksamkeit muß sich auf das Absteigen konzentrieren.

Nach etwa zwei Stunden erreichen wir den Lagerplatz für die Mittagsrast. Die Küche hat sich bereits niedergelassen und einen belebenden, heißen Tee gebraut. Wir können uns auf weichen Grasflecken zwischen den Steinbrocken ausstrecken, auf das Essen warten und die Gegend betrachten. Hier beginnt also das Zanskar, das unbekannte und lange Zeit streng gesperrte Land im Süden Ladakhs. Um diese Landschaft, ihre Menschen, Tiere und Pflanzen zu sehen, haben wir die Mühen des weiten Anmarsches aus dem fruchtbaren Kulutal auf uns genommen. Es ist hier genauso verlassen und vegetationsarm wie auf der anderen Seite des Passes. Ein kleiner Bach, der aus den Schneefeldern weit oben gespeist wird, rinnt durch die Talmitte, an seinem Rand zieht sich ein schmales, grünes Band entlang. Zwitschernde Vogelrufe beleben die Hochgebirgseinöde. Ein Flug Schneefinken ist vor uns eingefallen, die grauweißen Vögel mit ihren leicht gegabelten Schwänzen schlüpfen zwischen den Gesteinsbrokken herum und halten mit ihren sanften aber unüberhörbaren Rufen den Kontakt untereinander aufrecht. Da läßt mich ein durchdringendes Pfeifen auffahren. Das war doch ein Murmeltier? Genauso klingen die schrillen Rufe der alpinen Murmeltiere. Vorsichtig blicke ich mich um und da entdecke ich richtig zwischen den Steinen eine gelbbraune Gestalt, ein Himalaya-Murmeltier. Es ist größer als das Alpenmurmeltier, sein Pelz ist wolliger, gelblichbraun gefärbt und vom Kopf über den Rücken bis zum Schwanzansatz zieht sich wie eine dunkle Decke das schwarzbraune Rückenfell. Hochaufgereckt sitzt das Tier auf dem Erd- und Steinwall, den es vor dem Eingang zu seinem Bau ausgeworfen hat. Mit glitzernden Augen betrachtet es den Menschen, der nur einen halben Steinwurf von ihm entfernt am Boden hockt, und seine Nase vibriert sichernd in meine Richtung, um Witterung aufzunehmen. Sobald ich mich bewege, stößt es noch einen schrillen Schrei aus und verschwindet wie der Blitz im Eingang seines Baues. Aber Murmeltiere sind neugierig. Es dauert keine zwei Minuten, da erscheint schon wieder ein Kopf mit glänzenden Augen im Dunkel der Eingangsröhre, und vorsichtig ruckt das Tier Zentimeter um Zentimeter hervor. Ich sehe mich um und gewahre noch mehr Murmeltiere; einzeln, in Gruppen oder sogar ganze Familien mit possierlichen, wolligen Jungen. Die gesamte Steinhalde ist mit diesen großen Nagetieren belebt. Überall haben sie hohe Wälle vor den Eingangslöchern zu ihren unterirdischen Wohnungen aufgeworfen. Diese Wälle sind hervorragend als Aussichtsplätze geeignet, um die Umgebung nach etwa sich nähernden Feinden zu überblicken. Es gibt genügend Räuber hier oben, die gerne Murmeltierfleisch fressen. Wölfe, Füchse, Bären, Schneeleoparden, Marder, Bartgeier und Adler, sie alle stellen den wolligen Nagern nach. Deshalb heißt es, wachsam sein und immer den Rufkontakt zu den anderen Mitgliedern der Kolonie aufrecht erhalten. Der Tisch ist reichlich gedeckt für die Pflanzen fressenden Murmeltiere. Zwischen den Steinbrocken wachsen genügend saftige Gräser und würzige Kräuter, von denen man sich einen dicken Fettvorrat unter der Haut für die lange Winterruhe anfressen kann. Die Himalaya-Murmeltiere sind, genau wie die Alpenmurmeltiere, Winterschläfer. Wenn Schnee und eisige Kälte auf ihre heimatlichen Reviere fallen, ziehen sie sich tief unter die Erdoberfläche in ihre Schlafhöhlen zurück und überdauern die kalte Jahreszeit mit einer Winterruhe, während der alle Körperfunktionen auf Sparflamme brennen. Die Fettreserven liefern genug Energie bis zum nächsten Frühjahr.

Die schrillen Rufe der Murmeltiere begleiten uns den ganzen Tag. Aber auch anderes Tierleben regt sich entlang unserem Karawanenpfad. Mit rauhem Gackern streicht einmal ein Flug Königshühner vor uns ab. Diese riesigen, schwerfälligen Hühnervögel besiedeln die oberen Berghänge bis in Höhen von nahezu 6000 Metern. Ihr Gefieder ist grau gefärbt, mit rötlichen Federn an den Schwingen, rotbraunen U-Streifen zu beiden Seiten am Hals, mit orangeroter Augenumrandung und gelben Füßen. Sie sind plumpe Flieger und laufen lieber, als daß sie durch die Luft segeln. Sobald sie sich burrend in irgendeiner Steinhalde niedergelassen haben, verliert sie der Beobachter sofort aus den Augen. Ihre graue Farbe tarnt sie hervorragend in der Umgebung aus Felsen und Steinbrocken. Nur das verhaltene Gackern, versetzt mit leisen Gurrtönen, verrät dann noch ihre Anwesenheit. Beim Weiterwandern fliegt dicht vor mir ein Pärchen Karmingimpel auf. Das Weibchen ist unscheinbar braun gefärbt, aber das Männchen prunkt mit leuchtend roter Brust, roter Stirnplatte und einem dunkelroten Fleck auf dem Schwanzansatz. Die kleinen Körnerfresser sind überhaupt nicht scheu; sie lassen sich wenige Meter entfernt auf einem großen Stein nieder und betrachten aufmerksam die vorbeiziehende Karawane. Die geringe Scheu der Tiere hier oben ist ein Beweis dafür, daß der Pfad nicht allzu häufig begangen wird.
Nach der Plage des Aufstiegs am Morgen ist das Bergablaufen trotz der vielen Steine auf dem Weg geradezu ein Vergnügen. Immer wieder kann man rasten und schauen. Die Hochgebirgslandschaft rundum wirkt erhaben und unberührt. Weit ziehen sich Weideflächen und mit schütterer Vegetation bewachsene Schrofenhänge hinauf, ehe die senkrechten Felsen, die Gletscher und der ewige Schnee beginnen. Hier oben ist das Reich der seltenen Großsäugetiere, die zur Zeit der englischen Kolonialherren in Indien des öfteren passionierte Jäger anlockten. Heute ist die Jagd weitgehend erloschen. Ob sich allerdings die Populationen der Großwildtiere dadurch wieder erholen werden, wissen wir noch nicht. Sie ziehen sich jedenfalls so weit in die Hochgebirgstäler und auf die Hochebenen des nördlichen Ladakh zurück, daß der auf den üblichen Routen wandernde Tourist sie niemals zu Gesicht bekommt. Dort, wo nur gelegentlich ein Hirte seinen Fuß hinsetzt, leben die kleinen Sippen der Blauschafe, die von den Ladakhis »Na« genannt werden. Ihr Name stammt von einem bläulichen

Schimmer des dunkelbraunen Rückenfells. Ihre dicken Hörner ziehen in einem flachen Bogen nach hinten und außen; das Gehörn der Weibchen ist im Vergleich mit dem mächtigen Kopfschmuck der Männchen nur schwach ausgebildet. Die Bezeichnung »Schaf« ist für diese Tierart ein wenig irreführend, denn systematisch stehen die Blauschafe zwischen den echten Schafen und den Wildziegen. Der Zoologe G. B. Schaller, der durch seine Untersuchungen an Berggorillas und Löwen in Afrika berühmt geworden ist, hat das Leben der Blauschafe in Nepal im Gebiet nordwestlich des Dhaulagiri untersucht. Seine Beobachtungen über das Verhalten dieser Tiere haben die systematische Zwischenstellung bestätigt. Zwar sehen sie äußerlich Schafen sehr ähnlich, und sie besitzen auch nicht den scharfen Geruch, den Bart und die verdickten Kniegelenke der Ziegen, aber in ihrem Verhalten zeigen sie vieles, was an Ziegen erinnert. So hält das brunftige Männchen seine Nase in den Flüssigkeitsstrom des urinierenden Weibchens, um festzustellen, ob die Geis kopulationswillig ist. Gleich danach dreht es den Kopf zum Bauch und leckt im selben Bewegungsablauf an seinem Penis, ohne jedoch wie echte Ziegen dabei in die eigene Schnauze zu urinieren und die Flüssigkeit als brunftfördernden Geruchsreiz auf den Rücken zu schleudern. Während der Brunftkämpfe erheben sich die Männchen wie Ziegenböcke auf die Hinterbeine und lassen die Gehörne von oben mit mächtigem Krachen gegeneinander prallen. Schließlich weiden Blauschafe, neben weichen Gräsern und Kräutern, auch an harten und dornigen Zwergsträuchern wie Caragana oder Lonicera. Die eigenartigen Zwischenmerkmale, die teils an Schafe und teils an Ziegen gemahnen, haben G. B. Schaller zu der Meinung veranlaßt, daß das Blauschaf wahrscheinlich dem beiden Tiergruppen gemeinsamen Vorfahren, einer Art Ziegen-Antilope, verwandtschaftlich am nächsten steht. Die Blauschafe leben in offenen Hochgebirgsgegenden in Höhen zwischen 4000 und 5500 Metern. Niemals steigen sie auf die Talböden herunter. Am liebsten halten sie sich in schrofigem und felsigem Gelände auf, wo sie bei Gefahr auf schwindelerregenden Bergvorsprüngen Zuflucht finden. Ihre größten Feinde sind der Schneeleopard und der zentralasiatische Wolf, der schwache Tiere durch das Jagen im Rudel manchmal überwältigen kann. Die Brunftzeit dieses edlen Wildes zieht sich vom Spätherbst bis zum Frühwinter hin. Erst im nächsten Jahr werden

Ende Mai bis Anfang Juni die Lämmer an unzugänglichen Felsplätzen geworfen. Neben dem eigentümlichen Blauschaf kommt in Ladakh aber auch ein echtes Wildschaf in zwei unterscheidbaren Rassen vor: das asiatische Mufflon. Von Leh indusabwärts bis Baltistan und wahrscheinlich ebenso im Gebiet der Flüsse Sheyok und Nubra lebt das Steppenwildschaf, der »Sha« oder »Shapo« der Ladakhi, dessen wuchtige Hörner in einem geschwungenen Bogen nach vorne gekrümmt sind. Im östlichen Zanskar und von Nordost-Ladakh an der tibetischen Nordseite des Himalaya entlang nach Osten kommt das riesige Tibet-Wildschaf vor, das in Ladakh »Nayan« genannt wird. Die Hörner des Nayan drehen in einer kraftvollen Spirale neben Ohr und Hals nach außen und hinten. Der Lebensraum der Wildschafe findet sich ebenfalls auf unzugänglichen Hochebenen und an schrofigen Berghängen, wenngleich diese Art bisweilen während des rauhen Winters bis in die Talauen herabsteigt. In der Brunftzeit schlagen die Widder schallend mit den Hörnern gegen Gesteinsbrocken, eine weithin hörbare Markierung des Brunftreviers. Begegnen sich zwei Rivalen, so stürmen sie aufeinander zu, stoßen sich kräftig mit den Hinterläufen ab und lassen ihre Gehörne dröhnend aufeinander prallen. Der Bau des Gehörns, die außerordentlich massigen Stirnknochen und die kräftige Nackenmuskulatur sorgen dafür, daß derartige Kämpfe ohne Verletzungen, Gehirnerschütterungen oder gar Schädelbrüche ausgehen. Die Zeit der Brunft und die Setzzeit der Lämmer ist annähernd die gleiche, wie bei den Blauschafen. Ein mindestens ebenso geschickter Bergkletterer wie Blauschaf und Wildschaf ist der asiatische Steinbock, der zu den echten Wildziegen gehört. Man kann ihm überall in entlegenen Gebirgsstöcken Ladakhs begegnen. Auch heute noch sind Steinböcke in den Bergen hoch über dem Indus, dem Sheyok oder dem Zanskar-Fluß nicht allzu selten, obwohl die Inder und gerade die Moslems ihnen wegen ihres begehrten Gehörns häufig nachstellen. Die immer wieder in Ladakh anzutreffenden Felsritzungen von Steinböcken weisen darauf hin, daß diese Tierart schon in früher Zeit eine mythologische Bedeutung für die Menschen dieses Landes besaß. Im Sommer sondern sich die erwachsenen Böcke von den 15 bis 50 Tiere starken Herden der Geissen und Jungtiere ab, um sich zu kleinen Trupps von 4 bis 8 Exemplaren zusammenzuschließen. Die Brunftzeit erstreckt sich vom Spätherbst bis in den Frühwinter. Steinböcke besitzen ein ausgesprochen ritualisiertes Kampfverhalten. Oft bedrohen sie sich, indem sie wie Hausziegen auf den Hinterläufen hochsteigen und mit schräg gehaltenem Kopf ihre Gehörne präsentieren. Bei den als »Kommentkämpfe« bezeichneten Kampfspielen und echten Kämpfen lassen die Böcke ihre Hörner aus der aufgerichteten Stellung von oben her gegeneinander schlagen, oder sie drängen sich mit überkreuzten Gehörnen hin und her. Solche Kämpfe dienen nur dazu, das Kräfteverhältnis festzustellen, der Gegner soll dabei nicht verletzt werden. Selbst die Kitze üben schon spielerisch dieses Kampfverhalten.

Der Lebensraum der Steinböcke findet sich an den steilsten und unzugänglichsten Berghängen in großen Höhen. Im nördlichen und östlichen Ladakh, wo weniger Schnee fällt, bleiben die Tiere oft sogar im Winter an ihren hochgelegenen, ausgesetzten Einständen, an denen der Schnee kaum Halt findet. Hier sprießen immer noch ausreichend Futterpflanzen, und an sonnigen Tagen ist es wärmer als im Tal. Im außerordentlich schneereichen Zanskargebiet allerdings, wo die winterlichen Bedingungen womöglich noch härter als in Hochladakh sind, sollen die Steinböcke während der kalten Jahreszeit in die Tallagen heruntersteigen und manchmal bis in die unmittelbare Nähe der Klöster kommen.

Welch einen großartigen Anblick bietet ein Steinbockrudel, das wie festgeleimt auf schmalen Felsleisten steht, aufmerksam in die Tiefe sichernd, während sich die mächtigen, gebogenen Gehörne gegen Gletschereis und Felsgipfel abheben. Aber nicht nur die Hörner stellen für den Menschen eine große Verlockung dar, auch die ungemein weiche und volle Wolle des Steinbockfells ist hochbegehrt. Socken, Schals oder Decken aus Steinbockwolle werden für noch wertvoller und feiner angesehen als Textilien aus der berühmten Kaschmirwolle.

Nur in den weitläufigen Steppen- und Halbwüstengebieten im äußersten Nordwesten und Südosten von Ladakh leben zwei weitere Hörnerträger, deren Hauptlebensraum sich auf die Hochflächen Tibets erstreckt. Es sind dies die Tibetgazelle, mit langem, spitzem Kopf, großen, beweglichen Ohren und einem relativ kurzen, nach hinten geschwungenen Gehörn, sowie die Tibetantilope oder Tschiru, mit kurzem, ramsnäsigen Kopf, kleinen Ohren und einem Gehörn, dessen lange Stangen steil nach oben ragen. Beide Huftierarten sind etwa so groß wie Rehe. Sie leben in kleinen Rudeln von 20 bis 30 Tieren, können sich aber beispielsweise in Osttibet auch zu größeren Herden zusammenschließen. Lediglich die Männchen tragen Hörner. Sie sind sehr leichtfüßige und flüchtige Tiere, die Feinde wie den Schneeleoparden, den Wolf oder den Luchs fürchten müssen. Tagsüber scharren sich die Tschirus, wie auch die Tibetgazellen, bis 30 Zentimeter tiefe Gruben in den Steppenboden, um in diesen Mulden vor dem heftigen Wind und den Blicken der Feinde geschützt zu ruhen. Gazelle und Antilope streifen in ihrer Heimat weit umher; die ausgesprochenen Hochgebirgsgegenden werden allerdings von den unsteten Zigeunern gemieden.

Zu den edelsten Großtieren Zentralasiens gehört der Kiang oder asiatische Halbesel. Er nimmt systematisch eine Mittelstellung zwischen Pferd und Esel ein. Die Mähne ist kurz, der Schwanz trägt nur in der Endhälfte eine langbehaarte Quaste und die Ohren sind wie beim Esel verhältnismäßig groß. Das Schönste an ihm aber ist seine Färbung. Der leuchtend rotbraune Rücken wird von einem dunklen Längsstrich geteilt; Mähne und Schwanzhaare sind dunkelbraun; der Bauch, der Hals und die Innenseiten der Beine sind milchweiß oder cremegelb. Wenn ein Kiangrudel in wilder Flucht über die sonnendurchglühte Steppe galoppiert, in langer Reihe ein Tier immer dicht hinter dem anderen, dann bietet dies den Anblick einer rasch dahingleitenden, rotgolden-weißen Woge. Der deutsche Zoologe und Tibetforscher Ernst Schäfer hat den Kiang genau erforscht und ausführliche Lebensschilderungen dieses Tieres geliefert. Trotz des spärlichen Pflanzenwuchses auf ihren Heimatsteppen können sich die zentralasiatischen Halbesel ausreichend ernähren. Sie bilden sogar einen regelrechten »Fettpanzer« unter der Haut aus, der sie vor allem im Winter vor extremer Kälte schützt. Kiangrudel können wenige Exemplare, aber auch bis zu zwei- oder dreihundert Köpfe umfassen. Obwohl die Tiere in den Herden eng beieinander grasen und verweilen, sind sie untereinander recht unverträglich. Immer wieder kommt es beim Weiden und Wandern zu Beinstößen und Beißereien; die Hengste tragen zur Brunftzeit heftige Rivalenkämpfe aus. In der Herde brauchen Halbesel Feinde nicht zu fürchten, lediglich schwache oder abgesprengte, junge Tiere fallen gelegentlich Wölfen zum Opfer. Wie die Tibetgazelle und die Tibetantilope betritt auch der Kiang nur in den nördlichen und östlichen Randgebieten ladakhischen Boden. Er ist in seinem gesamten Verbreitungsgebiet selten geworden und dürfte vielerorts im Bestand äußerst gefährdet sein.

In vielen Büchern kann man lesen, daß der wilde Yak ein charakteristisches Wildtier Ladakhs sei. Diese Behauptung ist mit Sicherheit falsch. Bereits Alexander Cunningham hat im letzten Jahrhundert große Zweifel an der Existenz von Wildyaks in Ladakh oder seiner näheren Umgebung angemeldet. Heute dürfte es letzte Reste von Wildyakherden lediglich im äußersten Norden und Osten Tibets auf den unzugänglichsten und rauhesten Hochsteppen geben. Die Vorstellung, daß die langhaarigen, buckligen Rinder noch als Wildtiere im ladakhischen Gebiet vorkämen, beruht wohl auf der Verwechslung mit zahmen Hausyaks, die oft in großen Herden und nahezu unbewacht im Hochgebirge und auf den nördlichen Steppen weiden.

Während die großen Weidegänger mit Wildschafen, Gazellen, Antilopen und Halbeseln in den Bergen und auf den Hochebenen nördlich und südlich des oberen Indus gut vertreten sind, kann man den fleischfressenden Beutejägern nur gelegentlich als Einzelgängern begegnen. Der größte unter diesen Einzelgängern ist der tibetische Braunbär, der zuweilen aus den Weiten Tibets herüberwechselt. Bei seiner Seltenheit fällt er als räuberischer Feind für Wildtier- und Haustierherden nicht ins Gewicht. Bedrohlicher erscheinen dagegen kleinere Fleischfresser, wie der Schneeleopard, von dem später noch die Rede sein wird, der Wolf, der Kaschmir-Rothund oder der Luchs. Ihre Populationen sind zahlenmäßig nicht sehr stark, aber sie finden genügend Beutetiere. Auch kleinere Räuber wie der Tibetfuchs, der Steppeniltis, der Steinmarder oder das Zwergwiesel können sich aus den kopfstarken Nagetierpopulationen der Murmeltiere, Pfeifhasen und Bergwühlmäuse reichlich ernähren. Es ist gar keine große Seltenheit, wenn man einen Marder über eine Steinhalde schnüren sieht. Ich selber habe das Glück, am Pensi-La ein Wieselpärchen beim Brunftspiel zu beobachten. Die geschmeidigen Tiere verfolgen einander zwischen den Gesteinsbrocken. Sie verschwinden in einem Loch oder unter einem Felsen, tauchen gleich darauf wieder an einer anderen Stelle auf und richten sich nach allen Seiten witternd auf den Hinterbeinen auf. Meine Anwesenheit nehmen sie überhaupt nicht wahr. Manchmal stoßen sie gegeneinander, kugeln wie spielerisch raufend um die eigene Achse, lösen sich sofort wieder voneinander und verschwinden hinter dem nächsten Stein. Schließlich nähert sich das Männchen bis auf etwa zwei Meter. Aufmerksam sichert seine feuchte, braune Nase gegen meine Bergschuhe. Aber meine Gegenwart erscheint ihm für sein Liebesspiel wohl als zu harmlos, um zu fliehen. Sobald das Weibchen wieder in sein Gesichtfeld tritt, geht die wilde Jagd von vorne los. Erst als ich mich mit steifen Knien erhebe, um meinen Gefährten nachzueilen, flüchten die beiden Wiesel blitzschnell in die unterirdischen Höhlungen ihres Lebensraumes.

Ich habe lange gerastet beim Abstieg vom Furtse La. Ganz allein bin ich am Wegrand gesessen und habe die Hänge um mich herum mit dem Fernglas abgesucht. Aber keines der seltenen Großsäugetiere ließ sich blicken; sie blieben weit oben in den schwer erreichbaren Hochtälern, dem neugierigen menschlichen Blick entzogen. Lediglich einige Schneefinken und ein Flug Gebirgsbraunellen haben mich mit ihrem Kontaktzwitschern und ihrem lebhaften Hin- und Herschwirren unterhalten. Jetzt bringe ich die letzte Stunde des heutigen Abstiegs bis zu dem vorgesehenen Lager hinter mich. Schon von weitem kann man unseren Lagerplatz ausmachen. Die blauen Zelte stehen neben einem kleinen Bergbach, aus dem gelben Küchenzelt steigt Rauch auf, die Pferde und Mulis grasen in einer lockeren Herde den Hang hinauf. Mir fallen merkwürdige, niedrige Mauern auf, die neben den Zelten ein Viereck umgrenzen und die aus schwarzweißen Bestandteilen aufgebaut zu sein scheinen. Beim Näherkommen zeigt es sich, daß diese Mauern aus kleinen Doppelsäcken bestehen, die man aufeinander geschichtet hat. Eine große Schafherde hoch oben am Hang klärt das Geheimnis endgültig auf. Die Säcke stellen eine Art Satteltaschen dar, die den Schafen auf den Rücken gelegt werden und in denen man Getreide, Salz oder Wolle transportieren kann. Hinter den Säcken haben einige wild aussehende Hirten ihr Lager aufgeschlagen. Sie sind Halbnomaden aus der östlich gelegenen Teilprovinz Rupschu. Mit ihrer Schafherde haben sie Wolle über den Furtse-La nach Padum in Zentralzanskar gebracht, die sie in der fruchtbaren Talaue gegen Gerste eintauschten. Nun sind sie mit ihrer blökenden Herde und mit den prall gefüllten Kornsäcken auf dem Rückweg in ihre Heimat. Da es in den letzten Tagen geregnet hatte, haben sie hier ihr Lager aufgeschlagen, um die kostbare Getreidefracht in den Hüllen aus Yakwolle vor Feuchtigkeit zu schützen. Sie warten, bis das Wetter sicher wird und sie mit ihrer Karawane ohne Risiko über den hohen Paß gehen können.

Sobald wir uns im Camp häuslich niedergelassen haben, erscheinen die Köpfe unserer Hirtennachbarn hinter ihrer Sackmauer. Neugierig schauen sie auf unser fremdartiges Treiben, und wir starren mindestens ebenso neugierig zurück. Schließlich müssen wir über das gegenseitige Angestarre lachen, und dieses Gelächter bricht das Eis der Fremdheit. Wir beginnen, uns miteinander zu beschäftigen. Die Hirten kommen hinter ihren Wollsäcken hervor und hocken sich vor unsere Zelte. Ihre schwarzen Augen saugen sich an den vielen interessanten Gegenständen fest, den Schlafsäcken, den Daunenjacken, den Taschenlampen und den Bergschuhen. Ihr Äußeres läßt darauf schließen, daß sie in einer rauhen und abgelegenen Gegend wohnen. Die Haare sind ungekämmt, im rechten Ohrläppchen hängt ein großer Türkis, die langen Mäntel sind aus grobem, rotem Tuch genäht oder bestehen aus Schaffellen mit dem Vlies nach innen. Um den Hals hat jeder eine Kette aus glückbringenden Steinen – Türkise, Korallen, Keramikperlen – geschlungen. Rauch und Staub haben ihre Haut im Gesicht, am Hals und an den Händen tief gedunkelt. Wir versuchen ein mühsames Gespräch, bei dem unsere Sherpas nur wenig helfen können, denn die Schafhirten sprechen einen besonderen, tibetischen Dialekt. Jedoch mit einzelnen Worten Tibetisch oder Urdu und mit vielen Gesten erfahren wir alles Wissenswerte über das Woher und Wohin. Die Gesichter der Hirten sind hellwach: ihre schnelle Auffassungsgabe läßt sie die wichtigsten Gedanken unseres Gespräches rasch erahnen. Sie haben im Windschatten ihrer Getreidesäcke eine Feuerstelle errichtet, auf der der Jüngste von ihnen dampfenden Erbsenbrei in einem rußigen Topf umrührt. Das einfache, aber kräftige Abendessen. Zum Schlafen wickeln sie sich in ihre dicken Fellmäntel und einige Decken. Ihr Bett ist der blanke Erdboden. Diese Menschen sind anspruchslos und genügsam, eingewoben in den jahrhundertealten Rhythmus ihrer zentralasiatischen Heimat.

Als ich am nächsten Morgen meinen Kopf aus der Zeltöffnung stecke, steigt schon Rauch von der Feuerstelle unserer Hirtennachbarn auf. Der Küchenbursche winkt mir fröhlich zu und deutet mit drei Fin-

gern auf seinen offenen Mund. Unsere Sherpas haben den Rupschuleuten Tee geschenkt, und ich muß nun als Anführer unserer Karawane von ihrem Erbsenbrei kosten. Der Brei schmeckt salzig und würzig; eine kräftige Nahrung für anstrengende Wandertage. Unsere Pferdetreiber haben die Tragtiere bereits beladen. In langer Reihe ziehen die Pferde und Mulis bergab. Die Schafe grasen allerdings noch friedlich an den Hängen über uns. Der Aufbruch der Schafhirten wird sich ein bis zwei weitere Tage verzögern, bis das Wetter für ihre Paßüberquerung sicher genug geworden ist. Sie kennen keinen Zeitzwang, keine Termine. Das einzige, was ihre Handlungen bestimmt, ist das Wetter und der Wechsel der Jahreszeiten.
Wir sind noch mehr als viereinhalbtausend Meter hoch. Die Gegend ist weiterhin verlassen und unbewohnt. Aber wir ahnen schon die großartige Flußlandschaft, die uns in den nächsten Tagen aufnehmen wird. Durch eine sehr steile Schlucht mit senkrechten, roten Felswänden steigen wir hinab. Selbst die berggewohnten Tragtiere stolpern bei jedem Schritt und ringen mühsam um ihr Gleichgewicht. Schließlich öffnet sich die Schlucht in ein weites Hochgebirgstal, in dessen Grund der Lungnak-Tschu fließt. Wir halten Mittagsrast an der Stelle, an der unser Seitental mit dem Weg zum Furtse-La in das Haupttal mündet. Weiche Grasflecken dienen uns als bequeme Sitze zwischen den großen Felsbrocken, die aus einem alten Bergsturz stammen müssen. Von unserem Platz aus können wir den unter uns liegenden Talabschnitt gut überschauen. Zum ersten Mal seit vielen Tagen nehmen wir wieder die Nähe menschlicher Siedlungen wahr. Drei Tschörten – ein schwarzer, ein weißer und ein roter – säumen den breiten Weg, der links zum Shingo-La und nach rechts in die Ortschaften des Lungnak-Tales führt. Ein gewaltiger, schwarzer Yak weidet in der Nähe des Flußufers. Zwei Frauen mit Körben auf dem Rücken eilen auf eine Holzbrücke zu, die sich über den Fluß spannt. Sie begegnen einem Lama im roten Mantel, der auf seinem Rücken ein riesiges, tibetisches Buch schleppt. Mit weit ausholenden Schritten steigt er den Pfad nach Kurgiak hinauf; ein Mönchsknabe, der ihn begleitet, kann sein Tempo nur mit Mühe halten.
Es dauert nach dem Essen nur noch eine halbe Stunde, bis wir das erste Dorf der Landschaft Zanskar erreichen. Die Häuser sind einfacher und ärmlicher als in den wohlhabenderen Gegenden des Industa-

les oder um Mulbek. Die Mauern sind aus rohen Feldsteinen errichtet und nur mangelhaft verputzt. Als Balken werden meist krumme Pappel- oder Weidenstämme verwendet. Lediglich die hölzernen Fensterstöcke sind sorgfältig ausgeführt und mit Schnitzereien verziert. Viele Fremde scheinen nicht durch das Tal zu reisen, denn bei unserem Anblick läuft sofort das halbe Dorf zusammen. Die Männer tragen den üblichen, naturfarbenen Mantel und den zylinderförmigen Hut, die Frauen den Perak oder gelbe Mützen aus Wolle. Diese Wollmützen mit aufgesteckten Ohrenklappen sind vor allem für die Kinder des Zanskargebietes eine typische Kopfbedeckung. Sie werden nur hier und auf Bestellung angefertigt; man kann sie nicht im Laden kaufen. Im Hof eines Hauses ist ein primitiver Webstuhl aufgestellt worden. Seine stabilen Elemente bestehen aus groben Weidenhölzern, zwischen die eine Webkette gespannt ist; gestrafft wird alles mit Steingewichten. Ein alter Mann sitzt an dem Stuhl und webt aus grauer Wolle einen breiten Streifen mit einfachen, dunklen Mustern. Später wird dieser Streifen auseinandergeschnitten, und die einzelnen Teile näht man zu einer Decke zusammen. In großer Gelassenheit fährt das Schiffchen mit dem Schußfaden hin und her, während die Füße des Webers abwechselnd die hölzernen Pedale treten. Es wird lange dauern, bis die Decke fertig ist, aber Zeit spielt für die Menschen in dieser abgelegenen Weltgegend keine Rolle, und das Wetter wird die nächsten Tage beständig bleiben, so daß man die Weberei über Nacht im Freien stehen lassen kann. Neben dem Webstuhl lehnt der Bruder des alten Mannes mit dem Rücken gegen die Hausmauer und spinnt Wolle mit der Handspindel. Die Arbeit im Haus obliegt im allgemeinen der Frau und auch bei der Feldarbeit besorgt der Mann nur das Ackern im Frühjahr. Weben und Nähen jedoch sind handwerkliche Fähigkeiten, die Männer ausüben. Ansonsten sind es die Frauen, die in der Hauptsache alle Arbeiten verrichten, vom Kochen und Versorgen der Kinder bis zum Lastenschleppen, während die Männer mit ihren Reit- und Tragtieren unterwegs sind, oder sich dem Tschang-Trinken hingeben. Mit seinen größeren Körperkräften wird der Mann allerdings beim Ackern immer den Pflug führen, während die Frau die Yaks am Nasenring aus Wachholderholz hält.
An diesem Abend stehen unsere Zelte am Rande eines reifenden Gerstenfeldes. Neugierige Dorfbewohner sind herbeigelaufen, um die

Fremden, die über den Furtse-La herüberkamen, zu bestaunen. Mir fällt die fröhliche Unbekümmertheit und das Selbstbewußtsein auf, mit dem diese Menschen uns begegnen. Sehr schnell entspinnt sich eine freundliche Unterhaltung. Eine junge Frau trägt ihr Kind in einem Tragtuch auf dem Rücken. Ganz eng ist der kleine Körper mit der Mutter verbunden, ihre Wärme und ihre Bewegungen teilen sich dem Kleinen mit, als seien beide ein einziger Organismus. Die junge Mutter freundet sich schnell mit unserer jüngsten Reiseteilnehmerin an. Die beiden Frauen sitzen nebeneinander vor dem Zelt und unterhalten sich eifrig, obwohl sie ihre gegenseitigen Sprachen nicht verstehen. Die junge Europäerin beschenkt das Zanskarimädchen Dölma mit einer wohlriechenden Creme und einem Beutel Bonbons, eine Geste des dankbaren Gastes. Ein Strahlen geht über das runde Gesicht der jungen Frau und sie läuft eilig in eines der Häuser auf der anderen Seite des Gerstenfeldes. Nach kurzer Zeit ist Dölma wieder zurück. Sie schüttet ein ganzes Säckchen gerösteter Körner in das Kopftuch ihrer neuen, europäischen Freundin. Überdies stellt sie eine Kanne mit saurer Milch und eine Schale mit Tsampa vor das Zelt. So wird eine rasch geschlossene Freundschaft, die auf beiden Seiten eine intuitive, ehrliche Sympathie aufbrechen läßt, in Zanskar besiegelt.

Der nächste Tag beschert uns eine schöne Wanderung durch eine der großartigsten Flußlandschaften Asiens. Graubraun wachsen die mit Geröll und Felsen bedeckten Bergrücken aus dem relativ engen Tal empor, überragt von schwärzlichen Felszacken oder schneebedeckten Gipfeln. Der Fluß, etwa 100 bis 150 Meter breit, rauscht mit beträchtlichem Gefälle in unzähligen Windungen talabwärts. Er führt viel Wasser um diese Zahreszeit; graubraunes Schmelzwasser von den Gletschern, das mit gewaltigem Druck über Felsklippen und durch Stromschnellen schäumt. Aber die karge Monotonie des Landschaftsbildes wird immer wieder unterbrochen und aufgelockert durch Dörfer, wogende Gerstenfelder oder rinnende Bächlein, an deren Lauf die Feuchtigkeit regelrechte Miniaturwiesenstücke und Steingärten hervorgezaubert hat. Nach einstündigem Marsch durch graue Hochgebirgswüste kann man plötzlich seinen Fuß auf saftiges Gras setzen. Edelweiß, Enzian, Läusekräuter oder Astern blühen zwischen den Gräsern. An manchen Stellen bildet das Läusekraut goldgelbe Kissen. Etwas entfernt vom nassen Boden, dort wo schon wieder die Trokkenheit das Regiment ergreift, finden noch der dornige Tragantbusch, Zitronenmelisse, Artemisien und salbeiähnliche Pflanzen ihr Fortkommen. Im Flußbett selbst, ganz nahe dem Wasserlauf, stehen Weiden und Tamariskengebüsche mit fiederigen Blättern, die um die Mittagszeit zwar dünnen, aber willkommenen Schatten spenden. Schmetterlinge lassen sich in taumelndem Flug vom heftigen Mittagswind vorübertragen. Ich versuche, sie mit dem Schmetterlingsnetz zu erhaschen, um einem Kollegen in Deutschland Material für seine tiergeographischen Untersuchungen an Insekten Zentralasiens mitzubringen. Der Taumelflug täuscht jedoch eine willenlose Fortbewegung nur vor. Die Tiere können mit blitzschnellen Wendungen reagieren, wenn sie eine Gefahr vermuten. In einer Höhe von mehr als 4300 Metern gerät man bei der Schmetterlingsjagd ganz schön außer Atem. Einige Falter erreiche ich aber doch; es sind Apollos, gelbe Weißlinge und kleine Bläulinge mit hellen Punkten auf den Flügeln. Die Vogelwelt begegnet uns hier viel reichhaltiger als beim Anmarsch zum Furtse-La hinauf. Charaktervogel des Zanskar ist die Felsentaube. Mit klatschendem Flug sausen die Tauben in Paaren oder in kleineren Gruppen bis zu 20 Exemplaren über das Tal und lassen sich auf Felsen oder abgeernteten Feldern nieder. Überall begleitet ihr Gurren unsere Wanderung. Viele verschiedene Singvogelarten beleben die Landschaft. Neben den bereits bekannten Schneefinken und Karmingimpeln erkennen wir Zippammern, Rotschwänze und rotstirnige Berghänflinge. Eine Wasseramsel läßt unten am Flußufer ihren Gesang hören, der wie ein Mittelding zwischen Zwitschern und Pfeifen klingt. Mit schwirrendem Flug schießt sie geradlinig direkt am Wasser entlang und landet auf wasserübergischteten Felsbrocken. Sie kann tauchen und schwimmen, um Wasserinsekten als Nahrung aufzufischen, und sie grenzt als Einzelgänger streng eingehaltene Reviere am Flußlauf ab. Wenn sie an der unsichtbaren Grenze ihres Revieres anlangt, kehrt sie um und fliegt dieselbe Strecke wieder zurück. Über den Feldern vor den Dörfern klingt unentwegter Lerchengesang, wie man ihn im Frühjahr über den Feldfluren Mitteleuropas gewohnt ist. Es sind asiatische Ohrenlerchen, die mit den Felsentauben und den Schneefinken zu den häufigsten Vögeln des Zanskar gehören. Ab und an kreist ohne Flügelschlag ein mächtiger Greifvogel, Adler oder Bartgeier, hoch oben über dem Tal. Wenn das Flugbild eines der gro-

ßen Greife auftaucht, breitet sich sofort Unruhe in den Scharen der rotschnäbeligen Himalayakrähen oder kleineren Bergdohlen aus, und sie stieben kreischend von ihren Ruheplätzen auf.
Wir begegnen einer Gruppe von drei kohlschwarzen Yaks. Die zottigen Tiere tragen auf ihren Rücken Doppelsäcke aus grober Wolle, die teils mit Getreidekörnern und teils mit Salz gefüllt sind. Ein einheimischer Bauer treibt die Yaks mit lauten Pfiffen und Schreien vorwärts. Bei unserem Anblick zögern sie, bleiben einen Moment stehen und drücken sich dann scheu, mit schnellen Trippelschritten an uns vorüber. Die Sicherheit und Eleganz, mit der sie ihre Hufe auf den schmalen, steinigen Pfad setzen, bestätigt ihre hervorragende Eignung als tragender Helfer des Menschen im Hochgebirge. Es ist kaum vorstellbar, daß diese riesigen Tiergestalten Angst vor uns harmlosen Menschen haben sollen. Der Bauer kommt aus Padum und bringt seine Lasten nach Hause in eines der kleinen Dörfer, die wir durchquert haben. Der Weg führt jetzt in wenigen Windungen zum Fluß hinab und quert auf einer Auslegerbrücke aus Holzbohlen an das andere Ufer. Noch einige hundert Meter geht es bergauf und dann liegt vor uns wieder einmal eines dieser Bilder von fast unbegreiflicher Gegensätzlichkeit. Vor dem Hintergrund grauer und brauner Berglehnen, von denen der Gesteinsschutt in breiten Strömen zu fließen scheint, hebt sich scharf und in der Nachmittagssonne leuchtend ein großes Gehöft ab. Zwei schneeweiße Tschörten markieren den Weg, der an die ebenfalls weiß getünchten Hausmauern führt. Die flachen Dachkronen werden von dunklen Ballustraden aus dürrem Buschholz umgeben; weiße Gebetsfahnen flattern darüber. Die Fenster des unteren Stockes sind klein wie Schießscharten, aber im Obergeschoß prangen sorgfältig geschnitzte, große Fensterstöcke, die dem Bau ein gewichtiges und behäbiges Aussehen verleihen. Vor dem Gebäudekomplex mit dreistöckigem Haupthaus und ein- oder zweistöckigen Nebenbauten liegen saftig grüne Gerstenfelder, durch graue Feldsteinmauern vor den gefräßigen Mäulern des Herdenviehs geschützt. Man kann richtig nachempfinden, wie den Yaks und Schafen das Wasser im Mund zusammenläuft beim Anblick dieses leckeren Grüns. Der Ort heißt Purni, und soll uns für die kommende Nacht beherbergen. Einen Steinwurf von der grün-weiß-grauen Oase entfernt schlagen wir auf steinigem Boden unser Lager auf. Der Platz hat den Vorteil,

daß er von einem klaren Bergbächlein durchflossen wird, an dem wir je nach Bedürfnis eine mehr oder minder intensive Körperpflege und Kleiderwäsche betreiben können. Die Sherpas und Pferdetreiber räumen mit rührender Sorgfalt hunderte von Steinen beiseite und schaffen es tatsächlich, die Zelte einigermaßen eben aufzustellen. Aber echter Friede kehrt in unserem Camp erst ein, nachdem wir mit Geschrei und Steinwürfen unsere freigelassenen Tragtiere am Überklettern der Mauer zu den Gerstenfeldern gehindert und den weniger nahrhaften Geröllhang über unserem Lagerplatz hinaufgejagt haben. Ich schicke Tsering, unseren Koch und talentierten Diplomaten, in das Gehöft hinüber. Er soll erkunden, ob ein Besuch der fremden Eindringlinge in die Ruhe des Ortes Purni erwünscht und möglich ist. Nach einer halben Stunde kehrt er mit der Nachricht zurück, daß wir willkommen seien. Ich stecke ein Bild des Dalai Lama, eine dicke, rote Kerze, ein Fläschchen Kölnisch Wasser und ein Frottierhandtuch als Gastgeschenke ein. Dann gehe ich mit Margret und einigen Mitgliedern unserer Reisegruppe hinüber in das Gutshaus. Wir steigen eine steile Holzstiege hinauf in den ersten Stock und betreten die geräumige Küche. Man hat entlang der Fensterwand auf einer niedrigen Bank tibetische Sitzteppiche ausgebreitet und ich muß als Anführer unserer Schar neben dem Hausherrn unter dem Fenster Platz nehmen. Kanza, unser Sirdar, überreicht die jeweils in eine Katak eingewickelten Geschenke; das Bild des Dalai Lama und die Kerze an den Hausherrn, das Handtuch und das wohlriechende Schönheitswässerlein an die Frau des Hauses. Sie ist eine Respekt gebietende Person; großgewachsen, mit breiten, ebenmäßigen Gesichtszügen, einer leicht geschwungenen Nase und scharf fixierenden Augen. Ihre Stimme klingt rauh und ein wenig heiser, wie die eines deutschen Feldwebels. Auf ihrem Kopf thront ein prächtiger Perak, besetzt mit unzähligen Türkisen. Wegen ihrer selbstbewußten Haltung erhält sie von uns sofort einen treffenden Spitznamen: »die Herrin von Purni«.

Die Geschenke bereiten der Herrin von Purni sichtlich Freude. Nachdem wir uns zu zwölft, neun Europäer und drei Sherpas, in der Küche zusammengedrängt haben, läßt sie uns durch zwei ihrer hübschen Töchter Dahi – Joghurt – und Tsampa reichen. Wir bekommen jeder eine Holzschale in die Hand gedrückt, in die erst Joghurt und dann Tsampa gefüllt wird. Dann hängen die Augen meiner europäischen Begleiter an mir. Wie ißt man das ohne Löffel? Ich rühre langsam, als hätte ich nie anders meine Mahlzeit eingenommen, mit dem rechten Zeigefinger Milch und Mehl zu einem dicken Brei und schlekke den Finger ab. Ein Gemisch aus Dahi und Tsampa wird mit dem gekrümmten, rechten Zeigefinger gegessen. Dazu wird Buttertee serviert. Die Unterhaltung mit dem Hausherrn verläuft, dank der Übersetzungskünste von Tsering, recht flüssig. Der Mann ist etwa 50 Jahre alt und Vorstand der Familie, zu der insgesamt 14 Menschen über vier Generationen verteilt gehören. Seine temperamentvolle und lebenslustige Frau muß er sich mit seinem jüngeren Bruder teilen. Das klingt merkwürdig, wenn man unsere Maßstäbe von Eheversprechen, ehelicher Treue und denkbarer Eifersucht anlegt. Aber die Ehe mit mehreren Brüdern ist in Zentralasien ein Versorgungsabkommen und ein Beitrag zur Lösung des Bevölkerungsproblems. Einmal bleibt der Besitz ungeteilt beisammen, dann ist die Frau immer versorgt und beschützt, auch wenn einer ihrer Ehemänner auf Reisen oder bei der Arbeit umkommt und schließlich werden weniger Nachkommen in die Welt gesetzt; ein Gesichtspunkt, der bei dem Mangel an bebaubarem Boden stark ins Gewicht fällt. Zwar ist heute die Polyandrie, die sogenannte Vielmännerehe, nach indischem Gesetz verboten, aber ein derartiges Gesetz wird in dem hintersten Winkel des Zanskar weder beachtet noch durchgeführt, vor allem, wenn es eklatant gegen überkommene Gebräuche verstößt. Die Tage der Polyandrie sind allerdings gezählt, denn mit der besseren verkehrsmäßigen Erschließung auch der abgelegensten Landesteile Indiens und mit der gestiegenen Verbreitungsmöglichkeit von Informationen wird immer mehr modernes Gedankengut verbreitet. Es ist klar, daß dabei überkommene, »altmodische« Sitten und Bräuche gerade bei der jungen Generation auf der Strecke bleiben. Auch ohne strenge Überwachung des Polyandrieverbotes werden die Söhne und Töchter der Herrin von Purni sich gewiß nicht mehr in einen oder mehrere Ehepartner teilen.

Ein Mönch in roter Kutte betritt den Küchenraum und wird ehrerbietig begrüßt; der Hausherr stellt ihn mir als seinen dritten Bruder vor, der als Lama oben in Puktal wohnt. Meine Frage, ob der Gutshof von Purni dem Kloster gehöre, wird verneint. »Zwar sind wir mit Puktal eng verbunden«, sagt unser Gastgeber, »aber auf unserem Besitz sind wir freie, selbständige Bauern.« Das Kloster besitzt allerdings sehr viel Ackerland im östlichen Zanskarbereich, und in den Dörfern des oberen Lungnak-Tales muß ein großer Teil der Bauern Pachtabgaben an Puktal leisten. Wenn man die Menschen dort fragt, wem denn die Felder um das Dorf gehören, so erhält man meist die Antwort: »der Puktal Gompa«. Das ist fast so wie im Märchen vom gestiefelten Kater. Eine derartige Abhängigkeit ist jedoch weit entfernt von dem so gern strapazierten Begriff der Leibeigenschaft. Die Geistlichkeit erhebt zwar Besitzansprüche an Ländereien und Häuser, nicht aber an Menschen. Die enge Verflechtung der Bauerndörfer mit der Puktal Gompa bringt beiden Seiten Vorteile. Die Bauern versorgen die Mönche mit Nahrungsmitteln, Brennstoff und Textilien, das Kloster gibt als Institution auch seiner Laiengefolgschaft Rückhalt und Schutz; außerdem sorgt es für die Erfüllung der religiösen Obliegenheiten. Schließlich kann man sich, zumindest in früheren Zeiten, eine sicher nicht bewußt betriebene, regulierende Auswirkung auf die Beständigkeit der Bevölkerungszahl im östlichen Zanskar denken. Wenn immer ein nicht unbeträchtlicher Teil der männlichen Bevölkerung als Mönch in das Kloster eintrat und das Gelübde des Zölibats ablegte, wurde die Nachkommenschaft so gering gehalten, daß sie aus dem wenigen, vorhandenen Ackerland ohne Mangel ernährt werden konnte. Das Kloster, im Zusammenwirken mit der polyandrischen Ehe, als populationsregulierendes Element. Es wird als selbstverständlich empfunden, daß neben den Abgaben der Pächter auch die Bauern auf freiem Besitz den Mönchen reichlich Naturalien spenden. »Wir müssen«, sagt der Hausherr von Purni, »unseren Mönchs-Bruder in Puktal versorgen und spenden überdies gerne aus unserem Überfluß an das Kloster.«

Die Unterhaltung in der Küche verläuft lebhaft und lustig. Die Ladakhis sind immer zu Spott und Scherzen aufgelegt. Besonders die Herrin von Purni tut sich mit ihrer lauten Stimme und ihrem Witz hervor. Mühelos gelingt es ihr, unsere dreisten Sherpas mundtot zu machen und sich zudem noch schützend vor ihre Töchter zu stellen, wenn sie als Zielscheibe für anzügliche Redensarten dienen. Nachdem wir unsere Tsampaschalen geleert haben, dürfen wir uns das ganze Haus ansehen. Im Erdgeschoß liegen die Stallungen, Gerätekammern und Vorratsräume. Im Oberstock befinden sich, neben weiteren Vorratskammern, die Wohn- und Schlafräume mit der großen Küche. In der Küche von Purni steht in der Mitte des Raumes ein echter Eisenofen mit einem Ofenrohr; in anderen Häusern befindet sich an diesem Platz der lehmausgekleidete Herd mit offener Feuerstelle. Der Wohlstand von Purni wird noch unterstrichen durch gläserne Scheiben an den Fenstern der Küchenwand. Einer der großen Wohnräume ist besonders prächtig ausgestattet, mit geschnitzten Truhen, bunt lackierten Tischchen, tibetischen Teppichen und Vitrinen mit Porzellangeschirr. Man erklärt uns, daß dieser Prachtraum nur selten benutzt wird, wenn beispielsweise hochgestellte Lamas zu Besuch kommen. Die Decken der Räume werden von krummen Baumstämmen oder einem Geflecht aus Weiden- und Pappelästen gebildet. Über eine steile Holzstiege klettern wir auf das flache Dach. Ein weiter Platz, auf dem man arbeiten oder beieinander sitzen kann. Gegen die Außenmauer wird das Dach mit einer Ballustrade aus trokkenen Sträuchern und Ästen umgeben. Dieses Holz, das meist schon vom Vater oder Großvater gesammelt wurde, wird nie verbrannt. Es gilt als Statussymbol. Solange Holz auf dem Dach liegt, ist der Wohlstand der Familie gesichert. Ein Verbrauchen der Dachballustraden würde einer Bankrotterklärung gleichkommen. In das Gesträuch sind schlanke Stangen mit Gebetsfahnen gesteckt. An einer Querseite des Dachplatzes ist auf das Hauptgebäude ein schmales drittes Stockwerk aufgesetzt, das mit einer Veranda zum Dach hin offensteht. Hier befindet sich die Sommerküche, denn in der warmen Jahreszeit lebt die Familie mit Vorliebe auf dem Dach, und daneben liegt die Hauskapelle, in der Thankas, Statuen, Reliquienbehälter und religiöse Gerätschaften aufbewahrt werden. Man genießt vom Dach einen großartigen Rundblick auf das Lungnak-Tal, den Fluß unten in der Schlucht und auf die namenlosen Schneegipfel rundherum. Unser Besuch hat Stunden gedauert. Ehe wir uns verabschieden, um zu unseren Zelten zurückzukehren, laden wir unsere Gastgeber zu einem Gegenbesuch am Abend in unser Camp ein.

Nach dem Abendessen, als die Dämmerung den Himmel lichtgrün und violett verfärbt, setzen wir uns im Kreis mit unseren Sherpas und Pferdetreibern zusammen. Tschang wird gebracht und die Küche kocht große Kannen voll Tee. Schließlich kommen unsere Gastgeber von Purni herüber, der Hausherr, seine stattliche Frau, die beiden

Töchter, drei junge Burschen und ein paar Kinder. Wir erwidern die uns am Nachmittag erwiesene Gastfreundschaft mit Tschang, Tee und Gebäck. In unserer kleinen Reisegruppe hat sich im Verlauf der Wanderung ein Chor gebildet, der mehrstimmige, deutsche und alpenländische Volkslieder zum besten geben kann. Chorleiterin ist die Frau unseres Arztes, deren Liedvorrat schier unerschöpflich zu sein scheint. Durch unseren Gesang fühlen sich die Purnileute derart angeregt, daß einer der Burschen zum Gehöft hinüberläuft und zwei große Tamburins herbeiholt. Dann setzt sich die Herrin von Purni unter ihrem prächtigen Perak in Positur, neben sich einen ihrer Söhne, schlägt auf das Tamburin und stimmt einen schwermütigen Gesang an. Die Melodie erinnert mich an die Lieder, die ich bei den Sherpas und Tibetern in Nepal gehört habe. Die beiden Purni-Töchter und zwei Burschen stellen sich zum Tanz ihr gegenüber auf. Im Rhythmus des Tamburinschlages und des Gesanges wiegen sie sich hin und her, stampfen mit den Füßen auf den Boden und drehen sich langsam im Kreise. Nach diesem Tanz singen wir wieder ein Lied und darauf folgen weitere Tänze. Die Rhythmen werden lebhafter, leidenschaftlicher, die Zanskaris steigern sich in eine unerwartete Sanges- und Tanzfreude. Die Herrin von Purni gibt den Darbietungen den rechten Schwung. Mit Temperament und Fingerfertigkeit bearbeitet sie ihr Instrument, daß ihr ganzer Körper mitschwingt. Immer wieder feuert sie Sänger und Tänzerinnen zu neuen Liedern und Tänzen an. Ein halber Mond ist am Nachthimmel aufgezogen; wie ein schiefer Kahn schwimmt er zwischen den funkelnden Sternen Asiens und übergießt die Bergspitzen mit silbrigem Schimmer. Ich fühle mich weit entrückt, versetzt in eine Welt, die unsere Technik, unseren temperierten Wohlstand, unsere Hektik nicht kennt. Wie lange noch wird diese unberührte Welt so existieren können? Vielleicht dauert es nur noch eine oder eine halbe Generation, bis die technische Zivilisation westlichen Ursprungs auch in diesen entlegenen Weltwinkeln ihr zerstörerisches Werk mit Erfolg vorantreibt. Vielleicht wird in nur wenigen Jahrzehnten diese Art von Tänzen und Liedern in Vergessenheit geraten sein. Ich verscheuche jedoch die schwermütigen Gedanken. Heute will ich den Augenblick genießen, will Bilder und Stimmungen in mich aufnehmen und in der Erinnerung speichern, ohne ihre Vergänglichkeit zu betrauern. Wenn Zanskaris einmal feiern, tanzen und singen, dann entwickeln sie dabei Ausdauer. Es ist lang nach Mitternacht, bis alle Tschangtöpfe geleert sind und der letzte Ton von Tamburin und Lied über dem weiten Tal verhallt ist. Unsere Gutsnachbarn packen ihre Instrumente ein, verabschieden sich und kehren in ihr Haus zurück, das im Mondlicht weiß zu uns herüberschimmert. Wir kriechen in unsere Schlafsäcke, im vollen Bewußtsein, daß hier ein menschlicher Brückenschlag zwischen Menschen grundverschiedener Kulturkreise aber gleicher Sinnesart und Fröhlichkeit gelang. Das einzige Geräusch ist jetzt der Nachtwind, der um Mitternacht stärker geworden ist und die Zeltwände knattern läßt.

Der nächste Morgen zieht strahlend wie ein Festtag herauf. Die frühe Morgensonne wirft noch lange Schatten über den Talboden, die Gerstenfelder und die Gebäude von Purni. Aber ihre Strahlen wärmen bereits die klammen Glieder beim Frühstück und wecken unsere verschlafenen Lebensgeister. Wir wollen heute nach Puktal Gompa, und um dort einen langen Tag verbringen zu können, sind wir schon mit dem ersten Frühlicht munter geworden. Als wir gegen 7 Uhr abmarschieren, stehen die Leute von Purni vor dem Hoftor und winken uns ein Lebewohl zu. Wir werden heute Abend nicht hierher zurückkehren, denn unser Rückweg soll auf der gegenüberliegenden Seite des Flusses erfolgen, wo wir ein Stück den Lungnak abwärts wieder auf unsere Karawane treffen werden. Wir schicken die Tragtiere mit den Pferdetreibern auf einem anderen Weg am Lungnak-Fluß entlang und nehmen sie nicht mit nach Puktal, denn die Brücke dort soll für Lasttiere unpassierbar sein. Wir wandern jetzt ein Seitental des Lungnak aufwärts, aus dem uns die braunen, wilden Fluten des Tsarap-Lingti-Flusses entgegengischten. Das Flußbett ist randvoll mit den Schmelzwasserfluten, die von den hohen Bergen kommen. Wie ein verkleinerter Grand Canyon ist das Tal in das Kalkgebirge geschnitten. Senkrecht steilen die braunen Felswände empor. Der Weg führt dicht am Steilufer des Flußbettes entlang, bald ein wenig bergauf kletternd, bald abfallend. Der klare Morgen verleiht der Landschaft unwirklich scharfe Konturen. Weiße Federwolken segeln am tiefblauen Himmel den Schneegipfeln zu und haken sich an deren Häuptern fest. Ich bleibe mit Margret und ihrer Freundin ein wenig zurück. Wir wandern wie berauscht, mit überwachen Sinnen die Eindrücke entlang

des Pfades aufnehmend. Der Landschaftscharakter schwankt zwischen Steppe und Halbwüste. Die übliche Kahlheit der Geröll- und Schrofenhänge wird immer wieder von kleinen Flecken lebendigen Planzenwuchses unterbrochen, da viele kleine Hangquellen und Naßstellen zutage treten. Heckenrosen- und Caragana-Sträucher stehen da, an einem Strauch rankt sich eine gelbblühende Clematis. Federgras und ein stachliges Igelpolster bilden grün-weiße Rasen. Am Flußrand unten wächst dichtverfilztes Tamariskengestrüpp, dazwischen ein dunkelviolett blühendes Nachtschattengewächs. Portulak duftet, wenn man mit den Bergschuhen darüber streift. Manchmal dehnen sich ganze Felder mit einem Zwergstrauch aus grünen, schachtelhalmähnlichen Zweigspießen, an denen orangerote, kugelige Früchte sitzen. Es ist dies ein Meerträubelgewächs der Gattung Ephedra, das zu den nacktsamigen Blütenpflanzen gehört und eine entfernte Verwandtschaft mit Nadelhölzern aufweist. Meerträubel sind Heilpflanzen, die unter anderem die Wirkstoffe Ephedrin und Pseudoephedrin enthalten. Der Reichtum Zanskars an heilkräftigen Pflanzen verkörpert sich geradezu in diesem kleinen Strauch, dessen spitze Zweigenden unangenehm pieken, wenn man zwischen die Ästchen greift.
Wir kommen manchmal recht langsam vorwärts, denn es gibt einfach zu viel zu schauen an diesem erfüllten Morgen. Himalayakrähen und Bergdohlen führen ihre gewandten Flugspiele vor, stürzen sich kopfüber von den Felsen herab und fangen ihren Sturz kurz vor dem Wasser in eleganter Kurve wieder auf. Graue Felsenschwalben und Mehlschwalben mit weißer Brust jagen pfeilschnell an uns vorüber und verschwinden irgendwo in den Wänden. Wahrscheinlich warten dort die Jungschwalben in ihren Nestern auf das Insektenfutter, das ihre Eltern fliegend für sie erhaschen. Rotschwanz und Zippammer machen mit ihren ziependen Rufen auf sich aufmerksam. Und immer wieder rauschen die Felsentauben über den Fluß, in geradlinigem Flug mit jäher Wendung. Sie sind für uns schon alte Bekannte geworden. Bereits von weitem sehen wir die gelbbraunen Seile der Hängebrücke unterhalb Puktal. Wie eine langgestreckte Hängematte wirkt der Übergang nicht gerade einladend auf den Wanderer, der da hinüber muß. Zwei armdicke Haltetaue aus zusammengedrehten Zweigen sind von Ufer zu Ufer gespannt und in Abständen von etwa ei-

nem Meter durch schmälere Seilschleifen aus dem gleichen Material gebunden. Am Grunde dieser Schleifen verläuft, fest verankert zu beiden Seiten des Flusses, ein weiteres, fast schenkeldickes Tau aus mehreren, zusammengebundenen Einzelseilen. Das dicke Tau ist der Steg, auf dem man hinüberbalanciert, wobei die Spanntaue rechts und links als Geländer dienen. Die Konstruktion hängt in der Mitte stark nach unten durch und schaukelt beträchtlich beim Hinübergehen. Ich glaube, jedem von uns graust es ein wenig, bevor er den ersten Fuß auf den schwankenden Steg setzt. Man muß sich gut festhalten, vorsichtig Schritt vor Schritt setzen, und man darf nicht in die braunen, quer zur Stegrichtung brausenden Fluten des Tsarap-Lingti-Flusses schauen, sonst wird man schwindelig. Schließlich meistern aber alle Teilnehmer unserer Reisegruppe die Brücke, ermuntert durch die Zurufe derer, die schon sicher das andere Ufer erreicht haben.
Allerdings wüßten wir gar zu gerne, worauf wir den Fluß überquert haben, aus welchem Material die Taue der Hängebrücke gefertigt worden sind. Es handelt sich weder um Weiden- noch um Birkenzweige, wie man in manchen Büchern lesen kann, diese Äste sind rauher und faseriger. Büsche, die in der Nähe stehen, und die uns schon seit Tagen immer wieder begegnet sind, liefern die Lösung des Rätsels. Sie stellen sich als Loniceragewächse heraus, die gerade mit roten Beeren fruchten. Ihre Zweige sind derart zäh, daß man sie nicht mit der Hand abreißen kann. Man braucht ein Messer, um sie vom Strauchwerk zu trennen. Ein Vergleich mit den Seilen der Brücke ergibt die Überzeugung: sie ist aus Lonicerazweigen gefertigt. Diese Sträucher wachsen überall in Zanskar in genügender Menge, um jederzeit zur Ausbesserung oder Neuanfertigung von Hängebrücken zur Verfügung zu stehen.
Noch ist von Puktal, das als großartiges Felsenkloster gepriesen wird, nichts zu sehen. Der Steig führt in mehreren Kehren steil vom Flußufer hangaufwärts. Ein Bergvorsprung und einige Büsche verstellen uns noch die Sicht, aber wie wir die letzte Wegbiegung hinter uns lassen, erschallen Ausrufe der Überraschung. Da liegt Puktal Gompa vor uns, ein Wunderwerk unter den zentralasiatischen Klosterbauten! Wie überdimensionale Schwalbennester sind die Häuser und Tempel an einen senkrechten Felsenhang geklebt, überwölbt von dem schwarzen Schlund einer mächtigen Höhle. Unglaublich, wie man an

diese Stelle ein ganzes Klosterdorf bauen konnte. Die hellgetünchten Gebäudemauern kontrastieren wirkungsvoll mit dem Dunkelbraun der Felsen, dem Tiefblau des Himmels und den weißen Wolken darin. Wir brauchen eine ganze Weile, bis wir den Anblick so weit aufgenommen haben, daß wir weitergehen können. Eine Reihe von weißen Tschörten, mit einem Tortschörten am Ende, führt auf das Kloster zu. Wir klettern weit auseinanderstehende Steinstufen empor in das Zentrum der Klostersiedlung. Die Mönche von Puktal sind offensichtlich mit Ausbesserungsarbeiten beschäftigt. Überall wirbeln Staubwolken auf, werden Steine geschleppt und Balken verlegt. Der Empfang durch die Mönche ist freundlich. Wir werden in die große Versammlungshalle im Eingang der Höhle geführt, wo wir uns an der Wand auf Teppichen niederlassen und von dem Staub und der Tageshitze des Anmarsches erholen dürfen.

Puktal Gompa gehört der Gelugpa-Schule an, der gegenwärtig gewichtigsten Richtung des tibetischen Buddhismus. Der Gründer des Klosters soll Sherab Sangpo gewesen sein, der im 15. Jahrhundert lebte und ein Schüler des tibetischen Reformators Tsongkapa war. Er hatte seine Heimat in Osttibet verlassen, um die Lehren seiner Schule auch in Ladakh und Zanskar zu verbreiten, wo ihm die Gründung einer Reihe von Klöstern zugeschrieben wird. Seine Gebeine sollen in dem Tschörten in der Höhle beerdigt sein. Die Legende erzählt, daß Sherab Sangpo von drei Einsiedlern, die in Gestalt von weißen Mäusen erschienen, an die Stelle der Tschörten geführt wurde, von wo man Puktal zum ersten Mal erblickt. Hier verwandelten sich die Einsiedler wieder in ihre ursprüngliche Gestalt und verschwanden. Der Lama aber erkannte die hervorragende Lage des Platzes und beschloß, um die glückverheißende Höhle ein Kloster seiner Gelukga-Schule zu gründen. Heute gehört Puktal Gompa unter die Oberhoheit von Likir, das wiederum mit Klöstern wie Rangdum jenseits des Pensi-La und Tikse im Industal eng verbunden ist. Angesichts der vielen Eroberungen durch fremde Mächte, die Ladakh und Zanskar im Laufe ihrer Geschichte heimsuchten, muß man die Tatsache gesondert festhalten, daß dieses Felsenkloster hier niemals durch Kriegswirren zerstört wurde. Zwar zeigen einem die Mönche an einem Türrahmen des Klosters Löcher, die durch Pfeileinschüsse mongolischer Krieger bei einem Überfall im 17. Jahrhundert entstanden

sein sollen, aber auch im Zuge dieser kriegerischen Handlungen wurde Puktal weder eingenommen, noch zerstört. So kommt es, daß die eindrucksvolle Klostersiedlung im östlichen Zanskar wohl heute noch annähernd in der gleichen Weise steht, wie sie ursprünglich im 15. Jahrhundert angelegt wurde. Lediglich die Ausmaße der frommen Siedlung dürften sich inzwischen etwas erweitert haben.
Es ist für meine Begleiter und mich eine Selbstverständlichkeit, daß wir uns vor der Statue Tsongkapas verneigen und daß wir auf dem Altar eine ansehnliche Geldspende hinterlegen. Wohlwollend beobachten uns einige Mönche bei dieser Handlung. Schöne Bronzen von Tsongkapa, Buddha Shakyamuni, Tschenresi, Sherab Sangpo und verschiedenen Äbten des Gelugpa-Ordens zieren den Altartisch. An Wänden und Pfeilern hängen erlesene alte Thankas. Am stärksten spricht mich eine Darstellung des Buddha Amitayus an, mit der Krone und dem Gewand der Bodhisattvas, in roten, braunen und dunkelblauen Farben gemalt. Mit der Geste der Meditation sitzt er auf einem reich verzierten Lotosthron, umgeben von Buddhas und Patriarchen aus der religiösen Schule, der diese Thanka entstammt. An den Wänden des Tempels sind Reste von alten Fresken zu erkennen, die sich aus der Erbauungszeit des Klosters bis heute erhalten konnten. Inzwischen haben die Mönche von Puktal Schalen mit Buttertee und Tsampa vor uns hingestellt. Wir nehmen diese Gastfreundschaft dankbar entgegen und lassen uns beides schmecken. Tsampa, das Mehl aus gerösteten Gerstenkörnern und gebutterter Tee sind die traditionellen Nahrungsmittel Zentralasiens. Man gewöhnt sich rasch daran und empfindet das einfache Mahl als kräftig, erfrischend und bekömmlich. Ein alter Mann betritt den Tempel und wirft sich viele Male vor der Statue des Tsongkapa zu Boden, nachdem er zuvor die zusammengelegten Hände an den Scheitel, vor den Mund und vor die Brust geführt hat. Seine Frömmigkeit beachtet unsere fremdartige Anwesenheit überhaupt nicht.
Die Mahlzeit ist beendet und wir erheben uns, um uns von den Mönchen durch die Klosteranlage führen zu lassen. Erst jetzt, als wir aus dem dämmerigen Tempelraum in die gleißende Sonnenhelle treten, erfassen wir die unglaubliche Exponiertheit dieses Gebäudekomplexes. Senkrecht unter uns braust der Tsarap-Lingti-Fluß. Wie riesige Treppenstufen schieben sich die Flachdächer der Mönchswohnungen

übereinander, die meisten sind durch Leitern miteinander verbunden. Rechts und links fallen die Felswände in kühnem Schwung zum Talboden hinunter ab, über uns türmt sich ebenfalls der gewachsene Fels. Man kommt sich vor wie in einer uneinnehmbaren Burg. Vielleicht lag es in der Absicht der Erbauer, diesen Eindruck im Geistigen wie im Materiellen hervorzurufen.

Wir wenden uns in die Höhle hinein. Hinter dem Versammlungstempel steht ein weißer Tschörten mit den Reliquien des Sherab Sangpo, wohl das heiligste Bauwerk im ganzen Gebäudekomplex. Eine Merkwürdigkeit besonderer Art stellt ein natürlicher Steintrog voll klaren, kühlen Wassers dar, die berühmte Quelle von Puktal. Die Mönche erzählen uns, daß der Wasserspiegel immer gleich bliebe, so viel Wasser man auch schöpfe. Wir dürfen von dem Naß trinken. Es schmeckt so erfrischend und kräftig, wie reines Bergwasser im Kalkgestein immer schmeckt. Allerdings reicht die kleine Quelle allein heute nicht mehr für die Wasserversorgung des Klosters aus; trotz des gleichbleibenden Wasserspiegels muß man die Wasservorräte zusätzlich vom Fluß her ergänzen. Oberhalb der Versammlungshalle, etwas nach hinten in die Höhle versetzt, befindet sich ein weiterer, kleinerer Tempel, Gönkang genannt. Wir bewundern hier hinter einem kleinen Altar mit Butterlampen einige zornvolle Gottheiten, wie Palden Lhamo, Vajrabhairava oder Mahakala. Die Köpfe dieser Schutzgottheiten und auch ein Teil ihrer Gestalten sind mit weißen Tüchern verschleiert. Der Geruch von brennendem Fett und Räucherstäbchen hängt in der Luft und erzeugt eine andachtsvolle Stimmung. Nach dem Besuch dieses kleinen Tempels führt man uns in die Klosterküche. Sie ist in einer seitlichen Nische der großen Höhle untergebracht. Die Wände und die Decke der Küchenhöhle sind mit einer dicken, glänzenden Rußschicht belegt, Ergebnis jahrhundertelangen Feuerrauches. Auf einem Lehmherd, der mit großen Steinplatten abgedeckt ist, stehen rußüberkrustete Töpfe verschiedener Größen. Ein kleinerer Herd ist ausschließlich den Teekannen vorbehalten. Ein Mönch steht vor einem dicken Holzrohr und mischt große Mengen von Buttertee für die nächste Mönchsversammlung. Es ist warm in dieser Höhlennische und es duftet gut nach Holzfeuer, Tee und Gemüsesuppe. Man verweilt gerne an solch einem einladend riechenden, Wärme ausstrahlenden Ort. Aber unsere freundlichen Führermönche drängen uns weiter. Sie wollen mehr von ihrem Heimatkloster zeigen. Wir betreten den mittleren, unterhalb der Höhle gelegenen Siedlungstrakt. Hier liegt die Klosterbibliothek, der Kandschur Lakang, der die heilige Schrift der Tibeter und das dazugehörige, umfangreiche Kommentarwerk enthält. Buch reiht sich an Buch in den vielen Fächern der Regale, die rings an den Wänden stehen, und von denen die alten Wandmalereien teilweise verdeckt werden. Schließlich gelangen wir noch in einen kleinen Tempel, der besonders schöne, goldverzierte Decken- und Wandfresken enthält. Eine große Figur Buddha Shakyamunis beherrscht den Raum. Hier finden wir auch die vielzitierte Inschrift, die über den Aufenthalt des Ungarn Csoma de Körös Auskunft gibt, der als Altmeister der Tibetologie in Europa angesehen wird. Der Text der Inschrift lautet:

»A Csoma de Körös from Hungary – a heroic pioneer – lived in this monastery from 12. August 1825 to November 1826«.

Das sind dürre Worte, die die Leistung des engagierten Gelehrten in keiner Weise wiedergeben. »August 1825 bis November 1826« bedeutet, daß er den ganzen Winter in Puktal verbrachte. Die meiste Zeit vom eisigen Winterklima in einer engen, steinernen Zelle gefangen, kaum mit genügend Brennmaterial versehen, wahrscheinlich auch nicht ausreichend warm bekleidet – da muß das Feuer des Studieneifers und der Wißbegier schon hell lodern, will man eine derart harte Zeit unbeschadet überstehen. Csoma de Körös besaß dieses Feuer, seine Selbstdisziplin und Genügsamkeit müssen bewundernswert gewesen sein. Für uns Europäer, die wir weder die trockene, schneearme Kälte noch die Einsamkeit und die langandauernde Fesselung an einen Ort gewohnt sind, ist der ladakhische Winter doppelt hart. Die Ladakhis und Zanskaris kennen ihr Winterklima. Sie verziehen sich über die kältesten Tage in die untersten, nahezu fensterlosen Räume ihrer Häuser, drängen sich eng um das schwelende Feuer aus Strauchzweigen oder Yakdung, frösteln und lauschen den unendlichen Rezitationen der Geschichtenerzähler. Dann erklingt auch heute noch der Sprechgesang des Gesar-Epos, das jeder schon fast auswendig kennt und doch alle Jahre von neuem mit Begeisterung und Andacht anhört.

Unser Rundgang durch das Kloster ist beendet. Wir sitzen noch eine kleine Weile im Eingang zu der großen Höhle, unterhalten uns mit den Lamas und lassen den grandiosen Ausblick auf die Berg- und Flußlandschaft des Tsarap-Lingti-Tales auf uns wirken. Dann schlägt für uns die Stunde des Abschieds von dem Ort, der in seiner Ruhe und seiner eindrucksvollen Umgebung besonders geeignet erscheint, mit Erfolg auf die Suche nach dem Inhalt der eigenen Persönlichkeit zu gehen. Wir reißen uns von dem Anblick los, der nie mehr aus unserer Erinnerung verwischt werden kann. Wir sagen den freundlichen, gastfreien Mönchen Lebewohl und eilen die Stufen und den Weg hinunter, vorbei an den weißen Tschörten. Noch einmal blicke ich mich um und entdecke erst jetzt einen großen Baum direkt oberhalb der Klosterhöhle. Ein einzelner Baum im trockenen Zanskar in mehr als 4000 Meter Höhe – welch eine Einmaligkeit! Tsering bemerkt mein Erstaunen. Er berichtet mir, daß die Mönche ihm erzählt haben, der Baum reiche mit seinen Wurzeln bis hinunter an den Ursprung der Höhlenquelle. Wenngleich ich weiß, daß dies nicht der Fall sein kann, ist mir doch klar, daß die nahe Quellfeuchtigkeit der Grund für die Existenz dieses Baumes sein muß. Ich versuche durch das Fernglas festzustellen, um welche Baumart es sich handelt. Ganz genau kann ich es nicht erkennen, aber ich bin mir sicher, daß dies ein Baumwachholder sein muß. Die Wuchsform und die Art der knorrigen Äste sprechen dafür.

Unser Rückweg von Puktal verläuft anders als der Anmarsch. Wir queren nicht mehr die Hängebrücke, sondern bleiben auf der orographisch rechten Seite des Tsarap-Lingti-Flusses und folgen einem zunächst felsigen, dann schotterigen Bergrücken. Der Pfad verläuft durch außerordentlich steile Schutthänge und ist an vielen Stellen nicht ungefährlich. Manchmal haben kleine Bergrutsche die Trasse fortgerissen. Vorsichtig müssen wir an diesen Stellen unsere Füße in die Trittgruben setzen, die ein vorausgehender Sherpa mit dem Eispickel in den Schutt gekratzt hat. Ein Ausrutscher würde den unweigerlichen Sturz hinab in den mehrere hundert Meter tiefer dahinströmenden Fluß bedeuten. Am Ende der schwierigen Wegstrecke liegen ein paar große Felsklötze. Eine huschende Bewegung läßt mich aufmerken. Mein trainiertes Zoologenauge hat sofort bemerkt, daß diese Bewegung mit einem Reptil zusammenhängen muß. Ganz langsam schiebe ich mich um den Steinbrocken herum und stehe Auge in Auge

mit einer etwa handlangen Echse, einer Himalaya-Agame, wie ich sie schon am Zoji-La, bei Leh und in Hemis angetroffen habe. Es ist ein Jungtier mit den roten Flecken am Hinterkopf. Ein Stück weiter nimmt ein breit auf den Stein gedrücktes, erwachsenes Männchen so viel Wärme aus den Strahlen der Nachmittagssonne auf, als nur irgend möglich. Die Meereshöhe beträgt 4150 Meter. Die Beobachtung dieser Reptilien ist für mich deshalb so bemerkenswert, weil sie auf unserer Wanderung die einzige Begegnung mit Echsen im Zanskar zwischen den Pässen Furtse-La und Pensi-La darstellt. Viele Fragen bleiben unbeantwortet. Warum gibt es hier so wenig Reptilien? Warum ausgerechnet an dieser Stelle? Wie sind die Tiere hierher gelangt? Wo ist die Anschlußverbindung zu den Nachbarpopulationen des Industales zu suchen? Beim Weiterwandern reift in mir der Wunsch, mit einer Forschungsexpedition eines Tages zurückzukehren.
Vor uns öffnet sich die Landschaft in imponierenden Ausmaßen. Über dem in einer Schlucht für uns unsichtbar dahinfließenden Lungnak-Fluß wölben sich runde, graubraune Hänge, die weit oben in steile Felswände und schneebedeckte Gipfel übergehen. Im scharfen Licht der westlichen Sonne ist der Himmel unwirklich blau; weiße Wolken segeln wie Schiffe über ihn von Süden nach Norden. Drüben am Hang leuchtet ein grüner Fleck mit einigen schneeweißen Punkten darin: Purni. So nah liegt es auf der anderen Seite des Tales und doch bereits so weit weg wie ein Traum der letzten Nacht. Niemand weiß, ob und wann ich es je wiedersehen werde.
Wir queren ein Plateau mit Äckern und der Ruine eines alten Wachtturmes. Am Ende der Hochfläche steht das Dorf Char, einige Hauswürfel mit flachen Dächern am Rande von grünen Terrassenfeldern. An einer unverputzten Hauswand hängt ein grob ausgestopftes Fell. Ich traue meinen Augen kaum, denn was hier hängt, war vor kurzem noch ein königliches Tier der ladakhischen Hochgebirgsregionen. Das Fell eines Schneeleoparden baumelt vor mir von einem Dach! Unsere Sherpas erfahren bald, wie das Fell hierherkommt. Dieser Schneeleopard hatte eine für ihn verhängnisvolle Gewohnheit angenommen. Er spezialisierte sich darauf, in die Herden auf den Hochalmen einzubrechen, junge Yaks und Schafe zu schlagen. Die Dorfbewohner fingen ihn daher in einer Fallgrube und erschlugen ihn mit Steinen und Knüppeln. Klägliches Ende eines herrlichen, freien Räu-

berlebens. Der Schneeleopard – für den Naturkundler, wie für den Naturfreund ist dies ein Zauberwort. Ein Fürst der großen Höhen; im Sommer steigt er bis auf 6000 Meter hinauf, und nur notgedrungen folgt er im Winter seiner Beute bis auf 2000 Meter in die Täler hinab. Ein einsamer, einzelgängerischer Räuber der unendlichen Hochgebirgssteppen und -halbwüsten Zentralasiens. Mit einer Gesamtlänge von etwas über 2 Metern, wovon allein 80 bis 90 Zentimeter auf den dick behaarten Schwanz entfallen, ist die edle Raubkatze nicht besonders groß, wenn man sie mit dem eigentlichen Leoparden oder gar dem Tiger vergleicht. Der Kopf des Schneeleoparden ist auffallend kurz; das nebelgraue Fell ist mit dunklen Rosettenflecken besetzt, die einen hellen Hof aufweisen. Durch die Länge der Haare wirken die Flecken oft verwaschen. Färbung und Zeichnung des Pelzes verhelfen dem Tier zu einer derart hervorragenden Tarnung, daß es in seiner felsbedeckten Umgebung völlig verschwindet. Man muß geradezu über den still auf den Boden geduckten Schneeleoparden stolpern, ehe man ihn zu sehen bekommt. G. B. Schaller und Peter Matthiessen haben ihn im Herbst des Jahres 1973 während ihrer Blauschaf-Expedition in Nepal auf das Intensivste gesucht, aber nur Schaller bekam ihn einmal zu Gesicht. P. Matthiessen schreibt, daß sie oft das Gefühl hatten, die ungesellige Hochgebirgskatze beobachte sie mit ihren frostigen, gelben Augen irgendwo von den Berghängen herunter – aber nie gab sie sich zu erkennen, immer entzog sie sich den menschlichen Blicken. Selbst erfahrene, einheimische Jäger begegnen ihr nur zufällig.

Alles am Schneeleoparden ist breit und dickwollig. Die dicht behaarten, mächtigen Pranken wirken wie Schneeschuhe und verhindern tiefes Einsinken im Schnee. Als ausschließlich Fleisch fressender Beutejäger pirscht die große Raubkatze auf Blauschafe, Steinböcke, Wildschafe und Tibetgazellen, aber auch auf kleineres Getier wie Murmeltiere, Pfeifhasen oder Königshühner. Die Beute wird mit wahrhaft gewaltigen Sprüngen, die 10 bis 15 Meter betragen können, überwältigt. Das Anschneiden der erlegten Beutetiere geschieht von hinten her, wie bei den Kleinkatzen. Der Schneeleopard kann auch nicht brüllen, sondern lediglich schnurren wie ein Hauskätzchen, und er verzehrt seine Nahrung in Hockstellung. Da sein Lebensraum nicht gerade von Beutetieren wimmelt, braucht er ein großes Revier,

um seinen Nahrungsbedarf zu decken, und so bleibt er immer ein Einzelgänger. Nur zur Brunstzeit gegen Ende des Winters finden sich Weibchen und Männchen für eine kurze Zeit zusammen. Aber die Leidenschaft verraucht schnell, und bald zieht jede der gefleckten Großkatzen wieder ihre eigenen, einsamen Wege. Im April bis Juni werden zwei bis fünf Junge in einem gut versteckten Nest geboren. Die jungen Leoparden behalten eine langandauernde Bindung an die Mutter und begleiten sie noch den ganzen nächsten Winter über, bis ein neuer Freier um das Leopardenweibchen wirbt und den herangewachsenen Nachwuchs verjagt. Nur gelegentlich kollidiert der Schneeleopard mit den Interessen der Menschen, wenn er sich einen Tribut aus ihren Herden holt. Obwohl der Mensch in der Größe einem Beutetier entsprechen würde, scheinen direkte, gewaltsame Auseinandersetzungen mit der nebelgrauen Raubkatze außerordentlich selten zu sein. Bisher ist noch kein verbürgter Angriff auf Menschen berichtet worden. Während der Schneeleopard dem Menschen wohl aus dem Wege geht, so hat dieser dem Fürsten der zentralasiatischen Hochgebirge aus Leidenschaft und mitunter auch aus Profitgier und Prunksucht immer heftig nachgestellt. Der dichte und weiche Pelz ist so begehrt, daß das Tier an vielen Stellen seines Verbreitungsgebietes bedroht ist und sogar mancherorts vor dem völligen Aussterben steht. Deshalb wird der Schneeleopard in vielen Ländern seines Verbreitungsgebietes streng geschützt, etwa in Indien, in Rußland oder in China. Aber er wird trotzdem gewildert und seine Zahl geht ständig zurück.
Ich bin überzeugt, daß nur völliges Umdenken der reichen Endverbraucher auf unserer Erde den derart bedrohten großen Raubkatzen das Überleben sichern kann. Wenn es als unanständig gilt, ein Schneeleopardenfell an die Wand zu hängen, wenn es als minderwertig und häßlich angesehen wird, seine Schultern mit einem Schneeleopardenmantel zu behängen, dann erlischt auch automatisch die Nachfrage nach solchen Fellen, und die Wildererjagd lohnt sich nicht mehr. Wir Menschen tragen die Verantwortung für das Überleben unserer Nachbarkreaturen auf dieser Erde. Der große tibetische Dichterheilige Milarepa hat diese Verantwortung und Zuwendung in magisch-mystischer Weise ernst genommen. Die Legende berichtet, daß er sich kraft seiner tantrischen Fähigkeiten in einen Schneeleopar-

den verwandelte und die auf diese Weise gewonnenen, aus Mensch und Tier potenzierten Energien benutzte, um die ihn bedrohenden, bösen Mächte zu überwinden.
Die unförmige, überdimensionale Wurst, die einstmals ein herrlicher Schneeleopard war, stimmt mich traurig. Obwohl mein Verstand die Menschen von Char und ihre Sorge um das Vieh auf den Almen versteht, mag mein Herz nicht länger in diesem Dorf verweilen. Ich lasse die Häuser hinter mir und eile die Wegkehren zum Fluß hinunter. An einer Feldmauer wartet im Schatten von Weidenbüschen eine Überraschung auf mich. Der Hausherr von Purni ist mit einem seiner Enkel über das Tal herübergekommen, um uns noch einmal zu sehen und zu verabschieden. Er hat einen großen Krug voll Dahi – Joghurt – mitgebracht und ein Säckchen mit Tsampa. Jedem einzelnen von uns bietet er eine Schale mit Dahi und Tsampa an. Die Geste ist ein schöner Beweis dafür, daß der Besuch in dem einsamen Gutshof eine echte Brücke geschlagen hat zwischen den bäuerlichen Menschen dieses ursprünglichen Naturraumes und uns Angehörigen einer völlig anderen, hochtechnisierten Zivilisation. Wir haben uns auf der Basis einfacher Menschlichkeit getroffen. Nach ausgiebiger Stärkung durch Dahi und Tsampa verbeuge ich mich vor dem Alten, rufe ihm ein fröhliches »Dschüläh, Dschüläh« zu und nehme den Weg wieder unter die Füße. Der Hochwasser führende Lungnak-Fluß muß auf einer an die hundert Meter langen Hängebrücke gequert werden. Sie hängt stark durch, und die Geländer werden in der Mitte durch ein breites Querholz auseinandergehalten. Das Gehen ist für uns langaufgeschossene Europäer sehr mühsam, denn die Geländerseile sind niedrig angebracht, und man kann nur in gebückter Haltung dahinbalancieren. Als ich vorsichtig über das Querholz klettere, habe ich das Gefühl, als ob jemand dicht hinter mir ginge. Ich drehe mich um und sehe einen mittelgroßen schwarzen Hund, der mir schweifwedelnd auf dem schmalen Stegtau folgt. Mit elegantem Satz springt er, wie ein Seiltänzer im Zirkus, über das Holzbrett. Er bewegt sich viel anmutiger und sicherer auf dem schaukelnden Übergang als ich, wie mir meine lachenden Freunde am anderen Ufer zurufen. Der Hund möchte seinen Herrn treffen, der eine Zeit vor ihm an das jenseitige Lungnak-Ufer gegangen ist. Zum Überqueren der Brücke braucht das Tier jedoch immer einen Menschen, der vor ihm hergeht. Wenn

der Herr bereits gegangen ist, wartet man dann eben, bis ein anderer Reisender des Weges kommt.

Die folgenden Tage führen uns immer tiefer hinein in die großartige Flußlandschaft des alten Fürstentums Zanskar. Reiter kommen uns entgegen auf den kleinen, zähen Bergponies, für deren Zucht die Zanskaris berühmt sind. Männer und Frauen reiten gleich gut. Sie sitzen mit angewinkelten Knien weit vorne auf dem Pferderücken; die Linke führt den Zügel, in der Rechten halten sie eine geflochtene Lederpeitsche, mit der das Tier angetrieben wird. Ich sehe allerdings nie, daß man ein Pferd mit der Peitsche wirklich schlägt; immer genügt ein leichtes Antippen mit der Peitschenschnur, damit Roß und Reiter in Trab oder Galopp verfallen. Einmal begegnen wir einer älteren Frau unter einem prächtigen Perak, die auf einem Schimmel in zügigem Trab an uns vorbeiprescht, die Peitsche in der hocherhobenen Hand schwingend und uns mit heiserer Stimme ein lautes »Dschüläh« zurufend. Ihr Anblick würde in das Gefolge Dschingis Khans gepaßt haben.

Die Dörfer, durch die wir kommen, sind im Tal locker verstreut, oft Stunden weit auseinander gelegen. Man erkennt eine Siedlung schon von weitem an dem grünen und gelben Schachbrettmuster ihrer bewässerten Felder. Die grauen und weißen Häuserwürfel, die Pappeln und Weidenbäume, die Heckenrosen- und wilden Johannisbeerbüsche stehen außen am Rand der genutzten Ackerflächen auf trockenem Wüstenboden. Kein Quadratzentimeter bewässerter Erde darf zweckentfremdet verloren gehen. Manchmal treffen wir auf Hausruinen und verwilderte oder gänzlich aufgelassene Feldparzellen. In der Regel liegen sie an einem ausgetrockneten Bachbett. Das lebensspendende Naß ist versiegt, die Menschen sind fortgezogen, lediglich Schafe oder Ziegen stehen bisweilen im Windschatten der verfallenen Mauern.

Beim Anblick der verödenden Felder und eingestürzten Häuser wird einem so recht klar, wie wenig Lebensmöglichkeit das wüstenhafte Hochgebirgsland den Menschen bietet. Nur ein paar Flecken mühsam gepflegter Ackerflächen liefern die Nahrung für die Einwohner des Zanskargebietes. Sie produzieren, mit Ausnahme des weiteren und fruchtbareren Talbodens um Padum, gerade genug für sich selbst. Ein zusätzlicher Menschenstrom, etwa im Zuge eines sich entwickelnden Tourismus, könnte gar nicht aus der eigenen Landschaft ernährt werden. Deshalb ist es unerläßlich, daß die Touristen, die durch das Zanskar wandern, ihre Lebensmittel mit sich führen. Für Gruppenreisende, die von Tragtierherden begleitet werden, bringt diese Forderung keine großen Schwierigkeiten. Aber Einzelwanderer sehen sich da eher vor organisatorischen und finanziellen Problemen. Wenn sie nicht Gefahr laufen wollen, vergeblich an die Türen zu pochen und Hunger leiden zu müssen, sollten sie vor Antritt einer Reise nach Zanskar reichlich Nahrungsmittel einkaufen und sich nicht scheuen, ein oder zwei Packpferde samt einem dazugehörigen Treiber zu mieten.

Am Eingang zu dem Dorf Raru steht eine Reihe von Tschörten. Zwei Mönche aus dem nahen Kloster Mune Gompa sind damit beschäftigt, einen dieser Tschörten neu zu verputzen und zu weißeln. Sie haben einen großen Kübel voll Lehmbrei neben sich und klatschen den Lehm mit den Händen auf das Bauwerk. Wenn der Lehmverputz getrocknet ist, soll weiße Farbe darübergestrichen werden. Diese weiße Farbe wird von einem Mann mitten auf dem Dorfplatz von Raru hergestellt. Er sitzt auf einer Steinplatte und zerreibt mit einem faustgroßen, runden Stein klein geschlagenen Granitschotter zu Pulver. Ein unendlich mühsames Geschäft, das sicher Tage dauert. Aber wenn man keinen weißen Kalk in der Umgebung zur Verfügung hat, muß man eben auf den hellen Granit zurückgreifen. Die Tschörten bei Raru interessieren uns auch zoologisch. In den Ritzen und Fugen zwischen den aufgemauerten Steinen nisten solitäre Bienen und Hummeln. Solange wir im Zanskar wandern, fällt uns immer wieder die Vielfalt der Hautflüglerinsekten auf, der Bienen, Hummeln und Schlupfwespen. Einer meiner Freunde ist wie ich Zoologe, und neben seiner großen Begeisterung für die Vogelwelt widmet er sich der Erforschung von Hautflüglern. Geschickt hantiert er mit dem Fangnetz und sammelt so im Laufe der Zeit eine stattliche Ausbeute der kleinen, summenden Flieger ein, die bei späterer Auswertung eine Fülle neuer, bislang unbekannter Arten liefern werden.

Hoch über unserem Wanderweg liegt auf einer steil abfallenden Bergkuppe das Kloster Bardan Gompa. Es soll an der Wende vom 16. zum 17. Jahrhundert gegründet worden sein, und es gehört der Dugpa-Kagjüpa-Schule an, die in Bhutan die vorherrschende und von

Staats wegen geförderte Richtung des zentralasiatischen Buddhismus darstellt. Mit einem buthanesischen König, dem großen Schabdung Nawang Namgjel, wird denn auch die Gründung von Bardan Gompa in Verbindung gebracht. Wenngleich der erste Abt einen anderen Namen trug, Duktschen Dewa Gyatso, so gab und gibt es doch sicherlich immer enge Beziehungen zu dem weit entfernten Himalayaland Bhutan. Gegenüber dem heutigen Kloster liegen auf einer luftigen Felsbastion alte Gebäuderuinen. Ihre Bedeutung ist nicht ganz klar. Die verschiedensten Gewährsleute aus Zanskar geben unterschiedliche Erklärungen darüber ab. Die einen beschreiben diese Ruinen als einen uralten, verfallenen Klosterbau, andere wiederum bezeichnen sie als die Reste einer Burg, und schließlich meinen manche, daß hier der ursprüngliche Bau von Bardan Gompa gestanden habe, der im Zuge eines räuberischen Baltieinfalles zerstört worden sei.

Wir wollen Bardan Gompa einen kurzen Besuch abstatten. Der Eingang zum Hof des Klosters wird von einem großen Hund, einem Tibet-Mastiff, bewacht. Mit wütendem Gebell verwehrt er uns den Eintritt, und nur eine eiserne Kette hindert ihn daran, sich auf uns zu stürzen. Ein hochgewachsener Mönch kommt aus einer Tür, hält den Hund am Halsband zurück und bittet uns freundlich herein. Bardan Gompa ist ein eng zusammengeschachtelter Gebäudekomplex, wie eine mittelalterliche Burg. Die Mönche sind mit Renovierungsarbeiten beschäftigt, überall rumpelt und staubt es. Sie unterbrechen aber gerne ihre Arbeit und führen uns in ihrem Kloster herum. Mit Wohlwollen wird vermerkt, daß wir in allen Tempeln eine Spende niederlegen, und ein großzügiges Geldgeschenk für die Bauarbeiten am Kloster öffnet uns die Herzen unserer Gastgeber vollends. Da im Augenblick nichts Wertvolleres zur Hand ist, werden wir diesmal mit einer großen Kanne Kornschnaps bewirtet.

In der Versammlungshalle entdecke ich am Altar eine Merkwürdigkeit, die mir die Beziehung zwischen diesem Kloster und Bhutan zu bestätigen scheint. Rechts und links vom Altar befinden sich in Silber gefaßte, aufrecht stehende Elefantenstoßzähne. Solche Elefantenzähne am Altar kenne ich von Bildern aus bhutanesischen Tempeln. Außerdem sollen einige der Tanzmasken in einem anderen Tempelraum, den Frauen nicht betreten dürfen, aus Bhutan stammen, ebenso ein paar mit Leder bespannte Bambuskörbe. Bewundernswert sind die

fein ausgeführten Fresken an den Wänden der Versammlungshalle, die eine Meisterhand erkennen lassen.
In einem neueren Gebetsraum im oberen Stock des Tempelbaues zeigt man uns schöne Bronzefiguren von Tschenresi, Padmasambhava und Maitreya. Aus vielen Figuren sind die Edelsteine herausgebrochen, sichtbare Erinnerung des Schreckens, als während des Kaschmirkrieges im Jahr 1948 marodierende Soldaten das Kloster überfielen, Schätze stahlen und Bücher verbrannten. Schlimmer als der Raub von Kunstschätzen trifft einen tibetischen Buddhisten die Vernichtung von heiligen Büchern. Bardan Gompa ist nicht reich, ihm fehlt ein großes Mutterkloster. Lediglich das kleine Dorf am Fuße des Klosterberges versorgt die Mönche mit dem nötigen Lebensunterhalt. Was man sonst noch braucht, kommt aus Spenden von Pilgern und von den Besuchern des alljährlich stattfindenden Maskentanzfestes. Aber die Mönche machen einen zufriedenen Eindruck; die Freundlichkeit, mit der sie uns aufnehmen, werden wir in guter Erinnerung behalten.
Kurz vor Padum erleben wir eine seltsame Begegnung. Eine Gruppe von dunkelhäutigen, hochgewachsenen Männern, Frauen und Kindern kommt uns entgegen. Auf Befragen erklären sie, daß sie aus Südindien kämen, über den Zoji-La nach Ladakh gereist seien und nun über den Shingo-La nach Manali im Kulutal wollten. Sie sind für das rauhe Klima viel zu dünn gekleidet, ihre Füße stecken lediglich in Sandalen oder ausgelatschten Halbschuhen. Die Frauen schleppen riesige Bündel mit ihren Habseligkeiten auf dem Kopf. Die Männer tragen lediglich kleine Packen oder eine Decke für das Nachtlager. Voraus geht eine hübsche, junge Frau, das obligate Bündel auf dem Kopf und über der Schulter am Lederriemen eine alte Flinte. Mit diesem Schießprügel wollten sie sich gegen wilde Tiere schützen, falls sie angegriffen würden, erklärt sie. Ein kleiner Junge, nur mit Hemd und Hose bekleidet, trägt eine Petroleumlampe in der Hand und weint beim Laufen. Große Tränen kullern über sein dunkles Gesicht, das er scheu von uns abwendet. Kanza, unser Sirdar, blickt der Gruppe kopfschüttelnd nach. »Die Leute sind verrückt«, sagt er, »sie haben mich gefragt, wo hier der nächste Lebensmittelladen sei. Als ich ihnen antwortete, daß hinter Padum kein Laden mehr käme und man auch sonst nichts kaufen könne, haben sie mich ausgelacht. Sie glau-

ben mir nicht. Sie müssen entweder umkehren oder alle am Paß oben vor Entkräftung und Kälte sterben.« Er schüttelt noch einmal den Kopf. »Sie sind alle total verrückt«, wiederholt er. Die Naivität dieser Südinder erschüttert uns und wir diskutieren noch lange den Wahnsinnsplan, in dem Zustand und mit der unzureichenden Ausrüstung den hohen Paß überqueren zu wollen. Wir hören auch später nichts mehr von der exotischen Menschengruppe. Wir wissen nicht, ob sie der Vernunft gehorchend umgekehrt sind, ob sie wider alle Erwartung doch nach Manali gelangen konnten oder ob sie nirgendwo ankamen …

Das Jahr des Bauern

Eva Dargyay: Ein frischer Wind, der den Herbst nur zu deutlich verkündet, schlägt mir ins Gesicht, als ich morgens unser Zimmer verlasse, das gleich einem winzigen Penthouse auf dem Flachdach sitzt. Ich will gerade über den Steigbaum hinabklettern, um mich am Bach zu waschen, da ruft mich unser Hausherr zurück.
»Heute ist *dub-lha*«, verkündet er stolz, »das ist unser Erntefest. Wir feiern es unmittelbar, ehe wir beginnen, den Grannenweizen zu ernten.« Die Stapelfrucht ist heute zwar die Gerste, die daher auch die größte Anbaufläche einnimmt, doch dazwischen stehen die Felder mit Grannenweizen, einer Weizensorte, die der Wildform nähersteht als der in Europa heute übliche Weizen. Auch dem Laien fällt Grannenweizen durch seine langen Grannen auf, die zunächst zu dem Eindruck verleiten, es könne sich um Roggen handeln. Nach der Rolle, die der Grannenweizen jedoch im Brauchtum der Bauern spielt, möchte ich annehmen, daß er die ursprüngliche und eigentliche Getreidepflanze Zanskars war, auch wenn er heute von der Gerste mehr und mehr zurückgedrängt wird, was vielleicht auf die zunehmende Versalzung des Bodens zurückzuführen ist.
»Wie feiert ihr denn *dub-lha*?« will ich nun wissen und klettere wieder auf das Flachdach zurück. »Ja«, erklärt er mit einem verschmitzten Lächeln, »das ist eine lange Geschichte. Schauen Sie doch hierher! Sehen Sie die Ährenbündel an den Ecken des Nachbarhauses? Die brachte die Tochter heute im Morgengrauen an. Es sind die ersten Ährenbüschel der Grannenweizenernte, die heute noch vor Sonnenaufgang ausgezupft wurden. Die Mädchen binden sie zu Büscheln, zusammen mit anderen Gräsern, und schmücken damit alle markanten Punkte des Hauses – die Ecken, Säulen usw. Unsere Familie tut dies erst am Nachmittag, das ist so Sitte.«
Unser Hausherr ist ein Mann von gedrungener Gestalt, der ein stattliches Bäuchlein vor sich herträgt, doch um seine Mundwinkel haben sich energische Falten eingegraben, die nur zu deutlich zeigen, daß dieser Mann das Befehlen gewohnt ist – er ist der Naif Sahib, man könnte sagen, der Stellvertreter des Landrats. Seit Monaten wohnen wir beide – Lobsang und ich – bereits bei ihm, und so kennen wir

auch seine Familie und alle Dienstboten. Ein junger Mann, der den Naif Sahib auf allen Reisen als Diener begleitet, bringt eine Kupferkanne mit Tee und frische Brote herauf. Wir lassen uns alle auf dem Flachdach nieder, und unser Gastgeber erzählt uns, wie man in Zanskar das Erntefest begeht.

»Wie ich schon sagte, nennt man das Fest *dub-lha*. Die Silbe *dub* bezeichnet die Ährenbündel, die unsere Nachbarn bereits an ihrem Haus angebracht haben, und *lha* heißt Gott, steht aber als Kurzform für *lha-söl*, was soviel wie »Opfer der Götter« bedeutet. So kann man *dub-lha* auffassen als das Opfer für die Götter, das in den Ährenbündeln besteht.

Wir haben drei solcher Feste. Das erste feiern wir an der Wende vom alten zum neuen Jahr. Wir Zanskari feiern das Neujahr immer zur Zeit der Wintersonnenwende, während man es in Ladakh ein wenig später feiert, wobei der genaue Zeitpunkt je nach dem Mondkalender schwankt. Auch der König von Zangla und die ihm unterstellten Dörfer feiern zur selben Zeit wie in Leh Neujahr. Sie sehen, auch in unserem Tal gibt es viele feine Unterschiede in den Sitten und Gebräuchen. Sonst folgen wir in vielem den Tibetern, in der Begehung des Neujahrsfestes weichen wir voneinander ab. Das zweite Fest dieser Art ist *pitse*, das wir unmittelbar vor der Feldbestellung begehen. Das dritte, *dub-lha*, markiert das Ende der Feldarbeit, es ist eben eine Art von Erntefest.«

»Feiert das ganze Dorf diese Feste gemeinsam; und wann?« forsche ich weiter, im stillen schon kalkulierend, wie ich denn alles notieren und aufnehmen kann.

»Nein, diese drei Feste feiert jede Familie für sich; es sind Feste, die den Klan-Göttern gewidmet sind, und in dieser Hinsicht gibt es zwischen den verschiedenen Familien des Dorfes keine Gemeinschaft.«

Nun beginne ich zu verstehen. Schon als wir 1978 auf unserer Erkundungsreise durch Zanskar kamen, erfuhren wir, daß auch hier Gruppen von Familien zu Klanen zusammengeschlossen sind, d. h. alle männlichen Mitglieder dieser Familien glauben, daß sie von dem gleichen Ahnherren abstammen, auch wenn diese Abstammung in vielen Fällen nicht mehr nachzuvollziehen ist. Der Zanskari sagt hierzu: Wir sind vom gleichen Knochen. Nach allgemeiner tibetischer An-

sicht bilden sich nämlich die Knochen des Embryo aus dem Samen des Vaters, während Blut und Fleisch aus dem Ei der Mutter hervorgehen.
Dennoch ist der Klan nicht gleichbedeutend mit Verwandtschaft, er überragt diese weit an Bedeutung. Die Mitglieder eines Klans dürfen in der Regel ihre Frauen nicht aus ihrem eigenen Klan holen. Jedoch sind alle Mitglieder eines Klan zu gegenseitiger kultischer Hilfe verpflichtet. Tod und Geburt sind für den Zanskari mit einer kultischen Befleckung verbunden, so daß niemand mehr das ›befleckte‹ Haus betritt, niemand mit der Familie ißt – mit Ausnahme der Klanmitglieder.
Ein Klan kann nur ganz wenige Familien umfassen oder auch bis zu fünfzehn oder achtzehn. Wird der Klan zu groß, wächst die kultische Verpflichtung ins Unerträgliche; oft trennen sich dann die Klane. Sind nur mehr ein oder zwei Familien übriggeblieben, die dem gleichen Klan angehören, kann der Kult des Klan-Gottes oft nicht mehr fortgeführt werden, und man bringt den Gott »zurück« in die Berge. In Zanskar ist das kultische Element von entscheidender Bedeutung, um das Wesen dieser Klane zu verstehen. In Ladakh konnte ich stets feststellen, daß heute die Klane mehr gegenseitigen Hilfsorganisationen gleichen, deren einstiger kultischer Mittelpunkt in Vergessenheit geraten ist, ebenso wie die gemeinsame väterliche Abstammung.
Zu einem Klan gehört, wer sich von der gleichen väterlichen Abstammung glaubt – also den gleichen Knochen hat – und wer den gleichen Klan-Gott verehrt. Will einer als Fremder in den Klan eintreten, so muß er unter allen Umständen bereit sein, »unter den Schutz des Klan-Gottes« zu treten, erst dann berät die Gemeinschaft aller Klanangehörigen, ob der Fremde für sie fortan als ein Klanbruder annehmbar ist. Die Frauen spielen in den Klanen kaum eine Rolle. Sie gehören der gleichen »Knochen-Abstammung« an wie ihr Vater, treten aber mit der Heirat in den Klan des Ehemannes ein und verehren von da an auch seinen Klan-Gott.
Jeder Klan hat seinen eigenen Gott. Häufig tragen sie weibliche Namen, die auf »Königin« oder »Ehrwürdige Frau« enden, doch niemand hat eine bildliche Vorstellung von ihnen. Ein Bauer sagte mir einmal: »Wenn wir den Gott rufen, dann wissen wir, er ist da, ganz da; aber wie er aussieht, das wissen wir nicht«. Je tiefer der Buddhis-

mus ins Volk drang, umso eher war man bereit, die volkstümlichen althergebrachten Götter gegen Gottheiten des buddhistischen Pantheons auszutauschen.

Noch viel Forschungsarbeit liegt hier vor uns, bis man der Geschichte dieser Götter näherkommt. Als ich voriges Jahr im Kloster Matho war, etliche Kilometer von Leh den Indus aufwärts, schenkte mir der Abt einen Gebetstext, der der Verehrung der beiden Rong-tsän - Dämonen gewidmet ist. Diese Dämonen verkörpern sich zu Neujahr in zwei Mönchen des Klosters, die sich das ganze Jahr nur auf diesen großen Augenblick vorbereiten. Mit verbundenen Augen eilen die von den Dämonen Besessenen über die Dächer und Zinnen des Klosters hinweg, fügen sich mit scharfen Waffen Wunden zu, die nicht bluten. Neugierig geworden durch dieses ungewöhnliche Gebaren, suchte ich den Rong-tsän auf die Spur zu kommen – und siehe – sie hatten eine regelrechte Geschichte, die sich bis über 700 Jahre ziemlich genau verfolgen ließ. Sie waren einstmals in Südost-Tibet, im Reich Minjag, zuhause und begleiteten einen Tantriker auf seinen Pilgerfahrten nach West-Tibet. Das heißt, die Geschichte der Menschen ist verwoben mit der Geschichte der Götter. Das klingt nicht aufregend, wird aber bedeutsam, wenn man die Folgen bedenkt. Kenne ich nämlich die Geschichte der Menschen nicht, dann könnte – dies ist eine Vermutung – in der religiösen tibetischen Literatur doch etwas über jene Götter zu finden sein, die mit den Menschen verbunden waren, deren Geschichte mir nur lückenhaft bekannt ist, oder umgekehrt. Und so schlummert in den Gestalten der Klangötter noch manche bisher unbekannte Erkenntnis über die Geschichte des West-Himalaya. Durch diese Zusammenhänge, die ich schon seit einigen Wochen und Monaten kannte, war mein Interesse noch mehr als sonst wachgerufen.

»Feiert Ihre Familie das Fest für sich allein oder gemeinsam mit allen anderen Familien, die dem gleichen Klan angehören?« nehme ich das Gespräch wieder auf. »*Dub-lha* feiern wir nur in der Familie. Nachmittags bringen unsere Töchter und meine Frau die *dub*, die Ährenbündel, vom Feld. Mit den Wurzelballen, denn wir mähen das Getreide nicht ab, sondern reißen es ja mit den Wurzeln aus dem Boden, pressen wir die einzelnen Pflanzen zusammen und bringen sie an den Ecken des Hauses an, in der Hauskapelle, an den wichtigen Säulen usw., ganz, wie Sie es bei unserem Nachbarn sehen. Die Ährenbüschel müssen von meinen Töchtern bereitet werden, denn sie gehören der gleichen ›Knochen-Abstammung‹ an wie ich und mein Vater und sind daher unserem Klan-Gott von Geburt an verbunden. Meine älteste Tochter jedoch, die nach Shila geheiratet hat, darf daran nicht teilnehmen, denn mit ihrer Eheschließung untersteht sie nun einem anderen Klangott, ja, sie darf nicht einmal mehr in unsere Hauskapelle, der Gott würde dadurch erzürnt werden und uns mit Mißernten und Krankheit strafen. Abends dann, wenn die Schafe und Ziegen von der Weide zurück sind, wird das eigentliche Ritual durchgeführt. Da ist es dann schon tiefe Nacht.« Ein wenig verunsichert durch die Erklärung, daß nicht einmal seine verheirateten Töchter bei der Zeremonie teilnehmen dürfen, bringe ich nur zögernd mein Anliegen vor, daß ich nämlich nur zu gerne an dem Ritual teilnehmen möchte. Der Naif Sahib von Zanskar ist ein Mann, der zwar an seiner Tradition festhält, aber doch einen etwas weiteren Blick hat als die meisten seiner Landsleute und daher unseren wissenschaftlichen Arbeiten sehr wohlwollend gegenübersteht; so habe ich eine schwache Hoffnung, daß er meiner Bitte zustimmt. Nach einigem Zögern erklärt er, daß ich von der Türe aus die Zeremonie beobachten darf, ohne jedoch die Schwelle der Hauskapelle zu überschreiten. Besonders glücklich bin ich, als er sagt, daß ich auch fotografieren und Tonbandaufnahmen machen darf.

Voll Ungeduld verbringe ich den Nachmittag, denn ich bin nur zu gespannt auf das, was heute abend geschehen soll. Ich habe ja bereits die verschiedensten Andeutungen hierüber gehört, und alles deutete daraufhin, daß dieses Ritual sehr altertümliche Züge an sich hat. Früher als sonst bereiten wir unser einfaches Abendessen, um jederzeit einsatzbereit zu sein. Die Fotoapparate und das kleine Tonbandgerät lege ich griffbereit auf meinen Schlafsack, die einzige Ablage in unserem Zimmer. Und dann warten wir. Die Dämmerung umhüllt das Dorf wie eine dichte Decke. Das uns so vertraute Bild von erleuchteten Fenstern fehlt hier gänzlich. Nichts verrät die Nähe von Menschen, die Nacht ist kalt, schweigend, dunkel. Mich fröstelt dabei stets. Ganz selten flammt oben im Kloster von Karcha hinter einem kleinen Fenster eine Petroleumlampe auf und sendet ihren hellen Schein weit hinaus ins Dunkel. Die Schaf- und Ziegenherden sind bereits längst in die Ställe zurückgekehrt, aber noch immer regt sich nichts.

Endlich, nach Stunden des Wartens, schlurft eine alte Nonne, allein an ihrem geschorenen Kopf als solche kenntlich, herauf, begleitet von einem Mädchen, das ebenfalls Nonne ist. Die Alte ist eine Schwester unseres Hausherren und führt an seiner Statt das Ritual durch, während das Mädchen seine Tochter ist; beide also sind seit ihrer Geburt mit dem Klangott verbunden. In diesem Haus gibt es zwei Kapellen, die eine dient dem buddhistischen Ritual, dort werden auch die kostbaren Handschriften der buddhistischen Sutren aufbewahrt, die andere, in ihrem Ausmaß viel kleinere Kapelle dient allein dem Klangott als Behausung. Sie ist knapp 2 qm und bis auf einen *lha-tho* völlig leer. Dies ist – wie ich schon einmal sagte – ein viereckiges Lehmhäuschen, in dem sich eine »Schatz-Vase« befindet, die mit allerlei heiligen Dingen angefüllt ist, denen man Unheil abwehrende Wirkungen zuschreibt. Zedernzweige und Pfeile stecken darin, mit weißen Zeremonialschleifen umwickelt. Es ist der Sitz des Klan-Gottes.

Ein schwarzer Hammel, zuchtfähig und ohne Fehl, ein weißes Mutterschaf sowie ein drittes weißes Schaf werden nun über den Steigbaum nach oben auf das Flachdach geschoben und gehoben. Hilflos stehen die Tiere da, blökend nach ihren Artgenossen rufend. Die junge Nonne drängt die Tiere in die winzige Hauskapelle des Klan-Gottes, die damit völlig ausgefüllt ist. Die alte Nonne hat sich in ein Eck gekauert, taucht einen Lappen in eine verbeulte Kupferschüssel, die mit roter Farbe gefüllt ist, und streicht damit den Tieren, erst dem Hammel, dann den beiden anderen Tieren, über Hörner, Rückgrat und Beine. Dabei schnurrt sie ein kurzes Gebet ab, dessen einzelne Worte wir beim besten Willen nicht verstehen können, auch als sie diese für uns nochmals wiederholt. Dabei befestigt die Nonne bunte Stoffstreifen am Kopf der Tiere. Damit sind sie *»tshe-thar«* geworden, d. h. sie dürfen nicht getötet werden. Diese Sitte ist im tibetischen Kulturraum häufig zu beobachten. Da der Buddhismus jegliches Töten von Lebewesen als falsch und der eigenen Befreiung hinderlich ansieht, wurde es üblich, eine gute Tat zu vollbringen, indem man zum Töten bestimmte Tiere loskaufte oder sonstwie befreite. Das dritte Schaf dient in dieser Weise als unblutige, buddhistische Opfergabe, während der schwarze Hammel und das Mutterschaf als Repräsentanten des Klan-Gottes gelten. Ihnen werden nun auch Butterflöckchen auf die Stirn geklebt, und die Nonne gießt reichlich Tschang über ihre Köpfe. Nun sollen die Tiere sich schütteln, was nämlich als Glückszeichen gilt. Tun die Tiere nicht, was man von ihnen erwartet, dann hilft man nach und gießt ein wenig in die Ohren. Dann füttert man die Schafe mit menschlicher Speise – *pawa*, dem Erbsenbrei, und *takir*, dem Flachbrot. Die »Götter-Schafe« sollen darauf durch das Haus gehen, mit anderen Worten: der Klan-Gott besichtigt den Hof. Und so treibt man die Schafe nicht mit dem üblichen Zischlaut an, sondern wählt hierfür die höfliche Redeweise, wie sie sonst nur für geistliche Würdenträger oder weltliche Potentaten benutzt wird. Widerwillig sind die Schafe endlich bereit, über den Steigbaum wieder in das völlig dunkle Innere des Hauses hinabzuklettern, doch bald lockt sie das Blöken ihrer Stallgenossen.

Ganz bezeichnend war, daß bei einem späteren Gespräch ein Mönch aus dem Kloster Karcha die Schafe als Stellvertreter des Klan-Gottes bezeichnete, während die Bauern selbst an der Aussage, der Hammel ist der Gott, festhielten. Für den buddhistischen Gelehrten ist es eben undenkbar, einen Hammel als Gott zu bezeichnen, zumal diese Familie den sechsarmigen Gön-po verehrt, eine tantrische Gottheit, die jenseits alles Weltlichen ist. Den Bauern aber stehen die Klan-Götter in ihren Schafen viel näher als die Lehre des Erleuchteten.

Stirbt solch ein Gott-Schaf, dann trennt man ihm den Kopf ab und hängt ihn über der Tür der Hauskapelle auf. Den Kadaver verkauft man an eine Familie, die einen anderen Klan-Gott verehrt, und der Hammel wandert in den Suppentopf. Würde nämlich die erste Familie den Hammel verspeisen, dann – so erklärt unser Hausherr – »würde man das Fleisch des eigenen Gottes essen«, was als undenkbarer Frevel angesehen wird. Diese Sitte, dem toten Gott-Schaf den Kopf abzuschlagen und über die Tür zu hängen, ist meines Erachtens die einzig plausible Erklärung für eine häufig zu machende Beobachtung, daß nämlich auch in Klöstern und Tempeln nahe den Türen und Toren Tierköpfe aufgehängt sind. Zwar erklären die Mönche, es handle sich dabei um Schmuck, doch kann ich nicht sehen, warum der Kopf eines Tierkadavers ein Schmuck sein soll. Vielmehr scheint die eben beschriebene Sitte eine gewisse Neigung zu schaffen, auch Köpfe von anderen Tieren an dieser Stelle anzubringen. Ob und welche Beziehung zwischen dem Tier und den in dem Tempel verehrten Gottheiten besteht, ist noch zu untersuchen. Nach dem Tod des alten Gott-Schafes muß aus der Herde ein neues erwählt werden. Mit dem gleichen Ritual wird es in der Hauskapelle zu seiner neuen Würde erhoben. Fällt dies nicht mit einem der drei Feste des Klan-Gottes zusammen, so feiert man die Einsetzung des Gott-Schafes eigens.

Während Lobsang noch auf dem Flachdach steht und mit dem Hausherrn diskutiert, ruft uns die Frau, Ama Pal-dön, in die Sommerküche, einen relativ großen Raum, der – im Gegensatz zur Winterküche – im ersten Obergeschoß liegt und zwei kleine Fensterluken aufweist. Über dem offenen Feuer, von getrocknetem Dung mühsam in Gang gehalten, steht ein Dreifuß, der einen Kupfertopf hält. In ihm wird »masala« zubereitet; mit diesem indischen Fremdwort, das eigentlich Gewürz bedeutet, bezeichnen die Zanskaris eine Art von Blattgemüse, das für den europäischen Gaumen mehr einem Viehfutter denn menschlicher Speise gleicht. Doch heute gibt es ein Festmahl, und so hat man auch einen der indischen Petroleumkocher in Betrieb gesetzt und bereitet darauf den Reis zu, kostbare, aus dem indischen Flachland importierte Nahrung. In Kargil sagt man, Reis, den dort nicht einmal mehr die Kühe fressen, ist immer noch gut genug, um ihn nach Zanskar zu schicken. Es ist die Lebensmittelration, die die Regierung von Jammu-Kaschmir den armen Bergregionen zuteilt. In einer Wandnische steht ein Öllämpchen, aus einer von Touristen weggeworfenen Konservendose gefertigt und erhellt als einzige Lichtquelle den Raum. Für Augenblicke läßt sie die stillen breiten Gesichter der Mädchen, die mit Hingabe an der Feuerstelle hantieren, golden aufleuchten. Ein Motiv für einen Niederländer.

Ama Pal-dön tischt uns zuerst eine Schale Buttertee auf. In den meisten Reisebüchern kann man lesen, daß der Buttertee ein abscheuliches Getränk sei, da ranzige Butter dem Tee-Konzentrat zugefügt werde. Dies ist nicht ganz richtig, denn ranzige Butter vermischt sich nicht mit dem Salztee zur Emulsion. Dies ist wesentlich, denn auf dem Buttertee schwimmen keine Fettaugen wie auf einer Fleischsuppe. In Tibet wie in Zanskar ist das am meisten geschätzte Milchvieh die *»dsomo«*, eine Kreuzung von Yak und Rinderkuh. Sie liefert goldgelbe Butter, die allerdings für den europäischen Gaumen einen befremdenden, tranigen Geschmack hat, so daß der damit zubereitete

Buttertee in der Tat nicht als wohlschmeckend empfunden wird. Und dann muß man gerade in Zanskar bedenken, daß die kupfernen Teekannen eigentlich nie gesäubert werden, so daß ein fettig ranziger Geschmack dem Gefäß so sehr anhaftet, daß jedes Getränk ihn annimmt. Doch kaum haben wir an dem Buttertee genippt, da tischt unsere Hausfrau Tschang auf. Einen ganzen Eimer davon stellt sie vor uns hin, kauert sich daneben und fordert uns mit der linken Hand unentwegt zum Trinken auf, während sie dabei *»dön, dön«* wiederholt, das heißt »trinken Sie«. Daß wir bereits x-mal erklärt haben, nicht soviel trinken zu wollen, fruchtet nichts.

Der Hausherr setzt sich zu uns und erzählt zunächst von seinen zahlreichen Aufgaben im Dienste der Regierung; fürwahr, in diesem unwirtlichen Land ist der bloße Besuch eines mittleren Beamten aus Kaschmir eine Aufgabe, die einen vor die verschiedensten Probleme stellt: die Verpflegung des Gastes, seine Unterbringung, vom Transport gar nicht zu reden. Oft sind wir auch Zeugen geworden, mit welch mißmutigen Gesichtern die kaschmirischen Beamten die Unbillen einer Reise nach Zanskar quittierten. Erstaunt war ich immer wieder, daß keiner dieser Beamten nur im entferntesten daran dachte, wenigstens einige Worte der Landessprache zu lernen. Die Zanskaris empfinden die kaschmirischen, in der Regel muslimischen Verwaltungsbeamten als fremde Herren im eigenen Land. Zweimal kam der District Commissioner von Kargil im Jahr 1979 nach Zanskar, da das Tal zu seinem Verwaltungsbereich gehört, und jedesmal waren die Mauern der Stupas mit der Parole »D. C. go back« beschmiert. Lautstark rufen die Zanskaris nach einem eigenen Distrikt, doch ich frage mich, ob sie hierfür genügend geeignete Leute hätten. Gewiß, die Entwicklung dieses Tales ist eine schwierige Aufgabe, doch die neu gelegte Fahrspur und die Anlieferung von Reis, Zucker und Mehl dient mehr den kaschmirischen Beamten als den Zanskaris. Man wird den Verdacht nicht los, daß die muslimische Bevölkerung aus den extrem unwirtlichen Gebieten im Surutal und um Dras in das – verhältnismäßig – begünstigte Zanskartal drängt und daß hierfür in Srinagar Entwicklungspläne konzipiert werden. Diese Aussichten führen bei den maßgeblichen Leuten des Tales zu einem tiefen Pessimismus und der Überzeugung, daß ihre Kultur, die seit Jahrhunderten und vielleicht schon seit einem Jahrtausend nahezu unberührt bis in die Gegenwart überliefert wurde, nun einem nahen Untergang entgegensieht. Für uns beide ist dies ein Grund mehr, mit allem Eifer und ohne die Pause von Feierabend oder Wochenende in diesen kostbaren Wochen und Monaten so viel wie möglich von den alten Überlieferungen aufzunehmen.

»Ja, es ist gut, daß Sie da sind und ein Buch über uns schreiben, denn schon mein Sohn hat keine Ahnung mehr von unseren Klanen und dem Kult der Klan-Götter. Wenn wir, die heute vierzig oder fünfzig sind, sterben, dann weiß hier niemand mehr, wie einstmals das Leben in diesem Tal war. In Ihrem Buch können sie es dann wenigstens lesen«, meint unser Gastgeber ahnungsvoll. »Die Feier von ›*dub-lha*‹ haben wir ja nun selbst miterlebt, wie aber feiert Ihr Neujahr und ›*pitse*‹, das Frühjahrsfest?« fragt Lobsang.

»Lassen Sie mich mit dem Neujahrsbrauchtum beginnen, es ist das farbigste und aufschlußreichste in unserem Tal. Bereits am 29. und 30. Tag des letzten Monats im Jahr beginnen wir, den Klan-Gott durch reiche Opfergaben zu verehren. Tsampa, Schaffleisch und Tschang werden ihm in Fülle dargeboten. Dann bitten wir den Gott um Segen und Wohlstand, daß die Menschen gedeihen und sich vermehren mögen, daß der Pferdestall stets mit Pferden gefüllt sei, daß die Schafe zahllose Lämmer haben, daß die Getreidespeicher gefüllt seien, daß die Vertrautheit der Familie nicht nach draußen getragen werde und der Streit von draußen nicht ins Haus dringe, daß Krankheiten und Feinde dem Haus fern bleiben. Dann holen wir, vom Klan der Haridaba, einen schwarzen zuchtfähigen Hammel und ein Mutterschaf sowie ein weiteres Schaf, das auch weiß sein kann. Mit ihnen wird genau so verfahren, wie Sie es selbst gerade beobachten konnten. Unser Klan, der den sechsarmigen Großen Schwarzen (Mahakala) verehrt, sieht den Gott in den schwarzen Tieren, weil eben dies die dem Gott zugeordnete Farbe ist; andere Klane bevorzugen Tiere von anderer Fellfarbe. Ist die Speise dem Klan-Gott, dem Hammel also, angeboten worden, dann wird der Rest in die Küche getragen und den Familienmitgliedern vorgesetzt. Alle aus der Familie, die unserem Klan-Gott untertan sind, dazu zählen nicht meine verheirateten Schwestern und Töchter, sonst aber alle Männer und Frauen, erhalten einen Teller mit den Resten des Opfers vorgesetzt, und dabei sagt man beispielsweise laut: ›Dies ist für meinen Bruder‹, auch wenn er nicht anwesend ist. Haben alle Anwesenden ihren Anteil an den Opfergaben verzehrt, so ißt der Hausvater die Anteile der Abwesenden auf. Jedenfalls dürfen die Reste des Opfers nur von Leuten verzehrt werden, die dem gleichen Klan angehören, jedoch niemals von anderen.

Am dreißigsten Tag, dem letzten des alten Jahres, verehren wir den Herd-Gott. Der Herd gibt uns Wärme, kocht unsere Speise, gibt uns das Leben. In ihm ist der Herd-Gott in Gestalt dreier Mädchen gegenwärtig, daher stellen wir unsere Töpfe auch auf einem Dreibein in die Glut. Der Herd-Gott wird beleidigt, wenn Speise überkocht, wenn Unreines ins Feuer gerät, dann rächt er sich an der Familie durch Krankheit und Unheil. So ist gerade der Jahreswechsel die rechte Zeit, um ihn zu verehren und zu besänftigen.

»Herd-Gott, Königin, ein Festessen bringen wir dir dar.
Dem Gott Steinbock von Gold bringen wir ein Festessen dar.
Dem Vater mit den goldenen Sandalen, ihm bringen wir ein Festessen dar.
Der Mutter mit den grünen Türkisen, ihr bringen wir ein Festessen dar.
Den Balken von Karneol bringen wir ein Festessen dar.
Den Sparren von Perlen bringen wir ein Festessen dar.
Dem Fenster, dem großäugigen, bringen wir ein Festessen dar.
Dem Schlüsselloch, dem bringen wir ein Festessen dar.
Innere Geheimnisse laßt nicht hinausdringen.
Äußere Geheimnisse laßt nicht zurückkehren!«

»Jeder architektonische Bestandteil des Hauses wird in dieser Nacht als Person angesprochen und gebeten, im kommenden Jahr der Familie Schutz zu gewähren. Die Frau des Hauses hat bereits eine Reihe von kleinen Broten vorbereitet, die nun an einer Schnur aufgefädelt und an all den genannten Bauteilen befestigt werden. Wenn Sie hinunter gehen in das Erdgeschoß, so sehen Sie dort über der Türe ein solches Brot hängen. Es ist die Opfergabe an das Türschloß und daher besonders bedeutsam.

Hat die Hausfrau das Essen bereitet, so trägt einer aus unserer Familie es hinaus auf den Verbrennungsplatz, ruft dort die Namen der zuletzt Verstorbenen und lädt sie zum Essen ein. Wir haben ja keine Fa-

milien-Krematorien wie in Ladakh, sondern verbrennen unsere Toten ganz einfach auf ein paar großen Steinen, die wir zusammenstellen. Und so stehen an jedem einzelnen Verbrennungsplatz die Angehörigen und laden die Toten zum Mahl ein. Die Reste des Totenmahles bieten sich die auf den Verbrennungsplätzen Anwesenden gegenseitig an. Es spielt dabei keine Rolle, welchem Klan man angehört; jeder kann von jedem essen.
Die Familie findet sich in der Winterküche – Sie kennen doch den dunklen windgeschützten Raum unten – zum gemeinsamen Mahl zusammen. Alle Haustiere erhalten das gleiche Essen wie die Menschen, und in jedem Raum, auch in den Ställen, entzünden wir ein Öllämpchen.«
Während unser Hausherr sich noch in der Schilderung dieses Totenmahles ergeht, besinne ich mich auf den Ahnen- und Totenkult der alttibetischen Könige, so wie er uns in den Geschichtswerken der Tibeter überliefert ist. In einem alten Geschichtswerk der Tibeter, »Niederschrift der Verordnungen der Könige«, das in seiner heutigen Form wohl im 14. Jahrhundert aufgezeichnet wurde, findet sich ein Abschnitt, der sich mit der Bestattung des im Jahre 649 gestorbenen Königs Songtsän-gampo befaßt. Dort heißt es:

»Die Zeit des Opferns: da Songtsän-gampo in den Himmel einging,
an diesem Tage, da soll am Grabmahl des Königs geopfert werden.
Für alle späteren Geschlechter gilt, daß sie am Jahrestag des Hinscheidens des Königs,
die königliche Familie, Herrscher, Volk und Gefolge,
kostbare Opfergaben in Fülle aufbringen, um sie darzubringen.
Angekommen in der Grabkapelle,
unter den Klängen des Muschelhornes melde man dem Zeremonienmeister:
›Morgen wird am Grabmahl des Songtsän-gampo geopfert!
Alle Grabwächter sollen sich fortbegeben.‹
Nach diesen Worten bringen sie die Opfer dar im Überfluß:
Fleisch und Getränke, Juwelen und Gewänder,
Pferde, Rinder, Haustiere – Opfergaben im Überfluß.
Sind die Opfer beendet, häufe man die Reste auf.

›Grabwächter, kommt und eßt!‹ so bietet man ihnen die Reste an.

Ohne den Blick zu wenden, gehen alle zurück.«

Gewiß, der Totenkult in Zanskar ist ein jämmerlicher Nachklang jener prunkvollen Zeremonien, die sich einst um den Tod der tibetischen Könige rankten, ehe der Buddhismus diese Gebräuche auslöschte, doch das, was im Herzen der Menschen vorgeht, wird uns auch in diesem erbärmlichen Abglanz eher begreiflich denn in alten Schriften. Das Wissen um die Grabanlagen der ägyptischen Pharaonen ist in den letzten Jahrzehnten zum allgemeinen Bildungsgut des Europäers und Nordamerikaners geworden, doch daß die alttibetischen Könige wohl mit ähnlichem Pomp bestattet wurden, das weiß bis heute nur eine Handvoll Gelehrter, verstreut über die ganze Erde. Bis heute wurde keine der tibetischen Grabanlagen durch Wissenschaftler geöffnet. Obschon es heißt, daß bereits wenige Jahrzehnte nach dem Ende der Dynastie die Gräber geplündert worden seien, dürfte man dennoch aufschlußreiche Funde erwarten. Weder die frühere tibetische Regierung noch die jetzigen chinesischen Machthaber war bzw. wären bereit, archäologische Grabungen im Gebiet der Grabanlagen zu gestatten, wenn auch aus ganz und gar verschiedenen Gründen.

In der Nacht vom alten zum neuen Jahr, nach westlicher Rechnung ist dies die Nacht vom 22. auf 23. Dezember, beschwört man auch in Zanskar die Lebenskraft der immer tiefer sinkenden Sonne durch Handlungen, die in der Wissenschaft als Parallelmagie bezeichnet werden. Diesen Handlungen liegt die Überzeugung zugrunde, daß zwei Abläufe, die in gewissen Punkten parallel sind, sich gegenseitig beeinflussen, ja sich sogar hervorrufen können. So beobachtet der Zanskari, daß bereits ab Mitte August die Kraft der Sonne nachläßt, daß die Nacht früher und immer früher hereinbricht, daß schließlich Frost und Eis alles Leben erstarren lassen. Da die Sonne mit ihrem Licht und ihrer Wärme im Feuer eine Parallele besitzt, kann man das Feuer mehren und erwartet dadurch die Stärkung der Sonne. Aus diesen Gründen finden sich bei vielen Völkern, vor allem bei jenen, die unter einem harten Winter zu leiden haben, Gebräuche, die zur Zeit der Wintersonnenwende, wenn die Sonne alle Kraft und Wärme verloren zu haben scheint, ihr Leben erneuern sollen. Räder und Scheiben aus Feuer – Nachbildungen der Sonnenscheibe – rollt man über Berghänge, Feuer entzündet man, alles, um der Sonne wieder Kraft und Leben zu geben.

»Nur wenn alle Mitglieder der Familie, die dem gleichen Klangott unterstellt sind, anwesend sind, dann darf man das Ritual der Feuermagie begehen«, erklärt unser Gastgeber. »Holzstöcke von verschiedenen Sträuchern bündelt der Vater, während er in einem Lied jedes Stöckchen einzeln anspricht. Das Bündel trägt er sodann ins Freie und entzündet es. Kleine Buben bringen weitere Hölzer herbei, setzen sie ebenfalls in Brand und wirbeln sie, angebunden an einer langen Schnur, im Kreis. Im ganzen Tal kann man dann mitten in der Nacht feurige Kreise sehen. Das erfüllt unsere Herzen mit Zuversicht und Freude.

Später bringt einer der Söhne einen weißen Stein, etwa von der Größe einer Faust, ins Haus. Natürlich hat er diesen schon am Vortag gesucht und irgendwo versteckt, doch die Familie weiß davon nicht. Betritt der Sohn nun die Küche, so fragen ihn alle ›Was hast du denn mitgebracht?‹, und er antwortet: ›Einen Brocken von Gold‹. Die Familienmitglieder wiederholen ihre Frage und nun erklärt der Sohn: ›Das alte Jahr hab ich hinausgeworfen, das glückliche neue gebracht. Den Pferdestall füll ich mit Pferden, den Ziegenstall mit Ziegen, das Haus mit Menschen, den Getreidespeicher mit Korn.‹ Der junge Mann bezeichnet das kraftstrotzende Neue Jahr, das uns allen Fruchtbarkeit und Wohlstand schenken soll. Kaum hat er die Worte gesprochen, so greift er ins Wasserfaß und versucht, die Mädchen des Hauses naß zu spritzen. Zwar wollen sie sich verstecken, um ihrem Schicksal zu entgehen, doch es ist unerläßlich, daß sie tüchtig mit Wasser bespritzt werden. Hat sich der Trubel ein wenig gelegt, so bringt der junge Mann den weißen Stein hinauf auf das Flachdach und legt ihn genau dorthin, wo der Rauch austritt. Zum Zeichen des Glückes drückt er ihm noch ein Butterflöckchen auf. Nun versammeln sich alle wieder in der Küche, trinken Tschang und singen Lieder.«

»In Tibet feierten wir drei Tage lang den Jahreswechsel, ja, manche reiche Familien noch viel länger«, wirft Lobsang sein.

»Ja, damit sind auch unsere Neujahrsbräuche noch längst nicht erschöpft. Am Morgen des ersten Tages im Neuen Jahr setzen sich die Kinder Holzmasken auf und ziehen singend von Haus zu Haus. Haben Sie nicht in unserem Dorftempel, dem kleinen unterhalb des Karcha-Klosters, jene kleinen Holzmasken gesehen? Das sind die Aibi-Mimi-Masken, wie wir sie nennen. Aibi heißt in unserer Sprache Großmütterchen und Mimi bezeichnet den Großvater. In den Masken werden unsere Ahnen wieder lebendig. Sie ziehen in der Gestalt der Kinder durch unsere Dörfer. Die Lieder besingen ihr Leid und ihre Mühen, die sie als Wanderer zu erdulden hatten. Von mancherlei Ungemach wird da erzählt, von Hunger und Kälte, von Durst und Erschöpfung. Als liebevolle Erinnerung geben wir den Kindern dann etwas Speise.«

Die Zeit zwischen den Jahren ist eine Zeit, die aus dem Ablauf der Alltäglichkeit ausgenommen ist, da werden die Verstorbenen lebendig, ziehen durch die Welt der Lebenden, da kündigt sich das Jenseits mit manchem Spruch an. Solche Maskenumzüge zu Neujahr sind uns aus der literarischen und künstlerischen Hinterlassenschaft Innerasiens nur zu gut bekannt. Auf den uns noch erhaltenen Wandmalereien in den Oasenstädten entlang der Seidenstraße finden sich immer wieder dergleichen Darstellungen. Für acht bis zehn Tage ziehen in Zanskar die Kinder in der Maske der Ahnen durch die Dörfer. Mancherlei Spiel gerät dabei zur Aufführung, und das Schmausen und Trinken endet während der ganzen Zeit nicht. Oft ist man so unmäßig, daß die darauffolgenden Wintermonate echte Hungermonate werden, denn der Frühling kehrt erst spät in das Hochtal ein.

Die Mönche verleihen der Zeit um die Jahreswende ein besonders farbiges Gepränge durch ihre Mysterienspiele. Die großen Gottheiten des Buddhismus wie auch einige Geister der vorbuddhistischen Zeit leben in den kunstvollen Masken wieder auf. Die Tänzer sind mit Brokatkleidern geschmückt und haben sich vors Gesicht überdimensionale Masken aus Papiermaché gebunden. Durch den offenen Mund der Masken blickt der Tänzer in die Runde. Maske um Maske schreitet mit gemessenen Tanzschritten aus dem Dunkel des Tempels in das späte Nachmittagslicht, das den davor liegenden Hof vergoldet. Jeder Schritt, jede Bewegung wird durch grelle Trompetenstöße und manchmal auch durch den Schlag der Tschinellen und der Stieltrommeln untermalt. In vielen Variationen wird hier der Sieg über das

Böse und Unheilvolle getanzt. Ergriffen umsteht die Menge den Tanzplatz, hingerissen vom alten Drama, dessen stets guter Ausgang das Glück des Neuen Jahres verbürgt. Jedes Kloster hat seine eigene Variante des Tscham-Tanzes, so wie in Süddeutschland und in Tirol es viele Spielarten des Passionsspieles gibt. Ist das Neujahrsfest verklungen, so wird der Winter, der gestrenge Herr, in seiner ganzen Macht spürbar. Tagelang wüten dann die Schneestürme, blockieren die Wege und schließen die Menschen in ihren Häusern wie Murmeltiere in ihren Höhlen ein. Die Temperaturen sinken nachts in Tiefen ab, die für uns Mitteleuropäer unvorstellbar sind. An den wenigen Sonnentagen kauert sich jedermann in windgeschützte Ecken und läßt die starren Glieder etwas erwärmen. Wenn endlich die Sonne an Wärme zunimmt, den Schnee im Talboden zum Schmelzen bringt, dann naht das dritte Fest des Bauern, *pi-tse,* das Fest der Feldbestellung.

Wieder werden die beiden Götter-Schafe in die Hauskapelle geführt, mit roter Farbe bestrichen und mit menschlicher Speise gefüttert. Doch im Unterschied zu den anderen Bauernfesten ist beim Frühjahrsfest ein gebratener Ziegen- oder Schafskopf als Opfer für den Klan-Gott unerläßlich. Heute richtet man es so ein, daß ein Kopf von einem kurz vor dem Fest geschlachteten Tier verfügbar ist, doch früher hat man hierfür die Tiere eigens getötet. In unseren Tagen – vor allem bedingt durch das Wirken der buddhistischen Gesellschaft von Ladakh und Zanskar – scheut man davor zurück. Bis vor wenigen Jahren, und im Verstohlenen wohl auch heute noch, fanden für das Frühjahrsfest Blutopfer statt. Eine Ziege oder ein Schaf – zwischen den beiden Tierarten unterscheiden die Zanskari trotz ihres unterschiedlichen Aussehens nicht deutlich – wurde dann bei dem lha- tho, dem Schrein des Klan-Gottes, gebunden niedergeworfen. Der hierzu auserwählte Mann, meist einer der Ältesten und Vornehmsten des Klans, öffnete mit einem raschen Schnitt den Brustkorb des Tieres und riß ihm das noch zuckende Herz heraus. Den aus den aufgerissenen Adern sich ergießenden Blutstrom lenkte man über den Schrein des Gottes, so daß er ganz rot wurde. Wo immer die Blutopfer noch heute in Zanskar und in Ladakh dargebracht werden, der Fremde wird kaum je Gelegenheit haben, sie zu beobachten. Die Einheimischen wissen nur zu gut, daß ihnen die Kritik der übrigen Buddhisten gewiß wäre, wenn dergleichen Nachrichten und Fotos sich verbreiteten. Viele, voneinander völlig unabhängige Bewohner von Zanskar gaben mir jedoch höchst realistische Schilderungen von den Blutopfern, auch erzählten sie, daß diese früher durchaus von den Oberhäuptern der Klöster gefordert wurden. Und wenn man eben, wie ich, weiter nachspürt, dann trifft man da und dort auf Spuren, die zweifelsfrei die Erzählungen der Einheimischen bestätigen.

So erzählte der Lönpo von Karcha, daß sich um das Neujahrsfest alle Leute aus dem zentralen Zanskar-Gebiet in Shila versammeln. Es ist ein Dorf auf dem rechten Ufer des Lungnak-Flusses, auf eine Schotterterrasse hingeschmiegt, die abrupt in die Klamm eines tosenden Wasserfalles abbricht. Ein Ort voll urtümlicher Symbolik, der Schoß der Erde tut sich hier in einem nie versiegenden Katarakt der Fruchtbarkeit auf. Als ich auf dem Weg nach Bardan auf einem Flecken gegenüber von Shila halt mache, denke ich unwillkürlich an jene indische Mythe, die erzählt, wie die tantrischen Wallfahrtsorte entstanden: Als Shivas Weib Sati starb, lud sich der Gott in unsagbarem Schmerz ihren Leichnam auf die Schulter und tanzte in ekstatischer Trauer über die Berge und Wälder Indiens. Als Glied für Glied sich von ihrem Leichnam löste und zur Erde fiel, entstanden dort die tantrischen Wallfahrtsorte. Obschon ohne Zweifel die hinduistische Überlieferung Uddiyana als jenen Ort bezeichnete, da die *joni*, der Schoß der Göttin, herabfiel, würde es mich nicht wundern, wenn man dieselbe Mythe mit dem Dörfchen Shila ebenfalls verbinden würde.

An diesen von der Natur so hervorgehobenen Ort kommen zur Zeit des Neujahrsfestes alle Familien mit Kindern aus Zentral-Zanskar zusammen. Kleine Teigfigürchen, Nachbildungen ihrer Kinder, führen sie mit sich, wandern zu jenem Wasserfall, opfern dort bei einem Schrein der Dorf-Göttin diese Teigfigürchen, zerschneiden und verzehren sie. Ein später Nachklang ehemaliger Menschopfer.

Zwar ist man erstaunt, dergleichen in einem buddhistischen Land zu finden, doch hier schlägt die uralte Überlieferung des Himalaya hindurch. Auch A. H. Francke konnte auf seiner Reise durch den West-Himalaya in Chini, einem Dorf im ehemaligen Fürstentum von Bashar, Spuren von Menschenopfern aufspüren. In Zanskar und Ladakh lebt nicht nur das Erbe Tibets, sondern auch das Erbe des Himalaya

weiter, das verleiht diesem Kulturraum sein ganz eigenes, von Tibet deutlich abgehobenes Gesicht.
Unsere Tage in Karcha gehen zu Ende. Vor vier Monaten kamen wir hier nach einem Marsch von vielen Tagen über Eis und Schnee an. Damals war die Feldbestellung noch nicht ganz abgeschlossen. Mancherorts spitzte die Saat gerade erst aus dem steinigen Erdreich hervor. Schnee bedeckte die Hänge bis in Talnähe. Dann kam der Sommer mit seiner Glut und füllte die Täler mit dem Rauschen der Schmelzwasser. Alles ist nun verklungen. Die Ernte ist eingebracht, und in den Gipfelregionen schneit es seit Tagen. Der Kalender zeigt zwar erst den Monat September an, doch hier in einem der höchsten Täler der Erde, die der Mensch besiedelt, ist der zwar heiße, doch so kurze Himalaya-Sommer längst vorüber, und der Winter kündigt sich bereits deutlich an. So ist es für uns an der Zeit, langsam das Tal zu verlassen, ehe Neuschnee die über 5000 Meter hohen Pässe blockiert, über die unser Weg nach Leh führt.
In das Gefühl der Wehmut über den Abschied mischt sich doch auch die Freude auf die baldige Heimkehr. Ein monatelanger Aufenthalt enthüllt einem nicht nur exotische Schönheit, sondern auch die Schwächen der Menschen. So wurde in den langen Monaten unsere Haltung gegenüber den Bewohnern von Karcha distanzierter, aber auch wahrhaftiger als es die vieler Touristen ist, die höchstens einige Tage an einem Ort bleiben und vom Glanz der fremdartigen Bilder berauscht nach Hause kehren.
Mit Sorge beobachten wir seit Wochen, wie die Zeichen sich mehren, die den Herbst und Winter ankündigen, doch erst muß unser Arbeitsprogramm erfüllt sein, ehe wir an den Aufbruch denken können. Endlich ist es dann soweit. Mit großer Sorgfalt packe ich unsere wissenschaftliche Ausbeute in eine Alu-Kiste. Alles wird in Plastikbeutel gesteckt, mit Schaumstoff abgepolstert, denn der Weg birgt manches Risiko in sich. Wir wollen über die Berge und durch das Markha-Tal in einem Marsch von etwa acht bis zehn Tagen Leh erreichen. Die Einheimischen nennen diesen Weg den *schunglam*, den »mittleren Weg«. Er ist jedoch nur im Herbst begehbar, da der sogenannte Weg meist im Bett der Bäche und Flüsse verläuft. Man muß also abwarten, bis die Schneeschmelze beendet und

der Wasserspiegel damit auf ein Minimum gesunken ist, doch man darf nicht zaudern, bis der neue Schnee kommt, dann wäre man in einer eisigen Falle gefangen.

Teils soll der Weg so eng sein, daß den Pferden und Maultieren der Sattel abgenommen werden muß, damit sie sich durch die Felsspalten zwängen können. Nach ausführlicher Beratung mit unserem einheimischen Führer beschließen wir, auf Packtiere besser zu verzichten und statt dessen Träger zu nehmen. Da Erntezeit ist, können nach langwierigen Verhandlungen nur Mönche als Träger gewonnen werden.

Ein kalter, strahlender Morgen! Die Mönche, derbe Burschen von hühnenhafter Gestalt, poltern in unser Zimmer und schnüren sich die Lasten auf. Ein aufmerksamer Blick schweift durch das leere Zimmer, ob wir auch nichts vergessen haben. Vor dem Haus wartet unser Hausherr mit seiner Frau, die eine Kanne voll Tschang bereithält. Und als wir aus dem niedrigen Eingang herausschlüpfen, nötigt sie uns den Tschang auf, den wir mangels eines Trinkgefäßes aus der hohlen Hand schlürfen. Am Rande der Messingkanne kleben kleine Butterklümpchen – Zeichen des Glücks. Nachdem wir genug Tschang getrunken haben, klebt uns der Hausherr je ein Butterklümpchen auf die Stirn, damit uns die Götter auf dem Weg behüten mögen. Die üblichen Verneigungen, Glückwünsche – dann geht es durch die morgenfrischen Felder, aus denen der erdige Duft des Herbstes aufsteigt. Unsere erste Etappe ist Zangla, das wir bereits mehrfach besucht haben.

Von dort führt uns ein schmaler Trampelpfad an der Garuda-Burg vorbei, hinein in die Schlucht des Zangla-Baches. Wolfsfallen – mit Steinen ausgelegte Gruben – erregen meine Neugierde, denn ganz ähnliche Fallen findet man als Überreste des Mittelalters in Südtirol. Als ich auf dem Boden der Falle noch den halbverwesten Kadaver eines Wolfes erblicke und seine mächtigen Fangzähne betrachte, beschleicht mich doch ein kleines Unbehagen. Der Weg senkt sich auf den Boden der Schlucht ab, und wir queren den Bach unzählige Male. Und immer heißt es: Bergschuhe und Socken ausziehen, durchwaten, Socken und Schuhe wieder anziehen, denn die scharfkantigen Steine sind nichts für unsere des Barfußgehens entwöhnten Füße. Da! Ein Schrei – Taschi stürzt ins Wasser, sitzt bis zum Hals in einer Gumpe.

Lachend stemmt er sich gegen die Strömung und watet ans andere Ufer. Kaum steht er triefnaß auf der Sandbank, da sehe ich entsetzt, wie ein dicker Blutstrahl aus seiner Zehe hochschießt! »Taschi bleib stehen! Rühr dich nicht!« und schon reiße ich mir den Tagesrucksack von der Schulter, krame Verbandszeug, ein lokales Antibiotikum, Schere und was man sonst alles braucht heraus. Als das Blut etwas sachter fließt, erkenne ich, daß der Nagel der großen Zehe bis zur Wurzel abgerissen ist. Taschi will sich gerade den Nagel ganz abreißen, doch ich halte ihn ab. Schnell ist ein Verband angelegt, aber dann stehen wir vor dem Problem: Wie soll Taschi fortan die Bäche und Flüsse überqueren, wie seine Last von über 30 kg tragen, wie den vor uns liegenden Weg von einer Woche bewältigen? Die übrigen Träger sind bereits weit vorausgeeilt. Lobsang und ich versuchen uns die Last aufzuladen, doch wir kommen damit kaum vom Boden hoch, geschweige denn, daß wir damit über die Bäche springen und die Pässe erklimmen könnten. Wir schärfen Taschi ein, er solle hier warten, denn wir wollen vorauseilen, um zwei Träger zu ihm zu schicken, von denen einer Taschi über den Bach jeweils tragen soll, während der andere sich um die Traglast kümmert.

Doch als wir, aufgehalten durch das fortwährende Schuhe-Aus- und Anziehen, die Schlucht hinabblicken, sehen wir, wie er, auf einen Stock gestützt, daherhumpelt. Seine Windbluse hat er als zusätzlichen Schutz über den Fuß gewickelt, und so springt er von Fels zu Fels, um trocken den Bach zu überqueren! Ohne uns aufzuhalten, marschiert er den ganzen Weg ohne eine Klage mit, ja nach zwei Tagen scherzt und lacht er schon wieder wie zuvor! Des Nachmittags erweitert sich das Tal ein wenig, und wir schlagen früh unser Lager auf, denn morgen gilt es, den höchsten Paß auf der ganzen Wegstrekke zu überwinden, den Charchar-La. Es ist empfindlich kalt geworden, und schon bald legen wir uns schlafen. Nach leichtem Schlaf, nur zu oft unterbrochen vom fragenden Blick auf die Uhr, stehen wir kurz nach 2 Uhr morgens unlustig auf. Das übliche Zeremoniell: ein Becher Tee, einige Nüsse und Rosinen, packen ... Der Aufstieg zum Charchar-La zieht sich in einer breiten Rinne von verbackenem Schotter hoch, doch sie ist so steil, daß man nur in Serpentinen langsam aufsteigen kann. Die ungewöhnte Höhe, die sauerstoffarme Luft läßt den Atem pfeifend in die Lungen fahren, um ihn schnell und ha-

stig wieder auszustoßen. Die Einheimischen sagen, der Charchar-La sei der höchste Paß zwischen Zanskar und dem Indus. Nach der amerikanischen Quarter Inch Karte muß der Paß eine Höhe von ungefähr 5200 Meter haben. Drei Stunden quälen wir uns empor und dann überrascht uns ein Ausblick, der alles vergessen läßt. In der Morgensonne reiht sich Gipfel an Gipfel, in blasses Rosa getaucht sind sie noch umschwebt vom Schweigen der Nacht. An manchen Gipfelflanken schimmern Gletscher gleich Perlen im Feenhaar. Ungehindert schweift der Blick bis zur Hauptkette des Himalaya, die im Süden den Horizont für uns begrenzt. Stechend dringt mir die Kälte ins Mark, und die Poesie des Augenblicks verblaßt im Schmerz. Eine Flasche Rum kreist und spendet uns Wärme, dann beginnen wir mit dem Abstieg. Über eine Geröllhalde erreichen wir bald eine Schlucht, die sich immer mehr verengt und schließlich nur mehr ein Spalt ist, so daß wir eine Schulter nach vorne schieben müssen, um uns nicht an den Felsen aufzuschlagen. Unsere Füße stehen bis zu den Knien im Wasser, das auf den Steinen eine gläserne Eisschicht bildet. Lawinenreste liegen behäbig über dem Bach, der unser Weg ist, und wir durchschreiten die Eishöhle in der Hoffnung, daß die Kälte der Nacht den untertags aufgeweichten Schnee so sehr durchfrieren ließ, daß wir keinen plötzlichen Einsturz befürchten müssen.
Nach Stunden des Kriechens und Kletterns tut sich ein Talkessel auf, ein paar Grashalme gaukeln uns die Vision einer »Almwiese« vor. Schnell ist der Kocher ausgepackt, und schon dampft eine Suppe im Topf. Stunden der Muße, des Faulenzens. Dann geht es weiter, immer weiter. Für volle zwei Tage marschieren wir in einem der großartigsten Canyon, den ich mir vorstellen kann. Von Gelb und Ocker finden sich bis zu tiefem Dunkelrot und Blaugrau alle Töne im stets abwechselnden Gestein. Da und dort erkenne ich bizarr geformte Quarzeinlagerungen, in denen die Einheimischen allerlei Tiere und Ungeheuer sehen – ein stolz trabendes Pferd, einen Makara oder Wasserungeheuer.
Pro Tag legen wir etwa neun bis zehn Stunden Weges zurück, überqueren unzählige Male die stets eisigen Fluten, tasten uns durch dorniges Gesträuch voran, aber alle Zeit macht uns der Weg große Freude. Eine Wanderung durch eine vom Menschen unberührte Natur, das Suchen der richtigen Fährte, das Erkunden namenloser Täler und

Pässe, es ist das Urerlebnis des Asienforschers. Ein Traum meiner Jugend ist wahr geworden. Wie viele Stunden tagträumte ich als junges Mädchen und sah mich auf den Spuren Sven Hedins und der Französin Alexandra David Neel durch das tibetische Hochland wandern, wie viele Entbehrungen ertrug ich in meiner Vorstellung! Und nun ist alles Wirklichkeit geworden. Tief befriedigt kehre ich zurück nach Leh, zu dem Flugzeug, das uns zurück nach Europa bringen wird. Nicht nur Abenteuer und Gefahren haben wir bestanden, sondern auch Neues entdeckt, unsere wissenschaftlichen Kenntnisse vervielfacht und unsere Erkenntnisse bezüglich des Rätsels »Mensch« vertieft. Wenn wir abends im Zelt liegen, sprechen Lobsang und ich immer wieder über die Stifterchroniken, die wir in Zanskar entdeckt haben, die teils bis ins 15. Jahrhundert zurückreichen und uns bisher ungeahnte historische Fakten und Zusammenhänge eröffnen. Die Geschichte des westlichen Transhimalaya wird neu zu schreiben sein ... Dies macht uns glücklich und auch ein wenig stolz. Beruhigt können wir dem Tag entgegensehen, da wir der Universität und der Stiftung Volkswagenwerk gegenüber Rechenschaft leisten müssen über unser Unternehmen. Es hat sich gelohnt, das wissen wir jetzt bereits. Von solch frohen Gedanken beschwingt, überwinden wir Stück für Stück des schönen, aber anstrengenden Weges.

In den schattigen Felswänden der Schluchten und Klammen, die unser Weg sind, entdecken wir eine ganze Reihe von Nadelbäumen, ohne sie jedoch näher bestimmen zu können. Es sind oft gewaltige Stämme, doch die meisten Äste ragen mitleidheischend als silbrig graue Stümpfe in das gleißende Sonnenlicht. Sind dies die letzten Reste ehemals ausgedehnter Nadelholzwälder? Ließen immer geringer werdende Niederschläge die Bäume verdorren?

Das tagelange Durchwandern dieses Labyrinthes von Schluchten ist ein Erleben von mythischer Dimension. Wie viele Märchen und Mythen kennen wir doch, wo der Held in eine ausweglose Schlucht gerät und erst das rechte Zauberwort ihm den Weg freigibt! Ein starkes Bild, das man als die psychische Geburt der Person gedeutet hat. Die Schlucht, Symbol des dunklen Mutterschoßes, den das Neugeborene in qualvoller Enge durchmessen muß, ehe es in die Freiheit des Lichtes treten kann. Auch wir sind unterwegs aus einer Welt mythischer Geborgenheit hinaus in die Welt des Wortes, der Auseinanderset-

zung, wo es gilt, unsere menschlichen und wissenschaftlichen Erfahrungen in Sprache umzusetzen.
Als wir nach neun Tagen von einem kleinen Paß aus zum erstenmal wieder den Indus tief unter unseren Füßen als ein türkisgrünes Band sich hinziehen sehen, da sind wir glücklich. Ich blicke Lobsang ins Auge und lese darin die Gewißheit, daß wir wiederkehren werden in dieses Tal mit seinen Berggöttern, Mythen und Menschen.

Durch die Flußaue des Ibisschnabels

ULRICH GRUBER: Bei Padum, dem Hauptort und Verwaltungszentrum von Zanskar, öffnet sich das Tal. Ein weites Schwemmland mit fruchtbaren, großen Feldern tut sich auf. Hier vereinigen sich der obere Zanskar-Fluß, der vom Pensi-La herunterkommt, und der Lungnak-Tschu, dem wir seit Tagen gefolgt sind. Beide Flüsse bilden von nun an den mächtigen Zanskar-Strom, der nach Norden zum Indus fließt. In seinem Unterlauf strömt er durch eine gewaltige Schlucht, die im Sommer unpassierbar ist. Lediglich im Winter kann man über das dicke Eis auf dem Fluß durch die Schlucht gehen, und alljährlich wird hier um diese Zeit eine riesige Herde von mehreren hundert Yaks nach Leh getrieben. Wir bleiben nur eine Nacht in Padum, denn das unansehnliche Bazardorf wirkt nicht gerade einladend auf den Besucher. Der größte Teil der Dorfbevölkerung besteht aus moslemischen Händlern, und damit wirkt es inmitten der buddhistischen Zanskar-Dörfer ein wenig wie ein Fremdkörper. Unsere weitere Route folgt dem oberen Zanskar-Fluß aufwärts zum Pensi-Paß, der das Zanskargebiet nach Nordwesten hin abschließt. Wir wandern durch die weite Flußebene, vorbei an langen Mauern mit Votiv-Steintafeln, die von tibetischen Schriftzeichen und figürlichen Darstellungen – Buddhas oder heilige Asketen – bedeckt sind. Drüben über dem Fluß blinken am braunroten Felsenhang die schneeweißen Bauten von Karcha Gompa. Dort haben in zwei aufeinanderfolgenden Jahren Eva und Lobsang Dargyay ihr Basisquartier aufgeschlagen, um die Kultur der Menschen im Zanskar zu erfassen und zu erforschen. Ein idealer und zentraler Ausgangsort für derartige Forschungsaufgaben.

Das obere nordwestliche Zanskartal, auf vielen Karten als Doda-Tal bezeichnet, ist breiter und offener als das Lungnaktal. Deshalb konnte man hier die Trasse einer holprigen Schotterstraße anlegen, auf der inzwischen vereinzelte Lastwagen fahren. Ein Genuß ist eine solche Autofahrt bei den vielen Schlaglöchern, herabgefallenen Steinen und tiefen Querrinnen allerdings nicht. Ein Ritt zu Pferde oder eine Wanderung zu Fuß dauert zwar länger, ist jedoch alles in allem weniger strapaziös und auf jeden Fall erlebnisreicher. Wir gehen zu Fuß und erreichen nach drei Tagen, von Padum an gerechnet, den Pensi-La. Unterwegs begegnen wir einer italienischen Reisegruppe, die in entgegengesetzter Richtung nach Padum wandert. Die Gruppe besteht fast zu gleichen Teilen aus Männern und Frauen. Offensichtlich sind diese Wanderer noch unerfahren im Bereisen fremder Länder und unwirtlicher Gegenden. Wie anders könnte man sich den höchst merkwürdigen Aufzug erklären, mit dem sie sich durch Zanskar bewegen. Einige der Männer laufen mit nacktem Oberkörper, die meisten Frauen in Shorts, einige sogar im Bikini. Unser Doktor ist der erste, der ihrer ansichtig wird. Zunächst bleibt ihm buchstäblich die Spucke weg, dann aber legt er los: »Seid ihr denn von allen guten Geistern verlassen? In diesem Aufzug, bei dieser Höhe und Sonneneinstrahlung durch das Zanskar zu ziehen? Überlegt einmal, welchen Eindruck ihr auf die Zanskaris macht, die noch unter mittelalterlichen Verhältnissen leben! Und außerdem werdet ihr einen Sonnenbrand bekommen, der sich gewaschen hat. Zieht Euch schleunigst wieder an und benehmt euch wie gesittete Menschen!« Offenbar verstehen einige der Damen Deutsch, sie sagen, sie wüßten selbst am besten was ihnen gut täte. Und überdies kämen sie aus einem Land mit viel Sonne und seien die Sonnenstrahlen gewohnt. Das ist zu viel für unseren Doktor. Wütend dreht er sich um und stapft davon. Ich höre ihn noch knurren: »Die Haut soll euch in Fetzen vom Leibe hängen, daß ihr winselt. Und dann möchte ich euch zur Behandlung unter die Finger kriegen.«

Wir sind entrüstet über den Leichtsinn und das Unverständnis dieser Touristen. Man muß sich vorstellen, was eine Ladakhi-Frau, für die es schon als unanständig gilt, die entblößten Waden zu zeigen, beim Anblick von halbnackten Europäerinnen denkt. Hier erfolgt ein Verhaltenseinbruch in Sittenvorstellungen, die seit Jahrhunderten geregelt und ausgewogen sind. Zwar ist dies ein besonders krasses Beispiel. Doch werden die Sitten, Bräuche und Umgangsformen der Ladakhi oft von den touristischen Gästen verletzt, aus Unkenntnis und ohne es zu wollen. Vielleicht ist dies unter anderem ein Tribut, den ein Land wie Ladakh bezahlen muß, wenn es rasch den Schritt aus traditionellen, überkommenen Lebensverhältnissen in die Neuzeit vollziehen will. Aber das entbindet reisende Gäste nicht von der Pflicht, sich über Brauchtum und Sitte in dem bereisten Land zu informieren und solche Informationen dann an Ort und Stelle zu beachten. Der Tourist muß nicht nur informiert, er sollte auch erzogen und vorbereitet werden im Hinblick auf das, was ihn erwartet. Hier besitzen alle, die Reisen veranstalten und die sich für erfahrene und gelernte Reisende halten, eine Verantwortung. Diese Verantwortung verpflichtet sie, solche Erfahrungen weiterzugeben.

Bei klarem Wetter ist der Pensi-La ein unwirklich schönes Stück Erde. Auf der einen Seite geht der Blick weit nach Südosten in die abgeschiedene, karge Flußlandschaft von Zanskar, auf der anderen Seite nach Nordwesten reiht sich ein schneebedeckter Gipfel an den anderen, bis dieses Meer von Bergen schließlich in die Eisriesen des Karakorum-Gebirges einmündet. Um den Pensi-La herum erheben sich ebenfalls gewaltige Berggestalten. Atemberaubende Eisbalkone hängen über senkrechten Felsfluchten, schneeweiße Firnkuppen schimmern in den letzten Strahlen der Abendsonne. Auf der Paßhöhe, die sich wie ein breiter Bergrücken wölbt, liegen 6 kleine Bergseen. Am Ufer eines dieser Seen schlagen wir unser Lager auf. In dieser Nacht funkeln die Sterne in unglaublicher Anzahl und Größe; man fühlt sich ihnen so nahe, daß man meint, sie greifen zu können.

Am nächsten Morgen glänzt unser See tiefblau wie der Himmel und die Berge ringsum spiegeln sich gestochen scharf im ruhigen Wasser. Wie Scherenschnitte ziehen die Silhouetten unserer Karawanentiere über den Uferhügel und verschwinden talabwärts. Wir brechen früh auf heute; so zeitig, daß die Berge noch lange Schatten werfen. Margret und ihre Freundin, mein Zoologenfreund und ich, wir werden an diesem Tage weit hinter der übrigen Karawane hinterherhängen, denn es wartet eine Fülle von Naturerlebnissen auf uns. Zunächst verbringen wir noch fast zwei Stunden auf dem Paß. Während die Sonne höher steigt und zunehmend wärmt, fotografieren wir Bergblumen und machen Jagd mit der Kamera auf die vielen Murmeltiere. Die Luft ist erfüllt von den schrillen Schreien der großen Nager, überall sieht man sie aufgerichtet vor ihren Bauten sichern oder von Burg zu Burg hoppeln. Als der Flugschatten eines mächtigen Steinadlers auf die Paßhügel fällt, sind mit einem Schlage alle Murmeltiere verschwunden. Allerdings dauert es nur wenige Minuten, bis die ersten Köpfe wieder aus den Baueingängen lugen. Blaue Enziane und Astern haben ihre Blütenköpfe geöffnet; in den windgeschützten

Mulden stehen Edelweiß, Eisenhut und ein rotgefärbter Mauerpfeffer. Beim Abstieg vom Paß blüht rosa Storchschnabel. Wir steigen zum oberen Surufluß hinunter; vor uns enthüllt sich eine Flußlandschaft, die an Großartigkeit der von Zanskar nicht nachsteht. Kühngeformte Sechstausender türmen sich am Ende von einsamen, namenlosen Seitentälern auf; breite Gletscherströme fließen weit in die Trogtäler hinab. Der wilde, ungezähmte Fluß darf fließen, wie er will. Keine künstlichen Regulierungen zwingen ihn in ein enges Korsett, wie das bei den Flüssen Mitteleuropas der Fall ist. In viele Arme aufgefächert mäandriert der Flußlauf zwischen den Kiesbänken. Stille Altwässer und abgeschnittene Flußarme verlanden zu kleinen Sümpfen. Wir sind immer noch über 4000 Meter hoch.
Eine artenreiche Vogelwelt findet sich hier. Wir beobachten Karmingimpel und Rotstirngirlitze, Zitronenstelzen mit wippendem Schwanzschlag und Blaukehlchen. Sogar ein Eisvogel macht von einem Uferfelsen aus Jagd auf die kleinen, welsartigen Fische im klaren Wasser der tieferen Gumpen. Am Rande der Altwässer stehen verschiedene Limikolen (Watvögel), deren Namen uns schon aus Europa geläufig sind. Viele von ihnen müssen auf dem Durchzug sein, die eine oder andere Art wird hier nisten. Da gibt es Temminckstrandläufer, Säbelschnäbler und Waldwasserläufer, Rotschenkel und Grünschenkel; sogar ein Teichhuhn können wir durch das Fernglas ansprechen, und der melancholische Flötenruf des Brachvogels ertönt immer wieder.
Nach einer bestimmten Besonderheit unter den zentralasiatischen Limikolen, dem Ibisschnabel, halten wir allerdings vorerst vergeblich Ausschau, obwohl die Landschaft und der Lebensraum sein Vorkommen erwarten lassen. Ernst Schäfer ist dieser Watvogelart während seiner Tibetexpeditionen in den dreißiger Jahren in Osttibet öfters begegnet, aber eine Bestätigung ihres Vorkommens in Ladakh und speziell in der Gegend von Zanskar aus neuerer Zeit fehlt bislang. Mein Zoologenfreund hat seine letzte Flasche Whisky als Preis für denjenigen ausgesetzt, der als erster einen Ibisschnabel sichtet. Immer wieder suchen wir mit dem Fernglas die Ufer der Wasserläufe und die Kiesbänke ab – vergeblich. Plötzlich läßt uns ein eigenartig ziepender Vogelruf zusammenfahren. Wir reißen die Gläser an die Augen. Zwei graue Schatten huschen an uns vorbei und fallen zweihundert Meter

entfernt auf einer Kiesbank zwischen großen, runden Geröllsteinen ein. Im selben Augenblick wirft mein Freund seine Mütze mehrere Meter in die Luft und vollführt einen hohen Freudensprung. »Ibisschnäbel, Ibisschnäbel!« schreit er, ganz außer sich vor Freude, »seit drei Jahren suche ich diesen Vogel in Zentralasien. Jetzt hat sich die Reise für mich wirklich gelohnt!« Die Begeisterung wirkt ansteckend. Wir sind alle vier wie elektrisiert. Während die beiden Frauen uns, durch die Ferngläser blickend, in die richtige Richtung dirigieren, pirschen wir Männer mit den Teleobjektiven an die Stelle, wo die Ibisschnäbel unseren Augen entschwunden sind. Schließlich entdecken wir sie. Etwa hühnergroße Vögel mit taubengrauem Gefieder und kräftigen Laufbeinen. Das Auffallendste an ihnen ist der lange, nach unten gebogene Schnabel. Er erinnert in der Form und Länge an den Schnabel eines Ibis oder eines Sichlers. Unsere Kameras klicken und durch das Geräusch aufgeschreckt laufen die Tiere mit schnellen Trippelschritten einige Meter davon, bleiben unbeweglich stehen, laufen wieder und bleiben wieder stehen. Wenn man sie nicht genau mit den Augen verfolgt, verschmelzen sie nach dem Stehenbleiben in Form und Farbe so vollständig mit ihrer Umgebung, daß man sie selbst aus wenigen Metern Entfernung nicht mehr wahrnehmen kann. Sie verharren lange unbeweglich, ehe sie mit vorgebeugtem Hals erneut davonrennen. Ihr gebogener Schnabel dient dazu, Steine im Wasser und am Ufer umzudrehen, um darunter nach Futtergetier zu suchen. Ihr sommerliches Brutgebiet liegt auf den Hochebenen Tibets und in den hochgelegenen, baumlosen Tälern der zentralasiatischen Gebirge. Wir sind sicher, daß sie auch hier oben in den einsamen Tälern brüten. Die Ibisschnäbel sind scheue Vögel, die einen respektvollen Abstand zu uns halten. So kommt es, daß sie trotz der weitreichenden Teleobjektive auf den Fotos später nur für den Eingeweihten von den Steinen des Flußbettes zu unterscheiden sind. Schließlich wird den beiden Vögeln unsere Verfolgung zu bunt. Sie flattern auf und fliegen mit rauschendem Flügelschlag über den Fluß auf die andere Talseite hinüber. Wir aber sind hochbefriedigt von diesem ersten Neunachweis der seltenen, asiatischen Watvogelart für Ladakh. Mein Freund könnte nun seinen Whisky selber trinken, denn er hat ja als erster die Ibisschnäbel entdeckt. Doch er zieht es vor, am

Abend gemeinsam mit seinen Reisekameraden das Ereignis zu feiern und die Flasche kreisen zu lassen

Wir beobachten am Nachmittag noch einmal ein Paar Ibisschnäbel, deutlicher Beweis, daß diese Vögel hier in den oberen Flußtälern ihren Lebensraum finden. Der Weg durch die unbesiedelte Berglandschaft zieht sich in die Länge. Immer wieder müssen wir Seitenbäche queren, deren aufgefächerte Arme nachmittags durch Schmelzwasser stark angeschwollen sind. Da heißt es, die Schuhe ausziehen und bis an die Knie oder gar an die Oberschenkel durch eiskaltes, reißendes Gletscherwasser waten. Kaum sind die erstarrten Zehen einigermaßen warm geworden, steht man schon vor dem nächsten Bergbach und die Prozedur beginnt von neuem. Wir begegnen großen Ziegenherden. Die Tiere sind besonders hochbeinig und wirken dadurch seltsam staksig. Die Böcke tragen schraubenförmig gedrehte Hörner, die an das Gehörn des Markhor in Afghanistan erinnern. Ihr Fell hängt wie ein Mantel in langen, seidenweichen Strähnen am Körper herab; es liefert die berühmte Kaschmirwolle, von der man sagt, sie sei weicher als Seide.

Bei Rangdum Gompa treffen sich mehrere Täler und bilden eine weite, teils kiesige und teils sumpfige Fläche aus. Die vielen Wasserarme und feuchten Wiesenflecken sind ideale Standorte für die verschiedensten Limikolen; Teichhühner, Grünschenkel, Wasserläufer oder Brachvögel. Das Kloster Rangdum liegt wie eine Burg auf einem runden Hügel, der sich mitten aus der Talebene erhebt. Es ist von der Abendsonne hell angestrahlt und sticht scharf gegen die dunklen Felswände ab, die dahinter mit schräg gestellten Schichtungen und überkippten Faltungen emporstreben. Eine dramatische Landschaft und eine eindrucksvolle Kulisse für das westlichste, buddhistische Kloster des Zanskargebietes. Einige Mönche reiten an uns vorbei den Pfad zur Gompa hinauf. Sie empfangen uns am Hoftor des Klosters und führen uns bereitwillig durch die Tempelräume. Rangdum gehört zur Gelugpa-Schule und steht in enger Verbindung mit Karcha und Puktal.

Ein letztes Mal verneige ich mich vor den Statuen von Buddha Shakyamuni, Bodhisattva Tschenresi oder Tsongkapa und lege ein paar Rupienscheine vor ihnen auf den Schrein. Morgen verlassen wir das Siedlungsgebiet der Buddhisten, wechseln hinüber zu den Moslems des westlichen Ladakh und Kaschmirs, um in einigen Tagen unser »Abenteuer Zentralasien« zu beenden und nach Europa heimzukehren. Margret und ich stehen allein mit einem Novizen auf dem flachen Lehmdach des Klosters. Vor uns weht eine runde Dachstandarte aus roten, gelben, weißen und grünen Tüchern im Abendwind. Wir gehen in Gedanken noch einmal den Weg zurück in das abgeschiedene Bergland des Zanskar- und Lungnak-Flusses, über den Pensi-La, an Bardan und Purni vorbei bis weit hinüber auf die stürmische Höhe des Furtse-La, hinter dem sich die gebirgigen Fernen des Rupshu, des Tschangtang-Gebietes und schließlich des tibetischen Hochlandes dehnen.

Schwer nur reißen wir uns von dem Fernblick und aus der Stimmung auf dem Klosterdach los und folgen unseren Gefährten in das letzte Camp unserer Wanderung, das eine halbe Wegstunde unterhalb von Rangdum Gompa aufgeschlagen ist. Es gibt viel zu feiern an diesem Abend, die Entdeckung des Ibisschnabels, die glückliche Querung der vielen, reißenden Bergbäche, den Abschied von unseren treuen Begleitern, und die gelungene Durchwanderung des ausgedehnten Zanskar-Gebietes. Die fröhliche Stimmung im Kreise der Freunde verscheucht die melancholischen Gedanken; es ist gut, die Erlebnisse und Betrachtungen einer Reise mit gleichgesinnten Reisegefährten zu teilen.

Am folgenden Morgen schlägt die Abschiedsstunde von Herrn Lama, den Sherpas und den Treibern der Tragtiere. Sie gehen zurück nach Lahoul und ins Kulutal, die Besitzer der Lasttiere in ihre Heimatdörfer, die Sherpas, um über Indien zu ihren Familien im nepalesischen Himalaya heimzukehren. Sie werden uns fehlen, und wir werden sie in guter Erinnerung behalten. Ein klein wenig hoffen wir, daß sie für uns das Gleiche empfinden. Wir werden von einem Landrover und zwei Jeeps aufgenommen, die uns ein indischer Reiseagent von Srinagar entgegengeschickt hat. Die Fahrt auf der »Kargil-Padum-Straße«, wie diese schotterige Trasse mit ihren Schlaglöchern und Querrinnen genannt wird, stellt sich als zweifelhaftes Vergnügen heraus. In riesige Staubwolken gehüllt rumpeln wir im Zehnkilometertempo dahin, 110 Kilometer weit oder 11 Stunden lang. Aber auch dieser Tag im Surutal beschert uns großartige Landschaftseindrücke, die wir mit vollen Sinnen aufnehmen, trotz der erschwerten Umstände der unbequemen Autofahrt. Den imposantesten Anblick bietet der gewaltige Gletscher, der von den nahe beieinanderstehenden Siebentausendern Nun und Kun herunterfließt. Seine Zunge reicht bis an das Ufer des Suru-Flusses, und wie ein Grönlandgletscher kalbt dieser Eisstrom des Himalaya mit Donnergetöse direkt in das Wasser. Ich rufe mir ins Gedächtnis, daß gerade im Augenblick eine Bergsteigergruppe unter Führung des bekannten Bergsteigers Ludwig Greißl aus München dort oben unterwegs ist, um den Gipfel des Kun zu erklimmen. Später erfahre ich, daß dieses Unternehmen erfolgreich verlief. So wild sich der gletschergespeiste Oberlauf des Suru gebärdet, so lieblich und fruchtbar zeigt sich die untere Flußaue kurz vor Kargil. Dorf reiht sich an Dorf, umgeben von Obstbaumhainen und üppigen Feldfluren. Anstelle der Gompas mit goldblitzenden Dachtürmchen künden jetzt Minarette von der Frömmigkeit der Dorfbewohner, wir bewegen uns im Siedlungsgebiet der Moslems.

Von Kargil aus kann man nun noch einmal in das dichtbesiedelte, obere Industal fahren und auf die Begegnung mit der rauhen Zanskarlandschaft und ihren ursprünglichen Klostersiedlungen die Erfahrung der verfeinerten und reicheren Indusklöster setzen, oder man kann Ladakh Lebewohl sagen und direkt nach Srinagar reisen.

Die Fahrt führt dann über Dras und den Zoji-La nach Sonamarg, den Sindfluß abwärts bis in das große Kaschmirtal. Ein Sprung aus der Kargheit und Ödnis der zentralasiatischen Wüsten- und Halbwüstenlandschaft in die Üppigkeit und den Vegetationsreichtum der Subtropen. Aber auch ein Abschied von einer Kultur, die mit ihrem Symbolreichtum und der Tiefe ihrer religiösen Vorstellungen niemanden so entläßt, wie er gekommen ist. Einer meiner Freunde sitzt in Srinagar noch lange mit meiner Frau und mir auf der offenen Veranda des leise schaukelnden Hausbootes auf dem Dalsee. »Ich glaube, wir haben uns auf unserem Streifzug durch Ladakh verändert«, sagt er, »wir haben in den Häusern und Klöstern, bei den Menschen und den Mönchen dort oben im Zanskar- und Industal einen für uns neuen Lebensrhythmus kennengelernt. Wir haben in der Natur und der Kultur jenes fremdartigen Landes erkannt, wie man zu sich selber finden kann.«

Anhang

Bildlegenden zu den Farbtafeln

Erster Tafelteil (Nach Seite 110)

Tafel I
Puktal Gompa, Felsenkloster im östlichen Zanskar.

Tafel II/III
Rangdum Gompa, der westlichste Vorposten des Buddhismus im Zanskargebiet.

Bergsee auf dem Pensi-La, dem Tor nach Zanskar. Im Hintergrund die westlichsten Ketten des Himalaya.

Blick vom Dach des Klosters Tikse nach Osten, den Indus aufwärts.

Der stattliche Gutshof von Purni.

Tafel IV
Lilienschweif (Eremurus himalayicus) unterhalb des Zoji La.

Meerträubel (Ephedrum griffithii), ein Zwergstrauch der trockenen Talhänge im Zanskar.

Blühender Kapernstrauch (Capparis specialis) am Indus.

Die Zentralasiatische Wechselkröte (Bufo latastii) ruft in der Nähe des Dras-Flusses.

Felsentauben (Columba livia) sind die Charaktervögel des Zanskargebietes.

Eine junge Himalaya-Agame (Agama himalayana) sichert aus ihrem Felsenversteck heraus.

Tafel V
Ladakhische Bauersfrau am Rande eines Erbsenfeldes.

Tafel VI/VII
Sorgsam hält die alte Frau bei Padum ihr Apso-Hündchen im Arm.

Begegnung mit Schafhirten aus Ost-Ladakh, die Getreide aus Padum über den Furtse-La transportieren.

Frauenfest in Karcha: junge Frauen, verkleidet als Braut und Bräutigam, tanzen auf einem Hausdach.

Selbstvergessen spielt der Bub am Rande des Hemisfestes auf seiner Weidenflöte.

Ein prächtiger Perak und wertvolle Halsketten schmücken die Wirtin im Festzelt von Leh.

Das über den Nacken herabhängende Perakband ist über und über mit Türkisen und Korallen besetzt.

Tafel VIII
Tausende von Zuschauern kommen von überallher zum Jahresfest der Tschamtänze in Hemis Gompa zusammen.

Das Wandgemälde des großen Gelehrten und Klostergründers Rintschen Sangpo im Lotsawa-Tempel von Alchi.

Manisteine mit der eingemeißelten heiligen Formel »Om Mani Padme Hum« und mit anderen tibetischen Schriftzeichen.

Dungse Rinpotsche, der weise Lehrer des jungen Abtes von Hemis und führender Geistlicher dieses Klosters.

Der Statue des kommenden Buddha Maitreya in Tikse spenden fromme Pilger Geldscheine, Münzen und Kataks.

Zweiter Tafelteil (Nach Seite 190)

Tafel I
Die Masken der Ahnen; die Kinder von Zanskar setzen sie zu Neujahr auf und ziehen mit ihnen von Haus zu Haus.

Tafel II/III
Unterwegs zum Pensi-La im Frühjahr 1979.

Der Zanskar-Fluß mäandert, von Menschenhand unbeeinflußt, durch die Kies- und Schotterbänke des Zentralgebietes.

Während des Sommers finden in den meisten Dörfern in Zanskar Wettbewerbe im Bogenschießen statt.

Die Hauptkette des Himalaya, die Zanskar von Kishtwar trennt.

Schrein eines »Dorf-Gottes« in der Nähe von Stongde.

Tafel IV/V
Mönche des Klosters Karcha opfern den Geistern und Göttern der Flure und Berge zu Beginn des Erntefestes.

Der Prinz von Zangla bei seiner Vermählung. Links seine Frau, rechts seine Mutter.

In der Palastkapelle des Königs von Zangla.

Die Niopa, Männer, die die Braut dem Bräutigam zuführen, tanzen vor dem Schrein eines Dorf-Gottes.

Der Zug der Niopa.

Tafel VI
Im Haupttempel zu Sani.

Maitreya, der Buddha des künftigen Weltzeitalters, im Haupttempel zu Sani.

Im Tempel von Hemis: ein Mönch rezitiert aus den heiligen Büchern.

Tafel VII
Der Maskentanz im Kloster Bardan in Zanskar.

Dschampa-ling, das Kloster zu Karcha.

Tafel VIII
Wandmalerei im Dschampa-ling-Tempel in Karcha: der indische Meister Atiśa und sein tibetischer Schüler Domtön, der zeitlebens Laie blieb (an den langen Haaren zu erkennen).

Wandmalerei, von Kaschmir inspiriert, aus dem Sumtseg-Tempel in Alchi: Amitayus, Verkörperung eines unbegrenzten Lebens im Dienste spiritueller Entfaltung.

Transskription der tibetischen Eigennamen und Begriffe

Die wissenschaftliche Transliteration der tibetischen Eigennamen und Begriffe folgt dem angelsächsischen Gebrauch, da hierbei auf alle Zusatzzeichen verzichtet wird (T. Wylie: A Standard System of Tibetan Transcription. Harvard Journal of Asiatic Studies 22, 1959, S. 261–267).
Ortsnamen Ladakhs und Zanskars werden jedoch in der Regel nicht aufgeführt, da ihre orthographisch korrekte Schreibung noch vielfach ungeklärt ist.

Aibi	'a bi
Atschi Dölma	'a byi sgrol ma
Bodonge	bo dong 'e
Bustön	bu ston
Danma Kunga Repa	ldan ma kun dga' ras pa
Danma Tschodsche	ldan ma chos rje (kun dga' grags pa)
Dedän Namgjel	bde ldan rnam rgyal
Deleg Namgjel	bde legs rnam rgyal
Demtschog Namgjel	bde mchog rnam rgyal
De tsug gön	lde gtsug mgon
Digung Kagjüpa	'bri gung bka' brgyud pa
Dogpa	'brog pa
Domtön	'brom ston
Dorsche Schugdän	rdo rje shugs ldan
Dragpa Bum	grags pa 'bum
Drangtse	drang rtse
Dschamgön Lama	'jam mgon bla ma
Dschamjang Namgjel	'jam dbyangs rnam rgyal
Dschampa-ling	byams pa gling
Dschampa Rangdschung	byams pa rang 'byung
Dschigdal Namgjel	'jig bral rnam rgyal
Dschomo Tschän-tschig-ma	jo mo spyan gcig ma

Dsomo	mdzo mo
Dub-lha	srub lha
Drugmo	'brug mo
Dugpa	'brug pa
Dugtschen Dewa Gjatso	'brug chen bde ba rgya mtsho
Dugtschen Mipam Wangpo	'brug chen mi pham dbang po
Dukang	'du khang
Durlha-trugpa	dur lha khrugh pa
Durtö	dur khrod
Gar	mgar
Gebku	dge bkos
Gelugpa	dge lugs pa
Gjältsabdsche	rgyal tshab rje
Gjurme Tsewang	'gyur med tshe dbang (dpal 'byor)
Gönkang	mgon khang
Gönpo	mgon po
Gunglön	gung blon
Jar	g-yang (abweichende Aussprache i. Ladakh)
Jescheö	ye shes 'od
Jondsin Rinpotsche Köntschog-södnam	yongs 'dzin rin po che dkon mchog bsod nams
Juru	yu ru
Kadampa	bka' gdams pa
Kädupsche	mkhas grub rje
Kalden Scherab	skal ldan shes rab
Kalön	bka' blon
Kalzang	bskal bzang
Kambur	skam 'bur
Katog Rigzin Tsewang Norbu	ka' thog rig 'dzin tse dbang nor bu
Kjischang	khyi shang
Kju-wang	khyu dbang
Konnjer	dkon gnyer
Kunga Namgjel	kun dga' rnam rgyal
Lang	rlang
Langdarma	glang dar ma

Lawang Namgjel	lha dbang rnam rgyal
Legpä-scherab	legs pa'i shes rab
Lhatse	lha rtse
Lhatho	lha tho
Lobsang-geleg-jesche-dagpa	blo bzang ye shes dag pa
Lönpo	blon po
Lopön Dode-rintschen	slob dpon mdo sde rin chen
Lu	klu
Lu-wang	klu bang
Magpa	mag pa
Mang-dscha	mang ja
Mänla	sman bla
Mar-jül	mar yul
Marpa-ling	mar pa gling
Milarepa	mi la ras pa
Mimi	mes mes
Minjag	mi nyag
Namgjel Tsemo	rnam rgyal rtse mo
Nati-tsänpo	nyag khri btsan po
Nerwa	gnyer pa
Ngari	mnga' ris
Ngodubgön	dngos grub mgon
Nima Namgjel	nyi ma rnam rgyal
Niopa	nyo pa
Njanam-guru	nya rnam gu ru
Njaschur	snya shur
Njingmapa	rnying ma pa
Pagpa-scherab	phags pa shes rab
Palgjigön	dpal gyi mgon
Pawo-tsuglag	dpa' bo gtsug lag
Pitse	phyi tshe
Pjang (=Phyang)	phyi ubang
Poti-seru	(rlangs kyi gdung brgyud) po ti bse ru
Puntshog Namgjel	phun tshogs rnam rgyal
Ra Lotsawa	rva lo tsā ba
Rintschen-sangpo	rin chen bzang po

Sadag	sa bdag
Sakja-Pandita	sa skya pandita
Samje	bsam yas
Sangjä-gjatso	sangs rgyas rgya mtsho
Sang-jum	gsang yum
Schabdung Nawang Namgjel	zhabs drung ngag dbang rnam rgyal
Schadpa-dordsche	bzhad pa rdo rje
Schamm	gsham
Scherab Sangpo	(stod) shes rab bzang po
Schilatse	shi la rtse
Schonudongla	gzhon nu dung lag
Senggede	seng ge lde
Sengge-namgjel	seng ge rnam rgyal
Shakya Gjatso	śākya rgya mtsho
Skin	skyin
Skjapa	skya pa
Sönam-döndub-namgjelde	bsod nams don grub rnam rgyal lde
Songtsän-gampo	srong btsan sgam po
Sor	zor
Tagtsang Repa	stag tshang ras pa
Taschigön	bkra shis mgon
Taschi-namgjel	bkra shis rnam rgyal
Taschipa	bkra shis pa
Thisongtsän	khri srong rtsan
Töd Schersang	stod shes (rab) bzang (po)
Togden Rinpotsche	rtog ldan rin po che
Togpo Lönpo	stog po blon po
Torma	gtor ma
Tsän	btsan
Tschang	chang
Tsere	tse re
Tsewang Namgjel	tshe dbang rnam rgyal
Tschenresi	sPyan-ras-gzigs
Tschi-gjelpa	phyi rgyal pa
Tschödsche Dschigten-gömpo	chos rje 'jig rten mgon po

Tschumi-ringmo	chu mig ring mo
Tschuwa	phyu pa
Tsepal Namgjel	tshe dpal (don grub) rnam rgyal
Tsetan Dordsche	tshe brtan rdo rje
Tsetan Namgjel	tshe brtan rnam rgyal
Tsewang Namgjel	tshe dbang rnam rgyal
Tsewang Tondup	tshe dbang don grub
Tsongkapa	tsong kha pa
Wengir	veng gir
Zanskar Lotsawa Pagpa-scherab	zangs dkar lo tsā ba phags pa shes rab

Vergleichende Zeittafel

	Nordindien
1./2. Jh. n. Chr.	Höhepunkt des Kushana-Reiches
3.–6. Jh.	Gupta-Dynastie in Magadha
5./6. Jh.	die Hephtaliten dehnen ihr Reich von Mittelasien nach Nordindien aus
650–730	die späteren Guptas
ab 650	Rajputen-Reiche
765–1162	Pala-Dynastie in Bengalen
950–1304	Chaulukyas in Gujarat und Kathiawar
1005	Mahmud al Ghazni erobert das Punjab
1206–1398	Sultanat von Delhi
1398	Timur (Tamerlan) bricht in Indien ein
16. Jh.	Auflösung der letzten Hindu-Reiche
1526–1765	Reich der Moghul-Herrscher
1600	Gründung der britischen East-Indian-Company
1819	Durchsetzung der britischen Herrschaft
1904	britische Strafexpedition nach Tibet
1947	Indien erlangt die Unabhängigkeit

	Ladakh
1./2. Jh. n. Chr.	Unterladakh ist Teil des Kushana-Reiches
5./8. Jh.	Berichte der chinesischen Pilger über Kaschmir und Ladakh
634/5	Songtsän-gampo, König der Tibeter, erobert das Land Zhang-zhung im westlichen Transhimalaya
8./9. Jh.	Ladakh ist unter tibetischer Oberhoheit
842	Zusammenbruch der tibetischen Herrschaft
10./14. Jh.	die Nachfahren der zentraltibetischen Dynastie gründen im westl. Transhimalaya Reiche, u. a. Ladakh und Guge
956–1040	Naropa
958–1055	Rintschen-sangpo
1042	Atiśa kommt nach Tholing in Guge
ca. 1045–1100	Zanskar Lotsawa Pagpascherab gründet in Zanskar die Klöster Karcha und Pugtal
1042 od. 54	Öde, König von Guge, gründet Kloster Spituk
13. Jh.	die Könige Ladakhs fördern den Digung-Kagjüpa-Orden
15./16. Jh.	Beginn der zweiten Dynastie
ca. 1410–1435	Regierungszeit des Dagpabumde, fördert den neugegründeten Orden der Gelugpa
seit dem 15. Jh.	mohammedanische Heerführer unternehmen zahlreiche Plünderungszüge nach Ladakh
1535–1842	Dynastie der Namgjel-Könige
18./19. Jh.	die Yogis von Dzongkhul
1823–26	der Ungar Csoma de Körös in Zanskar
Sept. 1842	Ladakh kapituliert vor Gulab Singh und steht fortan unter der Herrschaft Kaschmirs

	Tibet		China
	32 mythisch-legendäre Könige	2. Jh. n. Chr.	Zerfall des antiken Reiches
		3. Jh.	die Drei Reiche
		4.–6. Jh.	mehrere Teilreiche
		589–618	Sui-Dynastie
ca. 627–649	Regierungszeit König Songtsän-gampos; er und seine Nachfolger machen den Buddhismus und Bildung in Tibet heimisch	618–906	T'ang-Dynastie
		763–779	T'ai-tsung, Höhepunkt des Buddhismus
842	Untergang der alttibetischen Königsdynastie; Zerfall des Buddhismus	970–1279	Sung-Dynastie
		1189–1227	Dschingis Khan
10./13. Jh.	Wiederbelebung des Buddhismus; Entstehung der einzelnen Schulrichtungen und ihrer Hauptklöster		
		1227–1280	die Mongolen erobern China
1267–1368	Tibet steht unter der Oberhoheit der Mongolen-Herrscher	1280–1368	Mongolen (Yüan)-Dynastie
		1368–1644	Ming-Dynastie
14.–16. Jh.	Wiedergewinnung der Selbständigkeit, Aufstieg der Gelugpa		
1578–1959	Herrschaft der Dalai Lamas		
		1644–1911	Mandschu-Dynastie
		1911	Revolution
1950	VR China erhebt Anspruch auf Tibet	1912	Ausrufung der Republik
März 1959	China schlägt den Aufstand der Tibeter nieder, Ende des tibetischen Staates		

Literaturverzeichnis

Geographie, Landeskunde, Reisen

Abercrombie, Th. J.: Ladakh – the last Shangri-la; Journ. Nation. Geogr. Soc. 153, 1978: 332–358

Cunningham, A.: Ladakh – physical, statistical and historical; Sagar Publ., New Delhi 1854 (repr. 1977)

Drew, F.: The Jummoo and Kashmir Territories (a geographical account); Akad. Druck- & Verlagsanst. Graz repr. 1976 (original 1875)

Gruber, U.: Pagoden, Yaks und Lamaklöster; Universitas Verl., Berlin 1970

Harrer, H.: Ladakh, Götter und Menschen hinterm Himalaya; Pinguin-Verl. Innsbruck & Umschau Verl., Frankfurt 1978

Heberm A. R. & K. M.: Himalayan Tibet and Ladakh; Ess Publ., Delhi repr. 1976 (Erstausgabe 1903)

Hedin, S.: Transhimalaya (Entdeckungen und Abenteuer in Tibet), Bd. 1 & 2; F. A. Brockhaus, Leipzig 1909

Hirschberg, H.: Ladakh, das andere Tibet (Reise und Kulturführer); Geobuch-Verl., München 1978

Karan, P. P.: Bhutan, a physical and cultural geography; Univ. of Kentucky Press, Lexington 1967

Keilhauer, A. & P.: Ladakh und Zanskar, lamaistische Klosterkulturen im Land zwischen Indien und Tibet; DuMont Kunst-Reiseführer, DuMont Buchverl., Köln 1980.

Kirner, G.: Mein Weg zum Dalai Lama; Reiseber. G. Kirner, Eder & Poehlmann, Neukeferloh 1975

Lehmann, P. H. & J. Ullal: Die vergessenen Kinder; Stern Mag. 31 (H 52), 1978: 9–17

Mehra, G. N.: Bhutan, land of the Peaceful Dragon; Vikas Publ. House, Delhi–Bombay–Bangalore 1974

Moorcroft, M. & G. Trebeck: Travels in the Himalayan Provinces of Hindustan and the Punjab, 2 Vol.; H. H. Wilson, London 1841

Nissel, H.: Ladakh – eine landeskundliche Skizze; Erdkunde, Arch. wiss. Geogr. 31, 1977: 138–146

Pallis, M.: Peaks and Lamas; The Woburn Press, London 1939 (3. ed. 1974)
Schäfer, E.: Unbekanntes Tibet (durch die Wildnisse Osttibets zum Dach der Erde); Verl. Paul Parey, Berlin 1933
–: Dach der Erde (durch das Wunderland Hochtibet); Verl. Paul Parey, Berlin 1938
–: Geheimnis Tibet (erster Bericht der deutschen Tibet-Expedition Ernst Schäfer 1938/39); Verl. F. Bruckmann, München 1943
Schettler, M. & R.: Kaschmir und Ladakh (Globetrotter-Ziele beiderseits des Himalaya); Globetrotter Buchvertr. G. Schettler, Hattorf 1977
Senft, W. & B. Katschner: Bhutan – Ladakh – Sikkim, Bergwandern im tibetischen Kulturkreis; Leopold Stocker Verl., Graz–Stuttgart 1979
Trinkler, E.: Geographische Forschungen im westlichen Zentralasien und Karakorum-Himalaya; Dietrich Reimer & Ernst Vohsen, Berlin 1932

Geschichte

Alsdorf, L.: Indien von der mohammedanischen Eroberung bis zur Gegenwart; in: Geschichte Asiens, hg. von E. Waldschmidt u. a., Verl. F. Bruckmann, München 1950
Bacot, J.; F. W. Thomas & C. Toussaint: Documents de Touenhouang relatifs à l'histoire du Tibet; Libr. Oriental. Paul Geuthner, Paris 1940
Datta, C. L.: Ladakh and Western Himalayan Politics: 1819–1848, the Dogra Conquest of Ladakh, Baltistan and West Tibet and Reactions of other Powers; Munshiram Manoharlal, Delhi 1973
Francke, A. H.: A history of Ladakh; Sterling Publ., New Delhi 1977 (orig. publ. as a History of Western Tibet, London 1907)
Haarh, E.: The Yar-luṅ Dynastie; a study with particular regard to the contribution by myths and legends to the history of Ancient Tibet and the origin and nature of its kings; G. E. C. Gad's Forlag, Kopenhagen 1969
Kaul, G. L.: Kashmir then and now (5000 B. C. to 1972 A. D.); Chronicle Publ. House, Srinagar 1972
Petech, L.: Aristrocracy and Government in Tibet 1728–1959; Serie

Orientale Roma XLV, Inst. Ital. per il Medio ed Estr. Oriente, Roma 1973
–: The Kingdom of Ladakh, C. 950–1842 A. D.; Inst. Ital. Medio ed Estr. Oriente, Roma 1977
Prithivi, N. K. B.: A History of Kashmir; Metropolitan Book, Delhi 1962
Richardson, H. E.: Tibet, Geschichte und Schicksal; Alfred Metzner Verl., Frankfurt–Berlin 1964
Roerich, G. N.: The Blue Annals; Motilal Banarsidass, repr. Delhi 1976 (Erstausg. Calcutta 1949)
Waldschmidt, E.: Geschichte des indischen Altertums; in: Geschichte Asiens, hg. von E. Waldschmidt u. a., Verl. F. Bruckmann, München 1950

Religions- und Kulturgeschichte

Brauen, M.: Ladakh – Feste und Zeremonien; Akadem. Druck- und Verlaganst., Graz 1980
Brauen, M.; J. E. Duncan; P. Lindegger; F. A. Peter & F. Vogler: Ladakh – Menschen und Kunst hinter dem Himalaya; du, Die Kunstzeitschrift 1/80, Zürich 1980: 16–64
Dalai Lama: Das Auge der Weisheit, Grundzüge der buddhistischen Lehre für den westlichen Leser; O. W. Barth Verl., München –Bern 1975
Dargyay, E. K.: Das Tibetische Buch der Toten, die erste Originalübertragung aus dem Tibetischen; O. W. Barth Verl., München–Bern 1977
–: The Rise of Esoteric Buddhism in Tibet; Motilal Banarsidass, Delhi 1979 (Erstausg. 1977)
–: Tibetan Village Communities – Structure and Change; Aris & Phillips, Warminster 1980
Duka, T.: Life and Works of Alexander Csoma de Körös; Bibliotheca Himalayica Ser. II, Bd. 2, Manjuśri Publ. House, New Delhi 1972 repr. (Erstausg. 1885)
Francke, A. H.: Geistesleben in Tibet; Verl. C. Bertelsmann, Gütersloh 1925
–: Antiquities of Indian Tibet, Vol. 1 u. 2; Archaeol. Surv. India, New Imp. Ser. 38, S. Chand & Co., New Delhi 1972 repr. (Erstausg. 1926)

Georgius, A. A.: Alphabetum Tibetanum; Akad. Druck- und Verlagsanst. Graz repr. 1980 (Erstausg. Roma 1762)
Gerner, W. & M.: Hemisfest, tibetische Tschammysterien; Verl. Indoculture, Stuttgart 1978
Pal. P.: Bronzes of Kashmir; Akad. Druck- und Verlagsanst., Graz 1975
Pieper, J.: Die Klostersiedlungen der »Gelben Kirche« in Ladakh; Bauwelt 1977, H. 23: 756–761
Schuh, D.: Urkunden und Sendschreiben aus Zentraltibet, Ladakh und Zanskar; Monum. Tibetica Hist. Abt. III, Bd. 2, VGH Wissenschaftsverl., St. Augustin 1976
Silburn, L.: Le Bouddhisme; Fayard, Paris 1977
Singh, M.: Himalayische Kunst; Unesco Kunstbücher 1968
Snellgrove, D. & H. Richardson: A Cultural History of Tibet; Weidenfeld & Nicolson, London 1968
Snellgrove, D. L. & T. Skorupski: The Cultural Heritage of Ladakh; Aris & Phillips, Warminster 1977
Stein, R. A.: Tibetan Civilization; Faber & Faber, London 1972
–: Recherches sur l'épopée et le barde au Tibet; Bibliothèque de l'Inst. des Hautes Études Chin. XIII, Presses Univ. de France, Paris 1959
Tucci, G.: Transhimalaya; Archaeologia Mundi hg. J. Marcadé, Vikas Publ. House, Delhi–London 1973
(die deutsche Übersetzung: Tibet, Nagel Verl., München–Genf–Paris 1973, ist stark gekürzt und fehlerhaft)
–: Rinc' en bzan po e la rinascita del Buddhismo nel Tibet intorno al mille; in: G. Tucci: Indo-Tibetica Bd. II, Reale Acad. d'Italia, Roma 1933
Tucci, G. & W. Heissig: Die Religionen Tibets und der Mongolei; Die Religionen der Menschheit, hg. von C. M. Schröder, Bd. 20, Kohlhammer Verl., Stuttgart–Berlin–Köln–Mainz 1970
Waddell, L. A.: The Buddhism of Tibet or Lamaism; W. Heffer & Sons, Cambridge repr. 1959 (Erstausg. 1895)

Herrnhuter Mission

Bechler, T.: Heinrich August Jäschke; Verl. Missionsbuchhdlg., Herrnhut 1930

Dober, H. T.: Brief an den Freundeskreis der Herrnhuter Brüdergemeine (mit Bericht aus Ladakh); Freundeskreis der Herrnhuter Brüdergemeine, Bad Boll 1975
Francke, A. H.: Durch Zentralasien in die indische Gefangenschaft; Verl. Missionsbuchhdlg., Herrnhut 1921
Hamilton, J. T. & K. G.: History of the Moravian Church; Bethlehem, Pa. USA 1967
Heyde, W.: 50 Jahre unter Tibetern; J. Kiefel Verl., Wuppertal–Barmen 1960
Reichelt, G. T.: Die Himalaya-Mission der Brüdergemeine; C. Bertelsmann Verl., Gütersloh 1896
Ribbach, S. H.: An den Grenzen Tibets, Bilder aus der Himalaya-Mission der Brüdergemeine; Verl. Missionsbuchhdlg., Herrnhut 1900
–: Drogpa Namgyal, ein Tibeterleben; O. W. Barth-Verl.; München 1940
Schiel, R.: Das Haus unter den Sieben Buddhas; R. Brockhaus Verl., Wuppertal 1967
Vittoz, P.: Goldne Dächer, schwarze Zelte; Christl. Verlagsanst., Konstanz 1966

Pflanzen und Tiere

Ali, S.: Indian Hill Birds; Oxford Univ. Press, London 1949
Bartz, F.: Das Tierleben Tibets und des Himalaya-Gebirges; Inaugural-Diss. Univ. Bonn, A. Pries & J. B. Hirschfeld, Leipzig 1935
Brongersma, L. D.: Amphibia et Reptilia von den niederländischen Zentralasienexpeditionen; in: Visser, P. C.: Wissensch. Ergebn. der Niederl. Exped. in den Karakorum und die angrenz. Gebiete 1922, 1925 u. 1929/30, F. A. Brockhaus, Leipzig 1935
Burrard, G.: Big Game Hunting in the Himalayas and Tibet; Herbert Jenkins, London 1925
Coventry, B. O.: Wild flowers of Kashmir; Raithby, Lawrence & Co., London 1923
Cowen, D. V.: Flowering trees and shrubs in India; Thacker & Co., Bombay 6. ed. 1970 (Erstausg. 1950)
Dierl, W. & Gruber: Habitat conditions in the transitional faunal zone in Central Nepal; Spixiana 2, München 1979: 1–47

Ellermann, J. R. & T. C. S. Morrison-Scott: Checklist of Palaearctic and Indian Mammals; Trustees Brit. Mus. Nat. Hist., London 2. ed. 1966 (Erstaus. 1951)

Fleming, R. L. & R. L. jr.: Birds of Nepal, with reference to Kashmir and Sikkim; Publ. Fleming & Fleming, Kathmandu 1976

Gruber, U.: Notes on the herpetofauna of Kashmir and Ladakh; Brit. Journ. of Herpetol. 6, London 1980

Haltenorth, T. & W. Trense: Das Großwild der Erde und seine Trophäen; BLV, Bonn–München–Wien 1956

Heinzel, H.; R. Fitter & J. Parslow: Pareys Vogelbuch, alle Vögel Europas, Nordafrikas und des Mittleren Ostens; Verl. Paul Parey, Hamburg–Berlin 1972

LaPersonne, V. S.: A collecting trip to Ladakh; Journ. Bombay Nat. Hist. Soc. 32, 1927/28: Part I 505–517, Part II 650–659

Matthiessen, P.: The Snowleopard; Chatto & Windus, London 1979

Naumann, C.: Ein ehemaliges Wildyak-Vorkommen im afghanischen Pamir; Bonn. Zool. Beitr. 24, 1973: 249–253

Prater, S. H.: The book of Indian animals; Bombay Nat. Hist. Soc., Bombay 3. ed. 1971 (Erstausg. 1948)

Schäfer, E.: Ornithologische Ergebnisse zweier Forschungsreisen nach Tibet; Journ. Ornithol. 86, Berlin 1938, Sonderheft

Schaller, G. B.: Mountain Monarchs, wild sheep and goats of the Himalayas; Wildlife Behav. & Ecol. Ser., The Univ. Chicago Press, Chicago–London 1977

Stainton, J. D. A.: Forests of Nepal; John Murray, London 1972

Schweinfurth, U.: Die horizontale und vertikale Verbreitung der Vegetation im Himalaya; Bonner Geogr. Abhandlg. 20, 1957: 1–373

Vaurie, C.: Tibet and its birds; H. F. & G. Witherby ltd., London 1972

Zevegmid, D. & N. Dawaa: Die seltenen Großsäuger der Mongolischen Volksrepublik und ihr Schutz; Arch. Naturschutz u. Landsch.forschg. 13, 1973: 87–106

Zugmayer, E.: Beiträge zur Herpetologie von Zentral-Asien; Zool. Jahrb., Abt. Syst., Geogr., Biol. d. Tiere 27, 1909: 481–508

Namen- und Sachregister

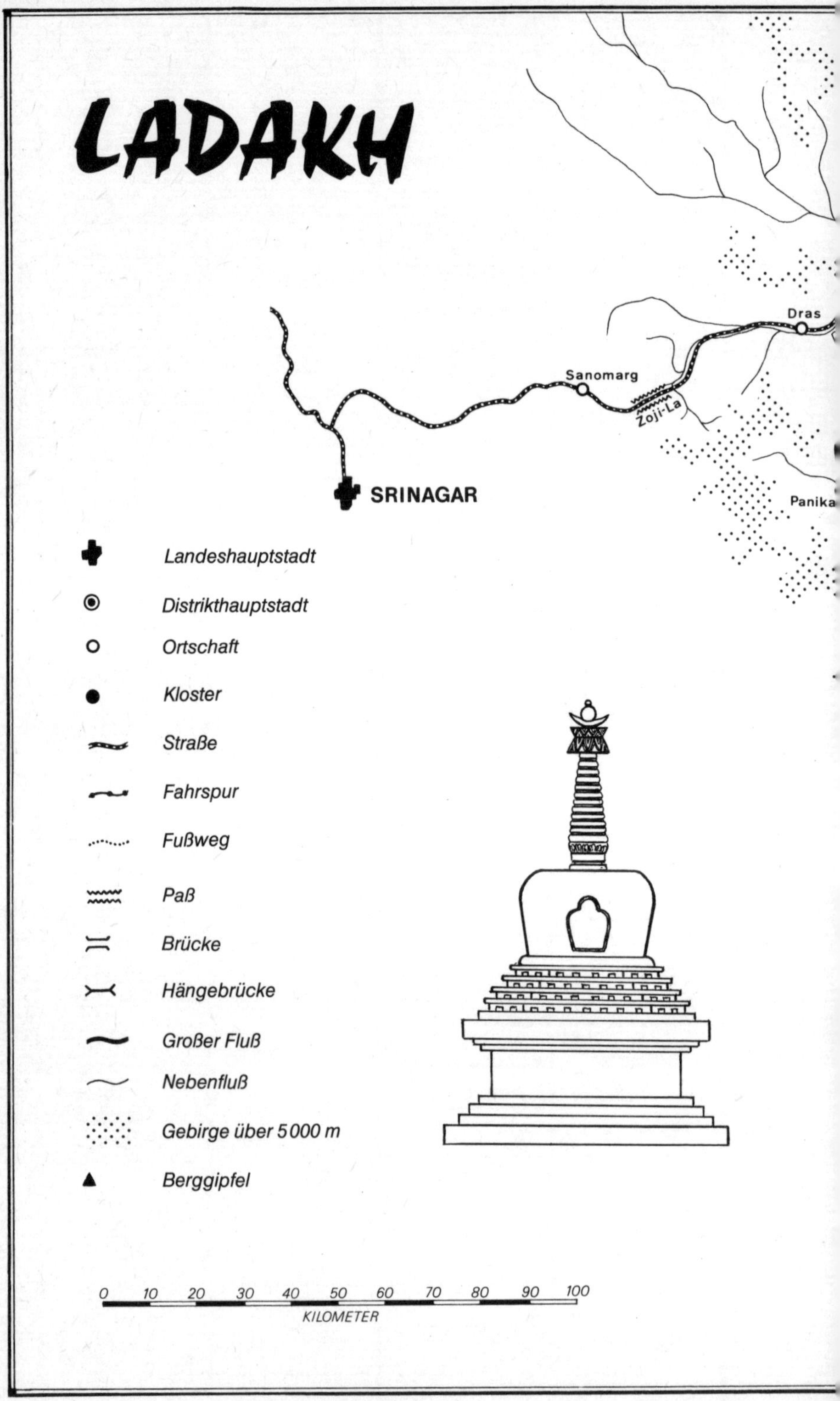
LADAKH
Dras
Sanomarg
Zoji-La
SRINAGAR
Panika
Landeshauptstadt
Distrikthauptstadt
Ortschaft
Kloster
Straße
Fahrspur
Fußweg
Paß
Brücke
Hängebrücke
Großer Fluß
Nebenfluß
Gebirge über 5000 m
Berggipfel
0 10 20 30 40 50 60 70 80 90 100
KILOMETER